国家社科基金后期资助项目
出版说明

后期资助项目是国家社科基金设立的一类重要项目,旨在鼓励广大社科研究者潜心治学,支持基础研究多出优秀成果。它是经过严格评审,从接近完成的科研成果中遴选立项的。为扩大后期资助项目的影响,更好地推动学术发展,促进成果转化,全国哲学社会科学工作办公室按照"统一设计、统一标识、统一版式、形成系列"的总体要求,组织出版国家社科基金后期资助项目成果。

全国哲学社会科学工作办公室

国家社科基金
GUOJIA SHEKE JIJIN HOUQI ZIZHU XIANGMU
后期资助项目

明代儒学的"道真"追求

王廷相气论思想研究

The Pursuit of *DaoZhen*
with Confucianism in Ming Dynasty:
On the Thoughts of Theory of Qi of Wang Tingxiang

胡栋材　著

上海三联书店

目　　录

序　一

在中国古典的哲学思想谱系里,气论思想是其中极为重要的一支。自先秦而汉唐,气论在宇宙论、人格修养、中医基础理论和养生诸方面,获得了全面而丰富的发展。进入两宋之后,在广义的宋明理学思想谱系里,气本论、理本论、心本论(或曰良知本体论)都有长足的发展,将中国上古儒学思想的思辨性,以及对天人性命问题讨论的精微程度,提升到一个前所未有的高度。

相较于狭义的理学与心学而言,在宋元明七百余年的时间里,理学因为最终得到统治阶级的支持而对社会产生了深远影响,心学在明中叶由王阳明及其弟子的提倡、推广,也产生了巨大的社会影响。唯独"气学",影响力不及理学与心学。但无论是理学还是心学,在他们的思想体系里都不得不面对气论提出的一系列思想,并在他们的体系里予以合理的安置。这并不是说理学、心学的思想家们出于某种私人的感情,或者说是出于某种理论的权宜之计,而是因为气论所触及的思维与存在的关系问题,特别是思维与带有质料性的存在的关系问题,是理学、心学这些理论家在认真思考宇宙、社会、人生,乃至于个人的精神修养诸问题时不得不面对的真实问题。传统的气论思想谱系并不能一概以唯物论的思想范式加以解读,但在关于世界的质料性存在及其源初状态,运动形式,客观物质世界如何形成,以及可见的器物是由什么东西构成的诸问题时,传统的气论应当归属于唯物论的思想谱系。但在讨论"浩然之气""天地有正气,杂然赋流形"的精神状态时,气论与心论谱系里道德心理诸论说,则有着千丝万缕的联系。而在中医的基础理论里,气与血、与神的辩证关系,再加上阴阳、虚实诸理论,构成了中国传统医学关于人的生命存在、活动、健康与疾问题的最核心要素之一。非常遗憾的是,20世纪中国哲学史的书写,由于学科的区隔和从业人员自身知识结构的影响,中医基础理论中有关气论的丰富论述,并未能进入20世纪中国哲学史的书写之中。只有少数从事中医哲学研究的从业人员,才特别地关注了这一问题。

　　二十世纪五十年代以后,由于引入马克思主义历史唯物主义与辩证法的思想范式,传统的气论因为与马克思主义唯物论的思想联系在一起而一度得到了学术界的高度关注,也曾因此获得了过多与过高的历史赞誉。但是,在近三十年来,有关气论的研究成果及其实绩,在整体的表现上不及理学与心学研究所取得的成就,其个中的原因可能比较复杂,非深入研究其中的道理,亦难以遽下断言。但在当前及今后相当长的一段时间里,如何加强中国哲学史领域里的气论思想谱系的研究,应当是狭义中国哲学史研究同仁所要正视并付出努力的一件事情。正是基于以上比较疏阔的中国哲学史书写实况的回顾,我个人认为,胡栋材君此部有关王廷相气论思想研究著作的问世,在一定的程度上稍可弥补近三十年来大陆中国哲学界有关宋明"气学"研究之相对不足。

　　栋材君此书是在其博士论文的基础上修改、扩充而成的,有比较扎实的学术基础。书中增加的一些新内容,也体现了栋材君在进入工作岗位之后继续学习,在思想与学术上均有所进步的新面相。全书有很多新见,但相较于博士论文而言,我认为,全书对"道真"概念的特别突出与关注,是最富新意之处。全书紧扣王廷相思想中的"道真"概念来揭示其"气学"的理论目标,并试图通过此一来概述来泛论明代儒学的理论目标,较为真切地体现了作者试图突破目前有关明代儒家气论研究旧框架的理论诉求。据我比较狭隘的阅读所见,前贤与时贤有关王廷相及明代儒学的理论目标追求的相关论述,似未触及此一问题。

　　据我本人粗浅的阅读与认知来看,此书在广义宋明理学研究领域里的主要贡献,突出表现在如下三个方面:

　　其一是对王廷相的气论思想作了极为深入、细致的考察与讨论,深化了当前学术界对于王廷相气论思想的认识。作者抓住王廷相气论思想中"气本"与"气化"的双重面相,揭示王廷相从"气本"出发来讨论"气化"的理论思路,进而彰显王廷相气论思想既继承张载,又与张载思想有所不同的细微之处,彰显了王廷相气论思想的理论个性。

　　其二是对王廷相"气种"说作了深入的分析与考辨,既纠正了前贤对此问题的认识偏差,也彰显了王廷相"气种"说的理论独特性。作者在讨论王廷相"气种"说的理论来源时,扼要考察了佛教的"种子"说与儒家思想中与种子说相关的各种论述,亦述及了庄子的种子说的典型材料,最终断定王廷相的"气种"说是来源于儒家,特别是他之前的宋明儒思想中与种子说相似的种种思想。书中所论,大体上言之成理,持之有故,既体现了作者较为深入和扎实的学术功底,也体现了作者好学深思的理论探求志向。

其三,书中有些比较性论述的内容,体现了作者较为宽广的学术视野,也体现了本书作者的一种治学方法,即通过比较性的论述来更加明确地彰显一种学说的理论独特性。如在论述某些概念或命题时,重视此一概念或命题在中西语境中意义之不同,例如在讨论王廷相的"元气实体"的概念时,特别地注意到了此实体与古希腊亚里士多德哲学中"实体"概念之不同。其次,一些对比性的论述也颇具思想的睿智,如在讨论王廷相"气种"说中"气各正性命"的命题时,对照大家耳熟能详的朱子"理一分殊"说,认为王氏此说可以视为"气一分殊"说。这些比较性与对比性论述,既比较清晰地展现了王廷相思想的鲜明的个性,也将王廷相的某些气论命题通俗化而给人一种特别深刻的思想印象。我个人相信,本书将王廷相的"气各正性命"之命题,给出"气一分殊"的新表述,将慢慢会成为"气学"理论中讨论"一和多"的哲学问题时的一个生动而简洁的新表述。

细读书稿,书中还有很多新见,不能一一述及。对于正在成长之中青年学子而言,我想还是要对书中可能存在的问题,提出个人的看法,以与栋材君共商。约略地讲,我个人觉得有如下三个问题,似乎需要再做进一步地澄清:其一,以"道真"来概述明代儒学的理论追求目标,是否恰当? 作者似还可再斟酌。而就王廷相的思想而言,"道真"与"元气"论的关系如何? 从目前的书稿来看,作者似乎也还没有阐发得十分清楚,虽然,作者在书中比较详细地阐述了道体与元气的关系。其二,元气论与其礼论之间的关系,书中所论,似乎也不是特别清晰、有力。其三,王廷相与王夫之、戴震之间的关系,作者虽然提及了,但内在的理路如何? 作者似乎还没有给出十分清晰、有力的论证。换句话说,王夫之、戴震是否明确地接着王廷相的元气论思想,六经与道的关系论往下讲? 这一点,全书未能做出深入肌理的剖析,需要作者在未来的学术研究中加以深化。

除上述三个与"气论"思想直接相关的问题之外,作者认为,王廷相的哲学思考没有把握时代的问题意识,因而没有王阳明的思想影响那么大。这是栋材君个人提出的一种解释性的观点,可以视之为一家之言,似乎也还有进一步讨论的余地。纵观广义的宋明理学史,张载的气论思想在北宋以及整个两宋明时期的影响力,似乎都不如二程、朱子的思想影响力大。而这个中的主要原因,恐怕并不是因为张载有没有把握时代的问题意识,而更为主要的原因可能是:张载的思想不是那么合乎统治阶级的要求而已。作为现代汉语的"时代要求"一词,在秦汉以降的阶级社会里,首先往往表现为统治阶级的自身要求,人民大众的要求往往是通过统治阶级的要求而曲折地被反映出来。王廷相的气论思想在原则上是不太符合统治阶级的要求,因为其中所蕴含的尊重客观实在的理性主义倾向,在相当大的程度上不便于统治者展开他们的道德教化工作。

以上提出的三个与气论有关的问题当中,我最希望的是作者在此书出版之后,可以进一步地讨论第三个问题,即讨论王廷相与王夫之、戴震,乃至与康有为的气论思想的关系,进而写出一部从王廷相到康有为的中国气论思想发展的断代学术史。这也可以从一个侧面揭示中国传统学术自我更新、转化的历史进程,为当代中国学术所展开的历史性任务——中国传统的创造性转化与创新性发展——提供中国哲学史研究方面的新成果。另外,如果作者在自己正常的教学科研任务之外,行有余力,且长期保持对于中国气论思想传统的关注,希望作者拓展知识的视野与思想的视野,将中国传统的气论思想与当代量子物理学、生命科学结合起来;在哲学思想方面,亦可以与精神现象学、现代心理学结合起来,开拓出当代中国哲学气论研究的新境界。

是所望也,谨供栋材君思量。

吴根友

2023 年 5 月 27 日星期六初稿,

2023 年 5 月 28 日星期日上午改定。

序　　二

　　王廷相作为明代中期气论思潮的代表性学者，从理气关系问题出发对正统化的程朱理学进行了系统性的批判和反思，并在这个过程中建构起了颇具特色的气论学说，对于推动明代理学发展与明清儒学转型发挥了积极的推动作用，他是我们深入了解气论与中国哲学研究不可避开的关键人物。不过，王廷相的气学一直未引起学界的足够重视，其学术价值和意义未能得到充分阐释。同时，目前相关的研究也往往局限于理学主流认知范式内进行展开，王廷相气论的相对独立性，其重实在、重实践、重经世致用等思想特点也没引起应有的重视。因而，突破旧有的研究范式和固化观念，对王廷相的气学展开深入细致的研究是非常必要的。

　　呈现在我们面前的大作《明代儒学的"道真"追求——王廷相气论思想研究》，是栋材兄博士论文基础上的精心修改之作，倾注了作者多年研究的心血。作者以王廷相气论思想为主要研究对象，在深入、细致地辨析原典的基础上，从纵观和横摄两面对王廷相气论思想的形成、演变过程展开了全面分析和考察，勾勒出王廷相气学的发展史脉络。全书着重对王廷相元气说、气种说的思想内容及其理论特色展开了论述，同时，对气与理、气与性、气与物、气与身体、气与礼仪、气与生死等不同的思想面向作了颇具创见的阐发，揭示了王廷相气论思想的独特价值和理论贡献。在此基础上，作者还较为全面地考察了王廷相与明清气论思潮的关系问题，详细还原了明清气学所涉及的丰富多彩的思想脉络，深化了气论传统与儒学发展的内在关系，新见迭出。

　　尤其值得注意的是，作者具有明确的问题意识，始终以气论传统的现代化问题为基本方法和主要线索来对王廷相气学思想展开研究，这个问题既是儒学的现代化问题，也是中国传统文化的现代化问题。在这种问题意识导向下，作者超越了既往的理学主流认知范式和唯物论范式的研究视角，从气论思潮与明清儒学交互的角度来探求和解读王廷相气论思想，既体现了其思想对于气论传统和明代儒学的理论价值，也展现了明代儒学多元并进的发展局面,立体性地彰显了中国气论哲学的多维面向。在研究方法上,作者娴熟地运用比较研究方法,针对在不同的问题采用相应的比较策略,比如王廷相的气种说与佛教唯识学以及西方哲学史上的种子说之间的对比,再比如王廷相与罗钦顺、王阳明等同时期思想者的比较,这对于揭示罗钦顺气学的理论特色、思想定位,进而透显气学与明清儒学的深层次关联有着非常重要的学术意义。

本书还提出了一些值得学界关注的新观点。例如,作者认为,"道真"观念是王廷相思想形成过程的重要线索,这个富有道家意味的观念体现了王廷相对儒家真理观和价值观的独特理解,同时也是其气论学说的内在动力,并对明清之际思想转型有所推进。再比如,作者认为王廷相的气论体系中亦存在着超越性精神追求,他通过对"天地之美"和"生生之美"的观念的分析,揭明了王廷相气论思想的审美意识、审美体验和审美超越。

这些年我本人比较关注"神"范畴,神与气的关系可以说也是中国哲学的重要问题。有的思想家强调气为根本,神为妙用,而有的思想家则强调神对气有主宰性。神气关系,有些类似理气关系。王廷相强调气的基础性,但他对神、神气关系的讨论也有其思想史意义。如王廷相在其著作中多次用到"神理"一词,这一点栋材兄在文中也讨论到王廷相所说"性者,阴阳之神理,生于形气而妙乎形气者也"(《慎言·问成性篇》)。实际上王廷相讨论"神理"有多处,《慎言·文王篇》说:"河出图,洛出书,羲皇因之以画卦,若曰本于天地之神理也。"《杂著·律尺考》中说:"由是观之,尺随代更,律随尺异,虽有慕古之君出而正之,终然不能归一,岂非神理难诠,器数形拘耶?"从这些来看,"神理"与"器数"、卦画相对,有形而上特征。王廷相在多首诗歌中也用到"神理"一词,如五言古体《赠杨用修》中说"神理超灵筌,道契发天工"。可见,"神理"一词在王廷相气学思想中也值得进一步关注。

总体来看,本书对王廷相气学诸议题所作深入细致的辨析和富有新意的探索,体现了作者融贯古今、实事求是的学术态度和深造自得的独特洞见。本书弥补了当前王廷相气论思想研究的某些不足,纠正了以往气学研究领域的一些偏向,开拓了气学研究的新视野,是一部不可多得的理学研究专著。

栋材兄还在读博的时候,我们就认识,这些年也常交流,向他学习颇多。栋材兄学如其人,敦厚温雅。嘱我写序,实不敢当。我对王廷相没有专门研究,以上杂感谈不上"序",是拜读栋材兄大作的一点学习体会。

翟奎凤

2023 年 6 月 3 日于泉城济南

前言：气论、儒学与中国哲学

一、问题缘起与研究意义

本世纪以来，如何激活古色古香的气论传统资源，并给予符合时代需要的创造性转化和创新性发展，成为摆在中国哲学研究面前的重大议题[①]，这也是王廷相气论思想研究推陈出新的根本要求。日本学者高濑武次郎（1869—1950）早在1910年出版的《支那哲学史》，就指出了中国哲学中的"气一元论"问题。梁启超（字卓如，1873—1929）《中国近三百年学术史》则较早肯定明清之际儒学气论之于宋明理学的反动作用。及至近现代，随着中国哲学史研究的开展，不断推动儒学及其气论的现代诠释，并且出现了"严复之问"：

> 即如中国老儒先生之言气字。问人之何以病？曰邪气内侵。问国家之何以衰？曰元气不复。于贤人之生，则曰间气。见吾足忽肿，则曰湿气。他若厉气、淫气、正气、余气，鬼神者二气之良能，几于随物可加。今试问先生所云气者，究竟是何名物，可举似乎？吾知彼必茫然不知所对也。然则凡先生所一无所知者，皆谓之气而已。指物说理如是，与梦呓又何以异乎？[②]

严复（字几道，1854—1921）认定，中国传统思想文化缺乏形式逻辑，尤以"含混闪烁"的气概念为代表，因此必须对气论传统进行现代化改造，赋以

---

① 参见陈来：《〈气本与神化：张载哲学述论〉序》，《中国哲学史》2008年第4期；又见陈来：《中国哲学史的学科属性与方法》，《中国哲学史》2021年第4期。
② 耶方斯：《名学浅说》，商务印书馆，1981年，第18页。

西方逻辑方法的内核。与此相呼应,陈独秀(字仲甫,1879—1942)在《新青年》创刊号发表《敬告青年》,呼吁青年要懂得现代科学,痛斥传统文化:

> 其想象之最神奇者,莫如"气"之一说,其说且通于力士羽流之术。试遍索宇宙间,诚不知此"气"之果为何物也!凡此无常识之思维,无理由之信仰,欲根治之,厥为科学。①

"严复之问"在陈独秀这里不仅得以确证,更上升为时代之问,影响了无数中国青年。如果说陈独秀是近代中国擎起"科学"和"民主"大旗的"总司令",严复则是将此与中国气论传统关联起来的标志性人物。更准确地说,严复是中国古典气论的终结者,还是发出气论传统何以现代化之问的第一人。②

在中国哲学研究论域中,关于气论传统或儒学气论的现代转化的研究,先后形成两大范式,即理学主流认知范式和辩证唯物论范式。如今要推进相关研究,必须对此两大范式进行重省,予以批判继承,以探求更有理论前景的研究方法。

(一) 理学主流认知范式

宋明时期儒学的重要代表毫无疑问是宋明理学,反过来说,宋明理学被视为儒学传统发展的理论高峰。对此,陈寅恪(字鹤寿,1890—1969)1930年给冯友兰(字芝生,1895—1990)《中国哲学史》所作的"审查报告",有经典性论断:"佛教经典言'佛为一大事因缘出现于世。'中国自秦汉以后,迄于今日,其思想之演变历程,至繁至久。要之,只为一大事因缘,即新儒学之产生,及其传衍而已。"③此说的"新儒学",即通常所谓宋明新儒学或宋明理学。钱穆(字宾四,1895—1990)在《宋明理学概述》进一步指出,朱熹(字元晦,1130—1200)之后,诸儒或述朱或净朱,总之不离朱熹这个中心。④到明代初期,随着程朱理学日趋官方化与正统化,"述朱"的情况越来越普遍,"净朱"

---

① 陈独秀:《独秀文存》,安徽人民出版社,1987年,第6页。
② 曾振宇以严复气论为个案,考察中国古代哲学概念在响应西方过程中出现的现代化问题。参见氏著:《响应西方:中国古代哲学概念在"反向格义"中的重构与意义迷失》,《文史哲》2009年第4期。曾氏对严复气论之问意义的发掘很重要,但不准确,评价也不够全面。
③ 冯友兰:《附录·审查报告三》,载《中国哲学史》下册,中华书局,1961年,第1—2页。相关讨论参见文碧方:《宋明理学中理学与心学的同异及其互动》,《武汉大学学报(人文社科版)》2005年第4期。
④ 参见钱穆:《宋明理学概述》,载《钱宾四先生全集》(9),联经出版社,1982年,第286页。

的声音大为减弱。整个儒学界呈现出"此一述朱,彼一述朱"①的局面。

朱熹之后,以陈献章(字公甫,1428—1500)为首,由王阳明(字伯安,1472—1529)继起而肇兴的心学,成为明代理学发展的核心事件。阳明后学王畿(字汝中,1498—1583)说:"愚谓我朝理学,开端还是白沙,至先师而大明。"②黄宗羲(字太冲,1610—1695)指出:

> 尝谓有明文章、事功,皆不及前代,独于理学,前代之所不及也。牛毛茧丝,无不辨析,真能发先儒之所未发。……有明之学,至白沙始入精微。……至阳明而后大。③

他们都认为明代理学以阳明学为中心。如此一来,论及宋明时期的儒学思想,"程朱理学""陆王心学"这两大主峰格外醒目,且得到后世学者不断阐扬。近代学人谢无量(字大澄,1884—1964)的看法很有代表性:

> 明初开国,承元世学风,程朱之学尤盛,……阳明嗣陆而才高于陆,几与紫阳并立。自是程朱与陆王分为二大学派,……此有明一代理学思想变迁之大略也。④

这就是说,明代理学在前期基本上是程朱理学,中后期则以阳明学为主。此认识大致不差。然要注意的是,阳明学作为明代诸儒对朱子学进行反省的主要表现之一,不能涵盖明代理学更新发展的全部内容。阳明学在明代中后期的盛大流行,容易造成某种印象,即明代儒学基本上就是阳明学,除此之外无需深究。这种看法并非全然准确,明代儒学实则有其他重要创获。

嘉靖六年(1527)十二月,王廷相(字子衡,1474—1544)倡言:

> 仲尼没而微言绝,异端起而正义凿,斯道以之芜杂,其所由来渐矣。非异端能杂之,诸儒自杂之也。⑤

---

① 黄宗羲:《姚江学案序》,载《明儒学案》,中华书局,1985 年,第 179 页。
② 王畿:《复颜冲宇》,载《王畿集》,凤凰出版社,2007 年,第 260 页。
③ 黄宗羲:《明儒学案发凡》,载《明儒学案》,中华书局,1985 年,第 17 页。
④ 谢无量:《中国哲学史》第三编下,中华书局,1924 年,第 1—2 页。
⑤ 王廷相:《慎言序》,载《王廷相集》第三册,中华书局,1989 年,第 750 页。

王廷相深刻意识到,佛老的挑战不再是明代儒者迫切应对的时代课题,取而代之的,应是对正统化理学进行反思。这一发展儒学的学问意识,并非王廷相的个人臆断,而是当时儒家有识之士的基本共识。基于此共识,几乎在同一时间轴上明代中期儒学开展出三条主要径路:其一,罗钦顺(字允升,1465—1547)力图从朱子学内部对其进行反思和局部改造,理气关系问题就是理论突破口。其二,王阳明承续陆九渊(字子静,1139—1193)、陈献章的思想方向,在与朱子学的对话中创发出良知与致良知之说。其三,王廷相以张载(字子厚,1020—1078)气学为思想本营,在批判正统化朱子学的过程中建构起其颇具特色的气论言说①,以之复归《六经》孔子之道。

无论是罗钦顺对朱子学的改造,还是王阳明的心学抑或王廷相的气论,程朱理学在其形成过程中扮演着重要角色。相较而言,罗钦顺对朱子学的辩护与修正可谓不遗余力,因此被称为"朱子学后劲"。阳明学与朱子学分庭抗礼,然二者关系密切且复杂。② 三者之中,王廷相对程朱理学给予集中批判,与偏重于道德心性的阳明学不同,王廷相气论表现出相对独立性,且重实在、重实践、重经世致用等思想特点。

"程朱""陆王"的学术划分,很大程度上有赖于明代中后期"陆王"一脉对儒学正统地位的强烈诉求。特别是经过周汝登(字继元,1547—1629)《圣学宗传》、孙奇逢(字启泰,1584—1675)《理学宗传》以及黄宗羲《明儒学案》等对宋明儒学的建构,"程朱""陆王"的理学主流认知范式逐渐成为主导观点。

中国哲学史的早期创作或书写阶段,从谢无量的《中国哲学史》开始,理学主流认知范式得到学术界认同和贯彻。如钟泰(字斋,1888—1979)颇具个人特色的《中国哲学史》,以及冯友兰两卷本的《中国哲学史》,都是如此。作为民国时期明代思想研究的代表性学术专著,嵇文甫(1895—1963)的《晚明思想史论》和容肇祖(1897—1994)的《明代思想史》,均没有逸出理学主流认知范式。

---

① 蒙培元《理学的演变——从朱熹到王夫之戴震》(福建人民出版社1984年版)以朱熹思想为起点来处理此论题,认为朱熹理学包含着自身难以克服的内在矛盾,从而导致向心学与气学两个方向的分化与演变,王阳明与王夫之是这种演变的最后完成者。不管是心学派还是气学派都没有超出理学的共同主题。蒙先生所论对学界认识理学的演变提供了很有价值的线索,但没有突出从理学传统内部衍生出来的裂变因素,难以有力地说明理学之后的儒学发展。王廷相、罗钦顺和王阳明都是在承认气的思想作用或地位的大前提下来重省和发展朱子学的,三者具体径路做法不一致。

② 关于明代朱子学与阳明学的亲密关系,吴震、古清美等的研讨值得参考。参见吴震:《朱子学与阳明学》,北京大学出版社,2022年,第79—153页;古清美:《明代朱子理学的演变》,载《慧菴论学集》,大安出版社,2004年,第41—48页。

随着现代新儒家群体的兴起及影响加剧，理学主流认知范式较以往有过之而无不及。现代新儒家第一代如熊十力（字子真，1885—1968）、冯友兰、梁漱溟（字寿铭，1893—1988）、贺麟（字自昭，1902—1992）等，要么接着程朱理学讲"新理学"，要么接着陆王心学创发"新心学"。他们间或注意到气论传统，但基本上认定"气"远不如"理""心"重要，因而没有必要深论。"气学"甚至连成立的可能性都值得怀疑。这种观念在一定范围内（如港台地区）仍影响甚大。如今着力于中国气论哲学研究，理学主流认知范式有必要得到检讨。

当然，现代新儒家群体内部并非铁板一块，对气论传统不全是贬抑排斥。熊十力就注意到张载（字子厚，1020—1077）和王夫之（字而农，1619—1692）的气论思想，较早将"气一元论"称为"唯物论"。① 其后继者对于气论或以气为本的思想，不乏同情之了解，以方东美（字德怀，1899—1977）最值得注意，他曾高度称赞：

> 王阳明思想影响几臻于巅峰状态之际，王廷相乃独树一帜，盛张唯气论及唯物论之说，旨在动摇宋儒之根本，卒亦反及阳明之心学。王廷相实首开自然主义风气之先，盛行于十七八世纪，适值训诂考据之学大兴而哲学智慧衰退之时代。②

这一认识表明：其一，在王阳明之外，王廷相值得注意，其思想宗旨在于反对程朱理学。其二，王廷相的思想可以说是唯气论及唯物论。其三，王廷相首开自然主义之风，与清代考据学有密切关联。作为现代新儒家的重要一员，方东美不囿于理学主流认知范式，看到气论思想的独特性并作出较中肯的评判，确实难能可贵。他意识到气论思想在明代有所继承和发展，指出这种学说的思想性意义。令人抱憾的是，其看法在现代新儒家内部没能产生多少回响。

此外，唐君毅（1909—1978）对宋明理学气论的阐发值得注意。他多次指出要"高看"张载所说的气，其中包含对气论思想形上意涵的肯认。后来杜维明讲"存有的连续性"以及近年来郑宗义讲"儒家'气性'一路之建立"③，

---

① 参见萧萐父主编：《尊闻录》，载《熊十力全集》第一册，湖北教育出版社，2001年，第636页。
② 方东美：《中国哲学精神及其发展》（下），中华书局，2012年，第427页。
③ 参见杜维明：《存有的连续性：中国人的自然观》，《世界哲学》2004年第1期；郑宗义：《论儒家'气性'一路之建立》，载杨儒宾、祝平次编：《儒学的气论与工夫论》，华东师范大学出版社，2008年，第170—191页。

都可以视为现代新儒家内部对儒学气论研究的某种肯定或回应。只是在他们而言,道德心性之学仍是儒学的根本,对气论的探讨以此为依归。

问题在于,即使是儒学气论,并不完全限于道德心性领域,有的甚至不以道德心性为重心。对此,杨儒宾等的相关研究作出了新探索。其中涉及一个重要论题,即气论与儒学的关系问题。这就提示,悬隔理学主流认知范式,挖掘更契合气论思想本身的方法观点,或更利于探知气论之于儒学的内涵、作用与意义。

(二)辩证唯物论范式

二十世纪三十年代前后,为解决中国向何处去的时代问题,在一批爱国知识分子和革命进步人士的推动下,马克思主义在中国大陆的传播形势高涨。相关学术研究方面,张岱年(字季同,1909—2004)对气论学说特别提揭,为建国后开展气论哲学研究作了重要示范。[①] 他运用马克思主义的立场、观点和方法,创造性地提出"理学、心学、气学"的三系说,指出在程朱、陆王之外,尚有以张载、王廷相、王夫之、戴震(字东原,1724—1777)等为代表的"气学一系"。这一看法打破了理学主流认知范式,使宋明儒学研究视域及方法大为扩展,为学界重新思考和挖掘宋明理学提供了新面向。与冯友兰、贺麟等相继提出"新理学""新心学"不同,张岱年挖掘传统思想文化中固有的唯物论因素并给予解析和建构,主张"新唯物论"或"综合创新论",以发展出适合于现代中国需要的思想理论。

遗憾的是,张先生的工作未来得及获得充分展开,建国后马克思主义成为学术研究的主导意识形态,尤其是"唯物—唯心"两军对垒的思维模式和评价体系,成为衡准中国传统思想的标尺,凡属于唯物主义阵营的就要肯定,就是先进的、科学的;凡属于唯心主义阵营的就要批判,就是落后的、陈腐的。在此情形之下,气论传统受到高度关注,气论研究取得重要成绩,然随之而来,生搬硬套、评价单一、思维僵化等问题也很严重。

平心而论,与理学主流认知范式相比,辩证唯物论范式对气论思想特别重视,以至有抬高之嫌。[②] 然不论如何,气论学说毕竟得到挖掘和重视,尤其是侯外庐(1903—1987)、萧萐父(1924—2008)等主张的"早期启蒙说",将王

---

① 张岱年通过"气论一""气论二"的论说特别指明中国气论传统,参见氏著:《中国哲学大纲:中国哲学问题史》,中国社会科学出版社,1982 年,第 39—50、74—85 页。

② 张立文曾说:"由于气学和马克思主义的唯物论有相似之处,因此,气学在大陆得到特别的重视和关注,不仅在中国哲学史上发掘了众多唯物主义思想家,而且构成了气学的发展系统,其贡献不可抹煞。"参见氏著:《理学的演变与重建》,《哲学研究》1991 年第 7 期。

廷相等明代儒学中以气为本的思想视为"反道学""反理学",使其异质于理学传统的特点得到较充分肯定。① 不论是侯、萧等的"反道学"说,还是张岱年等的"气学一系"说,都肯认王廷相气论思想价值,在运用辩证唯物论这一点上,有异曲同工之妙。不同处在于,前者强调气论学说之于理学传统的异质性,后者承认气论学说属于广义的理学范畴。侯先生认定明清之际是中国近代"启蒙思想"开始的时代。② 依循这一思想理路,他对李贽(字宏甫,1527—1602)、方以智(字密之,1611—1671)、王夫之等明清之际思想家给予高度评价,在此基础上萧先生等作了深入和推进。这一研究路向没有被唯物—唯心两军对垒模式所桎梏,故在气论哲学研究上创获颇丰。③ 然而,以"反道学"来定位王廷相、吕坤(字叔简,1536—1618)等的气论思想,未能深入阐明气论思潮与儒学转型的内在关联。

相较而言,余英时(1930—2021)主张"内在理路说",注意从思想史的连续性与断裂性阐明明清学术转型问题。他将"早期启蒙说"视作一种"外缘说",这种概括并不准确。明清之际早期启蒙思想并不是从天上掉下来的,除了社会政治经济等因素的作用,学术思想上有赖于明代中后期的反理学思潮。侯、萧等将正统化理学斥之为中世纪的蒙昧主义,认为其导致思想上的伦文主义和伦理异化,他们认定传统文化现代化的"历史接合点"(萧萐父语),应该主要从 17 世纪以来的曲折发展的启蒙思潮中去探寻。④ 这一总体性判断有其理论依据,然还有完善的空间。譬如,正统化理学和理学传统以及理学、心气和气学的复杂关系,至少要给予理论分析。至于明清气论思潮与儒学转型的内在关联,更应作出详细的考察和探讨。本书以王廷相气论思想为中心,实则涉及此论题。

(三) 两大范式的双重超越

辩证唯物论范式被搁置或被弃用,说明该研究方法不能适应时代发展及理论要求,并不意味着张岱年跨越世纪的哲思之路后继无人。在中国哲学史研究或中国哲学建构方面,至少有程宜山、陈来、李存山等学者接续了张先生的学问意识和治学理念,且作出了重要贡献。对于本世纪的中国气

---

① 侯先生 1959 年发表《王廷相的唯物主义哲学思想》,有些见解至今仍值得咀嚼领会。参见氏著:《王廷相的唯物主义哲学思想》,《哲学研究》1959 年第 7 期。

② 侯外庐:《中国思想通史》第五卷,人民出版社,1956 年,第 3—16 页。

③ 参见吴根友:《20 世纪明清学术、思想研究的三种范式》,载《明清哲学与中国现代哲学诸问题》,中华书局,2008 年,第 11—30 页。

④ 参见萧萐父:《活头源头何处寻——关于传统文化与现代化之间历史接合点问题的思考》,载《吹沙集》,巴蜀书社,1991 年,第 81—104 页。

论哲学研究而言,其中尤以气论与仁学的关系探讨引人关注。李存山在此方面有长期探索,最终凝结为对中国的实在论与道德论的双向探求;陈来则建构"新原仁"的仁学本体论,借助朱子学思想,以说明中国气论应有的形上学特点。他们的共同点在于,不断深化关于中国气论思想的逻辑分析和价值认识,以期更加坚守中国文化立场,同时揭示出中国气论哲学的思想特色,从而面向和应对中国现代化的问题。

具体而言,李存山早在《中国气论发源与探微》(中国社会科学出版社1990年版)就指出,气论与仁学的关系问题贯穿中国传统哲学始终,决定其基本发展方向。这一问题成为他的学术研究重心,为此他推出《气论与仁学:中国传统哲学的基本结构》(中州古籍出版社2009年版),继续明确其论断,即儒家仁学传统(道德)长期压制气论物质观(科学),导致未能发展出西方意义上的科学实证精神和逻辑批判精神。不难看出,这种论点实际上是对张岱年儒学气论研究工作的深化,尤其从中西文化比较视域指出了仁学与气论的关系特点,基本阐明了儒家传统现代化的问题在于对仁学和气论的双向扬弃。相较于此,陈来融贯冯友兰、张岱年等的学问路数,坚持和发展冯先生的问题意识,力图创造自己的哲学体系,其近著《新原仁:仁学本体论》(生活·读书·新知三联书店2014年版)的核心任务是在当代重建儒家仁学。细读其书不难发觉,新仁学的当代重建同时意味着找寻气论新面向,尤其是对朱熹仁学及其晚年关于气论的新揭示,以及对王夫之气善论的重视,表明儒家仁学与气论的不可分割性,更阐明了仁学必然依托于气论的核心观点。围绕儒家仁学与气论的关系问题,与李先生的宏观判认相比,陈先生更强调细致分疏,从问题的推进来看,即从仁学与气论的关系到理、物、心、性与气的关系,二者其实形成某种交替。

此外,有三部书值得提及:其一是蒙培元的《理学演变——从朱熹到王夫之、戴震》(福建人民出版社1984年版),该书已经关注到朱熹哲学思想中的理学、心学、气学等三重因素,并以此概括分析理学的发展演变,扩展考察了明代气学思想路线和王夫之、戴震的气论言说,可以说是充满洞见的。其二是张立文先生主编的中国哲学范畴精粹丛书之一,即由蔡方鹿、张怀承等撰著的《气》(中国人民大学出版社1990年版),该书初步梳理勾勒了中国气论传统及基本命题,可以视为对小野泽精一等日本学者编撰的《气の思想:中国における自然観と人間観の展開》(东京大学出版会1978年版)《气的思想——中国自然观与人的观念的发展》(上海人民出版社1990年中文版)的回应。然平心而论,无论是从学术精度还是思想高度来说,后者比前者略胜一筹。其三是张学智的《明代哲学史》(北京大学出版社2000年版),该著作为新中国第一部明代思想研究专著，其意义毋庸多言。① 难能可贵的是，对明代气论思想代表如罗钦顺、王廷相、吴廷翰等的相关言说有集中考察。相较于侯外庐等的《宋明理学史》以及萧萐父、李锦全等的《中国哲学史》，这些著作的认识无疑更加深化了。

不论如何，大陆学界上世纪八九十年代的研究确实推进了冯友兰、张岱年等的问题意识和研究规模。更深层次地说，儒家仁学与气论的关系问题，实质指向的是儒学形上形下的一体问题。这一问题仍可以追溯至"严复之问"。至少可以说，"严复之问"直接以气论传统现代化为标靶，击中的却是整个儒学传统现代化的核心议题，即仁学与气论的关系问题。

在现代新儒家群体中，最早对此议题有明确学术自觉并有所探求的，除了冯友兰，再就是熊十力及唐君毅等。遗憾的是，现代新儒家群体始终难以正面肯定气论之于仁学的重要意义，或者将气论简单判定为形下之域，无法发挥安顿道德心性的作用。在以牟宗三（字离中，1909—1995）为代表的新儒家看来，气论传统难堪儒学现代化的重任，因此评价不高。上世纪九十年代至本世纪初，杨儒宾、刘又铭、王俊彦等学者不满理学主流认知范式对儒学气论的定调，相继开展了别开生面的新探索，其中尤以杨儒宾关于气论与身体观、工夫论等的探讨最值得关注，其《儒家身体观》《异议的意义》等论著彰显出儒学传统中气论的丰饶意涵，在方法上较为成功地扬弃了理学主流认知范式，展示了气论之于儒学的多种可能性。可能是受此影响，现代新儒家的后继者不得不正视儒学的气论资源及其转化问题，开始重视方东美以及唐君毅关于儒学气论的某些"洞见"。换句话说，摆在现代新儒家面前的课题，只能是自觉扬弃并超越理学主流认知范式，不断发掘儒学气论的现代生长点。

回到"严复之问"，当是为了更好地回答"严复之问"。本世纪之初，曾振宇所出版的《中国气论哲学研究》（山东大学出版社 2001 年版）对此有清晰认识，该书抓住在梳理中国古代气论及其近代变革方面提供了重要探索，深刻反思了以严复为代表的近现代知识分子的中西之争态度。该书的问题意识十分可贵，然其研究方法、学术立场和基本结论值得商榷。该著最大的问题，在于作者站在西方哲学文化的立场看待中国思想文化资源，未能正确认识和积极评价气论从传统走向现代的思想变革及其作用，具有比较浓厚的西方化评价思维特征。典型例证之一，著者判定中国传统的"气"是属于前

---

① 关于气的理解及现代阐释，张学智的《中国哲学概论》（高等教育出版社 2022 年版）有新见解。

哲学概念,以此探究"气的哲学化"何以可能,受此思想和视域的限制,"严复之问"的时代意义只能局限为"中国古典气论的终结"。也就是说,该著在本世纪之初就再次提示学界关注"严复之问",遗憾的是,它自身却从这个重大问题边缘滑走了。

本世纪至今,"严复之问"仍是必须面对和解决的问题。气论传统的现代化问题既是儒学的现代化问题,也是中国传统文化的现代化问题。改革开放以来,随着既往的两大范式不再适用,研究者不得不探索更具有效力的方法,因而呈现出多元并进的局面。在前贤的基础上,中西比较、概念辨析、文献解读等研究方法不断更新,但似乎并无实质性进展。如何在思想方法上形成新的突破,成为本世纪以降儒学气论研究甚至是中国气论哲学的核心命题,截至目前,学界已呈现一些令人印象深刻的工作。

陈来、吴震、陈立胜、丁为祥、陈畅、谷继明、赵金刚、周磊等的新近研究显示出一大共同点,那就是气论言说广泛遍布于儒学尤其是宋明理学话语体系和思想观念之中,这就要求我们仔细判认不同思想学派的气论观点,深化或调整对"理学、心学、气学"三分架构的认识,充分呈现出儒学气论的复杂面向和具体特质,尤其是理学与气论的内在关系、心学与气学的思想异动以及气论与西学的思想互动等,更加展现出宋明理学及至明清儒学的内在演进,以及气论传统的现代遭遇。[1] 综合而言,目前这些探究对于更新儒学气论具有一定意义,但在思想方法上未能体现出更多创造性。

相较而言,倒是一些有别于传统的中国哲学史或思想史的研究路数,能够阐发颇多新意或可能性。比如,金观涛和刘青峰从东亚儒学视域观察中国近代气论形态对儒学重构的政治可能性,重点关注黄宗羲、王船山、戴震及刘宗周的气论,探讨其与现代政治的内在关联性。[2] 这实际上在探究儒学气论所蕴含的现代政治因素,某种意义上是对严复等追问气论传统何以通

---

[1] 陈来:《王船山的气善论与宋明儒学气论的完成——以"读孟子说"为中心》,《中国社会科学》2003 年第 5 期;丁为祥:《气学——明清学术转换的真正开启者》,《孔子研究》2007 年第 3 期;陈立胜:《良知之为"造化的精灵"——王阳明思想中的气的面向》,《社会科学》2018 年第 8 期;吴震:《心学与气学的思想异动》,《复旦学报(社会科学版)》2020 年第 1 期;陈畅:《明清之际哲学转向的气学视野——以黄宗羲〈明儒学案〉〈孟子师说〉为中心》,《现代哲学》2019 年第 5 期;赵金刚:《朱熹论"二气之良能"》,《中州学刊》2017 年第 11 期;周磊:《心学批判:基于气学的立场》,《文史哲》2022 年第 6 期。北京大学哲学系主办的《哲学门》杂志设有"气学论坛",可以说是近年来学界自觉推动中国气论研究的重要表现之一。

[2] 金观涛、刘青峰:《气论与儒学的近代转型——中国与日本前现代思想的比较研究》,《政大中文学报》第十一期。

向现代社会的自觉拓展。以至于有论者提出,黄宗羲的气论表达了"气缘政治"的新见。[1] 推扩来看,气论在中国政治传统中扮演了极为特殊的作用,从伯阳父以阴阳之气论地震进而论及周亡的政治大事变,到康有为(字广厦,1858—1927)试图通过变革儒学气论,达到"生民之气""天下之气"的目的,无不体现着气论政治的深厚传统。若跳出儒学的藩篱,可以看到,以老庄为代表的气论学说更具有政治属性,如毕来德(Jean Franois Billeter)、杨儒宾、何乏笔(Fabian Heubel)、赖锡三等聚焦《庄子》的气化主体所蕴含的政治哲学维度,认为庄子气论哲学蕴含"新主体范式"(即所谓"气化主体"),或是疗救现代性疾病的解药,或是通向现代民主政治的可能。[2] 与此同时,有论者从不同层面挖掘出气论传统资源的新可能。如曹峰、丁四新等聚焦郭店楚简、上博简如《恒先》等出土文献的气论,揭示有别于既有传统思想之处。[3]

同样是气论思想个案研究,王论跃(Frédéric WANG)指出王廷相气论思想不止是对理想的检视,还是明代儒学发展的一条可贵道路。[4] 李世凯则对王廷相心性思想作出集中考察,对心与气的关系给予突出关注。[5] 关于仁学与气论关系的传统论题,杨泽波提出新的思考,认为其生生伦理学可以解决二者的张力,较好处理自然与道德的转换难题。张学智、张再林、方向红、山口一郎等海内外学者,更是从中西比较的不同视角揭橥气的身心之义或形上之义,抑或主张建立一门气的现象学。[6] 诸如此种前沿探索,不难表明中国气论哲学研究仍有增长空间。尤其是丁耘近年对气论传统进行新的判摄,指出刘宗周和王夫之的气论跳出了程朱、陆王之争,

---

[1] 周赟:《以气缘取代血缘——从张载的宗法思想到人类共同体的思考》,《思想与文化》第十九辑,华东师范大学出版社,2017年,第180—190页。

[2] 柯小刚:《〈庄子〉与主体转化的工夫论——从毕来德、杨儒宾、何乏笔的跨文化对话出发》,《长白学刊》2019年第2期;赖锡三:《身体、气化、政治批判——毕来德〈庄子四讲〉与〈庄子九札〉的身体观与主体论》,《中国文哲研究通讯》第22卷第3期。

[3] 曹峰:《〈恒先〉的气论——一种新的万物生成动力模式》,《哲学研究》2012年第5期;丁四新:《楚竹书〈恒先〉的三重宇宙生成论与气论思想》,《哲学动态》2017年第9期。

[4] Frédéric Wang, Le néo-confucianisme mis en examen: la pensée de Wang Tingxiang (1474-1544), Lille, ANRT, 2006.

[5] 李世凯所著《王廷相心性思想研究》2022年由中国社会科学出版社出版。

[6] 杨泽波:《跨越气论的"卡夫丁峡谷"——儒家生生伦理学关于自然之天(气)与仁性关系的思考》,《学术月刊》2017年第12期;张再林:《以"意"释"气"——中国古代气概念之"新解"》,《中州学刊》2015年第9期;方向红:《单子论的逻辑中断与朱熹理气论的现象学重建——兼论一门气的现象学的必要性和可能性》,《哲学研究》2018年第3期;山口一郎:《气的现象学——从唯识与神经现象学的观点出发》,《中国现象学与哲学评论》2021年第2期。

同时也跳出了唯心、唯物之争,是从唯心论翻转出气论的道路,同时提示了一个重要方面,即气论思想与佛学义理的交涉是晚明气论发展的特质,还指出可以用现代中国哲学激活气论传统。[①] 这些剖析和判摄确实别有洞见,可以说促使思想史进一步脉络化,更具有现代问题意识和理论风格,因而值得重视。

还值得一提的,是气论与自然科学的关系问题。晚明时期写出了《天工开物》的宋应星,在自然哲学上有《论气》之作;"坐集千古之智,折中其间"的方以智,则提出"火一气"一元论主张。及至清代中期戴震(字东原,1724—1777)的出现,清末民初"严复之问"以及陈独秀之说,更是直接指向气论何以通向现代科学之问。二十世纪上半叶直至改革开放以前,我国学者在这一问题上几乎陷入沉寂,除了侯外庐先生等个别学者的探索,可观的学术成果凤毛麟角。改革开放以后,一些中国哲学史或思想史的研究者开始集中关注这一问题,然而未有大的突破。何祚麻院士出版的《从元气学说到粒子物理》(湖南教育出版社 1999 年版),可以说是中国现代科学家对古代气论进行创造性思考的结果,尤其是对科学与哲学的中今关系有深刻阐述,故该书无论是在当时以至今日,都具有某种示范意义。可以说,气论与科学关系的学术领地仍然有待大力开垦。

总之,面对中国传统丰厚的气论传统思想资源,需认真总结思考才有可能建构出合理的现代问题意识及研究方法,从而呈现出新研究气象,以此激活稍显沉寂的中国气论哲学。就王廷相气论思想研究而言,必然内在关联到气论、儒学与中国哲学的关系,要而言之,即气论传统现代化的问题。本书一定意义上试图解答这个问题。本书指出,从气论思潮与明清儒学交互的角度,来探求和解读王廷相气论思想,或可超越以往研究范式,为今后研究开出新的可能。这样做至少有如下理论意义:其一,有助于深入了解和呈现王廷相气论思想的问题意识、内部结构、学说规模以及终极旨趣,尤其是"道真"观念。其二,有助于掌握中国气论传统发展至王廷相气论的基本进程及其思想贡献。其三,有助于认识王廷相气论之于明代中期儒学发展及其在明清儒学转型过程中的理论作用。

本书还指出,王廷相气论在批判理学以及探求儒学发展等方面具有重要理论价值,乃至探讨中国气论传统现代转化问题,不能避开以其为代表的明代中期气论思潮。[②] 不唯如此,王廷相与明清之际思想家在气论问题的立

---

① 丁耘:《心物问题与气论》,《中国社会科学》2022 年第 6 期。
② 山井涌、金观涛、刘青峰、丁为祥以及肖永明、张丽珠等学者注意到明清气论与儒(转下页)

场和旨趣上存在一致性,这使其气论思想更值得注意。在明清气论思潮与儒学转型交互视域下研讨王廷相气论及其理论意义,实则很有必要。

二、目标、对象与方法

本书以王廷相气论思想作为通达气论、儒学与中国哲学的研究个案,旨在论明:就王廷相本人而言,气论学说是实现理想中儒家之道的必然选择。从思想史角度来看,王廷相气论学说在批判正统化理学方面有所建树,其所阐发的关于儒学的诸多创见值得分析。[①] 与此同时还应看到,王廷相气论学说表现出中国气论传统与儒学发展的内在关联性和复杂性。

宋明儒学毕竟是王廷相气论思想的主要资粮,其学说无论在话语体系还是思维框架方面,都与程朱理学发生诸多纠葛。本书正是透过王廷相气论思想及相关论题,深入而具体地考察气论与儒学的互动过程,指明正统化理学对气论学说的抑制以及气论学说对明代儒学发展的推动作用。

一般而论,研究目标最终决定了研究视角和研究方法的采用。本书既以王廷相气论思想个案为主要对象,故主体部分展现为王廷相气论思想诸环节的考察及其理论结构与特点的分析。这决定了本书不必涉及王廷相思想全部内容,而是选取与其气论思想及儒学发展密切相关方面进行分析。

本书力求阐述清楚一些关键性问题,比如,王廷相的儒者身份如何确立。也就是说,在当时"此亦一述朱,彼亦一述朱"的思想氛围,他为何要独标气论学说。只有弄清这些问题,才能透过王廷相气论思想,进而阐述气论与儒学的关系。扼要而言,集中讨论三个问题:其一,王廷相的儒者身份问题以及他何以独标气论学说的问题。其二,王廷相的元气论及气种说的理论特色问题。其三,王廷相气论对理学的批判和对儒学的建构问题。考察这些问题,不得不探讨气论传统和儒学发展的关系问题。

气论传统在中国思想史上呈现为不同理论形态,粗略地看,先后有先秦

（接上页）学转型的关系问题,他们讨论的具体有差别,但基本处于同一论域。分别参见山井涌:《戴震思想中的气》,载《气的思想——中国自然观与人的观念的发展》,上海人民出版社,1990 年,第 452—466 页;金观涛、刘青峰:《气论与儒学的近代转型——中国与日本前现代思想的比较研究》,《政大中文学报》第十一期;丁为祥:《气学——明清学术转换的真正开启者》,《孔子研究》2007 年第 3 期;张丽珠:《清代义理学的转型》,里仁书局,2006年,第 365 页;肖永明、王志华:《明代儒学气学传统的回归及走向——以"太虚"诠释为中心》,《哲学研究》2019 年第 10 期。

① 参见萧萐父、许苏民:《明清启蒙学术流变》,人民出版社,2013 年,第 3—10 页。

的六气五行说、精气说和一气说,汉唐的元气说,宋以后的理气说以及明末至清的气化说[①]。先秦儒家特别是孟子提出"浩然之气""知言养气"之说,体现出儒家对气论的独特理解,那就是注重气论在道德心性修养方面的作用。随着汉唐宇宙论儒学的发达,儒家气论与成德之学的联系相对被忽视。直至宋代理学肇兴,这一方面内容才由张载、二程等人重提出来。理学家偏重于道德心性之学的营造,特别是在程朱理学思想体系中气被设置为形而下的位阶,气论学说被限定在理气论的范围内。明代中后期以至清代儒者对理学进行批判和反叛,打出了"气化说"的旗帜并为气论传统辩诬,几经探索,开出儒学的新面向。

以上依据中国思想史进程,对气论与儒学关系进行粗线条勾勒,实际情况要复杂得多。作为我国传统文化重要组成部分,气论传统一直发挥着不可或缺的作用。儒学自孕育、诞生以至发展至今,与之保持密切关联;准确地说,二者共同构成中国传统文化与思想发展的主线之一。某种意义上可以说,中国哲学就是气的哲学。

简要梳理元气说由汉唐至宋明的发展历程,可以发现王廷相元气论的思想来源及其实质性突破。重要的是,那些旧的气论学说在新的思想时代出现,如何看待它们的变化及意义,则是重要的议题。譬如,作为儒学在宋元明清时期的主流形态,理学有其价值范畴、话语系统与理论诉求,气论学说与理学的关系自然成为气论思想研究的主题之一。张岱年所提出的宋元明清儒学中的"气学一系"究竟属于侯外庐等认定的反理学思潮,还是属于杨儒宾所指出的反理学的理学?[②] 抑或气论思想作为一套思想体系有其独特的宇宙本体论、心性论和修养功夫论? 通过王廷相气论思想个案,这些疑问可以获得不同程度的解答。

以问题为基本方法和主要线索之外,本书强调概念分析与文本疏释。譬如,"气"可以说是中国传统哲学中"最富传统、最基本、最广泛、涵摄丰厚而衍变繁杂的范畴之一"[③]。从经典诠释学角度来说,赋予传统观念以新的

---

① 这里的"气化说"是指清代儒学突破宋明理学传统之后而言的,与汉唐时期的气化论有所区别。

② 参见杨儒宾:《检证气学——理学史脉络下的观点》,载《异议的意义:近世东亚的反理学思潮》,"国立台湾大学出版中心",2012年,第85—126页。

③ 萧萐父:《〈气论与传统思维方式〉序》,载《吹沙集》,巴蜀书社,1991年,第590页。张岱年特别指出,既要区别常识气概念与哲学的气概念,又要认清气的本来含义与推广义。具体参见氏著:《中国古代哲学概念范畴要论》,载《张岱年全集》第四卷,河北人民出版社,1996年,第490—491页。根据《故训汇纂》统计,气和氣在中国传统典籍中的训诂条目达一百三十条之多。参见宗福邦、陈世饶、萧海波主编:《故训汇纂》,商务印书馆,2003年,第1216—1218页。或因如此,气概念的外译难免产生分歧,严复在翻译《名学浅说》时即 (转下页)

思想内涵被认为是中国哲学、思想的基本特征。气这个概念的抽象化、哲学化历程就是典型例证。元气概念的出现及其发展基本如此。与"气""元气"等概念相比,"气学"是现代学术研究中才出现的概念,与气论关系紧密然有所区别。"气学"概念有其合理性,但本书不主张仍在理学、心学和气学三分架构视域下理解"气学",而是在气论、儒学与中国哲学的关系意义上来理解"气学",在这个意义上,"气学"可以理解为"气论意义上的儒学"。

按照张岱年等的基本设定,"气学"指在宋元明清儒学中以气为本体的思想或思潮,在理论形态上与程朱理学和陆王心学相对而言。可见,"气学"是从学术研究上对以气为本的思想进行的学派规划或给予的学术称谓,气论(或气论学说)则包括历史上所有的关于气的学说。为此,不能混淆"气学""气论"以及"气论哲学",这并不是说它们不能分享共同的经验、方法或范式,而是说前者要在后者的范围内保持其独特性。一般情况下,本书主要使用气论、气论学说等说法,这些说法主要涉及的是气论与儒学的关系议题,也就指的是"气论意义上的儒学"。这当然与张先生所讲的"气学"有内在关联,但也有区别。

明清气论学说的分系问题,是目前气论哲学研究的基础性问题之一。学界关于此问题的看法尚未完全一致,但基本上倾向于将以王廷相为代表的明代中期气论称之为"气学",以说明王廷相气论思想的独特性及其开创性意义。这种做法有其合理性,但本书不认同所谓"理学的气学""心学的气学"这些说法,这并非是对张岱年意义上气学概念的消解。[①] 谁也不能否认气论在宋明理学中的广泛存在,《明儒学案》其实已经透露了思想信号,即气的观念或气论思潮成为儒学的核心构成要素,这是明代理学的一大特征。具体而言,理气关系问题作为宋明理学的主要论题之一。

文本校释方面。经过侯外庐、王孝鱼(1900—1981)、葛荣晋(1935—2023)等的发现、标点、编校和整理,目前王廷相文本情况已基本清晰。深入辨析不难发现,其中仍存在某些有待商讨的地方,如一些重要文本的句读及疏释。关于《慎言》首句("道体不可言无生有有无")的标点问题学界就存在分歧,表明关于王廷相气论的理解未取得一致,这就需要对此类文本作出细

(接上页)深有感触。关于气概念的英译,波顿·沃森(Burton Waston)和陈荣捷(Wingtst Chan)的译法"material force"相对可取。参见 Hans-Georg Moeller, "On the Notion of Qi in Ancient Chinese Philosophy",载《正学》第一辑,中国社会科学出版社,2013年,第319—329页。

① 关于明清气学分系问题,参见刘又铭:《明清儒家自然气本论的哲学典范》,载《中国儒学》第六辑,中国社会科学出版社,2011年,第153—176页。

致辨析与诠释,以此切入王廷相气论思想内在理路。

本书运用比较研究方法,在不同的问题上采用相应的比较策略。比如王廷相气种说定位这一问题,将它与佛教唯识学的种子说以及西方哲学史上的种子说比较,进而将明清之际中学与西学相比较,都有利于认识王廷相气论的特色及其理论想象力与创造力。与此同时,历史的横向或纵向比较是本书的常用方法,如王廷相与罗钦顺、王阳明等同时期思想家的比较。

以王廷相和王阳明的比较为例。总体上看,在浸淫于朱子学以及与朱子学的对话中,王阳明明确标宗陆九渊,续成陆王心学一脉;王廷相则学无常师,思想上比较独立,不注重学派或门派的创建。王阳明思想重点在于伦理道德的探讨,王廷相认为客观实证性的知识更应该被肯定。二者的相同处,在于他们都不满于朱子学,从宋儒那里获取理论依据且注重为学的自得。从思想史的实际来看,王廷相的确是有明一代批判正统化理学的主将,更重要的是,他的批判中既表现出其气论思想的独特性,又逻辑地关联明清气论与儒学转型等重要议题。为此,本书从气论与儒学交互的视野来考察其气论思想,既是基于研究对象所做的选择,又是由研究目的所决定的。

第一章　王廷相气论思想的三个阶段

王廷相气论思想的形成与演变,取决于对儒家之道的体认;对儒家之道的理解,则以其儒者身份的确立为前提。他之所以在程朱理学盛行的思想时代独标气论学说,与对儒家之道的自觉探索("求真")和对成圣之学("求道")的独特体认休戚相关。

第一节　"淹蹇四十余,天日始昭晰"
——王廷相儒者身份的确认

作为儒者的"王廷相"何以可能,是研讨其气论思想的先决性问题。[①] 对于该问题,学界或无所注意,或有所轻忽,导致相关论题尚未得到根本性解决。本书既以王廷相气论思想为主要对象,必须对"儒者王廷相何以可能"作出检讨。这就要考察他究竟如何由"文士"转为"儒士"。[②] 本节内容展开为如下理论环节:其一,王廷相参与文学复古运动的实质在于"求道"。其二,他从"诗文之学"的悔悟中逐渐转向"体道之学"。其三,"儒术分明属吾

---

① 关于如何界定"儒家",章太炎有《原儒》之论,胡适与钱穆等对此有所探讨。萧萐父指出儒家及其传统本身就是多元的、流动的,揭示了儒家传统及其实质。分别参见章太炎:《国故论衡》,商务印书馆,2010 年,第 149—152 页;胡适:《说儒》,载《中研院历史语言研究所集刊论文类编·思想与文化编(一)》,中华书局,2009 年,第 91—142 页;萧萐父:《传统·儒家·伦理异化》,载《吹沙集》,巴蜀书社,1991 年,第 134—147 页。

② 当前关于王廷相的研究主要是从文学与哲学两大路径进行。前者着眼于其"前七子"之一的身份,将其置于整个明代文学史、诗歌史或文学复古运动中予以探讨,如寥可斌的《明代文学复古运动研究》(商务印书馆 2008 年版);后者最关注其气论思想,多将其作为张载之后气论学说的代表,如葛荣晋的《王廷相和明代气学》和王俊彦的《王廷相与明代气学》。近年来,相关研究有所深化,如李世凯的《王廷相心性思想研究》。论者将其文学思想与气论思想结合起来展现了研究新思路,如陈书录的《王廷相诗歌意象理论与气学思想的交融及其意义》(《文艺研究》2009 年第 9 期)。本书探讨王廷相气论问题,首要检讨"儒者王廷相何以可能"的问题。

师"宣示了王廷相儒者身份的确立。要而言之,对儒家之道的自觉追求与终极肯认是王廷相儒者身份确立的根本。

一、"仆蚤年问学,无所师承"

王廷相生于明成化十年(1474),从祖父辈开始由山西潞州(今长治市)迁居河南仪封(今兰考县)。据《明史·王廷相传》《浚川王公行状》等文献载述,他早年以诗文闻名,后参与以李梦阳(字献吉,1473—1530)为首的文学复古运动。弘治十五年(1502)中进士,嘉靖二十年(1541)因郭勋(1475—1542)案被罢官,仕宦生涯占据他人生大半时间,绝大多数诗文作品和理论著述是在仕宦途中陆续撰成。

王廷相晚年回顾为学经历时曾说:"仆蚤年问学,无所师承。"[①]实际情况恐怕不尽如此。他早年先后问学于几位师长,其中最应提及的是李珍(字待聘,1443—1523)和张纶(字君言,1411—1503)。王廷相关于儒者的较早认知,从李珍身上得以"亲证"(泰戈尔语)。[②] 且看他给李珍写的墓志铭:

> 吾师李先生,少笃于学,博览群籍,为举子业累弗售于有司。乃叹曰:"兹为尧、舜之玄纁乎?何汲汲若斯?"……遂退而教授生徒,渺有终焉之志。[③]

像李珍这样厌弃科举而慨然有志于儒家学问的普通儒生,当时并不少见。王廷相为李珍所撰墓志铭,可见后者对前者有较大影响。与张纶的交往经历,则使少年时代的王廷相领教了道家风骨。张纶究心《周易参同契》,喜好周易先天之学和黄老之术,曾在王廷相面前展示道家炼气调息工夫:"即端坐调息,良久,三田谷谷有声。已曰:'快哉!此入道之门,有小益。'"[④]彼时张纶欲将其学授予王廷相,然未能如愿,"时在少年,漫不省记"。[⑤]将两则事迹稍作对比不难看出,王廷相年少时无意于养生静坐之学,倒是显露出亲近儒家之道的气质。

事实上,遍察王廷相一生行迹,最先给人留下深刻印象的无疑是早年参

---

① 王廷相:《答王舜夫》,载《王廷相集》第二册,中华书局,1989年,第482页。

② 参见泰戈尔:《人生的亲证》,商务印书馆,1992年,第12页以下。

③ 王廷相:《明处士李先生墓志铭》,载《王廷相集》第二册,中华书局,1989年,第564页。

④ 王廷相:《山阴县教谕张公墓志铭》,载《王廷相集》第二册,中华书局,1989年,第569—570页。

⑤ 王廷相:《山阴县教谕张公墓志铭》,载《王廷相集》第二册,中华书局,1989年,第570页。

与文学复古运动。在文学声名与成就上，王廷相不如李梦阳、何景明（字仲默，1483—1542）等同侪引人注目，然毕竟位列"前七子"之一。正是"文人"这种先入为主的印象，使王廷相"求道"的学思历程被掩蔽，由"诗文之学"向"体道之学"的转变不易被察觉。譬如，嘉靖十一年（1532）三月康海（字德涵，1475—1540）撰《溪陂先生集序》，就明确将王廷相列为"七子"之一。这种看法似合乎情理。[①]然彼时王廷相一心以儒家圣贤之学为己任，早已有意识地将自己与李梦阳、康海之流区隔开来。因此，"七子"的称号对他来说既不妥当也不受用。

和王廷相一样，王阳明年少时展现优秀诗文才能。不同的是，王阳明对"人生第一等事"的追求使其成就圣贤之道的志向很早就表露出来，其儒者身份理所当然。与此类似，还有何瑭（字粹夫，1474—1543）、吕柟（字仲木，1479—1542）等。相较而言，王廷相的儒者身份着实来之不易。康海的"七子"之说代表了时人对他的一般评价。直到清儒孙奇逢才注意到这个认识上的错位问题，编撰于清顺治十四年（1657）的《中州人物考》说：

> 浚川王子生平之学，不笃守先哲以梏自得之识，故语议焕发，多出人意表，而时论亦以文章气节归之。夫文章气节皆自学问中来，乌可录其末而遗其本？[②]

孙奇逢认为学问是"本"文章是"末"，强调要重视王廷相充满"自得之识"的学问（"道"）而不是只关注其诗文成就（"文"）。照这种观点，康海的"七子"之说显然舍本逐末，没有认识到王廷相学问上的"自得之识"。《中州人物考》对王廷相之学总体上持批判态度，然这点认识不乏洞见。[③]这种"不笃守先哲以梏自得之识"的为学精神，始于他对诗文之学的自觉反省。准确地说，文士的身份至多适用于参与文学复古运动时期，更恰当的理解应该是：文士不符合王廷相的自我定位，他的志向转变为成就儒家圣贤之道。

韩愈（字退之，768—824）以降，儒者圣贤意识和造道意识特出，以至儒

---

① 寥可斌指出，至迟在嘉靖十一年（1532）时王廷相已位于"七子"之列，这是以康海的说法为依据。罗宗强亦持此说。参见罗宗强：《明代文学思想史》，中华书局，2013年，第280页。

② 参见孙奇逢：《中州人物考·王肃敏廷相》，转引自《王廷相集》附录三，《王肃敏廷相》，载《王廷相集》第四册，中华书局，1989年，第1507页。《中州人物考》由孙奇逢及其门生、弟子、后人等编撰，清顺治十四年（1657）初成，后又增补、修订。显然，孙奇逢此项提议的具体时间肯定早于该书撰成之时。

③ 《中州人物考》关于王廷相及其学说的评论与黄宗羲《明儒学案》的相关看法很接近，其中有些看法属于门户之见，不过对王廷相思想的评论有值得肯定之处。

家道统观渐趋浓厚,这一现象或与应对佛老的挑战有关联。宋儒张载的经历极具典型性,他少年时"喜言兵","上书谒范文正公,公一见知其远器,欲成就之,乃责之曰:'儒者自有名教(可乐),何事于兵!'因劝读《中庸》。"①张载读儒家之书不得,泛滥于佛老之学后返求于《六经》,终于成就圣贤学问。

有宋以来,以圣贤自期在儒家士人身上越发常见,以至辑成于南宋淳熙二年(1175)的《近思录》明确将"圣贤"("圣贤气象")列为儒者"为学要义"之一,更促使圣贤人格成为儒者理想人格的主导形态。② 学为圣贤的话头在宋明儒语录及书信中经常出现,就是他们希圣希贤生动而直接的印证。

对于圣贤人格的追求,明代儒者似首推方孝孺(字希直,1357—1402):"先生直以圣贤自任,一切世俗之事,皆不关怀。朋友以文辞相问者,必告之以道,谓文不足为也。"③异常强烈的圣贤意识使其被视为"有明一代学问之祖"。需注意的是,方氏没有否认文与道的一致性以及文之于道的必要性,出于"文不足学"的考虑,他强调"必告之以道"。也就是说,文还不足于载道,过分关注文无益于道。对此,明初北方儒者代表薛瑄(字德温,1389—1464)表示:"作诗作文写字,疲敝精神,荒耗志气,而无得于己。惟从事于心学,则气完体胖,有休休自得之趣。"④薛瑄强调心性之学的重要,着了明代心学的先鞭。

一般而言,在儒学传统中道(学问)与文(文章)互为表里。儒生学道通常都从为文着手,尤其是经典之文(如五经),由文体道有其内在合理性;反而言之,道脱离文便无处着落。"人之有文,经纬大道。得其道,则持政于教化;失其道,则忘返于靡漫。"⑤问题在于:作为诗人或文人的王廷相何以转变为儒者? 这一学思重心与身份意识的变化究竟如何发生?

参与明代文学复古运动期间,王廷相的创作以诗文为中心,这是确凿事

---

① 参见吕大临:《横渠先生行状》,载《张载集》,中华书局,1978 年,第 381 页。
② 关于"为学之方",朱熹说"凡人须以圣贤为己任"。参见朱熹:《朱子语类》第一册,黎靖德编,王星贤点校,中华书局,1986 年,第 133 页。《近思录》成后,叶采等后世学者对"圣贤相传之传统"多有阐发,钱穆称此为"宋明理学家一绝大新发明"。参见陈俊民:《理学家"天人合一"的理想人格论》,载《张载哲学与关学学派》,台湾学生书局,1990 年,第 281—296 页;朱汉民:《圣贤气象与宋儒的价值关怀》,《湖南大学学报(社会科学版)》2009 年第 6 期。
③ 黄宗羲:《诸儒学案上一》,载《明儒学案》下册,中华书局,1985 年,第 1045 页。
④ 薛瑄:《薛文清公读书录》卷之六,载《薛文清公读书录》,中华书局,1985 年,第 104 页。
⑤ 此语出自田锡的《贻陈季和书》,从中能看出宋初儒者主张文道一致、文以载道的观念。在柳开、王禹偁等宋儒的文论话语中能看到类似文道观,参见郭绍虞主编《中国历代文论选》第 2 册,上海古籍出版社,2001 年,第 225—236 页。相关研究参见包弼德(Peter K. Bol):《历史上的理学》,王昌伟译,浙江大学出版社,2010 年,第 42—47 页。

实。彼时其创作致力于实现"文必秦汉,诗必盛唐"①的主张,尤其反对当时流行的台阁体。以诗歌为例,他主张"诗贵意象透莹,不喜事实黏著"②;就文章而言,他强调"夫文章贵得肯綮,知之复能运用之为妙也"③。其诗文观表现出兼乎情感与体式、审美与格调的理论特征。也就是说,由文体道、由文入道的方式能够满足对儒家之道的精神追求,故一段时间内他专心于文学创作活动。其实,以"前七子"为代表的文学复古运动包含政治之道的诉求以及关于儒家之道的理解。对王廷相来说,随着"求道"意识的不断深入以及文道观的转变,他最终由诗文上的复古转向儒家之道的探求。

二、"诗文之学"转向"体道之学"

正德八年(1513)春王廷相督学北畿④,时值不惑之年,《四十述志》说:

> 野人彩彩着朝衣,出入承明奉紫薇。窃禄寻常无寸补,**年行四十觉前非**。梦迷芳芷洲边路,身侍苍龙阙下扉。携手妻孥老耕稼,鹿门久矣羡知几。⑤

明明在朝为官("出入承明""身侍苍龙")却称自己为山野之人,自嘲之意不言而表。品读该诗不难体会到,这种不如意或与督学工作受到权贵干扰有关,或与自身抱负与才华受到压制、无法伸展有关。作者"述"的是什么"志",仅从该诗难以探知。此时王廷相认识到以前的所作所为有如梦中乱入"芳芷洲"一般迷失了方向。诗中所说的"觉前非"不是随意而发而是实有所指。

关于"觉前非"的具体所指,王廷相在《寄孟望之》交代得比较清楚:

> 予去举子业,读书之余,亦致力诗赋,今十年于兹,古今情事,亦可以想像得之。但不知缘此而上,果如何耳。**予昔年中第之夜,梦一宿儒送书九帙,告曰:"子得此当成名于世。"启而视之,《杨炯集》也。觉甚不怿,以炯文人,又不竟其用世之志,故每恶之。** 入官以来,拂

---

① 参见张廷玉等撰:《文苑二》,载《明史》(二四),中华书局,1974 年,第 7348 页。
② 王廷相:《与郭价夫学士论诗书》,载《王廷相集》第二册,中华书局,1989 年,第 502 页。
③ 王廷相:《与薛君采二首》,载《王廷相集》第二册,中华书局,1989 年,第 477 页。
④ "北畿"大概指当时北直隶的部分地区,相当于今北京至内蒙古一带。参看谭其骧主编:《中国历史地图集》第七册(元·明时期),中国地图出版社,1982 年,第 44—45 页。
⑤ 王廷相:《四十述志》,载《王廷相集》第一册,中华书局,1989 年,第 315 页。

抑轗轲,与炯何殊?齿及半生,而宦情灰冷日甚,**大道未闻,广业弗著,日复一日,情恋于词语之涯,或者终炯之流耳**。此又所谓可与知者道也。①

据信中"十年于兹""齿及半生"等时间性词语,可知该信写于四十岁至五十岁之间。信中称"宦情灰冷日甚",可推知此信写于作者被贬赣榆期间(1514—1516)。王廷相将自己多年来的梦境告之好友孟洋(字望之,1483—1534),足见对孟洋十分信赖(孟洋是《慎言》文稿首批读者之一,且是该书的命名人),透露出"中第夜之梦"长期困扰着王廷相,也可以说,此梦对他有重要暗示或警示作用。"但不知缘此而上,果如何耳"说明王廷相深切意识到"致力于诗赋"并未实现其人生理想。在赣榆(今江苏连云港)的第二年二月王廷相又有类似梦境,遂而反思:"嗟乎!岂大道之未闻乎?犹有所芥蒂而不释乎?何以是见梦?"②《梦讯帝赋》专为揭发闻道之梦的意蕴而作,该赋为文赋作品但触及气化之道的哲思。

《寄孟望之》情真意切,将作者心志表露得明白坦荡:王廷相不满意于成为杨炯(字令明,650—692)那样的文人,而要成为闻得大道、见用于世的儒者。对于"情恋于词语之涯"的行为抱有强烈悔意,可见其反思之深切。这大概就是《四十述志》"觉前非"所指的意涵。可见,"中第夜之梦"并不是王廷相的心血来潮,而是长久以来的"求道"意识萦绕身心的真实呈现。

《寄孟望之》以及《梦讯帝赋》生动体现了王廷相要成为"知道者"的热切愿望,预示他来到了"文→道"身份转换的临界点。与此类似的情愫稍早见于《答王舜夫》(王舜夫即王九成,生卒年不详)。王廷相在该信中直白:

仆蚤岁问学,无所师承,亦随众致力词藻,伥伥贸贸于无益之途,极十余稔。及壮年以来,知自悔悟,回视少年,已自浪过者多,不可一二追复矣。至今恨然!大抵体道之学,缓急有用于世。诗文之学,君子固不可不务,要之辅世建绩寡矣,而不适用也。③

从信中所论来看,《答王舜夫》和《四十述志》时间上应相隔不远。王廷相将十几年来致力于文章词藻的行为看成是无益之举,可见自我否定达到

---

① 王廷相:《寄孟望之》,载《王廷相集》第二册,中华书局,1989 年,第 475 页。
② 王廷相:《梦讯帝赋》,载《王廷相集》第一册,中华书局,1989 年,第 49 页。
③ 王廷相:《答王舜夫》,载《王廷相集》第二册,中华书局,1989 年,第 482 页。

了前所未有的地步。对王氏来说,"体道之学"已经完全优于"诗文之学",诗文上的复古已然无法满足其精神要求,他要直接面向成就圣贤学问的儒家之道。所以,他羞愧于"诗文之学",进而从悔悟中转向"体道之学",这种生命体验在明代儒者身上不少见。明初儒者宋濂(字景濂,1310—1381)曾说:

> 余自十七八时辄以古文辞为事,自以为有得也。**至三十时,顿觉用心之殊,微悔之。及逾四十,辄大悔之。**……五十以后,非惟愧之,辄大恨之。[①]

关于悔悟之事,再举三例:明初儒者代表薛瑄临终有诗"七十六年无一事,此心惟觉性天通";明末儒学大师刘宗周(字起东,1578—1645)倡行"改过"说;清初儒者李颙(字中孚,1627—1705)更是创造出一套"悔过自新"之学:

> 虽各家宗旨不同,要之总不出"悔过自新"四字,……愚谓不若直提"悔过自新"四字为说,庶当下便有依据,所谓"心不妄用,功不杂施,丹府一粒,点铁成金也"。[②]

王廷相未达到刘宗周或李颙这般地步,因"改过""悔过"工夫创制出一套学说。不过将自己与文士区隔开来已确乎凿凿,以致素来为其敬重的李梦阳后竟被改称为"文士"而非"有道之士",这就是文道有别、道优文次价值观念的鲜明表现。[③] 不仅如此,王廷相还引导薛蕙(字君采,1489—1539)效仿自己。正德十二年(1517),前者在给后者的复信中指出,从君子之学(即儒家之道)的角度来看诗文不过是雕虫小技,"学而为有道之士"才应该是人生更高的追求。信中他斥责南宋以来的儒者"迁就时俗,采据异道,已与孔子之道多相背驰"[④]。可见王廷相非但以儒者自任,而且基本明定了批判对象与思想任务。在其循循善诱之下,薛蕙最终弃文从道。[⑤]

事实上,王廷相自始至终未曾放弃诗文创作,只是将致思的重点由诗文

---

① 宋濂:《赠梁建中序》,《宋濂全集》,人民文学出版社,2014年,第491—492页。

② 李颙:《悔过自新说》,载《二曲集》,中华书局,1996年,第3—4页。

③ 王廷相比李梦阳小一岁,前者在相当长时间内敬服后者,后以圣贤之道自任后,思想上日渐看轻后者。相关讨论参见史小军:《论明代前七子之儒士化》,《文学评论》2006年第3期。

④ 参见王廷相:《与薛君采二首》,载《王廷相集》第二册,中华书局,1989年,第477页。

⑤ 此方面内容参见本书附录。关于薛蕙文学观,可参见李庆:《薛蕙的文学观》,载《文学前沿》第11辑,学苑出版社,2006年,第133—145页。

转移到儒家之道。任职都察院左都御史时,他与李开先(字伯华,1502—1568)的交谈中表达了心迹:"诗文吾所素好,然须政事兼长,方是全才。"①说到底,儒家之道根本上并不排斥诗文之学。《诗经》作为儒家五经之一即是铁证。当然,《诗经》作为儒家不可动摇的经典,显然不是因为清晰明白地告知了什么,而在于它能(用来)做什么,"《诗》可以观,可以兴,可以群,可以怨。"②诗教传统历来是儒家人文化成的重要内容。王廷相在精神上否定诗文之学,某种意义上是因为僵化的"文"已无法承载儒家活泼泼的"道"。

明代中期科举制盛行,"文"在很大程度上由"经国之大业,不朽之盛事"沦落为官场的"敲门砖"。程颐(字正叔,1033—1107)就感慨:"今之学者歧而为三:能文者谓之文士,谈经者泥为讲师,惟知道者乃儒也。"③以儒家之道观之,儒生由文入道的关键在于"有志于道"。王廷相并非孤例,同辈学人罗钦顺在《困知记》序言劈头就说:

> 余才微质鲁,志复凡近。早尝从事章句,不过为利禄谋尔。**年几四十,始慨然有志于道**。虽已晚,然自谓苟能粗见大意,亦庶几无负此生。④

王阳明有诗道:

> 大道即人心,万古未尝改。长生在求仁,金丹非外待。**缪矣三十年,于今吾始悔**。⑤

"有志于道"显然不是明代中期儒者的口头托辞,而是他们将儒学精神身体力行的必然体现。王廷相生活的时代专制皇权的高压与八股取士、理学意识形态相结合,维系操控社会生活世界以及知识分子的精神世界。⑥ 以

---

① 王廷相和李开先的谈话涉及任用吕高的问题,吕高有诗文之才,李开先举荐之,故王廷相有如上表述。这几句话强调从政素质,不难表明王廷相直到晚年亦好于诗文。参见李开先:《江峰吕提学传》,载《李开先集》,中华书局,1959年,第613页。
② 刘宝楠:《论语正义》下册,中华书局,1990年,第689页。
③ 程颢、程颐:《二先生语六》,载《二程集》(上),中华书局,1981年,第95页。从后文"古今儒者"等语,可推知该语为程颐所发。
④ 罗钦顺:《困知记序》,载《困知记》,中华书局,2013年,第1页。
⑤ 王守仁:《赠阳伯》,载《王阳明全集》上册,上海古籍出版社,1992年,第673页。
⑥ 至十五世纪初明成祖朱棣在位之时,朱子学被明确尊奉为官方正统学说,程朱理学在当时作为思想意识形态的主导地位得以巩固。相关研究参见侯外庐、邱汉生、张岂之主编:《宋明理学史》下卷(一),人民出版社,1987年,第7—54页。还可参见史学界相关研(转下页)

仕途功名为人生目的使得儒家之道暗而不彰。王阳明这样描述明代中期士人一般精神状况：

> 有训诂之学，而传之以为名；有记诵之学，而言之以为博；有词章之学，而侈之以为丽。若是者纷纷籍籍，群起角立于天下，又不知其几家，万径千蹊，莫知所适。世之学者，如入百戏之场。[①]

王阳明言下之意，训诂、记诵与词章之学都被严重工具化功利化，不能安顿儒者生命和精神世界。同样，王廷相深刻地体会到章句之学已经不能很好地阐发儒家的真理，儒家之道已被庸俗的儒者和异端之学弄得芜杂不堪。王廷相所要做的，就是要辨明儒家的"中正醇雅之道"并"信而守之"，这便是他的思想信念。

薛瑄贬斥科举之学，直言"道之不明，科举之学害之也"[②]。此是对科举制度败坏的严重不满，然不能因此完全否认科举制特别是八股取士具有其历史合理性，及其在传统社会及其制度方面发挥的巨大作用。[③] 科举与理学的关系更加微妙，二者扭结为有明一代知识分子人格心态的主要参考系。[④]

王廷相得以进入仕途，与其优秀的诗文才干有很大关系，这与所谓的"青词首辅""青词宰相"无本质不同。他的科举（两次会试下第）与仕途（两次遭到贬谪）不能算一帆风顺，但总体上比较顺当。其一生行迹表明他不能认识到要根本上改变现存科举制度。[⑤] 他所能做的只有诉诸于自责，使自己尽早从理学家贬斥诗文之学的洪流中脱离出来，从而觉解到儒家之道的首要特征为"见用于世"。这种追求不是从官方颁定的科举条目中来，也不像王阳明居夷处困从良知处体贴出来，而是从漫长的宦海沉浮人生求索中得

（接上页）究，孟森：《明史讲义》，中华书局，2006年，第60—63页；费正清、赖尚尔主编：《中国：传统与变革》，江苏人民出版社，2012年，第166—169页；朱鸿林：《明太祖的孔子崇拜》，载《中研院历史语言研究所集刊论文类编·思想与文化编（一）》，中华书局，2009年，第3337—3384页。

① 王守仁：《传习录中》，载《王阳明全集》上册，上海古籍出版社，1992年，第55—56页。

② 薛瑄：《薛文清公读书录》卷之七，《薛文清公读书录》，中华书局，1985年，第127页。

③ 八股取士存在不合理之处，何良俊说："自程、朱之说出，将圣人之言死死说定，学者但据此略加敷演，凑成八股，便取科第，而不知孔孟之书为何物矣。以此取士，而欲得天下之真才，其可得乎？呜呼！"参见氏著：《四友斋丛说》，中华书局，1959年，第22页。不过就中国传统社会而言，科举制度是地方与中央保持社会流通的重要渠道，相关研究参见Ping-ti Ho（何炳棣）：*The Ladder of Success in Imperial China：Aspects of Social Mobility，1368 - 1911*，Columbia University Press，1962，pp.168—203.

④ 参见左东岭：《王学与中晚明士人心态》，商务印书馆，2014年，第33—59页。

⑤ 参见沈德符：《万历野获编》上册，中华书局，1959年，第59—60页。

来,从自我批判和批判世儒的不合理处得来,故他对儒学现状的不满逐渐展现为对理学思想意识形态的集中批判,并且兼及陆王之学和佛道二教。也就是说,王廷相选择了一条相对独立的学思之路,对他而言,唯有《六经》孔子之道最可信从,唯有"自得之识"最觉真切。

三、"儒术分明属我师"

立志于坚守"中正淳雅"的儒家之道,意味着作为儒者的王廷相正式出现,但理想信念与现实道路并不总是一致。王廷相曾给好友郭维藩(字价夫,1475—1537)写信,感慨为官耗费太多时间与精力:

> 自有知以来,屡欲有所述作,绊于官守,时乘一暇,思虑徒致,首位颠错。况尔历事未稔,遽难述真,以示久远,故不能一言。今将入颓景也已,安所为以答此生邪?①

依信中"自过江后""将入颓景"等语,可判断该信写于任湖广任按察使期间,即五十岁左右。早在正德九年(1514)春初到赣榆时,王廷相在《寄曹惟德》就曾感叹:"仆抵赣榆,即承乏理事。凡百事如乱麻丛棘,草草缉治。"②政务的繁琐使他忙于各种应付,不太能够专心于思想创作,以致信中道出"直觉世事淡淡无味,平生驰骛凌轹之态,寂尔灰冷"这样灰心丧气的话。仕途的不如意和思想得不到倾诉,后者比前者更让王廷相感到困惑和苦闷。长期从事教育管理、刑事督察、军防军务等政事,潜移默化地形塑了王廷相的性格与思想品格。

从弘治十七年(1504)开始任官,到嘉靖二十年(1541)被罢归,三十多年时间里王廷相遭到两次短暂贬谪,分别是正德三年(1508)被贬亳州和正德八年(1513)被贬赣榆。接踵而至的公务,使他只能利用闲暇之余专门思考和创作。王廷相丁父忧期间(弘治十八年至正德三年)曾为家乡重修县学作记,记文中对儒家修齐治平之道深表信从,表明其时他仍是一介儒生,尚未形成自己的思想主张。与之相比,二十年后当王廷相为母守制时思想境况有了巨大变化:他与学友论辩,整理思想成果,撰写新的著述。《家居集》、《丧礼备纂》等陆续问世,甚至《慎言》都很有可能于此时编撰。

嘉靖十三年(1534)王廷相作《甲午书怀四十韵》简述其学思历程:

---

① 王廷相:《与郭价夫》,载《王廷相集》第二册,中华书局,1989 年,第 476 页。
② 王廷相:《寄曹惟德》,载《王廷相集》第二册,中华书局,1989 年,第 482 页。

予生藉性真,冲幼乃秀越;九龄赋诗句,十三慕文决;二十登乡书,三十谬朝列。游翰不见知,司谏困奄孽;再起中台史,复罹鬼蜮舌;萋菲成窜逐,低回任颠蹶;远羁荒海瀇,空望紫云阙。淹蹇四十余,天日始昭晰;隐雾豹乃辩,汲泉井已渫;督士燕、蜀、齐,宣力谢疲薾;阐道后词华,养正崇修洁;至今所称述,得士多人杰。五十志业就,持宪长湖臬;靡悍翼虎狂,日掊修虵蜇;……今年六十一,鬓化半如雪;回检旧履途,隙景骥一瞥。①

以诗的语言简要回顾前六十年人生经历,"游翰不见知"指的就是作者三十岁之前沉浸于诗文之学,妄闻儒家之道。在他看来,只有到四十多岁左右才真正迎来思想和事业的生机,即如诗中所描述的"淹蹇四十余,天日始昭晰",字里行间流露出一位儒生苦苦"求道"和"终闻大道"的复杂情愫。同样,《杂诗十首》的最后一首,王廷相带有自述性质地写道:

少小不知道,逸气凌山阿;中岁涉万变,慷慨有余嗟。大化才一息,浮生何足夸! 白发欺秋霜,朝来明如波。及时不自力,忠信畴相加? 古之大雅人,越世而光华。②

上述内心剖白感情真挚,故道出"守道耻外营,何愧影与睫? 泽云无浮阴,甘泉多横溉;丈夫志弘济,岂必怀岩穴"的肺腑之语。立志于儒家之道的羞耻感从自责意识转化为思想动力,折射出王廷相对自己的人生定位:要做儒家"中正淳雅"之道的卫士。这是他对儒家之道的终极体认。

此点可与王阳明稍作比较。王阳明格于外物("格竹子")的失败经历,加之居夷处困的生命境地使他打开了向内成就圣贤之学的道路,道出"吾心即天理"创发良知之学,开辟了儒学新境地。与之相较,王廷相从诗文之学的悔悟中开启儒家之道的思想历程,其所体之道既不是修正朱子学也不是创发良知之学,而是复归于《六经》和孔子之道。

《函谷草堂赠许廷纶》将王廷相赴身儒家之道的胸臆表露得简直明快:

函谷逸人草堂静,高峰入户背城陴。杖藜疏豁青天迥,开卷从容白日迟。自有图书三十乘,宁论道德五千辞? 西周《礼》《乐》风流在,

---

① 王廷相:《甲午书怀四十韵》,载《王廷相集》第三册,中华书局,1989 年,第 900 页。
② 王廷相:《杂诗十首》(之十),载《王廷相集》第一册,中华书局,1989 年,第 103 页。

儒术分明属我师。①

用"儒术分明属我师"对言"宁论道德五千辞",意味着王廷相儒者身份最终得以确立。诗中所说的"儒术"显然是在"道"的意义上而言,不应当从狭义的"术"来理解。《函谷草堂赠许廷纶》不再是文人诗作,全然显出儒者姿态。王廷相的好友何景明作有一首同名诗②,只要将二诗稍作比较便立下可判:何氏似乎仍沉浸于遣词造句、吟诵诗赋,王氏则慨然以儒者自任。从"无所师承"到"儒术分明属我师",王廷相的儒者身份已然立定。

"前七子"中王廷相较早由诗文之学转向儒家之道。有两个因素值得注意:其一,李梦阳等在京师活动最为频繁之际,王廷相恰好在老家丁父忧没能直接参与,为日后从中抽身出来提供了便利条件。其二,王廷相由文士转为儒士与当时理学家对"道"的高度推崇以及对"文"的相应贬斥的思想氛围有一定关系。③ 用他的话说,诗赋文章是"当下之名","见用于世"的儒家之道才是"久远之名";"有道之士"应该成就"久远之名"而非"当下之名"。

第二节 "阐道后词华,养正崇修洁"
——王廷相气论思想的形成

在"求道"过程中,"见用于世"与"自得之识"共同构成王廷相对儒家之道的基本理解,《六经》孔子之道则为理想追求。其气论思想就此孕育,并在"四川时期"展现出来。"四川时期"在王廷相气论思想形成中发挥着关键性作用。这一点可以通过《答许廷纶》《慎言》《太极辩》《横渠理气辩》以及《与彭宪长论学书》等"四川时期"的作品得到充分阐明。从思想上看,造化问题贯穿于《答许廷纶》及《慎言》,构成王廷相气论思想形成的始基。《太极辩》和《横渠理气辩》关于太极及理气关系问题的论述宣告其气论思想的诞生,《与彭宪长论学书》所阐发的《六经》孔子之道透露出其气论的思想旨趣。

---

① 王廷相:《函谷草堂赠许廷纶》,载《王廷相集》第一册,中华书局,1989年,第312页。

② 何景明的诗为:"万里河山一草莱,百年松桧此堂开。晴瞻华岳青天上,昼望仙人紫气来。避世且耕归马地,乘时须起卧龙才。长安送别风尘墓,洛日嵩云首重回。"参见《函谷草堂赠许廷纶》,载《何大复集》,中州古籍出版社,1989年,第483页。

③ 问题在于,如何准确理解"道"的涵义及其变化。周敦颐不满韩愈作为儒者之道的代表,原因在于其所谓的儒家之道是指"道学"而非仁义之道的泛称,故说:"退之自谓如夫子,《原道》深排释老非。不识大颠何似者,数书珍重更留去。"参见《周敦颐集》,中华书局,2009年,第67页。王廷相意识到这个问题,故对韩愈为人为学多有批评。

一、《答许廷纶》论造化问题：王廷相气论思想的始基

王廷相先后两次在巴蜀之地任职，可统称为"四川时期"。"四川时期"前一阶段为正德十二年（1517）年底至正德十六年（1521）九月，后一阶段为嘉靖六年（1527）夏至嘉靖七年（1528）三月，两阶段相加起来四年有余①，前后相隔近十年之久。为理解方便列出图表简示：

四川时期	前一阶段	后一阶段
时间	正德十二年年底至正德十六年九月	嘉靖六年夏至嘉靖七年三月
职务	四川按察司提学佥事	四川巡抚右副都御史
主要作品情况	《督学四川条约》《答许廷纶》《答何仲默》《数辩》《太极辩》《横渠理气辩》《与彭宪长论学书》《深衣论》《夏小正解》等，大部分收入正德十六年九月辑成的《华阳稿》。	《慎言》嘉靖六年十二月辑成

图表 1.1

正德十二年（1517）春，四十四岁的王廷相开始任松江府（今上海）同知（知府副职），履职数月后被任命到四川从事教育管理工作（四川按察司提学佥事）。他到任不久，许诰（字廷纶，1471—1534）即于正德十三年初春亲至蜀地与之论学。"四川时期"以许、王二人的思想讨论拉开帷幕，表明该时期在王廷相思想历程中有着特别的意义。

许诰是王廷相十分礼敬之人，二者能够往复论学，思想上有一定共通性。对有志于求道的王廷相而言，往复论学正是将"学为有道之士"理念付诸实践的应有表现。遗憾的是，他们讨论的具体内容现难以得知。面论之后，王廷相复信《答许廷纶》以阐发其主要思想主张。该信揭示了王廷相气论思想形成的重要契机，今不烦其长摘录于下：

> 春初令亲至蜀，辱教翰，兼以"图""书""太极"等论，启发良多，感感。其辩太极、无极，甚善，真足以破千古之谜。但一例据《易》以准造化，恐亦有未然者，恨不得与执事细讲耳。愚尝窃议

---

① 《华阳稿序》说"浚川子游于蜀者三年"应是指"四川时期"前一阶段。嘉靖七年（1528）底至八年（1529）初王廷相就四川芒部"改流革土"问题与胡世宁等讨论，正德年间的四川农民起义就引起王廷相的注意，正德六年（1511）八月他作诗《蜀汉寇平赠兰中丞凯还》。

《河图》、《洛书》经纬之论，与夫五行先天之学，皆处于异端穿凿傅会之私，儒者不宜据以解经，实乱仲尼之道，故时有私论笔之于书。**今摘数十章，与"造化""图""书""太极"相发明者奉上，间有与执事之意不合者，望教之，幸甚！**

大抵近世学者无精思体验之自得，一切务以诡随为事。其视先儒之言，皆万世不刊之定论，不惟遵守之笃，且随声附和，改换面目，以为见道，致使编籍繁衍，浸淫于异端之学而不自知，反而证之于《六经》仲尼之道，日相背驰，岂不大可哀耶！**愚自知道以始，日有所得，论述不忍寘，今积数万言，未尝出一以示人，惧夫习染稔熟之心见之，骇听而以为狂矣。** 执事谓言一出口，必将群嗤而共斥之，是也。于今乃知孟子之辩诚有不得已焉者，尚何言哉！惟执事教之！①

此信涉及诸多重要思想细节，需细加分析：从信的主体内容看出，王廷相对好友许诰倾吐心中块垒。信一开头即对许诰之论表示钦佩和高度认可。然许诰的作品佚失严重，关于其思想观点目前只能从《答许廷纶》推知一二。至少可以肯定，许诰的观点主要涉及"河图""洛书""太极""无极"等问题。由此可见，王廷相对这些问题有相应主张，并且与许诰看法相近。随后，王廷相对许诰"一例据《易》以准造化"的做法持保留意见，其中透露五点信息：

第一，许诰与王廷相此次论学明确涉及"河图""洛书""太极""无极"等问题，王廷相对这些问题持有相应见解。今所见《太极辩》《先天图辩》《汉儒河图洛书辩》等论辩性文章就是这些看法的具体表现。王廷相同年写给何景明的信亦有明确表示："后世'河图''洛书'，纬说也。五行生克，附会之论也。参之造化之源，人理之实，茫昧缪幽，不可据信。"②结合两信的内容可推知，造化问题是王廷相思想的核心关切，这就不得不涉及气论问题。第二，《答许廷纶》前一部分所说的"今摘数十章"的"数十章"很可能就是《慎言》的早期简编本，后一部分所说的"今积数万言"的"数万言"应该主要指《慎言》的主要文稿。据此可大体判定，《慎言》的部分内容已于正德十三年前后形成，开始在王廷相学友之间流传。第三，王廷相在信中强调为学要有自得要敢于批判先定之见、异端之学，极力反对那些随意附会《六经》仲尼之道的行径。换言之，他对当世儒学的批判就由此展开。同时还表明，他十分注重儒

---

① 王廷相：《答许廷纶》，载《王廷相集》第二册，中华书局，1989年，第487—488页。
② 王廷相：《答何仲默》，载《王廷相集》第二册，中华书局，1989年，第491页。

家经典之学(即经学)的作用。也就是说,对经学的理解与其儒学观点、理学态度有重要关联。第四,《慎言》的部分内容写成但毕竟尚未刊印,许诰初步了解之后认为此书必引起那些浸淫于正统化理学学者的强烈排斥("必将群嗤而共斥之"),可见书中观点不符合当时占统治地位的程朱理学。关于这一点,《太极辩》《横渠理气辩》表现得最为明显。第五,许诰的相关论说对王廷相的启发很大,两者在思想上有不少一致之处。不过后者对前者只以《易》为准讨论造化问题的做法并不完全赞同,显示出王廷相"求真"思想态度。

既然《慎言》正德十三年前后已大体草成,其创作时间是否由此确定?恐怕不能。根据《答许廷纶》所论《慎言》始于"愚自知道以始",对王廷相来说"知道"意味着儒家价值观的确立与人生方向的调转,即由诗人、文学家转向儒者、卫道士。气论思想的形成与此密切相关。撰于嘉靖六年(1527)十二月的《慎言序》交代:

> 予自知道以来,仰观俯察,验幽核明,有会于心,即记于册,三十余年,言积数万。 信阳无涯孟君见之曰:"义守中正,不惑非道,此非'慎言其余'乎!"遂以慎言名之。类分为十三篇,附诸集,以藏于家。嗟乎! 讲学以明道为先,论道以稽圣为至。 斯文也,间于诸儒之论,虽勘涉于刺辩,其于仲尼之道,则卫守之严,而不敢以异端杂之,盖确如也。[1]

如上所述王廷相交代了《慎言》辑成的过程、动机及体例。与近十年前的《答许廷纶》对照,不难发现二者的核心表达几近一致。前者说"愚自知道以始,日有所得,论述不忍寘,今积数万言,未尝出一以示人,惧夫习染稔熟之心见之,骇听而以为狂矣",后者说"予自知道以来,仰观俯察,验幽核明,有会于心,即记于册,三十余年,言积数万"。由此不难判定《慎言》主体部分已于嘉靖改元之前草成,还可推知:其一,许诰当初阅读的是《慎言》简编本,孟洋看到的是《慎言》的编定本。其二,《慎言》是王廷相的心得之作,与之前的作品汇编如《沟断集》《台史集》等有本质区别。其三,《慎言》辑成后的最初只是在王廷相学友圈子流传,除了许诰和孟洋,薛蕙、何瑭等亦是最早一批读者。最重要的是,王廷相明定了"讲学以明道为先,论道以稽圣为至"的思想宗旨,这种为学论道的理念要求他辨明儒家的"中正淳雅"之道,当然包

---

[1] 王廷相:《慎言序》,载《王廷相集》第三册,中华书局,1989 年,第 750 页。

括儒家传统关于造化问题的讨论。

《慎言》辑成之际正值王廷相四川时期的后一阶段,此阶段虽不长,毕竟诞生了首部思想论著,且开篇就以气论造化和道体问题。可见,从《答许廷纶》到《慎言》,造化问题是王廷相气论思想形成的重要问题意识。王廷相的门生张一厚(生卒年不详)指出:

> "《慎言》者何?""浚川夫子著书也。""浚川蚤(早)遇文墨纠缠,当于何时及之?"曰:"夫子自为士以至为吏,及鸣铎蜀、鲁、梁、赵间,迨今总百度肃群寮,无非其著书之日也。"……夫子观古有得则著焉,观物有得则著焉,观天地、日月、雷霆、风雨有得则著焉,有得则矢口而成言,无得则袖手而守玄。**积二十年而文成万千,何苦焉!**[①]

这段话写于嘉靖甲午(1534)春,依上所言《慎言》的撰写应从正德九年(1514)左右即王廷相立志于道时开始算起。至于王廷相本人说《慎言》是历经三十多年所得,这种观点只是"可爱"之论,并不"可信",因为把《慎言》的开端直接拉到文学复古运动阶段,显然不太符合其思想发展实际。不论如何,《慎言》确乎是王廷相的自得之作,也是他多年心血之作。

要而言之,《慎言》由王廷相"观古有得""观物有得""观天地、日月、雷霆、风雨有得"而撰成,这些环节其实都指向造化问题。换言之,《慎言》和《答许廷纶》等绝大多数思想作品一样,也是王廷相往复论辩的产物。如此一来,气论思想形成于造化问题往复论辩过程,其核心理念就是"气为造化之宗枢,安得不谓之有?"[②]

二、《太极辩》和《横渠理气辩》:王廷相气论思想的诞生地

造化问题构成王廷相气论思想形成的重要线索,《太极辩》《横渠理气辩》则是其真正诞生地。《太极辩》为"四川时期"前一阶段撰成,此篇目的在于批判程朱理学以理论太极之说阐明太极"即天地未判之前,太始浑沌清虚之气"的道理。《太极辩》指出:

> 太极之说,始于"易有太极"之论。推极造化之源,不可名言,故曰太极。求其实,即天地未判之前,太始浑沌清虚之气是也。……盖

---

① 张一厚:《〈慎言〉后语》,载《王廷相集》第三册,中华书局,1989年,第828页。
② 王廷相:《答何柏斋造化论(十四首)》,载《王廷相集》第三册,中华书局,1989年,第964页。

理皆出于气，无悬空独立之理。造化自有入无，自无为有，此气常在，未尝澌灭。所谓太极，不于天地未判之气主之而谁主之耶？[①]

王廷相指出"太极"这一概念是从《易》推求造化之源的问题而来，造化问题实质就是气论问题，即"气为造化之枢纽"。《太极辩》的突破在于将气论与造化问题直接联系起来进行讨论，《横渠理气辩》也是如此。在王廷相看来，"太极"不过是天地未判之前的"太始浑沌清虚之气"。既然"太极"本质上仍然是气，表明气是第一位阶，理只能寓于气之中。为了突出气的根本性、优先性地位，故特地指出"有元气，即有元道"，以"元气"统贯形上形下。在这种情况之下，宋儒的"独以理言太极"之说受到强烈批判。

朱熹及其学派均以"理"解"太极"，他们认为："太极只是一个理字。""在天地，统体一太极；在万物，万物各具一太极。"[②]朱子学理气论即由此生发出来。与此不同，王廷相认定朱"太极"只是天地未判之前的"太始浑沌清虚之气"，以"理"言"太极"显然不当，应当以"气"言"太极"。对于南宋以来儒者普遍依附朱子学以"理"解"太极"的行为，王廷相甚为不满。在他看来"太极"及"造化"问题通过以气为本才可以得到真正解决，反之，气在朱子学理本论中只能被压制或误解。

《太极辩》的思想观点在《慎言》《雅述》中不断得到申明，特别是以"元气"统摄"太极"的做法，后来成为王廷相气论学说的基本法门。《太极辩》在批判以"理"解"太极"的同时批判了程朱理学的理气观，与《横渠理气辩》有异曲同工之妙。王廷相称：

> 张子曰："太虚不能无气，气不能不聚而为万物，万物不能不散而为太虚，循是出入，皆不得已而然也。"……**横渠此论，阐造化之秘，明人性之源，开示后学之功大矣。**而朱子独不以为然，乃论而非之，今请辩其惑。……（朱子）又曰："气之已散者，既散而无有矣，其根于理而日生者，则固浩然而无穷。"吁！此言也，窥测造化之不尽者也。[③]

以上所引张载之言出自《正蒙·太和》，足见王廷相的高度重视和大力推崇。在王廷相看来，张载气论学说真正阐明了"造化之秘""人性之源"，解

---

① 王廷相：《太极辩》，载《王廷相集》第二册，中华书局，1989年，第596页。

② 朱熹：《太极图说解》，载《朱子全书》第十三册，上海古籍出版社、安徽教育出版社，2002年，第72—78页。

③ 王廷相：《横渠理气辩》，载《王廷相集》第二册，中华书局，1989年，第602—603页。

决了天人性命如何贯通的问题。实际情况是,不只《太和》篇,《正蒙》全篇都很少将理与气直接联系起来进行讨论。张载思想的重心在于以气为本讨论天道与性命问题而不是理气关系问题。尽管论及理或天理,但就一般意义上而言,并无深论。与之相比,二程对理或天理无疑体认更深也更加在意。就此而言,理气关系在张载处并非显题,《横渠理气辩》批判朱子学理气观就是典型地藉张载气论学说反对朱子学理气论的不合理性。或者说,要通过张载之学批判僵化的理学以求得明代中期儒学的"解放"。

理气关系是宋明理学的主题之一。朱子学被视为理学的高峰,与其对理气关系问题的深入思考及理论贡献有很大关联。[①] 沟口雄三(1932—2010)指出:"对于研究中国宋元明清时期哲学思想的人来说,如果无视'理气论'这一哲学体系,是不可能展开研究的。"[②]此说某种意义上道出了宋代理学的真义。与朱子学"气根于理"的主张不同,王廷相认为"理生于气""理根于气,不能独存也"。以《太极辩》《横渠理气辩》为开端,他正式走上了标举张载气论学说以及批判正统化理学的思想道路。

《横渠理气辩》被编排在《汉儒河图洛书辩》和《阳月阴月辩》之间。据唐龙(字虞佐,1477—1546)的《王氏家藏集序》交代,该集由王廷相于嘉靖十五年(1536)亲自编定。结合高拱所撰《浚川王公形状》不难推知,《王氏家藏集》是《沟断集》《台史集》《近海集》《吴中稿》《华阳稿》以及《家居集》《鄂城稿》《金陵稿》等的部分汇总,可以说基本涵括王廷相从三十岁到六十岁之间的创作。其中《沟断集》最早,为王廷相而立之年在翰林院期间(1502—1503)所作;《金陵稿》较晚,为南京时期(1530—1533)的作品。

目前尚无法确定《横渠理气辩》的具体时间,仅从王廷相思想演进过程来看大体可判定:《横渠理气辩》不太可能出现在《吴中稿》(正德十二年,1517)之前与《慎言》(嘉靖六年,1527)之后,极有可能撰成于"四川时期"的前一阶段即《华阳稿》的重要篇目之一。[③]

三、《与彭宪长论学书》所言儒家之道:王廷相气论思想的内核

王廷相气论思想诞生于《太极辩》《横渠理气辩》。从理论上看,直接针

---

① 参见陈来:《朱熹哲学研究》,中国社会科学出版社,1988年,第3—87页;田浩:《朱熹的思维世界》(增订版),江苏人民出版社,2009年,第33—276页。

② 沟口雄三:《中国理气论的形成》,载《中国的思维世界》,生活·读书·新知三联书店,2014年,第228页。

③ 葛荣晋的《王廷相生平学术编年》并未说明《横渠理气辩》的时间,本书认为它很有可能是《华阳稿》的内容,故将其置于"四川时期"之内。

对太极理气问题进行批判,这在当时"此亦一述朱,彼亦一述朱"的思想环境下,可谓平地起惊雷。如前所论,王廷相批判正统化理学、标举气论学说的动力来自对儒家之道的体认,进而需阐明自己所秉持的儒家之道的确切意涵。对此,《与彭宪长论学书》有所解答:

> 嗟乎!《六经》删述,仲尼所以启万世也。其**为道**也,范围乎造化,经纶乎名理,中正以为常,变通而不执,智者不能辩,博者不能少也。**……体道之妙**由于识,具识之至谓之圣,是故圣人所以**为道之宗**也。下此者,神灵未澄,识鉴或滓,虽力学深久,取舍抉择之间或亦未免支离局促,参之圣轨而不尽合矣。①

彭宪长即彭杰(字景俊,1458—1542),是王廷相第一次在蜀地为官时的同僚兼好友。《与彭宪长论学书》道出了心目中的儒家之道。要而言之,即"范围乎造化,经纶乎名理,中正以为常,变通而不执,智者不能辩,博者不能少",造化问题被摆在第一位,足见该问题在他所理解的儒家之道中具有优先性。这种关于儒家之道的终极认识构成王廷相气论思想的内在特质,也成为他批判正统化理学的动力来源。

王廷相指出,《六经》仲尼之道构成他对儒家之道的基本认识。将儒家之道、圣人、体道的绾结点放在"识"上,表明他特别看重真理性认识在儒家圣贤之学中的作用与意义。也就是说,在"求真"中"求道","求道"必取之以"求真"。其总体思维可以图示为:

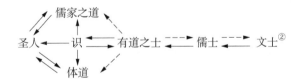

图表 1.2

如上图所示,王廷相对儒家圣贤之学的理想追求以"识"为中心。此"识"指涉认识与知识,与之相反的是"俗见",为此他决心以批判近世儒学(即宋以降儒学)的俗见为志业。王廷相在送别杨慎(字用修,1488—1559)

①　王廷相:《与彭宪长论学书》,载《王廷相集》第二册,中华书局,1989 年,第 509—510 页。
②　━━ 代表可直接(上升)通达,╍╍▶ 代表两层意思:(一)有通达的可能性,(二)下降或沦落。

的诗中说:"五行泥术数,九流不复辩。末裔迷正途,芜言日纂纂。"①表明他已经注意到孔子以降的儒家经典被随意肢解,这种有害行径亟待救正。"求识"的理念根本上即在于"求真",这种对儒家之道的认识与宋明理学以伦理为优位的传统之见形成反差。

暂且不论"求道"与"求真"的关系如何,王廷相论辩的目标就是实现理想中的儒家之道,故要追求儒家之学,倡行儒家之教。四川任职期间他说:

> 学者读书,贵在闻道,若于道有闻,则志趣自然高远,将无入而不自得。苟于道未有所闻,不过狃习于世俗之见而已。故见人之富贵纷华等事,欣然羡慕,得之则喜,失之则悲,此其志趣卑陋,鄙夫之流耳,岂不深可哀哉!②

依王廷相所论,闻道作为读书的旨归,志趣则因闻道而高远,自得则成为闻道的必然。这种将儒家之道身体力行为儒家之志、儒家之教的行为王廷相以往难以想象的,也是他此刻梦寐以求的。简要梳理"四川时期"的相关论著不难发现,其气论思想形成的基本环节与问题意识初露峥嵘。问题就在于,如何以气论学说辩明和实现理想的儒家之道,这就是"阐道后词华,养正崇修洁"的真义所在。

众所周知,"龙场悟道"(正德三年,1508)之于王阳明及其心学极为重要,相较之下,要把握王廷相气论,"四川时期"关于造化问题的论辩就不可轻忽。可以肯定的是,"四川时期"的王廷相在儒家学问上有诸多创获,逐渐展现出了"自得之识",如其诗言:

> 执儒简策被儒衣,十年同拜天子墀。手中雷电不肯发,神气力挽沧溟廻。③

这首《酬何仲默》是写给何景明的,以此感怀多年友谊,也可以视为作者自况。对王廷相来说,"手中雷电"即在儒家学问上的自得之识,促使他在程朱理学盛行的思想氛围中独标气论学说。因此,突显"四川时期"的关键性作用实属王廷相气论思想题中之义。

---

① 王廷相:《赠杨用修》,载《王廷相集》第一册,中华书局,1989年,第127页。
② 王廷相:《督学四川条约》,载《王廷相集》第四册,中华书局,1989年,第1168页。
③ 王廷相:《酬何仲默》,载《王廷相集》第一册,中华书局,1989年,第195页。

第三节　"不惜复罍瓴,愿俟后圣嗤"
——王廷相气论思想的演变

王廷相四十岁左右才走上儒家之道,其气论思想的确立以《慎言》的问世为标志,彼时年已五十有四,可谓大器晚成。本节主要考察《慎言》前后王廷相气论思想的演变情况。究根结底,他对《六经》孔子之道的复归心态("求道")与对儒家自得之学的开放性追求("求真")构成内在张力,这是把握其气论思想演变的要领。其气论思想演变集中表现为两条线索:其一,"道真"观念的推移;其二,与张载气论的思想关系。①

一、王廷相气论思想演变线索之一:"道真"观念及其推移

曾流连于诗文之学,后来经过反省悔悟终转向儒家之道,故对于作为儒者的王廷相而言,"知道"与"不知道"有着实质性区别。现在要讨论的是:王廷相对儒家之道的理解和体认如何关联其气论思想演变。通过梳理分析发现,随着"道真"观念即"求道"与"求真"内在张力的增加,王廷相气论学说最终诉诸"六经"即以"宗经"作为思想宗旨。

(一) "道真"观念的提出
王廷相在《太极辩》较早论及"道真"观念:

> 儒者之为学,归于明道而已。使论得乎道真,虽纬说稗官,亦可从信,况庄、列乎? 使于道有背驰,虽程朱之论,亦可以正而救之。斯言也,何论道不广若是! 阳虎何人也? 孟子亦取其"为富不仁"之言,况其余乎? 诸儒中,惟邵子"太极已见气"之论,独为有得,其余摩揣未真,如鲍鲁斋以理论太极,尤其附合不思之甚者。②

这里首先给出关于"道真"的基本理解,随后分别以程朱、孟子、邵雍(字尧夫,1011—1077)和鲍云龙(字景翔,1226—1296)之论为例,说明儒者论道可取与否。"明道"被视为儒家学问旨归,有利于阐明"道"的学说都要加以

---

① 参见胡栋材:《王廷相的"道真"观念与儒家道论传统的转型》,《中南大学学报(社会科学版)》2017 年第 4 期。
② 王廷相:《太极辩》,载《王廷相集》第二册,中华书局,1989 年,第 597 页。

肯定和吸收,不能惮于权威之论或束缚于门派之见。在王廷相看来,"明道"的终极目的必是达至"道真"。"道真"则是一个关于真理性认识的独特概念,理应被视为学者的信念,而不是儒家专利,更不是程朱理学所规定的应试科目。"道真"为儒家之道应有之义,然不为儒家所独有,故"道真"具有多元性和开放性。

如上所论,关于真理性认识的判断问题在王廷相这里被理解为是否达到"道真"。这就意味着"道真"观念具有相对独立性。儒家、道家等各家之论是否值得"信从"就看符不符合"道真"。这种看法类似于西方思想史中的符合论真理观,及至马克思主义真理观出现,形成了能动的反映论意义上的符合论真理观。[①] 这些现代学术上的符合论真理观,可以为理解王廷相的"道真"观念提供一些启发。换言之,王廷相提出"道真"的陈述(P)为真还是假,全看它是否满足"得乎道真"这个关系(R)。从形式上看,"道真"的判断的确属于开放性真理观,关键是"得乎道真"的"得"与符合论真理观的"符合"有重要区别。"符合"必须是主客之间的行为,"得"偏向于一种主体性认识活动的精神道德行为。此外,王廷相所说的"道真"比纯粹认识论意义上的"真理"的蕴意更深广,对儒者来说"道真"蕴含身心依归的精神意义。

从概念来源上说,不得不提张载的影响。张载对文辞的慎重和考究或许启发了熟稔张载文本的王廷相,故后者在表述自己独特思想见解时创新表达方式或阐述以往不被注意的语辞。[②] "道真"就是如此。在王廷相之前,作为概念的"道真"在儒家经典中极少出现。西晋文学家潘尼(字正叔,250—311)《释奠颂》有"抽演微言,启发道真,探幽穷赜,温故知新"之语。[③] 在潘尼的论述中"道真"相对于"微言",其意思大概指儒家思想的"大义"。王廷相早年参与文学复古运动时可能对此说已有领会,所以特地拎出"道真"这个概念以阐发对儒家之道的真理性理解。

从思想意涵上说,"道真"作为"求道"与"求真"的结合,本身就是一种创见。并且,"道真"与理学传统道论话语性质上相近。理学家反复指认的"道

[①] 当代美国哲学家唐纳德·戴维森(Donald Davidson)以分析哲学与语言哲学的方法与观点捍卫了符合论真理观。参见氏著:《对真理与解释的探究》(第二版),中国人民大学出版社,2007年,第52—70页。

[②] 张载重视语词(概念)的使用和创造,如他说:"学者潜心略有所得,即且志之纸笔,以其易忘,失其良心。若所得是,充大之以养其心,立数千题,旋注释,常改之,改得一字即是进得一字。始作文字,须当多其词以包罗意思。"还说:"某比所思虑事渐不可易动,岁年间只得变得些文字,亦未可谓辞有巧拙,其实是有过。若果实达者,其言自然别,宽而约,没病痛。有不是,到了是不知。知一物则说得仔细必实。"(《张载集》,中华书局,1978年,第275、329页)

[③] 参见房玄龄等撰:《晋书》第五册,中华书局,1974年,第1511页。

体"是对道的根本性概括,"道真"是对道的本质揭示。王廷相常论"道体",不过主要是将其与"元气"合在一起说。与"道体"相比,"道真"主要是针对各种学派意见而言。在王廷相这里,"道真"的前提和目的在于"明道"。"明道"当然指的是澄明儒家之道。王廷相有时将"明道"说成是"体道"。如果说"道真""道体"是本体,"明道""体道"就是工夫。对王廷相来说,"道真"不是抽象的形上存在,而是具体实践过程。关于这一点,结合以"元气"论"道体"的具体内容不难得到阐明。

总体而言,"道真"指的是关于道的真理性认识,其中涉及两个关键因素:一是儒家之道,一是真理性认识。换句话说,"道真"旨在达到"求道"与"求真"的统一,强调的是儒家之道与真理性认识的一致性。从"求真"的意义上说,"道真"并不限于儒家;从"求道"的意义上看,"道真"必定指向儒家之道。这就构成一定思想张力,王廷相最终将"道真"归于"宗经"就是为了消除这一张力。"道真"观念甫一提出其思想张力潜存于王廷相气论话语,后来愈加明显。

饶富兴味的是,王阳明诗文亦有"道真"之言:

> 门生颇群集,樽单亦时展。**讲习性所乐**,记问复怀腼。林行或沿涧,洞游还陟巘。月榭坐鸣琴,云窗卧披卷。**澹泊生道真**,旷达匪荒宴。岂必鹿门栖,自得乃高践。①

以上诗句描写王阳明龙冈书院讲学情状,诗中所说"道真"是指一般意义儒家之道的真理性问题,并非阳明学核心概念,与王廷相的"道真"不可同日而语。

(二)"道真"观念的品格

作为王廷相对儒家之道的独特表述,"道真"观念显示出三大精神品格,即多元性、开放性与批判性。通过发生在王廷相身上一则轶事,对此可作贴切理解。事情是这样的:嵩山的南面有一座山,因其"下无陂陀之渐衍,旁寡峰峦之倚托,盘后土而突峙,拔丹霄而上耸"的形象被名之为"介立"②。当时有个叫林时(字懋易,生卒年不详)的后生自号介立山人,取介立山卓异独立之姿以象征其操守清高、品行高洁。③ 林时将此事告之王廷相顺带阐发对道的理解:

---

① 王守仁:《诸生来》,载《王阳明全集》上册,上海古籍出版社,1992年,第697页。
② 参见张衡:《张衡诗文集校注》,上海古籍出版社,2009年,第196页。
③ 据黄虞稷《千顷堂书目》载,林时为安徽休宁人,寓居河南汝阳,正德十二年(1517)进士,官至南京通政司右通政,有《介立诗集》等作品。由此推知,林时是王廷相的晚辈。

予之取乎介立,子其知之乎?闻之,洁其道者,不匹秽以自染;明其节者,不援邪以苟合,故能拔俗迈伦,而震踔一世。此惟古大丈夫能之矣。①

面对颇为自傲的林时,王廷相作了委婉的、富有文采的训斥和接引:

> 道犹海,会纳百川矣。圣如日,溥炤万汇矣。执一德者途狭,睹一隅者行碍。兹谓大道之观已乎?……子独不闻之昆仑乎?天柱峻极,超脱鸿蒙,亏蔽日月,上摩斗枢,此即吾道高明之符矣。又独不见太行乎?连亘终南,跨邈辽海,袤延万里,衿带夷夏,此即吾道广大之度矣。……吾欲掖子登于昆仑之巅,以大观乎六合之际;游于太行之尽,以究极乎海岳之会通。吾子将从之乎?②

"道犹海"这一段话酣畅淋漓,意蕴深厚,充满诗化哲学意味。通过以上所论,王廷相最终使林时表示归服,"请从子(王廷相)游"③。林时归服根本原因不在于王廷相的美妙语言,而是被他对道的理解所折服。王廷相以会纳百川之海譬喻道,生动说明了道具有多元、开放和包容的特性,"道"具有"高明之符""广大之度",故不限于儒家。由此可知,"道真"作为关于道的真理性认识,不是封闭性的一隅之思、一偏之见,不一味排斥他者之见。如黄宗羲说:"盖道非一家之私,圣贤之血路,散殊于百家,求之愈艰,则得之愈真。"④这种开放真理观与王廷相"道真"观念极为相通。

早在正德十三年(1518),王廷相与许诰讨论"太极""河图""洛书"等问题时就提出"精思体验之自得"的为学精神,其中所说的"自得"指《太极辩》所言的"得乎道真"。嘉靖九年(1530)前后,王廷相从李承勋(字立卿,1473—1531)处获悉陈献章之学"以自得为宗",他没有一意贬斥白沙心学,而是对其表示一定程度的认可,"人谓白沙之学得于天分自性者多,观此益信。"⑤王廷相曾对赵世胤(生卒年不详)说:"阳明《居夷集》,有春王正月之

---

① 王廷相:《介立对》,载《王廷相集》第二册,中华书局,1989年,第453页。
② 王廷相:《介立对》,载《王廷相集》第二册,中华书局,1989年,第453页。
③ 参见王廷相:《介立对》,载《王廷相集》第二册,中华书局,1989年,第454页。
④ 黄宗羲:《清溪钱先生墓志铭》,载《黄梨洲文集》,中华书局,2009年,第160页。
⑤ 王廷相:《与李逊庵司马》,载《王廷相集》第二册,中华书局,1989年,第483页。王廷相获悉陈献章自得之学不会早于嘉靖九年(1530),彼时贺钦(陈献章弟子)的《医闾先生集》初刻,李承勋为之作序,后者在序文中提及"白沙之学"。王廷相正是通过李承勋的序获知陈献章的自得学。参见贺钦:《医闾先生集序》,载《医闾先生集》,辽宁人民出版社,2011年,第1—2页。

论,甚正甚的,非后儒驳僻之说。望观之。"①可见他知晓《居夷集》,能对其中某些观点牢记于心。正因为秉持开放性真理观的为学态度,王廷相才会肯认心学一派的可取之处,而非一味否定。

"道真"观念的开放性并不意味着它不设门禁,各种学说随意出入。无论是何种语境,王廷相所说的"道真"都以"真"为检验原则,以"道"为思想依归。"道真"的思想真义就在于此。他在四川任提学时曾对彭杰说:

> 齐客有善为鸡鸣者,幽谷之鸡闻之皆鸣,不知其非真也。学者于道,不运在我心思之神以为抉择取舍之本,**而惟先儒之言是信,其不为函关之鸡者几希矣**!②

对于"幽谷之鸡"来说,"鸡鸣"传到耳朵里是实在之事,以此为"真"说明"齐客"发出的"鸡鸣"在事实上是达到了以假乱"真"的程度。王廷相论"真"的根据,在于他认定"鸡鸣"与"鸡"的必然相关性,因此才说"齐客"的"鸡鸣"非"真"。非"真"是从行为主体及其动机来说的,实际上不能否定行为本身达到的"真"的效果。以"幽谷之鸡"讥讽"惟先儒之言是信"的行为,意在表明自己不是本本主义,这一譬喻十分贴切。现行科举制度使儒家士人如同"幽谷之鸡",只知背诵程朱理学的教条却不明儒家经典大义,为此王廷相主张为学要以自身的心思、心识去体认,得道的主体为"在我心思之神"即重视自我反省与切身体认的特色。在强调认识的主体性作用上,王廷相与王阳明有某种一致性。

在王廷相看来,儒道之"真"在价值论层面指儒家之道"明体适用"值得被追求、应该被接受,更有益于社会现实以及人的发展,"儒者之道,其要归之明体适用,而其极至于弥纶参赞之化而后已焉。"③在认识论层面指《六经》和孔子的认识真实不虚、见诸于行,不是说《六经》和孔子不存在认识错误,"《六经》之所陈者,皆实行之著,无非道之所寓也。……是故学于《六经》而能行之则为实,反而能言之则为华,斯于圣蕴几矣。"④由此,王廷相主张"寓道于六经"。

综合而言,对儒家之道的真理性认识最终归结到"明体适用"上来,作为

---

① 王廷相:《与赵侍卿世胤》,载《王廷相集》第二册,中华书局,1989年,第499页。在松江府任同知(正德十二年,1517)时期的《王别驾画像述》透露出王廷相对道的开放性理解。

② 王廷相:《与彭宪长论学书》,载《王廷相集》第二册,中华书局,1989年,第510页。

③ 王廷相:《策问·三十三》,载《王廷相集》第二册,中华书局,1989年,第559页。

④ 王廷相:《慎言·文王篇》,载《王廷相集》第三册,中华书局,1989年,第816页。

一种理想信念的"道真"以对儒家之道真理性认识为前提,还必须落实为相应实践活动。作为理想信念的"道真"必须落到实处、见用于世才能体现其儒家之道的真义,这种思想倾向使得王廷相特别强调儒家之道的经世致用性。王廷相任兵部侍郎期间(嘉靖七年至嘉靖八年,1528—1529)曾对吕柟说:"士惟笃行可以振化矣,士惟实学可以经世矣。"①这话是对吕柟的劝勉,也是自我要求。立志于实现儒家之道时王廷相就强调经世致用品格,即所谓"儒家之道,其要归之明体适用"。经世致用本是儒家的传统,"惟实学可以经世"的主张当然属于这一传统。

儒家经世传统在王廷相身上有全方位展现:宇宙本体论方面主张"道体本有本实",人性论方面肯定"人性之实",修养工夫论方面强调"从著实处养之",政治实践方面注重改革可行性与实效性的结合。他将这种经世传统溯源于"六经",意在以经学的方式突出儒学经世致用品格,如其诗云:"六籍皇王术,诸生口耳为。好存经世业,留取后人师。"②这种做法是有宋以来的儒家传统,胡瑗(字翼之,993—1059)即确立经义与治事为儒学主要内容,以讲明六经与治民安世互为一体。王廷相的创见,在于以气论阐发"道体本有本实""人性之实"以及"从著实处养之"等经学思想。

既然"道真"最终必须归于经世致用,就有必要检讨"道真"与"崇实"之间的关系。粗略而言,"道真"类似于"明体","崇实"相当于"适用"。从根本上说,二者是儒家精神的一体两面。王廷相对"崇实""实学"的阐述可以看作其"道真"观念的某种表达或关切。

遍察王廷相思想文本可以发现,他对"实学"概念的使用存在不同情形,大体可分为三种:其一,"实学"指以礼学为主的实践之学。如王廷相称赞《正蒙》是"张载之实学",后面紧接着说:"致知本于精思,力行本于守礼。精思故达天而不疑,守礼故知化而有渐。"③这是以实学称赞张载知礼、守礼、践行礼的行为,不能想当然地以为是在表彰张载气论思想。其二,"实学"指品评人、培育人的根据。《慎言·鲁两生篇》有"论人者当本之实学,俟人者当覆于素履"的话,此处"实学"为品评人、培养人的根据,有讽刺韩愈为人不实之意。其三,"实学"指治事有用之学。《督学四川条约》指出:"夫何近岁以来,为之士者,专尚弥文,罔崇实学;求之伦理,昧于躬行;稽诸圣谟,疏于体验。"④"实学"与"弥文"相对,大体指治事有用之学。这是实学最基本的意

---

① 王廷相:《送泾野吕先生尚宝考绩序》,载《王廷相集》第二册,中华书局,1989年,第419页。
② 王廷相:《寄庸之》,载《王廷相集》第一册,中华书局,1989年,第228页。
③ 王廷相:《慎言·鲁两生篇》,载《王廷相集》第三册,中华书局,1989年,第821页。
④ 王廷相:《督学四川条约》,载《王廷相集》第四册,中华书局,1989年,第1167页。

涵。以上"实学"概念是在一定语境中被使用。这些语境差别不否认"实学"作为价值观念具有其统一性,那就是强调"实践",即"崇实绌虚"。

"实学"概念在明代儒者中的用法不尽相同。如薛瑄就以读圣贤书有无"实用处"来判定实学与非实学:"读圣贤之书,句句字字有实用处,方为实学。若徒取以为口耳文词之资,非实学也。"[①]由于薛瑄、王廷相等强调儒学经世致用时多言及"实学"概念,学界有研究者将他们标举为"明清实学"代表人物,这种判断具有一定理论依据,但也存在相关问题。特别是有些实学研究倾向于将"实学"简单视为"有用之学"或比附于实用主义,这就难免导致对"实学"的狭隘化理解,败坏实学的品格。[②] 仅仅将"实学"理解为"实用""实效"或"实在","实学"有被作践之虞。

质而言之,实学与经世是同源同构关系,"惟实学可以经世"指向的是"经世",实质上表明王廷相"道真"观念的经世致用性。正是在经世思想作用下,"道真"即"求道"与"求真"的内在张力与现实压力越发突显出来。为了达到"求道"的目的和实现儒家之道的理想,王廷相由"求真"逐步转变为"宗经"。"宗经"最终成为追求"道真"的必然前提和判断标尺。

(三)"宗经":"道真"观念的归宿

嘉靖十七年(1538)四月王廷相六十五岁,他在《雅述》的序文说道:

> 经者,常道也,可常以范世者也,故由之则治,迷之则危,去之则乱,确乎可守而不可畔也。 然世逖风漓,异端窃起,而老、佛清静无为之论出,世乃为之大惑;由是百氏九流,纷坛杂还,各兢所长,而《六经》中正淳雅之道荒矣。 ……余不自量,每于读书之暇,其于天道人

---

① 薛瑄:《读书续录》,载《(景印)文渊阁四库全书》第七一一册,台湾商务印书馆,2008年,第749页下。薛瑄关于实学与非实学的论述是价值判断,不是简单的事实陈述。他所言的"实学",是其身心受用与否的表达。

② 早在二十世纪四十年代初,嵇文甫发表《陆象山的实学思想》,拉开了实学研究的帷幕。关于"实学"概念是否妥当,学界至今仍有质疑,参见姜广辉:《"实学"概念的历史内涵》,载《中国哲学》第16辑,岳麓书社,1993年,第9—34页;林乐昌:《实学观念的历史考察与现代诠释——兼评明清思想史研究中的实用化价值取向》,《哲学与文化》1993年第2期;彭国翔:《阳明学者的"实学"辨正》,载《近世儒学史的辨正与钩沉》,允晨文化实业股份有限公司,2013年,第70—78页。王廷相有时的确会将儒学说成是"有用之学",但不可误解其意。德国汉学家 Michael Leibold 将王廷相实学思想与实用主义联系起来,参见氏著《徒手世界:王廷相的实用主义儒学》(*Die handhabbare Welt: der pragmatische Konfuzianismus Tang Tingxiang* (1474 - 1544)),转引自王论跃(Frédéric Wang)的《关于王廷相研究的几个问题》,载梁涛主编:《中国思想史研究通讯》第五辑,参看 http://www. Confucius2000. com/admin/list. asp? id=1766.

事,变化几宜,诸所拟议有不符于圣者,时置一论,以求合道真。①

《雅述》目的在于契合《六经》之道,与《慎言》自序所说的明道、征圣相一致。作为万世人道的衡准,《六经》之道在王廷相看来只可信守、不能叛离。执此理念,"道真"寓于《六经》,后世儒者所要做的就是"信而守之"。② 王廷相将《六经》推到至高地位,强调回归六经传统甚至以"六经"衡准一切。其思想变化清晰可见:从《太极辩》的"得乎道真"之说,到《雅述》一心"求合道真",反映出开放的真理观已转变为宗经的保守态度。王廷相深刻意识到,儒家经典暗而不彰是最大的问题,"言道不本于'六经',九流足以乱其真。"

目睹儒家《六经》的中正淳雅之道"失其真",王廷相护卫儒家经典的意识变得强烈。在他这里,真理之道越来越严恪,即"道真"的范围越来越狭隘,以至于唯有回归《六经》才能保证"道真"的确定性和可靠性,故"明道"必以"宗经"为本。正如嘉靖十五年(1536)杜枏(字子材,1489—1538)为《王氏家藏集》所作序文所说:"以予观于是集,……本之《六经》,该之百氏,理道伦彝,章章乎备矣。"③《慎言》更是指出:"《易》《书》《诗》《春秋》《论语》,圣人之纯也,万世人道之衡准乎!"④

王廷相确实是这样做的,《杂怀五十首》最后一首说:

> 平生好持论,诡圣非我师。俗儒授九流,支言使道离。斯文未丧天,著书余敢辞! 雅大千万言,阐阐及天人微。**下士闇道真,犹为好辩讥。**屹屹徒穷年,同心更尹谁? 譬彼燎原火,盎水徒尔为。**不惜复罌瓿,**愿俟后圣嗤。⑤

王廷相认定其使命在于使"道真"重得光明,故将自己与俗儒、下士等区隔开来。与此同时,著书论辩被视为批判庸俗之见、廓清儒家本来面目的正当手段。气论学说就是在这种思想状态中形成和发生演变。"不惜复罌瓿,

---

① 王廷相:《雅述序》,载《王廷相集》第三册,中华书局,1989 年,第 831 页。
② 蔡方鹿对王廷相"道寓于'六经'"的思想有考察,突出尊孔非孟的及其意义,有一定文献依据。参见氏著:《王廷相寓道于"六经"的思想》,《现代哲学》2008 年第 6 期。在王廷相看来,孟子至少比荀子高一截,而且已接近于圣人,故时而将孔孟并称,与其说王廷相尊孔非孟,不如说尊孔非朱。
③ 杜枏:《王氏家藏集序》,载《王廷相集》第一册,中华书局,1989 年,第 2 页。
④ 王廷相:《慎言·文王篇》,载《王廷相集》第三册,中华书局,1989 年,第 819 页。以上引言未提及《礼》,恐是失误。
⑤ 王廷相:《杂怀五十首》(之五十),载《王廷相集》第一册,中华书局,1989 年,第 100 页。

愿俟后圣喔"表明王廷相立意要通过复归《六经》之道,为当前暮气暮气沉沉的儒学寻求一线生机,即使被后世儒者误解或诟病也在所不惜。

至此,王廷相"道真"观念及其演变显示为三大思想节点:撰写《太极辩》之际,他认为关于道的真理性认识不必专属于儒家,"道真"不限于儒家学说范围。辑成《慎言》之际,他明确指出异端之学不足为患,儒家之道被败坏的根本原因源于内部("诸儒")。到了《雅述》时期,佛道已被王廷相明确视为异端之学以及"近世诸儒"的帮凶,"而老、佛清静无为之论出,世乃为之大惑"尤其是"自南宋以来,儒者议论,迁就时俗,采据异道,已与孔子之道多相背驰"①。及至如此,复归《六经》孔子之道的要求呼之欲出。王廷相深信只有"宗经"才能求取"道真",才可避免"诠择未真"即有害于"道真"的行为,进而确保儒家之道受到的污损降至最低。

由此可见,王廷相前期那种"道犹海"的理想主义热情早已褪去,"道真"退缩到"六经"的坚固堡垒。"宗经"成为儒家之道真理性认识的唯一可靠来源。不难想见,"道真"观念处于开放与保守、怀疑与肯定的双重张力。这些张力更为具体地表现为一方面要信守《六经》,一方面主张"脱去载籍,任吾心灵"②;一方面要秉持开放的真理观,一方面又要回归到儒家"六经"。可以说,王廷相不乏开放真理观,但更多意义上是保守的儒家经典主义者。

在他本人而言,以经学纠正理学传统在思想上是可取的。作为价值理想的"道真",当然可以表现为"从来大道本融圆"③,但只能寓于《六经》孔子之道。问题在于,作为认识论意义上的"道真"不得不面对和说明客观现实,这就注定了"道真"观念处于知识与价值、现实与理想的张力,促使他最终不得不沦为复古主义者。这种以经学检验理学的做法使儒学豁免于心灵的宰制,从而避免主观随意性,维护经典的神圣性。随着王学在明代中晚期的兴盛,王廷相这种经学观的思想史意义逐渐彰显出来。

二、王廷相气论思想演变线索之二:与张载气论的思想关系

"道真"观念及其推移反映了王廷相对儒家之道的理解极其微妙变化,这些变化内在关联于其气论思想演变。与此相较,王廷相与张载的思想关系更直观地反映出其这种关联性,其气论思想演变藉此明朗化。

---

① 王廷相:《与薛君采二首》,载《王廷相集》第二册,中华书局,1989年,第477页。
② 黄芳嘉靖十一年(1532)为《慎言》所作序文,对王廷相学术精神进行解读,提出"任心灵而不任载籍"的观点。孙奇逢在《中州人物考》论及王廷相时强调此点。王廷相本人在《答薛君采论性书》中表达了"脱去载籍,任吾心灵"的主张。
③ 参见王廷相:《赠唐山人》,载《王廷相集》第三册,中华书局,1989年,第931页。

关于张载与王廷相的气论思想关系,学界基本形成两派:一种看法以张岱年、侯外庐、程宜山、李存山等为代表,将王廷相视为张载的真正继承人。理由在于,王廷相在气论思想上无疑是对张载之说的承续。这种看法强调王廷相与张载在气论学说上的一致性,在大陆学界成为主流观点。[①] 另一种看法以杨儒宾、刘又铭、王俊彦以及马渊昌也等为代表,他们从明清气论学说的分析出发,倾向于将张载气论和王廷相气论分为不同思想类型。如杨儒宾就将前者视为先天型气学,后者视为后天型气学,划分的依据在于气论视域下人性论差异。这种看法强调张载与王廷相在气论学说的异质之别。简要而言,前一种看法不能说不可取,然未充分注意到张、王的分别;后一种看法存在夸大之嫌,以至于抹杀了二者相通之处。

近年来,有论者从宋明儒学的宏观视野来揭示张载与王廷相在气论学说上的异质之处,对以往的讨论有所更新和深化。[②] 实际上,张载与王廷相的思想关系应置于气论传统和儒学发展交互的视域来辨析,也就是说,气论传统与儒学发展的融合与演变,构成了张载与王廷相思想关系问题的内在机理。为此,就要超越简单的同异说,揭开气论学说经由宋明儒学发展所产生的转变。

(一)"以横渠为然"

张载之学的主旋律,在于以气论为思想根底彻底反对佛老虚无主义的世界观人生观,肯定世界万物的实在和人生价值的实有,达到天道性命相贯通。如《宋史·张载传》指出张载之学"以《易》为宗,以《中庸》为体,以孔孟为法",也就是说,以对《周易》的阐释(主要是《横渠易说》)为思想基点,通过吸收和改造之前的气论传统尤其是元气说,从而挺立起儒家基本立场,以此肯认世界及其价值的实在性、确定性。在张载看来,《易》的要义就在造化,"深于《易》者"的当务之急就是"先识造化",这既是圣人撰《易》的宗旨又是其气论学说的根本问题意识。

与张载不同,在王廷相的时代佛老的挑战不再是儒者迫切应对的思想课题,取而代之的是对正统化程朱理学进行反思调整。嘉靖六年(1527)十二月,王廷相在《慎言》的自序中说:

---

① 曾振宇指出,相较于张载气学,王廷相气学在有些方面体现出停滞、倒退与回复的特点。参见氏著:《思想世界的概念系统》,人民出版社,2012 年,第 164—176 页。这种看法的依据在于"王廷相哲学之'气'的抽象性与思辨性远远不如张载气学",其论述依据和论证思路不尽妥当。

② 参见王昌伟:《求同与存异:张载与王廷相气论之比较》,《汉学研究》第 23 卷第 2 期;另可参见 Chang Woei Ong(王昌伟):"*The Principles are Many:Wang Tingxiang and Intellectual transition in Mid-Ming China*",载 Harvard Journal of Asiatic Studies,Vol. 66,No2,2006,pp. 461-493.

仲尼没而微言绝，异端起而正义凿，斯道以之芜杂，其所由来渐矣。非异端能杂之，诸儒自杂之也。①

　　这一发展儒学的学问意识并非王廷相的臆断，而是当时儒家有识之士的共识。基于此共识，几乎在同一时间轴上明代中期儒学开展出三种径路：罗钦顺力图从朱子学内部对其进行反思和局部改造，选择以理气关系为突破口；王阳明承续陆九渊、陈献章的思想方向，在与朱子学的对话中创发出良知学说；王廷相以张载气学为思想的大本营，在批判正统化理学的过程中建构起独具特色的气论学说，力图以之复归《六经》孔子之道。

　　前文已述，正德十三年（1518）初春，许诰亲至蜀地与王廷相论学，二者的论学过程体现了王廷相气论思想形成的动机、过程以及基本主张，其中主要涉及造化问题。对于许诰"一例据《易》以准造化"的做法，王廷相持保留意见。以《易》论造化也是张载的思想态度。目前无法确知许诰讨论的具体内容，然造化问题在王廷相被高度重视却是无可争辩的理论事实。以至《慎言》开篇（即《道体篇》）就以气论造化和道体的问题。从《答许廷纶》到《慎言》，造化问题成为王廷相气论思想的中心关切。

　　同样是对造化问题的集中讨论，张载的首要目标在于"先识造化"，王廷相在此基础上特地阐发气本与气化相结合问题。可见，二者的气论学说在出发点上几近一致，但在问题意识以及思想任务等方面有所转移。在张载处，虽然也谈及气本与气化，但二者结合问题并不突出，儒家气论思想的当务之急是与佛老之学划清界限，为儒者提供"入德之途"。在王廷相处，造化问题成为他批判朱子学理气论的重要突破口，他认为朱子学理气论是对气论学说的贬抑，气本与气化相结合是儒家气论的题中义。这些变化与其说意味着张载与王廷相在气论思想上存在异质之别，不如说是气论传统与儒学发展交互作用的理论结果。他们在人性问题上的看法更是如此。

　　历史地看，关学曾盛行一时，作为北宋理学思潮之一，与二程兄弟的洛学并称。张载无疑是关学的创始人与思想领袖。南宋以降直到明代前期，关学没有断绝但势力与影响远不如以往。明代中叶经由三原学派以及吕柟、马理（字伯循，1474—1556）等的发挥和倡导，关中之学渐有复兴的局面。② 作

---

① 王廷相：《慎言·自序》，载《王廷相集》第三册，中华书局，1989年，第750页。
② 关于该论题参见冯从吾：《关学编》，中华书局，1987年，第41—48页。吕妙芬：《明清之际的关学与张载思想的复兴——地域与跨地域因素的省思》，载《中国哲学与文化》第七辑，广西师范大学出版社，2010年，第25—58页。近年《关学文库》的陆续出版，为该论题提供丰富文献材料。

为明代中期河东地区成长起来的一位儒者,王廷相似与关学无甚交涉,实则不然,他曾说:"余取友于天下,得有道者二人焉。"①其中一人便是吕柟,可见王廷相对关学深以为然。换言之,吕柟的学说势必在王廷相这里产生思想共鸣。

吕柟一般被认为是明代关中之学的"集大成"②。王廷相既与吕柟思想观点相近,表明他对张载之学决不陌生。在王廷相与张载的关联中,吕柟的作用不容轻忽。以往论者谈及王廷相气论很容易直接关联张载,其实如果没有吕柟的中间作用,这种关联的可靠性大为减损。

吕柟推崇张载,称其书"皆言简意实,出于精思力行之后,至论仁孝、神化、政教、礼乐,自孔孟后未有能如是切者也"③。吕柟的弟子张云霄(字伯需,生卒年不详)询问老师对张载的看法,他说:"方伯淳则不足,方元晦则有余。伯淳已近乎化,元晦亦几于大,张子之化十三,其大十九。"④在吕柟心目中,张载介乎程颢(字伯淳,1032—1085)与朱熹之间。

王廷相对张载之学甚为推崇,但绝不盲从:

> 关、洛之学似孟子,程伯子淳粹高明,从容于道,其论得圣人之中正,上也。闽、越之学,笃信先哲,美矣;而泛探博取,诠择未真,要之犹有可议,次也。⑤

这是王廷相对宋代儒学史的简要认识,在给宋儒排定的位次中,关、洛之学优于闽、越之学。具体到个人,程颢得圣人中正之道最受尊崇。这里没有直接论及张载,但显而易见,王廷相同意吕柟的看法,即张载位于程颢和朱熹之间。吕柟把人格、气象(德)与学问(才)揉在一起进行评价,沿袭了中国古代品评人物的传统,如他所言:"若有一等人,所讲者是一样,看他穿的衣服、住的房屋又是一样,这便不可信他。"⑥与之相较,王廷相把"真"视为品评学问的重要标尺,这体现了在"求道"前提之下极为看重"求真"的品格。抑或说,"求道"本身就体现在"求真"的具体行为。

在王廷相看来,"笃信先哲"是一种"美"的信念,此信念必须建立在真理

---

① 王廷相:《送泾野吕先生尚宝考绩序》,载《王廷相集》第二册,中华书局,1989 年,第 420 页。
② 冯从吾:《关学编》,中华书局,1987 年,第 46 页。
③ 参见《吕柟张子抄释序》,载《张载集》,中华书局,1978 年,第 389 页。
④ 吕柟:《云槐精舍语第二》,载《泾野子内篇》,中华书局,1992 年,第 11 页。
⑤ 王廷相:《慎言·文王篇》,载《王廷相集》第三册,中华书局,1989 年,第 819—820 页。
⑥ 吕柟:《鹭峰东所语第十九》,载《泾野子内篇》,中华书局,1992 年,第 138 页。

性认识基础上才能充分体现其价值。"诠择未真"的情况发生,"美"的信念就会被否定或者减煞。这种以"真"为原则的评价方式,与"道真"观念甫一提出时的开放性和包容性相一致。

作为关中之学的代表,吕柟极有可能比王廷相更早更多地接触到张载著述。细心检索文献会发现,《慎言》以及之前的作品,王廷相对张载文本的援引和评论基本上局限于《正蒙》,《慎言》之后情况有所变化。这一差别值得注意,它暗示了王廷相对张载之学的认识进度和理解程度。《正蒙》被视为张载实学思想的结晶,这是他推崇张载之学的一大缘由。吕柟同样倡导实学,以躬行实践、践履笃实著称。[①] 在王廷相眼中,吕柟一定意义上是张载之学的当世代表。

王廷相对张载之学并未全盘接受,这一点在《慎言》之后的作品体现得尤其明显。以下两种情况就是有力证明:一是为他所赞同的张载之学作辩护,二是指出或修正那些他不太认可的张载之说。

《慎言》成后不久,王廷相就致信何瑭以辨明造化问题,信中提到:

> 《正蒙》"太虚不得不聚而为万物,万物不得不散而为太虚",此自完好,为其续以离明得施不得施之说,则自为滞碍,亦不可以此而弃其至论也。 如何,如何?才说起,便非长语如此,又不得尽其意,安得不思一会晤耶?仆近日有一书,如《正蒙》《法言》之类,孟望之以《慎言》名之,忽忽不得缮书一帙请教,嗣后寄上也。[②]

王廷相认为《正蒙》讲太虚之气聚散为万物就足够明了,续以"离明得施不得施"的说法则不太妥当。"此自完好"与"自为滞碍"两项评价放在一处,显示出张载气学在王廷相视域中的复杂性。关于"离明得施不得施之说",王夫之《张子正蒙注》的解说已经很清楚。[③] 也就是说,张载的这段话是从"形"之有无角度来说的,王廷相持反对意见,大概因为他不主张以"离明"(日光)来讨论气的聚散。由此可知,他对张载之说有所辨析,并非一股脑地承揽。

正因如此,一旦何瑭否定被王廷相视为"至论"的张载学说,后者就会坚决为之辩护。二者于嘉靖十二年(1533)的论辩就存在这样的情况,王廷相

---

① 参见赵馥洁:《论关学的基本精神》,《西北大学学报(哲学社会科学版)》2005年第6期。
② 王廷相:《答何粹夫(二首)》,载《王廷相集》第二册,中华书局,1989年,第490页。
③ 参见王夫之:《张子正蒙注》,载《船山全书》第十二册,岳麓书社,2011年,第28页。

指出：

> 神形之分，魂升而魄降也。古今儒者，孰不知之？今谓老氏、周子
> 知之，横渠不知，岂不冤哉！大抵老氏、周子不以气为主，诚以为无矣，
> 与柏斋以神为无同义，与横渠"气之为物，散入无形，适得吾体"，大相悬
> 绝。夫同道相贤，殊轨异趣，柏斋又安能以横渠为然？嗟乎！以造化本
> 体为"空"为"无"，此古今之大迷。①

这段话与其说是王廷相在为张载辩解，不如说是为他自己申诉。"大抵
老氏、周子不以气为主"之说，意在从反面论证张载以气为主，这是王廷相
认为应该发扬的思想立场。关于造化问题，何瑭与王廷相展开了长期论辩，在
他们若干年的论辩过程中张载思想角色值得玩味：前者眼中，张载被当成攻
讦的标靶；在后者看来，张载是应当拥护的旗帜。特别是在以气为造化之本
体、实体这一点上，前者对张载学说不以为然的态度受到了后者的强烈斥
责。即便王廷相对张载学说不完全认同，但他对张载气论要义的肯认是不
容质疑的。故以上引文中所说的"柏斋又安能以横渠为然"，其实是王廷相
批评何瑭误解了张载之意。

如前所论，王廷相"四川时期"的相关作品就曾援引张载之说。对于《正
蒙》的援引和发挥，他充满理论自信甚至自豪。这种理论自信源于对张载气
论学说既了然于胸又简择有别。如《五行辩》就表示："且夫天地之间，无非
气之所为者，其性其种，已各具于太始之先矣。……此义也，惟张子《正蒙》
乃独得之。"②引出《正蒙》中的话，无非是为了证成自己关于五行造化问题的
观点，这是王廷相对待张载思想的常见方式。比这种方式更为高妙的，是揭
示出张载思想未和盘托出之意，《横渠理气辩》就是这方面的典范之一。

依王廷相的思想旨趣，"以横渠为然"是显见的事实。学界未加注意的
是，对于张载气论之说，他并非不存在"异议"。

（二）"（横渠之论）似欠会通"

王廷相对张载之学的态度有所变化，准确地说，由前期的大力推崇转变
为后期对其心性论以及修养工夫论的批判。这种态度变化至少说明张载之
学在王廷相气论思想中不能被单维度考量。可以说，这些变化是王廷相对
张载之学的全面认识与其自身气论思想发展相互作用的结果。

---

① 王廷相：《答何柏斋造化论（十四首）》，载《王廷相集》第三册，中华书局，1989 年，第 972 页。
② 王廷相：《五行辩》，载《王廷相集》第二册，中华书局，1989 年，第 598 页。

《雅述》有两处明确论及张载之学,均属于批判性口吻,其中之一说:

> 横渠谓"心宁静于此,一向定叠,目前纵有何事,亦不恤也",**此似欠会通**。心固贵静定,目前之事有不得不动而应者,虽细小之感,亦当起而应之,所谓常静常应是也。《易》曰:"无思也,无为也,感而遂通天下之故。"岂有事至目前而不恤者耶? 若然,类禅定而无应矣,于道也奚益?①

以上所引"心贵静定"的说法出自《横渠易说》。张载此论意在排除杂碎念头,一心达到"精义入神"的心性境地。对于"定心"这个问题,王廷相取程颢《定性书》之说,认同"所谓定者,动亦定,静亦定,无将迎,无内外"的思想主张。② 张载所说的"目前纵有何事,亦不恤矣",正是程颢批判的心有内外、动静为二的思想表现。王廷相将张载此论比之于"禅定",属于较严厉的批评。他在《雅述》又指出:

> 张横渠云:"读书以维持此心,一时放下则一时德性有懈。"**此与维摩诘数念珠何异?** 学者贵收养其心,不令放纵耳,何必用书以为维持之具? 但能操在纯熟,则心有定向,不待持之而无不存矣。③

此处的批评与上述大体相同,王廷相将张载直称为"张横渠",这一称呼本身就暗含不满。其实,张载的原话不只如此,他接下去还说:"读书则此心常在,不读书则终看义理不见。书须成诵精思,多在夜中或静坐得之,不记则思不起,但通贯得大原处,书亦易记。所以观书者,释己之疑,明己之未达,每见每知所益,则学进矣;于不疑处有疑,方是进矣。"④张载论述的是读书与义理的关系,谈的都是躬行践履的体会。可见,王廷相以上对张载的批评并非完全合理。

王廷相择取那些他以为有欠妥当的张载之说予以批评,反映了急于救正张载之学的心态,以至提出"(横渠之论),似欠会通"。王廷相要将气论思想贯彻到其心性论和修养工夫论,在此背景之下,"张载"被批评,实际上说明了他不满于张载对气论与心性论或修养工夫论的处理。所以,要辨析王

---

① 王廷相:《雅述·上篇》,载《王廷相集》第三册,中华书局,1989 年,第 852 页。
② 程颢、程颐:《二程集》(上),中华书局,1981 年,第 460 页。
③ 王廷相:《雅述·上篇》,载《王廷相集》第三册,中华书局,1989 年,第 855 页。
④ 张载:《经学理窟·义理》,载《张载集》,中华书局,1978 年,第 275 页。

廷相与张载的思想关系,不能忽视气论视域中心性论与修养工夫论问题,特别是人性论方面的差异。

张载关于人性论最典型的说法是天地之性与气质之性,与此相应,其工夫论主要体现为变化气质之说。这些看法基本成为共识,似乎无需多论。然问题在于,张载的天地之性与气质之性不完全等同于朱子学意义上的义理之性与气质之性。进一步,天地之性与气质之性的二分与"性者万物之一源"的说法是何关系,变化气质之说与其关联如何。这些问题并非无关紧要,实质上涉及的是张载究竟如何在其气论视域中来处理和交代人性论及工夫论问题。

张载看重的是如何由实然的气质之性复返至本然的天地之性,其中"反"的工夫扮演着十分重要的角色。"反"主要指涉的是《孟子》《中庸》所说的"反身而诚",以至于张载指出:"天所以长久不已之道,乃所谓诚。仁人孝子所以事天诚身,不过不已于仁孝而已。故君子诚之为贵。"①可见"诚"即天道,在人道的表现就是"事天诚身"。"事天诚身"与"反身而诚"形成对举。如果说"反"是张载人性修养的总方针,那么"变化气质"就是其实施纲略。为此他说:

> 变化气质。孟子曰:"居移气,养移体。"况居天下之广居者乎!居仁由义,自然心和而体正。更要约时,但拂去旧日所为,使动作皆中体,则气质自然完好。②
>
> 为学大益,在自求变化气质,不尔【皆未人之弊】,卒无所发明,不得见圣人之奥。故学者先须变化气质,变化气质与虚心相表里。③

以上两则有关"变化气质"的文献实质上就是对"养其气"的说明。张载的"变化气质"之说承袭孟子而来,故将"由仁义行"视为变化气质的定盘针。值得注意的是,他认为"变化气质与虚心相表里",这里的"虚心"似与荀子的"人能虚静其心"有关联。变化气质的对象是"气习",这里蕴含以"气质"言"性"的意味。在张载这里,气质比气质之性的范围更广,气质既指人所受之"定分"也包括草木等物类,"气质犹人言性质,气有刚柔、缓速、清浊之气也,质,才也。气质是一物,若草木之生亦可言气质。"④气质之性特指人而言,故

---

① 张载:《张载集》,中华书局,1978 年,第 21 页。
② 张载:《张载集》,中华书局,1978 年,第 265 页。
③ 张载:《张载集》,中华书局,1978 年,第 274 页。
④ 张载:《张载集》,中华书局,1978 年,第 281 页。

必定关联于"知礼成性"和"穷理尽性"。与天地之性相对言的气质之性即气凝聚为形质后具有的属性,与"气质中之性"存在关联又有所区别。简要而言,张载的变化气质之说基本是道德修养领域的大人之学、成性之学,这成为理学家的基本信念项之一。

王廷相在《横渠理气辩》盛赞张载气论学说"阐造化之秘,明人性之源",这是就造化论和人性论所作的评价。王廷相这番评语是在批判朱子学理气论的语境中给出的,并不表明全盘接收张载之学。"阐造化之秘,明人性之源"的评价出自王廷相前期,更不代表后期思想态度。尤其是在"成性"的问题上,张载在气本论视域下主张变化气质,王廷相"性生于气""性成于习"等观点表现出不同取向。要而言之,他认为气与性不可分离。性的本原就来自于气化生生,性的内容就在气化生生中得以成立和展开。"离气无性。气外有本然之性,诸儒拟议之过也。"①由此理念出发,他尤其反对宋儒离气言性的行为,认为离气言性或分性为二都是偏失之举应予以纠正。饶有意味的是,他极力批判朱子学的"本然气质二性之说",却对张载天地之性与气质之性二分之说未作表态。

(三)"横渠之论,与愚见同否?"

依照前文所论,张载与王廷相的一致性主要是就造化而言,二者的分别主要是就人性论及其修养工夫论而言。学界认为王廷相人性论缺乏超越性,只是一种自然主义的人性论。这种看法带有一定主观片面性,王廷相讲天道与人道的贯通,其元气学说不乏超越性追求。只不过立论之基在气质之性的实然层面及其现实问题,为此他提出了新的善恶观,即"性与道合则为善,性与道乖则为恶"②,这里的性不再是先验善性而是"人性之实",道不再完全是先验的天道、天命、天理而是由圣人从社会群体中规约出来的制度规范,即所谓的"人心之所同然"。因此,以人性是否具有超越面向来衡定张载与王廷相之间的思想关系并不妥帖。

如果说造化论是儒家气论思想学说的基石,王廷相在张载的基础之上所作的扩展和推移就不能不引起高度注意。特别是他的元气论及其气种说,与张载的气论学说多有交错,其中某些内容已非张载之学所能范围。简单地把张、王拉到同一思想阵营,失于肤浅且容易遮蔽一些重要细节。从气论传统与儒学发展的交互,来辨明张载与王廷相的气论思想关系是比较合适的做法。

---

① 王廷相:《慎言·君子篇》,载《王廷相集》第三册,中华书局,1989 年,第 814 页。
② 王廷相:《慎言·君子篇》,载《王廷相集》第三册,中华书局,1989 年,第 814 页。

具体而论,或是为了回应佛老的挑战,张载刻意避免使用元气说的理论形式,而是创构出太虚即气说并以之证成天道性命相贯通的思想宗旨。张载具有强烈的造道意识和排击佛老的态度,故他被认为是宋初理学的重镇,在整个宋明理学中占有举足轻重的地位。王廷相成长于以程朱理学为思想意识形态的时代氛围之下,由张载开创的气论学说经过朱子学的整合与论定基本呈现为理气论及其相关说法。基于对儒家学说现状的不满,他主动承担了批判理学的历史使命,力图通过对理学的批判恢复《六经》孔子之道。气论学说是他的批判武器又是通达儒家之道的理想途径。与张载不同的是,王廷相重新拾起元气论传统,明确提出了气本与气化的结合问题。

张载之学是从"反而求之六经"中得来,王廷相之学在于复归《六经》孔子之道。二者的气论思想均系于此。随着儒家学说在不同时代的开展,他们对《六经》"明体适用"之学的领悟和侧重有所不同。简略而言,张载的思想指向体用不二、天人合一,王廷相更强调经世致用、客观实证。事实上,王廷相对自己与张载的思想关系不是没有理论自觉,只是没有明确澄清而已。

何瑭对张、王的复杂关系有所觉察,故王廷相六十一岁时这样答复:

> **气为造化之宗枢,安得不谓之有?** 执事(何瑭)曰:"释、老谓自无而有。诚非矣。"又谓余论"出于横渠,要其归,则与老氏合"。**横渠之论,与愚见同否? 且未暇辩。**但老氏之所谓虚,其旨本虚无也,非愚见以元气为道之本体者,此不可以同论也,望再思之。①

何瑭认为王廷相气论思想出自张载,归根结底,张、王之论与道家之学同流,面对这种指责,王廷相首先说明他与道家有异质之别,即道家以虚无为本他则"以元气为道之本体"。对于其与张载气论思想关系,王廷相答之以"横渠之论,与愚见同否? 且未暇辩",此言并非搪塞之语,而确实是暗含深意。"且未暇辩"不是无所可辩,更不是不置可否,而是必有一辩。

遗憾的是,王廷相本人没有来得及辨明他与张载气论的关系,不过其思想言说包含以下思想信息:其一,"以横渠为然",即赞同和阐发那些他深以为然的张载之说。《横渠理气辩》就是其中的典范之一。其二,"(横渠之论)似欠会通",即批判那些他认为不尽合理的张载之说。《雅述》表示:"张横渠云:'读书以维持此心,一时放下则一时德性有懈。'此与维摩诘数念珠何异?

----

① 王廷相:《答何柏斋造化论(十四首)》,载《王廷相集》第三册,中华书局,1989年,第964页。

学者贵收养其心,不令放纵耳,何必用书以为维持之具?"①暂且不论王廷相的批评妥当与否,这些话至少表明对张载的不满。也就是说,王廷相在宇宙本体论大力继承和发扬张载气论思想,在人性论、心性论以及修养工夫论等不满于张载之学。

从张载的视角来看,王廷相气论学说的最大功绩在于使之从朱子学理气论的体系框架中解放出来。实际上,这与元至明初理学家对理气关系的重新探索有很大关系。及至明代中期,理学家不仅没有放弃气的观念,而且还在气论思想上进行着各有会心的建构与运用。王廷相在明代中期独标气论学说并非是脱离时代的戛然独造,而是彼时儒学有所发展的内在要求。要而论之,横渠之论在王廷相思想文本呈现出复杂面相,透露出张载学说之于王廷相气论的复杂意义。那种只以为王廷相是张载思想继承者的看法应当被扬弃和超越。②就王廷相本人而言,厘清与张载思想关系并非无关紧要。故"且未暇辩"四字蕴意丰富,需认真体味。

进一步辨清张、王气论思想关系及其思想史意义,还需要结合宋明理学史乃至儒学发展史给予深入考察。仅就以气为本这一点而言,张、王之间的一致性和相承性是毋庸置疑的,然不能就此忽视二者的不同之处。张载气论所挺立的至善且超越的道德形上本体,在王廷相气论思想则有新的讨论。归根结底,张、王思想的异同与他们所处思想环境以及面对的时代课题有关。如果考虑到作为宋明儒学与气论传统的相互关系,该论题可以获得更有深度的阐释。

讨论至此,王廷相在程朱理学盛行的思想氛围中独标气论学说的情况基本得到说明。从根本上说,王廷相要复归《六经》孔子之道,这一动机的形成与其文学复古运动实践有关,更与对儒学的理解及体认有关。在他看来,儒家之道必以"明体适用"为根底,儒者之学必以"经世致用"为首务。他不满于当前思想状况故批判正统化的程朱理学,张载思想以此进入其思想视野。明初儒者对朱子学理气论的新探索,则为其标举气论学说铺平了思想道路。加上思想上学无常师,独立思考,贵在自得。这些因素最终促使他在明代儒学中重新擎起气论大旗。

---

① 王廷相:《雅述·上篇》,载《王廷相集》第三册,中华书局,1989年,第855页。

② 曾振宇曾指出王廷相是张载的"忠实信徒",然并非对张载气论的发展与创新,而是表现为回复、停滞和倒退。这种看法或自有其评判标准,然很难说是对王廷相气论思想的善解,且过于武断,遮蔽了王廷相气论思想价值。相较而言,王昌伟对张载与王廷相思想关系的探讨则更具参考性,参见 Chang Woei Ong(王昌伟):"The Principles are Many:Wang Tingxiang and Intellectual transition in Mid-Ming China",载 *Harvard Journal of Asiatic Studies*, Vol. 66, No2,2006, pp. 461-493。

本章小结

本章主要探讨王廷相儒者身份的确立及其气论思想的形成演变。根据"求道"过程的身心表现及文道观变化,考察他如何由诗文之学转向儒家之道,阐明强烈的卫道意识是成为儒者的内在动力,造化问题是其气论思想关注焦点。本章还特地指出"四川时期"及"道真"观念的重要作用。从"仆蚤年问学,无所师承"到"儒术分明属吾师",王廷相的学思历程触及"求真"与"求道"的关系。[①] "道真"观念的提出及其演变体现了他重视自得、追求真理的为学旨趣。面临"求道"与"求真"的内在张力,他最终诉求于归宗《六经》、复归孔子的思想态度。归根结底,王廷相气论思想取决于他对儒家之道的理解与体认。下章所考察的元气论就是其气论学说"立言宗旨"的集中体现。

---

① 吴根友师指出,"求真"是传统价值观向近现代蜕变过程基本精神表现之一。明清之际的"求真"价值理想并非主要表现在对自然界真知的探求,而是发端于对人的真实本性的追求。参见氏著:《中国现代价值观的初生历程——从李贽到戴震》,武汉大学出版社,2004年,第62—64页。

第二章　王廷相的元气论

回护《六经》孔子之道的强烈信念，与对正统化理学的批判相交织，凝结为王廷相气论思想轮廓，构成其形成发展的学理机制。在批判正统化理学过程中，他以张载气论学说为思想理据以之阐发理想的儒家之道，然没有抛弃先秦以降的元气说传统，而是在此基础上赋予新意涵。王廷相元气论的确立可溯源至汉唐诸元气说，更与元气说由北宋至明初的演变相关。本章深入考察王廷相元气论诸环节，首先简要梳理王廷相之前的元气说，其次阐明其思想进程并辨析其内在逻辑结构进而评价其理论意义。本章重点指出，"气本"与"气化"相结合问题是王廷相元气论的核心要义。

第一节　王廷相之前的元气说

按照气论传统发展进程，王廷相之前的诸元气说可以划分为三大阶段：其一，唐代及之前的元气说。其二，宋代的元气说及其转变。其三，元至明初的理气关系说。本节旨在论明，元气说形成、发展和演变进程中儒家气论传统的核心问题即造化问题逐渐展开为气本论与气化论及其关系问题。

一、唐代及之前元气论概述

唐代以前的气论学说呈现为两种形态即先秦诸家气论和汉唐元气说。先秦时期的气论学说内容丰富、表现多样。简要而言，主要表现为阴阳二气说、六气五行说、血气说、精气说、一气说以及后来的元气说。[①] 元气说在先秦时期并不显豁，汉唐之际却蔚为大宗，这与以董仲舒（前176—前104）等

[①] 先秦时期明确以气的概念来探讨宇宙生成变化的思想最早可追溯到西周末年，从《国语·周语》《左传·昭公元年》等记载有以"天地之气""阴阳二气""天有六气"等来解释自然现象（如地震）和社会变化（如周亡），到诸子百家对气概念的规定和不断丰富，气论学说变得蔚为大观，其中产生了阴阳二气说、六气五行说、血气说、精气说以及一气说等理论观念。

儒者的推举有一定关系。就思想性质而言,先秦气论以对宇宙生成演化进行说明为主,兼涉心性论或人生论的内容。诚如狄百瑞(W. T. de Bary,1919—2017)所言:"气在中国人的宇宙观和形上学思考中具有重要地位。有时,它意味着生命的气息;有时,它意味着充满天空、遍及宇宙的空气或以太;同时,在一些文本的语境中,它是指生成万物的基本要素。"①中国思想传统中的气兼摄自然、伦理、经验、精神等诸义。② 此处简述先秦时期儒家气论和道家气论。

根据《论语》所载,孔子对"气"的谈论仅四处,基本与人的生命状态和身体修养相关。这种思想取向对后世儒学影响甚大。孟子讲"知言养气"以及"浩然之气",就是对孔子气论进行创发。"浩然之气"是孟子思想特有的重要概念,一般而言,论者视之为道德修养工夫所呈现的生命状态,与孟子关于心性的讨论(如"不动心")联系在一起。这种看法有其必要性和内在合理性,但要注意的是,在孟子"知言养气"的语境中"浩然之气"的支配行为是"养"。也就是说,不能一味从道德心性方面来限定孟子的气论思想,而应该从"养"与"气"的直接关联中探究其气论的丰饶意涵。荀子讲的"治气养心之术"也应这么看。

与先秦儒家相比,道家对气的关注更加全面,也更注重其宇宙观的形上之义。《道德经》关于气的讨论仅三处,却涉及天人之际,相当有概括性和涵摄力。老子指出,在道和万物之间有生成化育过程,气就是其主要内容和表征。③ 二十世纪九十年代先后出土的《太一生水》《恒先》等文献提示,先秦道家的宇宙生成模式可能远非今本《老子》所能涵盖。不论如何,有个思想事

---

① W. T. de Bary and Richard Lurfrano, eds., *Source of Chinese Tradition*, New York: Columbia University Press, 1960, pp. 208 - 209. 还可参见浅野裕一:《古代中国的宇宙论》,江苏人民出版社,2020 年,第 33—43 页。

② 关于先秦气论学说,可参见李存山:《中国气论探源与发微》,中国社会科学出版社,1990 年,第 40—209 页;小野泽精一、福永光司、山井涌编著:《气的思想——中国自然观和人的观念的发展》,上海人民出版社,1990 年,第 29—152 页。程宜山对汉初以来的元气说传统有梳理,参见氏著:《中国古代元气学说》,湖北人民出版社,1986 年,第 5—25 页。关于气概念在中国思想的阶段性发展,还可参见张立文主编:《气》,中国人民大学出版社,1990 年,第 18—43 页。刘长林:《说"气"》,载杨儒宾主编:《中国古代思想中的气论及身体观》,巨流图书公司,1993 年,第 101—117 页;吴志鸿:《概论两汉以后至宋明前气论思想之发展与影响》,《哲学与文化》第 33 卷第 8 期。

③ 《道德经》有言:"道生一,一生二,二生三,三生万物。万物负阴而抱阳,冲气以为和。"(第四十二章)又说:"天下万物生于有,有生于无。"(第四十章)两段话共同构成老子对宇宙生成顺序以及存在方式的基本理解,同时大略指出了气在其中的位置。李存山认为,在老子那里就已经开始从宇宙论和本体论结合的角度来阐发气论思想,因此那种认为气本体论思想直到宋代才出现的观点是不正确的。这种看法有一定道理,但若以元气说发展的主要情况来说,则有不妥。

实已经可以明确,即气在宇宙生成中占据重要性地位,尤其是《恒先》"气是自生"之说,将"气"作了一种独特理解。

老子气论由庄子及其后学得以深入开展,气成为秦汉道家学派中的核心要素之一。庄子气论有三个重要观点:其一,"通天下一气。"(《庄子·知北游》)在《庄子》之前,类似"一气"的思想不能说不存在,如《国语·周语》所载伯阳父曾言"天地一气",然通过一系列思想阐述最后明确得出"通天下一气"的观点,《庄子·知北游》实为肇始者。其二,"人之生,气之聚也;聚则为生,散则为死。"(《庄子·知北游》)在"通天下一气"基础上,气之聚散说使得"有"和"无"在形下层面获得贯通,此说成为后世学者论气的共法。其三,"气也者,虚而待物者也。唯道集虚。"(《庄子·人间世》)气、虚与道三者被放到身心修养的境遇中予以说明,"虚"成为联结气与道的关键。[①]

概而论之,《庄子》的一气说理论上可视为汉唐元气说的早期形态,它所涉及的宇宙论、生死观和修养工夫论多为后世所融摄。《淮南子》有关气的思想沿袭自先秦道家,《天文训》说:"天坠(地)未形,冯冯翼翼,洞洞灟灟,故曰太昭(太始)。道始于虚霩,虚霩生宇宙,宇宙生(元)气,(元)气有涯垠。"[②]道被置于气(元气)之先,虚霩被视为道的开始,在还没有天地之时只是混沌的元气,其后才有各种各样的气以及天地、四时与万物。《淮南子》对气论发展的主要贡献在于从气的无形与有形角度对先秦道家宇宙生成论作了具体化展示,且在此基础上阐发了元气剖判说。

历史地看,《吕氏春秋》即有"与元同气"之说,表明当时已产生以元为气的观点。[③] 不过"元气"概念尚未被正式提出,而是最早出现于《鹖冠子》和《春秋繁露》。《鹖冠子》指出"天地成于元气,万物乘于天地",即将元气看作宇宙生成本原;《春秋繁露》将"元气"与"贼气"相对,尚没有以元气为本始或本根的意思。[④] 相形之下,《淮南子》的元气剖判说使元气为宇宙生成本始本原的思想倾向得到集中体现,站在了汉唐元气说的最前列。

为了反对儒者在天道观方面的神学目的论,王充(字仲任,27—97)创造

[①] 与"虚"相关,《庄子》有"太虚"的概念。《知北游》说:"外不观乎宇宙,内不知乎太初,是以不过乎昆仑,不游乎太虚。"这里所指的"太虚"应与"太初"相应,意为在地之上的广袤空间。当然,这里不排除将"昆仑"虚化理解的可能,在此意义之下,太虚和道处于同一序列。庄子气论思想中关于"太虚"的讨论对张载有影响。

[②] 何宁:《淮南子集释》(上),中华书局,1998年,第165—166页。

[③] 参见许维遹:《吕氏春秋集释》,中华书局,2009年,第287页。

[④] 分别参见黄怀信:《鹖冠子汇校集注》,中华书局,2004年,第255页;苏舆:《春秋繁露义证》,中华书局,1992年,第100—101页。与"元气"相比,董仲舒将"元"视作万物伊始或万物本原的态度似乎更为明确。至于"元"与"元气"的关系要作进一步辨析。

性地结合了先秦以来气论和道家"天道自然无为"学说,提出了元气自然说:

> 天地,含气之自然也。
>
> 天地合气,万物自生,犹夫妇合气,子自生矣。
>
> 天之动行也,施气也;体动气乃出,物乃生矣。由人动气也,体动气乃出,子亦生也。夫人之施气也,非欲以生子,气施而子自生矣。天动不欲以生物而物自生,此则自然也。施气不欲为物,而物自为,此则无为也。①

这就指出,在天地之气造作过程中"物自生"和"物自为"都是"气性自然"的结果。换句话说,气的造作是自在自为的,不需要提前设定一个外在的"欲"(目的)。因此王充主张"万物自生,皆禀元气"②。这将元气自然说落实到人类社会领域,其思想特色与理论问题被彰显出来。"气性自然""气禀如此"是确切的经验事实,本身不需要价值赋予。正因如此,元气自然说的问题在于将事实与价值完全割裂开来。用气论话语来说,即只看到气本与气化的区分,未注意二者的必要结合。

王符(字节信,85—163)等从王充的元气自然说中发现此问题,阐发了元气自化说。他认为不存在元气之先的事物,宇宙起源只在元气本身,故对元气的性状作出"莫制莫御""翻然自化"③的规定。也就是说,元气不受其他之物的制约或宰制,而是通过自身而产生分化,阴阳二气以及由阴阳二气生成的形体、万物都是元气翻然自化的结果。元气自化说的一个突出特点,是强调了气化的终极来源问题。及至后来嵇康(字叔夜,223—262)说"元气陶铄,众生禀焉",郭象(字子玄,252—312)主张"独化说",一定意义上都是循着元气自化说而有的思想表现。这种强调气化的终极来源在于元气自身的思想,经过后来者的反复申论和阐述成为元气说的基本理念之一。

逻辑地看,元气自化说最需解答的问题是元气何以"翻然自化"以及如何"翻然自化",王符对这些问题似乎并未留意。总体来说,元气自然说和元气自化说都注重宇宙万物生化的客观性、必然性与自发性,但后者比前者进一步明确了气化的动力或根源问题,换而言之,元气自化说的本体论意蕴更

---

① 黄晖:《论衡集释》,中华书局,1990 年,第 473、775—776 页。
② 黄晖:《论衡集释》,中华书局,1990 年,第 949 页。
③ 王符:《潜夫论笺》,中华书局,1979 年,第 365 页。

为明显。这是汉代元气说理论上有所推进的表现。委实如此,元气说由宇宙生成论向宇宙本体论的转化还要经过更多思想接力赛。柳宗元(字子厚,773—819)的元气自动说就是这场接力赛的接棒者。

在柳宗元的时代,儒、道、佛三家经过相互论争而有所融合,尤其是中国化佛教对元气说的吸收和批判,迫使儒家学者不得不引起重视并给予理论回应。① 柳宗元通过更新汉代以来的元气说,以应对佛教挑战,为此《天对》提出了元气自动说。元气自动说强化了汉代元气说的基本理念,将阴阳与气的运动联系在一起,且强调元气自动,"功者自功,祸者自祸"②,这实质上讲的是元气何以"自成目的性"(auto-telicity)的问题。值得一提的是,受《天问》及《天对》的启发,王廷相于嘉靖八年(1529)撰成《答天问》以推进元气传统。

随着佛教中国化以及儒道佛三教论争,气论传统尤其是儒道两家的气论宇宙观在唐代遭遇佛教的挑战。道气关系更是成为佛道论争的焦点。譬如,法琳(572—640)《辨正论》卷六标题为"气为道本",给气以最高位置,把"保气"称之为"得道"并将"气、精、神"同列,使道家气论杂糅进佛教思想。圭峰宗密(780—841)《原人论》则指出:

> 儒道二教,说人畜等类,皆是虚无大道生产养育。谓道法自然,生于元气,元气生天地,天地生万物。故愚智贵贱,贫富苦乐,皆禀于天,由于时命。故死后却归天地,复其虚无。③

宗密认为,元气论是汉唐以来儒道共同的宇宙观,这种观点是有根据的。进而指出,汉唐元气论不足以解释人的本源问题,特别是不能解释人的精神心性本源问题:

> 且天地之气本无知也,人禀无知之气,安得起而有知乎?草木亦

---

① 在宗密之前,僧肇《不真空论》阐释"有""无"问题时就汲取了元气说。佛教学者对中国固有思想概念如"元气"的理解和创造性诠释,可追溯到佛经早期汉译,如安世高就将"元气"概念引入到《阴持入经注》,以说明佛教的五阴种族。相关论述参见吕澂:《中国佛学源流略讲》,中华书局,1979 年,第 102 页。唐代最具代表性的道教经典之一《元气论》(《云笈七签》卷五十六)就是道教对佛教中国化思想资源进行吸收改造的结果。参见强昱:《〈元气论〉对佛教缘起论的融合》,《中国哲学史》2004 年第 4 期。

② 侯外庐等编:《柳宗元哲学选集》,中华书局,1964 年,第 31、94 页。

③ 宗密:《华严原人论校释》,中华书局,2019 年,第 29 页。

皆禀气，何不知乎？①

"无知"是佛教重要概念，僧肇(384—414)《般若无知论》用"无知"说明通达般若智慧的重要途径。宗密所说的"无知之气"，似乎没有从佛教"无知"认识论意义上进行说明，而依循的是儒家气论传统，即所谓"水火有气而无生，草木有生而无知，禽兽有知而无义，人有气有生有知亦且有义，故最为天下贵"。对于人与草木、禽兽的区别，荀子讲得很清楚。从这个角度说，宗密对儒道元气论的批判实际上摄入了儒学气论的某些观点。

不论如何，儒道元气论受到宗密的强有力批判，他并没有完全否定汉唐元气学说，而是将它融摄会通为佛教的心识变现外境说。《原人论》指出：

> 然所禀之气，展转推本，即混一之元气也。所起之心，展转穷源，即真一之灵心也。究实言之，心外的无别法，元气亦从心之所变，属前转识所现之境，是阿赖耶相分所摄。②

以宗密为代表的佛教学者对元气论的批判，突显了气论宇宙观在道德心性方面的理论匮乏。在生成现起角度，他将"混一之元气"和"真一之灵心"并列；而在究竟本原方面，指出"本觉真心"是根本，"元气亦从心之所变"。如此一来，心气关系被论定，元气论被降格至形下层面。这种做法对儒学的刺激是比较大的。柳宗元、刘禹锡等儒者承续汉代以来儒道元气论，融合佛教的某些义理，但对于气论宇宙观与儒家心性之学的关系问题的探讨比较有限。"儒门淡薄，收拾不作"的局面，在唐宋之际儒道佛三教论争中，通过气论传统的处境得到某些反映。宋初理学的兴起特别是程朱理学理气论的形成和最终确立，某种意义上就是为了回应佛教的这种挑战。

随着儒道思想的长期融合，元气说已经成为汉唐人世界观和人生观的要义。在此的基础上，《原人论》对儒道以元气为人之本原的思想作了多重批判。这些批判本身可能是为了回应像韩愈(768—824)这样排佛激烈的儒者，因此，宗密的行为必定会引起唐宋之际儒者的注意。儒佛两家的往复论辩，客观上加快了元气说传统的嬗变进度。如果说宋明理学兴起的主线之一，就是儒家在"有"的根本立场上，逐渐吸取佛道在人生境界与修养工夫上

---

① 宗密：《华严原人论校释》，中华书局，2019 年，第 64 页。
② 宗密：《华严原人论校释》，中华书局，2019 年，第 228 页。相关研究参见方立天：《中国佛教的气本原说和道体说》，《宗教学研究》1997 年第 4 期。

"无"的智慧;那么可以肯定的是,气论传统特别是元气说,即是这一进程的重要参与者和贡献者。① 宗密对元气说的发难从反面说明了这一点,他将儒道元气思想加以吸收改造为华严宗思想体系的组成部分,实际上就是以佛教之"无"统摄儒道之"有"的行为,只不过其判教宗旨落在佛教罢了。

综合而言,汉唐诸元气说以《淮南子》的元气剖判说为开端,经由王充的元气自然说,到王符的元气自化说,再到柳宗元的元气自动说,宗密则对其作出重要批判。检视汉唐诸元气说的发展,可以获知:其一,元气说是汉唐思想发展与时代演进的参与者和创造者,无论是汉代的天人关系、魏晋的有无之辩,还是唐代的三教融合与论争均不乏元气说的身影。其二,就元气说本身而言,它兼摄宇宙生成与构成的含义,开始由宇宙生成论向宇宙本体论转变。以中国气论传统的话语来说,即由气化论的论说范式转进为气化论与气本论相结合的论说范式。这种范式的转化,为宋初儒者在佛老挑战的背景下,重整气论思想作了思想准备且提出理论课题。

二、宋代的元气说及其转变

盛行于汉唐的元气说,在唐宋之际与新兴起的理学思潮交汇,然后朝两个方向发展:一是继续保持以往的理论形态,即以元气概念为中心阐述相关思想。王安石(字介甫,1021—1086)的元气不动说可为代表。一是重塑气论思想形态,在理学中确立起以气为本的理论体系。张载的太虚即气说即为典型。至此,元气说的宇宙本体论转向得以基本完成。

宋明理学兴起之际,准确地说,在王安石之前,"宋初三先生"均不同程度提及气论。石介(字守道,1005—1045)较早对元气本身的动静问题进行探索,认为一切气都是动的而儒家之道不可变动,这是将元气说与儒家之道结合起来的初步尝试。② 李觏(字泰伯,1009—1059)将"太极"理解为"无客体可见"的"无"和"其气已兆"的"有";又在柳宗元"庞昧革化,惟元气存"的基础上,指出"太极"其实就是"阴阳二气之会"③,对以"元气"解"太极"作了初步探索。与他们相比,胡瑗在阐述易学思想之时,比较自觉地探讨了混元

---

① 气论传统和佛教义理的融合是漫长复杂的进程。宗密是其中代表之一。儒家肯认客观世界以及伦理道德的实在性,这一实在性即从价值存有上说是确切的、确定不移的。从这一角度来说,世界及其价值就是"有"。同时,客观世界变动不居,伦理道德的作用及其形式无滞无碍,不能固定之也不应按图索骥,从这个层面来说,世界及其价值作用形式也就是"无"。以气论话语来说,气的存在就是无所不在,既本有本实又无滞无碍。关于此论,可参见陈来:《新原仁:仁学本体论》,生活·读书·新知三联书店,2014年,第34—36页。

② 石介:《徂徕石先生文集》,中华书局,1984年,第221页。

③ 李觏:《删定易图序论》,载《李觏集》,中华书局,2011年,第55—63页。

之气与天地变易之道、生生之德的关系问题,他说:

> 大易之道,始于太极。太极者,是天地未判混元未分之时,故曰太极。言太极既分阴阳之气,轻而清者为天,重而浊者为地。是太极既分,遂生为天地,谓之两仪。①

> 夫天地之大德者,惟是阴阳二气上下相交,生成万物,周而复始,无有限极,故其德常大。若生之不常,运之有极,则所生之道不广也。②

胡瑗认为太极即为混元之气,其最为可贵的地方,在于混元之气构成天地变化之道及其生生之德。这些观点对张载等理学观点产生了重要影响。与此同时,北宋道教中人陈景元(字太初,1025—1094),讨论了道、气关系,并以体用思维来加以说明。他说:"一者,元气也。言天下万物皆生于元气,元气属有光而无象,虽有光景,出于虚无,虚无者道之体也。"③又说:"道以冲虚为用。夫和气冲虚,故为通用。"④道气关系即为体用关系。从生成论意义上说,道就是气的造化,所以他说:"夫道,混然之气,无有形质,故能包裹乾坤而无外,密袭秋毫而无内。"⑤在陈景元这里,道气关系得到了综合性讨论,但道气关系究竟是体用关系还是一元论尚不明晰。

相较于此,王安石气论的特色,在于明确继承和讨论了元气概念,并坚持元气不动说。他的最大特色,在于试图以气论融合体用关系,并以气一元论讨论道气关系,主张"通万物,一气也"⑥。他说:

> 道有体有用。体者,元气之不动;用者,冲气运行于天地之间。其冲气至虚而一,在天则为天五,在地则为地六。盖冲气为元气之所生,既至虚而一,则或如不盈。⑦

以上论说,意在指出作为道之体的元气本身不动,道之动的冲气(动)又从它这里产生。质言之,元气本身即内具动静、有无的统一即本体论和宇宙论的结合。"冲气为元气之所生"的"生",既是生化、生成的意思,也有使之

---

① 胡瑗:《周易口义》,载《儒藏精华编》(第三册),北京大学出版社,2009年,第408页。
② 胡瑗:《周易口义》,载《儒藏精华编》(第三册),北京大学出版社,2009年,第424页。
③ 陈景元:《道德真经藏室纂微篇》,华夏出版社,2016年,第119页。
④ 陈景元:《道德真经藏室纂微篇》,华夏出版社,2016年,第30页。
⑤ 陈景元:《道德真经藏室纂微篇》,华夏出版社,2016年,第128页。
⑥ 王安石:《周官新义》卷十,文渊阁《四库全书》本。
⑦ 王安石:《王安石老子注辑本》,中华书局,1979年,第8页。

生、具有生的可能性的意思。也就是说,元气具有了明确的本体论意义。可见,元气概念在王安石这里已经发生转变,尝试以"体用不二"的思维方式,来阐明元气之道的有无动静问题,这吸收了魏晋玄学有无之辨的思想遗产,或直接受到陈景元的影响,因而在元气学说传统中具有突破性意义。遗憾的是,学界较少关注和积极评价王安石这一思想贡献。王安石《老子注》留存下来的相关文献十分有限。兹再举一例:

> 两者,有无之道,而同出于道也。言有无之体用皆出于道。世之学者常以无为精,有为粗,不知二者皆出于道。故云"同谓之玄"。"此两者同出而异名"者,同出乎神,而异者,有无名异也。①

王安石融摄有无、体用范畴,以说明体用不二且有无不可分,即"道"本身所蕴含的关系。"道体"是无也是道之本,"道用"是有也是道之末。然而,这种道的体用论尚未达到精致的"体用一如"高度。用论者的话说:"王安石仍然陷入静和动、体和用的二元论的泥坑。"②委实如此,其元气不动说之于元气说传统的宇宙本体论转向,具有重要理论意义。

要而论之,王安石汲取了魏晋玄学的体用论,并尝试运用到元气说身上,这种做法超越了汉唐元气说。他论道之体与用,实质上是以体用思维方式来讨论元气,这就间接指出了元气是动与不动(静)的统一,即气本与气化的结合。由此可以说,王安石的元气不动说延续了汉唐诸元气说的理论形态,并在宇宙本体论转向方面有所突破,即将道体论和元气论结合起来。它对气本与气化结合问题作出了有益探索。王廷相对元气的理解,与王安石的元气不动说存在相近之处。

与王安石相比,张载之学的主旋律在于以气论为思想根底,彻底批判佛老虚无主义的世界观人生观,肯定世界万物的实在和人生价值的实有。他以《周易》的阐释即《横渠易说》为思想基点,通过吸收和改造之前的气论传统,尤其是元气说从而挺立起儒家基本立场,以此肯认世界及其价值的实在性和确定性。此处无意于绍述张载气论学说,而是力图揭示他标举太虚即气说而非元气说的思想缘由,进而揭示元气说在宋代理学思潮中发生的转变。

"太虚"是理解张载气论学说的关键概念。有论者指出:"张载是中国思

---

① 王安石:《王安石老子注辑本》,中华书局,1979 年,第 16 页。
② 侯外庐主编:《中国思想通史》第四卷(上册),人民出版社,1959 年,第 412 页。

想史上第一位以太虚作为重要概念的思想家。"①此论在儒家范围内属实。实际上,与"太和"等概念不同,"太虚"在先秦儒学典籍中并不曾见。张载经常论及"太虚",且对此概念甚为看重,如其名言:"由太虚,有天之名;由气化,有道之名。合虚与气,有性之名;合性与知觉,有心之名。"②这几句话之所以难解,除了文辞表述等原因,还与研究者对"太虚"等重要概念的理解差异有关。

"太虚"作为张载气论的首出概念,历来难解。冯友兰曾指出,张载本人已将"太虚"讲得很清楚,无需作过多解说。然而情况似乎不尽如此。牟宗三主张以"神"释"太虚",提出了"太虚神体"之说。③ 此说法揭示出"神"和"太虚"的内在关联,但以此来解读张载气论,实质上抽掉了张载思想基座,容易造成理解上的扭曲,判断上的失当。丁为祥将"太虚"诠释为超越于实然之气的本体存在,认定张载通过太虚本体论的展开从而超越了汉代宇宙论,达成本体论与宇宙论的并建。这种解读看到了张载气论是本体论和宇宙论的结合,但并未意识到它其实是张载在传统气论基础上有所创发的结果。况且,仅从张载文本来说,还很难论定"太虚"就必定超越"气",从而成为一种具有本体论意义的存在。④ 因此,一味将"太虚"理解为"太虚神体"或"本体存在",并未抓住张载气论思想实质。相形之下,张岱年、冯契等都认为"太虚就是气",显得更加平实中肯。⑤ 如冯先生所论,张载的"太虚"指物质结构的广延性,或指的就是"天";还应该从体(本体)和用(作用、发用)、动和静的统一来理解。⑥ 因此,张载所说的"由太虚,有天之名"的"太虚",就是指不息之气化与恒常之气本的结合,而不是高悬的神体。

从概念上看,"太虚"最早被用作为对天或天的空间状态的描摹,这种情形到汉代有所变化,"太虚"由单纯的空间性概念被赋予宇宙创生本源的意

---

① 朱建民:《张载思想研究》,文津出版社,1989年,第59页。

② 张载:《正蒙·太和篇》,《张载集》,中华书局,1978年,第9页。

③ 牟宗三:《心体与性体》(一),正中书局,1968年,第443—446页。近年来刘述先对牟先生之说有深化,参见氏著:《张载在宋代理学的地位重探》,载《儒家文化研究》第四辑,生活·读书·新知三联书店,2012年,第1—20页。牟先生之外,港台学界对张载"太虚即气"的讨论,较有代表性的有唐君毅和劳思光,他们强调"虚气不二"。可分别参见唐君毅:《中国哲学原论·原教篇》,台湾学生书局,1984年,第79—80页;劳思光:《新编中国哲学史》第三册上,三民书局,1997年,第174—176页。

④ 陈政扬对港台学界关于"太虚即气"的解读有重省,在唐君毅等的基础上,提出太虚与气是"一而有分"之关系,可备一说。参见氏著:《张载思想的哲学诠释》,文史哲出版社,2007年,第23—56页。

⑤ 参见杨立华:《宋明理学十五讲》,北京大学出版社,2015年,第130—131页。

⑥ 类似见解还可参见侯外庐、邱汉生、张岂之主编:《宋明理学史》上卷,人民出版社,1984年,第95—102页。

义。张载并不否认宇宙生成论意义上的"太虚",他的高妙之处在于把"太虚"和"气"密切关联起来,使"太虚"具备宇宙论和本体论的双重意涵,如其言:"太虚不能无气,气不能不聚而为万物,万物不能不散而为太虚。循是出入,是皆不得已而然也。"①张载对语辞的使用比较措意,他避用"元气"概念而以"太虚"作为其核心,显然经过理论考量,具有思想深意。

张载的儒家担当精神、造道意识和排击佛老的心态,显然是王安石所不及的。站在解释学的角度,研究者可以对张载为何用"太虚"而不用"元气",作出某些可能的解释。然问题的根本,在于揭示出"太虚"对张载气论思想的核心意义。② 如他所说:

> 太虚者,天之实也。万物取足于太虚,人亦出于太虚。太虚者,心之实也。……天地之道无非以至虚为实,人须于虚中求出实。圣人虚之至,故择善自精。心之不能虚,由有物榛碍。金铁有时而腐,山岳有时而摧,凡有形之物即易坏,惟太虚无动摇,故为至实。③

这里的"太虚",与其说是宇宙生成之原或本体论意义上的存在,还不如说是精神信仰层面的凝注。对张载而言,"太虚"意味着贯通天道性命的价值源头和终极保障。这就是理学家宗教性格的表露:"太虚"贯通天人之际,确保天的价值落实在人与物之上方能说是最根本的"实","太虚"即为"至实"。如此回击佛老就获得了终极依据。唐君毅早已指出要"高看"张载所说的气,其实就是要体认气的形上意味。④ 也就是说,张载以"太虚"为核心进行气论思想的创建,有针对性地回应佛老的挑战,在宇宙本体论层面,确

---

① 张载:《正蒙·太和篇》,《张载集》,中华书局,1978年,第7页。
② 丁为祥对张载为何使用"太虚"作了有启发性的解读,一定程度上可以回答张载为何不用"元气"而使用"太虚"的问题。(参见《张载虚气观解读》《中国哲学史》2001年第2期。)不过这种论证本身存在问题,其论证理由有:第一,汉唐儒学不振,首先归因于对以本体意识为代表的超越性理智的匮乏,这一匮乏的主要原因在于元气论,因而汉唐儒学根本经不起玄学之无与佛氏之空的冲击。第二,汉唐儒道佛之递相取代,恰恰以超越性理智的高下为基础。根据本文的讨论,元气说在汉唐时代显然有一个成熟的过程,简单地断定元气说就是气化宇宙论,因而将本体意识的匮乏归咎于元气说,似乎并不适合。况且,对于汉唐宇宙论儒学本身,其理解也不宜局限于现代新儒家的论调。此点冯达文的见解值得注意。(参见《也谈汉唐宇宙论儒学的评价问题》《中国哲学史》2011年第2期)元气说在汉唐儒者那里其本体论意蕴就较为明显,故单认为元气说就是气化宇宙论是一种粗浅之见。近来,杨泽波、路传颂等对"太虚是气"有新解读。
③ 张载:《张子语录·语录中》,载《张载集》,中华书局,1978年,第324—325页。
④ 参见唐君毅:《中国哲学原论·原教篇》,台湾学生书局,1984年,第99页。

立儒家"有"的立场,提出了"气能一有无"①的观点。他的气论融合了佛老思想资源,在儒家的基础上真正做到了的体用、有无、动静的统一,这就给先秦以降元气传统作出重要转变,为理学气论奠定思想框架。张载气论在中国气论传统以及宋明理学发展中的重要地位由此奠定。

以"北宋五子"为代表的理学家,其思想重心在于建立足以应对佛老挑战的形上世界,而非措意于形下世界的营造,故他们高扬儒家心性之学、形上之道。遗憾的是,随着程朱理学的正统化,理学家似乎仍以气化宇宙论来看待元气说,未从气化论和气本论结合的角度看待,故他们不太可能"高看此气"。相反,程朱理学话语体系严加贬抑形下之气,这一理念经过程颐的发挥以及朱熹及其后学的论定,逐渐成为理学家的思想预设之一。概括地说,"气是形而下者,道是形而上者"成为北宋以来理学家的共识。朱熹将前贤特别是张载的气论学说和二程的天理观念融合,并予以学理化、精密化、体系化,使气论学说最终以理气论的方式存在。

委实如此,元气说的思想形态在宋代并未完全退场。杨万里(字廷秀,1127—1206)就是宋代继王安石之后,比较明确地以元气为宇宙本体的思想家。《天问天对解》可以说是从柳宗元《天对》到王廷相《答天问》之间的思想桥梁,《诚斋易传》对"系辞"的解说理论上可视为王廷相以"元气"论"太极"的前奏。但是,理气论逐渐成为宋代儒学的思想主流,是不可逆的思想大势。从这个角度看,张载没有沿用元气说而是创构出太虚即气说,以证成天道性命相贯通的思想宗旨,这一做法本身形塑了宋代儒学的气论形态。

三、元至明初的理气关系说

朱子学无疑是宋代理学的杰出代表,其理气论构成宋明理学气论的主流观点。② 从思想史来看,继宋而来的元代理学基本是朱子学的维系,鲜有大的发展。不过,气论在刘因(字梦吉,1247—1293)这里有新动向,表现出崇尚元气的思想倾向,对气化论、气机论、理气论等有所讨论。③ 在吴澄(字幼清,1249—1333)处,气论也得到一定重视。之后,宋濂和刘基(字伯温,1311—1375)重提元气说。问题在于,从二程的天理说发展至朱熹的理气

---

① 张载:《横渠易说·系辞上》,载《张载集》,中华书局,1978 年,第 207 页。
② 近年来学界逐渐认识到朱熹气论的复杂性。参见赵金刚:《朱子论"二气之良能"》,《中州学刊》2017 年第 11 期;另参见氏著:《朱子思想中的"理强气弱"》,《中山大学学报(社会科学版)》2017 年第 6 期。
③ 有论者指出"刘因是元气论的集大成者",这种说法未免夸大,不过刘因气论确实不容忽视,可参见商聚德:《刘因评传》,南京大学出版社,1996 年,第 118—128 页。

论,特别是随着程朱理学的官方化、正统化,"气"基本上被压缩在"理"的位阶之下。原本具备宇宙本体论品格的气论,被降格为天理的附属品,这在很大意义上压制了气论思想活力。这种僵化的思想局面,直到曹端(字正夫,1376—1434)、薛瑄和胡居仁(字叔心,1434—1484)等明初诸儒对理气关系的重新探索,才逐步得到改变。[①]

曹端被视为朱子学在明初的代言人。实际上,他对周敦颐(字茂叔,1017—1073)的太极说有独到体认,关于理气关系的新思考,显出与朱子之说的不同。[②] 更重要的是,他阐发了"活理"观:

> 周子谓太极动而生阳,静而生阴,则阴阳之生,由乎太极之动静。而朱子之解极明备矣,其曰"有太极,则一动一静而两仪分,则一变一合而五行具",尤不异焉。又观《语录》,却谓太极不自会动静,乘阴阳之动静而动静耳,遂谓理之乘气,犹人之乘马,马之一出一入,而人亦与之一出一入,以喻气之一动一静,而理亦与之一动一静。若然,则人为死人,而不足以为万物之灵;理为死理,而不足以为万物之源。理何足尚,而人何足贵哉? 今使活人乘马,则其出入、行止、疾徐,一由乎驭之何如耳。**活理亦然**。[③]

对于朱熹以"理"解"太极"的话,曹端有自己的判断,即肯定《太极图说述解》的观点,反对《朱子语类》的看法。以上所阐发的"活理"观就是从反对《朱子语类》而来。曹端细读朱熹文献发现问题,并不表明朱熹思想本身就存在问题,然可以间接佐证一点,即朱熹太极观的确发生前后变化。后来孙奇逢指出,曹端其实并未完全遵从朱熹关于太极动静以及理气的观点,而是抱着平等对话的态度与朱熹"平情定气而商订之"[④]。足见,曹端并非是朱子学的应声虫,至少他能够反对"死理",强调"活理",主张理气是一体而不是二物。

---

① 参见 Wing-tsit Chan：The Ch'eng-Chu School Of Early Ming, *Self and Society in Ming Though*, Columbia University Press, 1970, pp. 29-50。陈荣捷此文在于从阳明学的角度考察明初理学的功绩,然其对理气合一动向的提及可增强本文论。

② 刘宗周指出,曹端之学"不由师传,特从古册中翻出古人公案,深有悟于造化之理",可称得上是"今之濂溪",点出了曹端学术的特质。参见黄宗羲:《明儒学案・师说》,载《明儒学案》上册,中华书局,1985 年,第 2 页。

③ 本段话出自《辩戾》,今中华书局本《曹端集》见载,然《明儒学案》所载更加详细,现转引自黄宗羲:《诸儒学案上二》,载《明儒学案》下册,第 1066 页。并见曹端:《曹端集》,中华书局,2003 年,第 216 页。

④ 参见孙奇逢:《曹月川太极图西铭述解序》,载《夏峰先生集》,中华书局,2004 年,第 129 页。孙奇逢表面上认为曹端忠于朱熹,实际上是在肯定曹端。

既然理气一体,那么理气应该是"活"的。为此他说:

> (道理)活泼泼地,只是不滞于一隅,大较不要人去昏默窈冥中求道理,平平正正处会得时,多少分明快活。[①]

"道理"为"活泼泼地",实际上就是"活理"观的生动说明。或因为曹端持守"活理"观的缘由,王廷相在《太极辩》以及《慎言》《雅述》中,对朱子学论太极理气关系多有批判,然对曹端之说有所肯定。

曹端主张理气"一体"且"未尝有异",薛瑄则提出"理气无缝隙"的说法,以日光飞鸟之喻更新朱子学关于人马之喻的认识。后者还将前者所说的"理气一体",说成是"无毫发之缝隙"。"无缝隙"显然不是指空间的大小,而是指理涵乎气中。"所以为天地之气"在朱熹处只能是理,在薛瑄的思考中则可以表现为某种气。如此,气才可能不分先后,理与气之间才没有缝隙。理涵乎气中,表明理气必须无间断,理气"不可分先后"。为了进一步论证理气关系,薛瑄说:

> 理如日光,气如飞鸟,理乘气机而动,如日光载鸟背而飞,鸟飞而日光虽不离其背,实未尝与之俱往,而有间断之处,亦犹如气动而理虽未尝与之暂离,实未尝与之俱尽而有灭息之时。[②]

日光飞鸟之喻,显示出薛瑄在理气关系上的不一致:他一方面认为理气无缝隙,理在其中,气种有理;一方面不得不承认气有聚散,理无聚散,是理乘气而不是气乘理。以此可知,理气无缝隙的说法并没有得到贯彻,对理的决定性、永恒性的强调,说明薛瑄谨守朱子学以理为先的"矩矱"。这种"自考亭以还,斯道已大明,无烦著作,直须躬行"的信念,使他亦步亦趋地对朱子学作细部调整,无法给予实质性批判。

从气论传统角度看,薛瑄毕竟在理气关系中抬高了气的位置和作用,并且这种看法渗透给了关中学者。关于薛瑄与关中之学的联系,冯从吾(字仲好,1556—1627)《关学编》的考察兹可参考,此不详论。薛瑄理气一体的主张,在关中代表人物吕柟那里得到继承。[③]王廷相元气论思想的形成确立,不能说没有受到吕柟以及关中学者重气思想的影响。

---

① 曹端:《曹月川先生语录》,载《曹端集》,中华书局,2003年,第211—212页。
② 黄宗羲:《明儒学案》,中华书局,1985年,第112页。
③ 参见古清美:《明代朱子理学的演变》,载《慧菴论学集》,大安出版社,2004年,第48—57页;许齐雄:《北辙:薛瑄与河东学派》,浙江大学出版社,2015年,第13—24页。

与曹、薛等北方儒者相比,南方儒者吴与弼(字子傅,1391—1469)之学重"静观涵养",被认为是明代心学的发端。胡居仁得其"笃志力行"的一面,成为明前期程朱理学向心学转变的中间环节。对于朱子学理先气后观,胡居仁表示反对,提出了"理乃气之所为""因气以求理"的主张:

> "有此理则有是气,气乃理之所为"是反说了。有此气则有此理,理乃气之所为。……"立天之道曰阴与阳",阴阳,气也,理在其中。"立地之道曰柔与刚",刚柔,质也,**因气以求理**。"立人之道曰仁与义",仁义理也,具于气质之内,三者分殊而理一。①

以上指出朱子学理先气后说的失当,进而利用《易传》有关天、地、人之道的思想,阐发"因气求理"的观点。在重视气这一点上,胡居仁比薛瑄更进一步,有以气为本的倾向,遗憾的是,对气的认识停留于形下的层次。以有无形体论定气之虚与实,从而认为理无不实,这种做法仍是理本体的论调。而在反对朱子学理气论方面,胡居仁比曹端和薛瑄都更进一步,正因如此,他在理气关系说上的思想冲突较为明显。

曹、薛、胡等明初有代表性的儒者在理气关系问题上不乏"出位之思",然总体上是朱子学的盘中走丸。《明史·儒林传》将明代前期的儒学状况,概述为"师承有自,矩蠖秩然""谨绳墨,守先儒之正传,无敢改错"②,并无想象之词。然而,曹端等对朱子学有其体认与阐发,并非亦步亦趋、毫无创见之辈。正因为他们对理气合一说的探索,气论思想才得以在正统化理学的思想土壤中,焕发生机并重获重视。退一步说,以薛瑄为代表的明初诸儒并未置元气说传统于不顾,只是无多发明。③继此而起,陈献章以及明代心学不断提升气的地位,肯认"一气"之于"万物一体观"的不可或缺性。总之,为了克服程朱理学造成的形上和形下的张力,整个明初儒学产生了形式多样的理气一元论诉求。④

理学在明代要有所发展,离不开气论学说的参与和对气论思想的认真探索,明初诸儒对理气关系的新探索,某种意义上说明了这一点。实际上,

---

① 胡居仁:《居业录》,台湾商务印书馆,2008年,第99—100页。
② 参见张廷玉等撰:《儒林一》,载《明史》(二四),中华书局,1974年,第7222页。
③ 参见薛瑄:《薛文清公读书录》,中华书局,1985年,第107—108页。港台学者相关研究可参见林继平:《明学探微》,台湾商务印书馆,1984年,第6—23页;杨自平:《明代学术论集》,万卷楼图书股份有限公司,2008年,第1—72页。
④ 参见陈来:《元明理学的"去实体化"转向及其理论后果——重回"哲学史"诠释的一个例子》,《中国文化研究》2003年夏之卷。

《北溪字义》强调理不外乎气、不离乎气、不杂乎气,已透露出理气一元论的倾向。汉唐元气说经由宋、元至明初的发展,其理论形态已发生重要变化,其思想内容实现了更新与转换。随着理学意识形态的僵化,元气说在明代的复兴成为气论传统和儒学发展的某种要求。与张载及明初诸儒不同的是,王廷相重塑了元气传统,明确阐述了气本和气化的结合问题。

第二节 王廷相元气论的确立

元气说在明代之前的演变为王廷相元气论提供丰厚思想养料,与此同时,复归《六经》孔子之道的学问意识为其提供内在动机。基于张载气论思想的援助,在对正统化理学的批判中重振元气论。从学理上说,王廷相元气论的确立以"元气即道体"的提出为标志,《慎言》《雅述》等诸多文本为其表现。本节通过对以"元气"论"道体"的梳理和辨析,阐明王廷相元气论确立的理论事实。

一、以"元气"论"道体"的提出——《慎言》开篇疏解

《慎言》是王廷相儒学观点一次集中表达,在这部自视为"明道"之作的篇首,即阐明以"元气即道体"的思想主张。《道体篇》开篇说:

> 道体不可言无,生有、有无。天地未判,元气混涵,清虚无间,造化之元机也。有虚即有气,虚不离气,气不离虚,无所始、无所终之妙也。不可知其所至,故曰太极;不可以为象,故曰太虚,非曰阴阳之外有机有虚也。二气感化,群象显设,天地万物所由以生也,非实体乎?是故即其象,可称曰有;及其化,可称曰无,而造化之元机,实未尝泯。故曰道体不可言无,生有、有无。[①]

开门见山,王廷相揭开其核心观点即"道体不可言无,生有、有无",这显然是给"道体"作规定抑或指明"道体"应如何理解。可以看到,"道体"分别从"有"和"无"的方面来规定或描述。《慎言》是王廷相的用心之作,故开篇就以"有""无"谈论"道体"问题。

"有无之辩"是魏晋玄学以及道家学说的核心议题之一,先秦道家的思

---

① 王廷相:《慎言·道体篇》,载《王廷相集》第三册,中华书局,1989 年,第 751 页。

想精神被《庄子·天下》概括为"建之以常无有,主之以太一"①,王廷相这里明确以"有""无"论"道体",就是要回应道家(包括佛家)在天道性命问题上的挑战。如《正蒙》所批判的:

> 语天道性命者,不罔于恍惚梦幻,则定以"有生于无",为穷高极微之论。入德之途,不知择术而求,多见其蔽于诐而陷于淫矣。②

张载对"有生于无"的排击,是王廷相以上说法的先导。在他们看来,气化世界是实在之流、幽明之显,但不是有无之别。所谓的"有""无"都统一于气,而不能说气是"有"或"无",否则就会陷入佛老缘起性空、世界虚妄之见。

为了论证"道体不可言无,生有、有无"的核心观点,王廷相紧接着从元气的两个阶段予以说明,即上段引文所说的"天地未判,元气混涵"和"二气感化,群象显设"。前一阶段分析了"虚""气"相即不离的关系以及由之而来的"太极"和"太虚"等概念;后一阶段着重指出"有"和"无"的内在根据,强调"造化之元机"从未熄灭或停止。以上文本中出现的"有""无""元气""元机""虚""气""太极"以及"太虚"等概念,都是围绕"道体"进行论说,论说的基础无疑是"元气"。道体作为天地万化的总根据总过程,有"元气混涵"和"群象显设"两个阶段。也就是说,造化的具体过程中"有""无"的情形都存在。

张载在解释"形而上者谓之道,形而下者谓之器"一段时指出:

> 凡不形以上者,皆谓之道,惟是有无相接与形不形处知之为难。须知气从此首,盖为**气能一有无**,无则气自然生,气之生即是道是易。③

此处的"有""无"是从气的有形与无形来说。王廷相进一步指出,气的"造化之元机"从未消泯,故道体从根本上说来是"有"是"实",不是"空"和"无"。如果将以上所引整段文本与《正蒙·太和》相关内容结合,可以发现其一致之处。不同在于,张载比较重视以"太虚""太和"论"道",王廷相明确以"元气"论"道体"。这是思想的转变。为此杜柟称赞:"其(《王氏家藏集》)

---

① 裘锡圭结合《恒先》等出土文献,认为今本《庄子·天下》"常无有"指的就是"恒无有",可备一说。参见氏著:《说"建之以常无有"》,《复旦学报(社会科学版)》2009年第1期。
② 张载:《正蒙·太和篇》,载《张载集》,中华书局,1978年,第8页。
③ 张载:《横渠易说·系辞上》,载《张载集》,中华书局,1978年,第207页。

道体诸篇,盖自思、孟之后称独步焉。"①此评价有过誉之嫌,然《道体篇》确实有突破前人的地方,故"独步"之说并非妄语。

关于《道体篇》"道体不可言无生有有无"这句提纲挈领的话,学界在句读及其理解等方面存在一定分歧。概括而言,主要有三种方案:

方案A:"道体不可言无,生有有无。"侯外庐等编的《王廷相哲学选集》(科学出版社1959年版)采取这种句读,理据是:"王廷相论述他的'元气'之上再无别的范畴的唯物主义世界观,总是和宋儒'天地之先只有此理'的唯心主义世界观对立起来。"②这种句读出现得早,影响较大。萧萐父、李锦全主编的《中国哲学史》(下卷,人民出版社1983年版)以及王孝鱼点校的《王廷相集》(中华书局1989年版)都遵循这一句读。③

方案B:"道体不可言无生有、有无。"张岱年在1987年底完成的《中国古典哲学概念范畴要论》对方案A提出疑义,认为应该为"道体不可言无生有、有无"。理由有二:其一,"生有有无"不成句,以"无生有"逗、"有无"句,指道体不能说从无生有,不能说有无。其二,该句文义系从《正蒙》"知太虚即气则无无"而来。陈来、李世凯等赞同此说。④ 有意思的是,张先生主编的《中国哲学大辞典》,在解释王廷相"元气即道体"时,默认了方案A的句读。⑤

方案C:"道体不可言无生,有有无。"张学智不同于以上两种句读,在《明代哲学史》(北京大学出版社2000年初版)将该句读为"道体不可言无生,有有无"。理据是:道体本身即有,道体是无始无终的气化过程,道体超绝有无,不能说从无中产生出来。⑥ 此为第三种句读。

以上三种方案为学者根据自身理解所提出,后两种句读更是在以往基础上有针对性地提出不同理解。析而论之,三者的分歧集中在对"道体"的理解上面,具体而言,即"**道体不可言X**"。方案A认为"X"是"无",方案B

---

① 杜枏:《王氏家藏集序》,载《王廷相集》第一册,中华书局,1989年,第2页。杜氏称赞《慎言》的《道体篇》,但今本《王氏家藏集》中并无《道体篇》。《王氏家藏集序》写于嘉靖十五年五月,此时《王氏家藏集》刚刚编定,可以推测:杜枏误将《慎言·道体篇》的评价引入到《王氏家藏集序》。

② 侯外庐:《王廷相哲学选集·序》,载《王廷相哲学选集》,中华书局,1965年,第3页。

③ 其他方面:王俊彦采取方案A,参见氏著:《王廷相与明代气学》,秀威资讯股份有限公司,2005年,第37—38页;葛荣晋的《王廷相和明代气学》以及高令印、乐爱国的《王廷相评传》未特别注意《慎言》该断句读及理解问题。

④ 参见张岱年:《中国古典哲学概念范畴要论》,载《张岱年全集》第四卷,河北人民出版社,2007年,第523页;陈来:《宋明理学》,辽宁教育出版社,1991年,第314页;李世凯:《王廷相心性思想研究》,中国社会科学出版社,2022年,第35—36页。

⑤ 参见张岱年主编《中国哲学大辞典》,上海辞书出版社,2014年,第196页。

⑥ 参见张学智:《明代哲学史》,北京大学出版社,2000年,第342—343页。

认为"X"是"无生有",方案 C 则认为"X"是"无生"。其实,三种句读首先都肯定"道体"是"有"而不是"无",关键在怎样理解"有"。三种方案的分歧在于"道体"是"有"之后如何,或者说"道体"是怎样"有"的。"X"即可视为对"道体"的某种规定。问题的复杂性就出在"X"这里。

对于该句句读问题,现有方案要么偏向于文法或修辞的考虑,要么偏向于理解、诠释的方便,其中尤以方案 B 及其理解最引人思考,其引出的问题似乎值得关注,它提示研究者应该努力在王廷相的文本与思想之间作出恰当处理。以上方案各有胜出但显示出各自不足:方案 A 无法说明"生有有无"所指为何,方案 C 的前半部分即"道体不可言无生"明显不符合王廷相文本一贯风格,方案 B"无生有"与"有无"并列,意味着只是从否定方面规定了"道体",似有不妥。

综合既有方案及其存在不足,结合上述文本和王廷相其他相关文本,在此可以提出一种改进方案,即**方案 D:"道体不可言无,生有、有无。"**此方案基于以下考虑:首先,"道体"从根本上不能说是"无"。这与王廷相反复强调的"道体本有本实"的根本立场保持一致,因此"道体不可言无"是务必首要指明的。其次,文本根据"元气"的两个阶段对"道体"作出进一步说明,即"道体"从造化实际内容来说,既可表现为"有"同时包括"无"。方案 D 的"生有、有无",就是从"有""无"两个方面对"道体"作出说明。故方案 D 与本文致思方向一致又和原文保持一贯,从诠释效用的原则上应当被优先考虑。

这里给出新方案的意图是通过对文本细节的辨析,切入到王廷相思想世界,以彰显其论说的意蕴与意义。王廷相以"元气"论"道体"的观念后来被直接表述为"元气即道体"。通过细致辨析可以阐明,以"元气"(气)论"道体"是王廷相的"独步"之处,从思想意义上说,借用了道家以气论道的思想资源,援引先儒道气关系论以表明儒家之道的立场,意味着王廷相元气论核心理念已经确立。

二、以"元气"论"道体"的推展——从《慎言》到《雅述》

《慎言》由十几个独立篇目按一定体例汇编而成,王廷相将"道体"的阐述即《道体篇》置于篇首并非随意而为,其篇目安排效仿《近思录》,在思想上则明显受到《正蒙》的影响。在王廷相看来,惟有孔子代表着儒家醇正之道,为学首要之事就是廓清儒家之道,"讲学以明道为先,论道以稽圣为至。"①"道体不可言无,生有、有无"就是他对儒家之道最重要的认识之一,理论化的阐述就是以"元气"论"道体"。

王廷相元气论的确立并非一蹴而就,以"元气"论"道体"的提出是其标

① 王廷相:《慎言序》,载《王廷相集》第三册,中华书局,1989 年,第 750 页。

志性环节。从文本情况来看,除了"元气",兼言"太虚""太极""太和"等概念的情况并不少见。如:

> 元气者,天地万物之宗统。有元气则有生,有生则道显。故气也者,道之体也;道也者,气之具也。①

又如:

> 两仪未判,太虚固气也;天地既生,中虚亦气也,是天地万物不越乎气机聚散而已。是故太虚无形,气之本体,清通而不可为象也;太和氤氲,万物化醇,生生而不容以息也,其性命之本原乎!②

元气说和太虚说共存于《慎言》,这不难理解,王廷相正是要通过对这两种传统的融合来建立他自己的学说。检视王廷相的著述可以发现:《慎言》之前,元气概念极少被直接使用或加以阐发。《慎言》时期及稍后与薛蕙等论辩时期,主要是通过兼言"元气""太虚""太极"等来确立气本立场。就"太虚"概念来说,王廷相提出了不同于张载的说法。《雅述》时期及之后,"元气"基本成为他讨论的重心。这些变化构成王廷相思想演变的线索,亦是考察其元气论的基本环节。简要情况参见下表:

元气、太虚、太和、太极在《慎言》《雅述》出现次数分布

	《慎言》	《雅述》
元气	《道体篇》5 次 《潜心篇》1 次 《保博篇》1 次 《五行篇》1 次	《雅述·上篇》18 次 《雅述·下篇》3 次
太虚	《道体篇》5 次 《乾运篇》2 次 《五行篇》1 次	《雅述·上篇》3 次
太和	《乾运篇》1 次	0 次
太极	《道体篇》2 次	《雅述·上篇》9 次

图表 2.1

---

① 王廷相:《慎言·五行篇》,载《王廷相集》第三册,中华书局,1989 年,第 809 页。
② 王廷相:《慎言·乾运篇》,载《王廷相集》第三册,中华书局,1989 年,第 758 页。

由以上图表可见,《慎言》在阐述元气论时,存在兼言"太虚""太和""太极"等,这一情形在《雅述》发生改变,即被统摄为关于元气的讨论。"太极"这一概念的保留,正说明王廷相对程朱理学以"理"释"太极"的做法比较在意,他要以"元气"取代"理"的角色。另,通过将"太虚"诠释为"太虚之气"且归之为"元气"的方法,张载的太虚即气说被融合到王廷相元气论,如《慎言》说:

> 有太虚之气而后有天地,有天地而后有气化,有气化而后有牝牡。①

"太虚之气"处于天地、气化的逻辑之先,已经有"元气"的影子。宋代理学的重要概念如"太极""太和"等被王廷相以对待"太虚"的方式加以处理:

> 太极者,道化至极之名,无象无数,而天地万物莫不由之以生,实混沌未判之气也。故曰元气。儒者曰:"太极散而为万物,万物各具一太极",斯言误也。……太极,元气混全之称,万物不过各具一支耳,虽水火大化,犹涉一偏,而况于人物乎?②

这段论述显示出王廷相对"太极"的理解归总于"元气"。在他看来,"太极"无非是"元气"混沌未判的状况,抑或是"元气"含混而整全的称谓。万物只能说是"太极"造化中的一个分支或一种分系。王廷相将"万物各具一太极"改为"万物不过各具一支耳",大概是认为作为造化过程的"太极"与"万物"不存在直接对等关系。

与朱子学以"理"释"太极"不同,王廷相以"元气"解之,即"太极"只能从"元气"这里得到理解或规定。为进一步批判理本体论,他在《慎言》辑成之前曾专门作《太极辩》。"太极""太虚""太和"等概念都被融摄为元气论。

"太极"成为理学重要概念,至少与周敦颐有关。朱熹及其学派以"理"解"太极"的做法得益于《太极图说》。朱熹不仅以"理"解太极,就连张载所说的"太虚"也被纳入到以"理"为主的诠释体系。朱熹说:

> 虽杂气化,而实不离乎太虚,未说到人物各具当然之理处。……"由太虚有天之名",这全说理。"由气化有道之名",这说着事物上。③

---

① 王廷相:《慎言·道体篇》,载《王廷相集》第三册,中华书局,1989 年,第 752 页。
② 王廷相:《雅述·上篇》,载《王廷相集》第三册,中华书局,1989 年,第 849—850 页。
③ 朱熹:《朱子语类》第四册,中华书局,1986 年,第 1430—1431 页。

王廷相批判的直接对象是朱熹及其后学,即黄榦(字直卿,1152—1221)、陈淳(字安卿,1159—1223)等。如陈淳所说:"太极只是理,理本圆,故太极之理本浑沦。理无形状,无界限间隔,故万物无不各具得太极,而太极之本体各各无不浑沦。"①可能包括明初朱子学的代表曹端,理由有二:其一,以"理"解太极的传统在曹端身上被继承,"太极,理之别名耳。"②其二,以曹端为代表的明初诸儒对王廷相思想影响更为切近。

从《慎言》到《雅述》,王廷相以元气论为根本对程朱理学的道体观、太极观、理气观等进行批判。与此同时,其元气论由此得以确立。换而言之,王廷相思想立场及基本观念是在与朱子学对话过程中得以展开。如下图示:

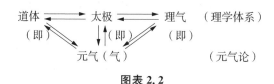

图表 2.2

要格外留意,王廷相反对南宋以来儒者"独以理言太极而恶乎言气",其实针对的是朱子学以"理"解"太极",他反对仅以"理"言"太极",并不表明否认以"理"言"太极"的必要性。实际上,他难以摆脱朱子学理本论的影响,如:

> 所谓太极,不于天地未判之气主之而谁主之耶?故未判,则理存于太虚;既判,则理载于天地。③

此处所说的"理"仍有终极实在之物的意味,与罗钦顺的"理气一物"说并无本质不同。④ 在批判正统化理学的问题上,要做到"入其垒,袭其辎,暴

---

① 陈淳:《北溪字义》,中华书局,1983 年,第 72 页。黄榦之论见《勉斋学案》,载《宋元学案》第三册,中华书局,1986 年,第 2029—2030 页。

② 曹端:《太极图说述解》,载《曹端集》,中华书局,2003 年,第 1—8 页。

③ 王廷相:《太极辩》,载《王廷相集》第二册,中华书局,1989 年,第 596 页。

④ 王廷相"视理若一物"的看法遭到黄宗羲的批评:"先生(王廷相)受病之原,在理字不甚分明,但知无气外之理,以为气一则理一,气万则理万,气聚则理聚,气散则理散,毕竟视理若一物,与气相附为有无,不知天地之间,只有气更无理。所谓理者,以气自有条理,故立此名耳。"参见《诸儒学案中四》,载《明儒学案》下册,中华书局,1985 年,第 1174 页。按黄宗羲之说,理只是气的条理,不能视为实体般的独立存在之物,这一说法与王廷相在思想方向上并无歧出。黄宗羲的批评其实是对王廷相反本体论的进一步澄清和发展。从王廷相、黄宗羲一直到戴震都对释理为"如有物焉"予以批判,明清时期儒学内部暗含的反理学线索越来越明确和深入。就此而论,王、黄、戴都属于明清气论谱系之列。

其恃而见其瑕"(王夫之语),对王廷相而言绝非易事。

第三节 王廷相元气论的思想结构

从概念逻辑结构来说,"元气"由"元"和"气"组合构成。历史地看,"气"在元气说出现之前已经比较成熟,"元"的思想到汉初特别是经董仲舒之手才具有特殊意义。要了解"元气"的涵义,必须先考察"元"之于"元气"的意谓。对于兼言"气""元气"的王廷相元气论来说,除了说明"元"和"元气"的关系,还要辨明"气""元气"以及"元气""道体"的关系。另外,王廷相在谈论"元气"时经常使用"形气""生气""气机"等概念,考察说明这些概念有益于充分理解其元气论。

一、元气概念的内在逻辑层次

和以往持元气说的思想家一样,王廷相极少对"元"的概念作单独交代,而是兼言"气"和"元气",这就要作必要厘清,否则容易产生混淆。

(一)"元气"以"元"为理论前提

王廷相元气论以"元气"概念为中心,建论"元机""元神"等概念,这些重要概念的共同之处在于以"元"为前提。他本人并未直接讨论"元"之于"元气"的重要性,此前的相关学说特别是"贵元重始说"已经表明,"元气"概念汲取了"元"的思想。

董仲舒通过对经学典籍的注解和评论,表达其"贵元重始"的思想。《春秋》首句"元年,春,王正月"本来是一句普通的史家之语,董氏阐发说:

> 臣谨案《春秋》一元之意,一者万物之所从始也,元者辞之所谓大也。谓一为元者,视大始而欲正本也。[1]

接着又说:

> 是以《春秋》变一谓之元,元犹原也,其义以随天地终始也。……故元者,为万物之本,而人之元在焉。安在乎? 乃在乎天地之前。[2]

---

[1] 班固:《汉书·董仲舒传》,载《汉书》第八册,中华书局,1962年,第2502页。
[2] 苏舆:《春秋繁露义证》,中华书局,1992年,第67—70页。

"为万物之本"的"元"指的是为万物之所始,也就是作为宇宙生成意义的根本。不仅如此,"元"被视为事物所据以开始的东西。有论者根据何休(字邵公,129—182)等的注疏,认为此"元"即为气,"元气"概念的形成由此水到渠成。冯友兰认为这种看法不一定准确,指出董仲舒所说的"元"可能不是指气而是指涉天。[①] 此说有道理。何休等人很可能是受汉初气论思想的影响,故倾向于将"元"释为"气"或"元之气"。其实,董仲舒的"元气"概念并没有被赋予特别含义:

> 《春秋》何贵乎元而言之?元者,始也,言本正也,道王道也。王者,人之始也。王正则元气和顺,风雨时,景星见,黄龙下。王不正,则上变天贼气并见。[②]

董仲舒对"元"作反复阐发是为了将王道政治理念与天道自然体系进行糅合,用"元气和顺"来印证王道政治的合理性、合法性。在此视域中"元"显然是最高的存在("天")是思想创造的中心,其重要性不言而喻。相反,"元气"不太可能具有此地位。历史地看,以董仲舒为首的春秋公羊学家对"元"的讨论造成的直接影响促使"元气"概念被广泛讨论。王充的元气自然说就是典型之一。

无论是儒家经典的注疏家还是道家或谶纬之流,"元气"概念在汉代被普遍接受并加以发挥。之所以出现这种思想状况,就因为"元气"概念汲取了"元"的宇宙本始本根的意涵之后,较"一气""精气"等已有概念更有表现力和说服力。这就不难说明王廷相的"元气"概念同样要以"元"为前提。

(二)"元气"与"气"不能完全置换

从气论学说进程来看,元气说出现的不算早且出现后不久成为汉唐气论主旋律。这就需要注意一个问题,即"元气"和"气"的关系问题,特别是对王廷相兼言"元气"和"气"而言,就更是重要问题。[③] 此前柳宗元也兼言"气"

---

① 冯友兰:《中国哲学史新编》(中),人民出版社,2007 年,第 63 页。关于董仲舒"贵元重始说"特别是"元"和"元气"的关系问题,学界存在一定争论。主要参见徐复观:《两汉思想史》,华东师范大学出版社,2001 年,第 219 页;于首奎:《董仲舒的"元"就是"元气"吗?》,《中国社会科学》1982 年第 1 期;金春峰:《不能把董仲舒的"元"仅释为开始》,《中国社会科学》1983 年第 1 期;黄开国:《董仲舒"贵元重始说"新解》,《哲学研究》2012 年第 4 期。在董仲舒思想话语中"元"显然比"元气"重要,董仲舒重"元"的思想对"元气"概念在汉代的流行起到了助推作用。

② 苏舆:《春秋繁露义证》,中华书局,1992 年,第 100—101 页。

③ 张岱年曾指出:"以气为世界本原的哲学家,有的讲元气,如柳宗元;有的只讲气,不讲元气,如张载、罗钦顺、王夫之、戴震,都不用元气的名词。惟王廷相既讲气,又讲元气,(转下页)

"元气"。所以,需认识到在王廷相文本中"元气"与"气"不能完全互换。

柳宗元对元气的论述主要集中在《天对》《天说》:

> 本始之茫,诞者传焉。鸿灵幽纷,曷可言焉?晷黑晰眇,往来屯屯,
> 庞昧革化,惟元气存,而何为焉?
>
> 彼上而玄者,世谓之天;下而黄者,世谓之地;浑然而中处者,世谓
> 之元气。①

以上两则文本都讲元气,前者指的是原始的气,后者指天地之间气的总
体。王廷相对元气的使用存在类似情况,同时还兼言"元气"和"气"。《道体
篇》就有不少论述。如此就要指明,什么情况二者可以互换,什么情况下不
能混淆。如:

> **元气者,天地万物之宗统。**有元气则有生,有生则道显,故气也
> 者,道之体也;道也者,气之具也。以道能生气者,虚实颠越,老、庄之缪
> 谈也。儒者袭其故智而不察,非昏罔则固蔽,乌足以识道!②

这里所说的"元气",基本可与"气"互换,因为此语境中王廷相将"元气"
视作"天地未判""天地万物未形",而且说"元气者,天地万物之宗统"。"天
地万物未形"和"天地万物既形"在他这里均指向"元气",如此,元气指的是
气之全体。然有时就不是这种情形,如:

> 有形亦是气,无形亦是气,道寓其中矣。有形,生气也;无形,元气
> 也。元气无息,故道亦无息。是故无形者,道之氏也;有形者,道之
> 显也。③

有形无形同样是气,道就在其中,与此同时,又说"有形"是"生气","无
形"是"元气","无形者,道之氏也;有形者,道之显也。"仿佛道随形的体态而

(接上页)兼用两个概念。他所谓元气也有两层意义,与柳宗元近似。"参见氏著:《〈中国古
代元气学说〉序》,载《张岱年全集》第八卷,河北人民出版社,2007 年,第 31 页。他还指出
所谓"元气"的两层意义,一是指原始的气,即天地未分以前的浑然之气;二是指总体的气,
即天地之间气的总体。张先生对王廷相气论思想未作系统阐发,然其观察颇得要领。

① 侯外庐等编:《柳宗元哲学选集》,中华书局,1964 年,第 27、51 页。
② 王廷相:《慎言·五行篇》,载《王廷相集》第三册,中华书局,1989 年,第 809 页。
③ 王廷相:《慎言·道体篇》,载《王廷相集》第三册,中华书局,1989 年,第 751 页。

有根本与显设之分,道之根本寓藏在无形之气中,道之显设就寓藏在有形之气中。如此,道便是被分隔的道、被横切的道,与所谓"三者一物也,亦一道也"扞格不通。可见,王廷相所谓的"元气"有时与"气"等同,然"气"不能说就是"元气"。作为"天地未形"意义上的"元气"和作为"天地万物之宗统"意义上的"元气"应该有所区别:前者主要是就气化之先后而言,后者主要是就气化之整体而言。若不作辨析,王廷相兼言气与元气的文本容易被错误理解。①

二、元气与道体的互摄

王廷相元气论的实质性突破,在于以明确的思想立场和理论姿态认定"元气"为第一原则,且从"道体"的高度赋予"元气"统贯形上与形下的作用。"元气即道体"的表述表明其独特所在。就学理而论,王廷相正是在张载、王安石等相关思想基础上重振起元气论,用气论话语来说,"元气"已经是"气本"与"气化"相结合意义上而言。② 抑或说,"元气"与"道体"是互摄关系,"元气"包含气本论和气化论的双重意涵。

(一)"元气即道体"——统贯形上与形下的元气

以"元气"论"道体"的立场一直为王廷相所信持。嘉靖十三年(1534)十一月,他在与何瑭论辩时强调:

> 愚谓道体本有、本实,以元气而言也。元气之上无物,故日太极,言推究于至极不可得而知,**故论道体必以元气为始**。③

这里表达两层意思:其一,"道体"自身"本有""本实",是"以元气而言"。其二,论"道体"则"必以元气为始"。程朱理学以"太极"论"道体"的做法被王廷相转换为"以元气为始",可见"元气"之于"道体"既指时间上或逻辑上的开始,更是价值上的开端。作为天地造化总过程的"道体",要以"元气"为中枢。如此,在对"道体"的理解中"元气"就被赋予统摄性作用,即如《雅述》的所言"元气即道体。"

---

① 张学智认为:"他(王廷相)把气分为元气和生气两个阶段,元气指未形成物体而处于太虚状态下的气,生气则指处于有形之物生化不息状态下的元气。"参见氏著:《明代哲学史》,北京大学出版社,2000年,第337页。这种说法似乎没有厘清气、元气和生气的关系。
② 王安石已经以元气来处理体用、动静的问题,张载未直接使用元气概念,然体用、有无、动静的问题在其气论思想得到重视,明确讨论气本、气化的思想层次进程。陈俊民的张载研究比较早地集中梳理其思想中"气本""气化"的问题。
③ 王廷相:《答何柏斋造化论(十四首)》,载《王廷相集》第三册,中华书局,1989年,第964页。

王廷相认为"道体"应以"元气"为始,"元气"是"道体"的枢纽,但并未直接承认"元气"等同"道体"。"元气即道体"的"即"不能简单解成"是"或"等同于"。准确地说,二者有共在关系,如"有虚即有气,虚不离气,气不离虚"的"即",类似于张载说的"太虚不能无气"。"道体"之所以为"道体",离不开"元气"及其作用的展开;"元气"之为"元气",以成就"道体"为价值方向和存在目的。

"道体"被宋明儒者视为"义理之本原"[①],识得道体是程朱理学的首要问题。《近思录》将"道体"置于首篇,足以表明其在朱熹、吕祖谦等心中地位。钱穆曾指出:"此道体观念,可谓先秦汉儒皆未之有。宋代道学家反老释,亦兼采老释,道体一观念,则为讲究周张二程四家言者,一最重要纲领所在。"[②]此论足可信从。道体观是理学家担当精神的体现。

张载没有使用"道体"概念,却多次指出"体"之于"道"的重要性,点出"道则兼体而无累""体物而不遗",说明道作为万物变化的总过程,又是万事万物的根本。胡宏(字仁仲,1102—1161)明确以体用思维方式来理解道:"道者,体用之总名。仁其体,义其用,合体与用,斯为道矣。"[③]朱熹吸收这一思想:"道者,兼体、用,该隐、费而言也。"[④]朱熹所谓的"道"基本就人伦道德而言,"道者,事物当然之理。"[⑤]"道体"的本来状态指天地化育及其发用流行的总过程,"天地之化,往者过,来者续,无一息之停,乃道体之本然也。"[⑥]"道体"作为天地变化的总过程亦即吕祖谦所说的"阴阳变化性命之说"[⑦]。可见,在朱子学体系中"道体"与"道"尚有差别,不能混淆。王廷相"元气即道体"的论说继承张载之旨,从根本立场上反对佛老的"空""无",与程朱理学的道体观形成对照,而另有新意。

与王廷相论"元气即道体"相比,其学友或后学在"元气""道体"关系问题上的态度委婉得多。如韩邦奇,在论明"形而上"不是"气而上"的基础上,将"形而上之谓道"改成"气而上之谓道",以表达以气为本、气化即道的思想立场。[⑧] 吴廷翰(字崧伯,1491—1559)讲"气即道,道即气。天地之初,一气

---

① 陈荣捷:《近思录详注集评》,华东师范大学出版社,2007 年,第 328 页。
② 钱穆:《宋明理学三书随札》,生活·读书·新知三联书店,2002 年,第 138—139 页。
③ 胡宏:《知言·阴阳》,载《胡宏集》,中华书局,1987 年,第 10 页。相关研究参见邹啸宇:《湖湘学派体用思想研究》,中国社会科学出版社,2022 年,第 83—111 页。
④ 朱熹:《性理三》,载《朱子语类》第一册,中华书局,1986 年,第 99 页。
⑤ 朱熹:《里仁第四》,载《四书章句集注》,中华书局,1983 年,第 71 页。
⑥ 朱熹:《子罕第九》,载《四书章句集注》,中华书局,1983 年,第 113 页。
⑦ 陈荣捷:《近思录详注集评》,华东师范大学出版社,2007 年,第 329 页。
⑧ 韩邦奇:《正蒙拾遗序》,载《苑洛集》,台湾商务印书馆,1986 年,第 333 页。

而已矣,非有所谓道者别为一物""道者,以此气之为天地人物所由以出而言也,非有二也"①,但没有直接以"元气"论"道"或"道体",遑论对正统化理学的道体观作正面的批判。

"元气即道体"有时被王廷相说成"元气为道之本",此时"道体"就相当于一般意义上的"道"。"元气为道之本"的"本",既指气化过程即时间上的起点,又指气本为逻辑上的本根。以气论话语来说,"元气"体现为气本论意义上的道,又表现为气化论意义上的道。在王廷相元气论视域中,"气本"和"气化"结合而成"元气"。

(二)"元气本体"——气本论意义上的元气

气被视为宇宙本根、万物始源,这是中国气论的传统看法,"一气""元气"等概念的出现就是在此方向上推进的结果。在王充那里,开始用"元气"来解释天地生化内容和万物存在方式,"气本"和"气化"被初步涉及,与此同时,气论的主题逐渐由"气本"转移到"气化"上来。王符的翻然自化说以及柳宗元的元气自动说等,基本是对气化论意义上的"元气"进行解说。王安石以体用论的方式诠释"道"与"元气"之间的关系,表现出本体论和宇宙论并重的思想倾向。就思想深度和影响力来说,只有到张载,"气本"和"气化"的讨论才被提升到新的思想高度。"太虚无形,气之本体,其聚其散,变化之客形尔。"②"气本"指气的本来面貌,"气化"指气的造作变化,此为张载关于"气本""气化"的经典性表述。

张载将气论中"气本""气化"的主题予以明确化,从形上层面对其作一提升并确立以气为本,其思想贡献不必多言,但不得不指出,至少就文本来看,张载和以往学者比较偏重于气的造化问题。遍查《正蒙》不难发现,诸如"化""神化""造化""变化""百刻之化"等语词是用来阐述"气化",相较之下对"气本"的论述略显单薄。"神化"作为《正蒙》的篇名之一,由其弟子苏昞(字季明,生卒年不详)根据文本内容加上,正好集中表现了张载重"气化""造化"的思想特点。③ 问题是,气论学者为何偏向于阐述气化?气本问题在气论学说中难道已经不需加强说明?

一般而言,注重讨论气化,实际上难以回避讨论气本问题。张载大概是儒学传统中第一个明确将"气本""气化"问题提出并进行深入论述的理学

---

① 吴廷翰:《吉斋漫录》卷上,载《吴廷翰集》,中华书局,1984 年,第 5 页。
② 张载:《正蒙·太和篇》,载《张载集》,中华书局,1978 年,第 7 页。
③ 张载并非只论"气化"不论"气本"。如他说:"神,天德,化,天道。德,其体,道,其用。一于气而已。"(《张载集》,中华书局,1978 年,第 15 页)这里显然是"气本""气化"兼言,其目的是以体用一如的思想方式贯通天道与性命。

家。宇宙本体论方面,他确立了儒家思想"有"的立场,在性与天道相贯通的作用下,伦理道德的价值世界是真诚无妄、流行而在的。既然"气本""气化"是根据气造作的情形所得出的具体判断,必定涉及到如何阐明知识与价值的问题。这个疑问在张载看来不成问题,其理由十分明确,"见闻之知"(知识)和"德性之知"(道德)本质上是二分的,"德性之知"不受"见闻之知"的蒙蔽,在价值上处于优位。理学家视域中认识的目的就是为了"推天道以明人事",尽管"见闻之知"的"知"由和天地人物打交道产生,但性质上和"德性之知"的"知"一样处在伦理范围之内。质言之,认识的本质在于达成性与天道而不是追求自然科学知识。宋明理学中"尊德性"和"道问学"是方法分歧,不是目的有别。

在张载之前,几乎所有的气论学者不否认以气来说明世界,这是共法,问题在于如何以气来进行说明较为妥当。对作为理学家的张载而言,"气本"不只是对气的本然状况的知识论描述,更意味着气作为世界与价值本然意义的存在。"气化"不是气随意变化而是儒家之道必然展现的过程。作为价值意义的存在,"气本"不用作过多说明,不需要在"气化"之外另寻一个根本。正如根据西方基督教的传统之见,上帝惟有"道成肉身",其实在性才会使人信从。作为气化论意义上的道亦如此。"由气化,有道之名"①,道存在的现实性内容就是"气化"或"造化",故一定意义上对"气化""造化"的解说其实就是"气本"的彰显。如此,"气化"的必要性不言自明。将张载气论思想特质归于"先识造化",有其合乎情理之处②,这或许就是宋明儒者不遗余力探讨"气化"的原因。

王廷相和他的前辈们主张通过造化问题来说明儒家之道,即"离造化无道"。这一点从《道体篇》开端以及末尾均可以获得印证。然而,随着程朱理学逐步占据统治地位,气论在儒学义理中被压缩到形下位阶。尤其是明代中前期,朱子学成为思想权威,气在理气论体系中被推到实然层面。对这种思想局面,王廷相是不满意的。《道体篇》收尾处揭示:

> 气者造化之本,有浑浑者,有生生者,皆道之体也。生则有灭,故有始有终;浑然者充塞宇宙,无迹无执,不见其始,安知其终?③

---

① 张载:《正蒙·太和篇》,载《张载集》,中华书局,1978年,第9页。
② 李存山指出张载诠释《易·系辞》的重要思想就是"先识造化"。此论对理解张载气论思想的形成及其特质有帮助。"先识气化"是张载气论以及儒家气论一大特质。具体参见氏著:《"先识造化":张载的气本论哲学》,《中国哲学史》2009年第2期。
③ 王廷相:《慎言·道体篇》,载《王廷相集》第三册,中华书局,1989年,第755页。

在"本"与"体"的意义上,王廷相强调的气与造化、生生的直接关联,其实就是对"气本"作说明。"气者造化之本"包含了结合"气本"和"气化"的涵义。"气本"体现为"道之体","气化"则展现为生灭者的"有始有终"与"浑然者"的"不见其始,安知其终"。

嘉靖十三年(1534)初,许诰于南京户部尚书任职期间逝世,六十一岁的王廷相为挚友撰写铭文,文末说道:"探求气本,为理自出,遂使儒宗,罔惑老释。"①"气本"是儒家不惑于佛老的法宝,"道之体"兼及"气化"和"气本"。这就是说,"气本"与"气化"都是道的本质内容,两者不可缺一。在此基础上,气作为造化本根就呈现为"有始有终"和"无迹无执"两种品格,简言之,就是价值内容上的"有"和作用形式上的"无"。②

"有始有终"和"无迹无执"作为对气的双重规定,当然适用于"气本"。就"气本"言,"有始有终"并非是指气作为造化之本存在局限性,而是说明价值意义的生成和完成,即"有"的立场;"无迹无执"并非是说造化不可捉摸,而是表达流通无碍的世界形态,价值存在的自然而然性,即"无"的向度。根据王廷相的指认,"元气"应当如此,即所谓"元气本体之妙":

> 如气中有蒸而能动者,即阳即火,有湿而能静者,即阴即水,道体安得不谓之有?……故愚谓天地、水火、万物皆生于有,无"无"也,无"空"也。其无而空者,即横渠之所谓"客形"耳,非**元气本体之妙**也。③

为了突出儒家与佛老的异质性,王廷相不能不强调元气论是"有"的立场。他进而指出,佛老的"空""无"与儒家所说的"元气本体之妙用"有本质区别。"道体"的"体"以及"元气本体"的"本体",都是对"元气即道体"的存在状态的说明。"元气本体"指"元气"本身就能生化万事万物,还在于"元气本体"有其妙用之处,通常表现为"无"的样态。王廷相明确指出,张载所说的"客形"即气化过程中的形质内容,不足以表现"元气"本身的妙用,要加上"无迹无执"才能体现"元气"的妙用。缺少妙用,作为造化之本的"元气"就

---

① 王廷相:《明故资政大夫南京户部尚书赠太子太保谥庄敏许公墓志铭》,载《王廷相集》第三册,中华书局,1989年,第982页。

② 参见陈来:《有无之境——王阳明哲学的精神》,人民出版社,1991年,第222—228、235—241页;参见彭国翔:《良知学的展开——王龙溪与中晚明的阳明学》,生活·读书·新知三联书店,2005年,第37—50页。

③ 王廷相:《答何柏斋造化论(十四首)》,载《王廷相集》第三册,中华书局,1989年,第974页。

不完整。

气的妙用即其无的向度,在《西铭》处得到经典性的揭示,在程颢处亦有精彩展示。程颢思想倾向于与天地世界的一体化,无意于对天理进行学理化分析。[①] 这一思想性格使得其学说更显圆融,集中表现就是万物一体观。程颢指出,身体之气与天地万物之气一体同化,气的妙用就体现在一体观之中。这使得其"无"的思想特征容易为人体察。然而,气论在程颢处尚未显题化。正因如此,宋明儒者不论是所谓的理学、心学还是气学,只要是对气的存有及其妙用有所肯定,几乎都难脱离程颢的影响。王廷相就是如此。

(三)"元气实体"——气化论意义上的元气

从造化的实然情况来看,"气本"和"气化"有顺序之别,即"天地既判"(氣)当在"天地未判"(気)之后。[②] 从思想理路看,"气化"必然与"气本"关联,二者不是包含关系也不是抽象与具体、本质与现象的关系,而是体用不二、相即不离的关系。"气本""气化"相即不离:一方面,无"气化"则"气本"不可知;另一方面,无"气本"则"气化"无主脑。王廷相的"元气"划分为气本论意义和气化论意义两个方面,并不表示"气本""气化"可以区割开来、分别对待。如:

> 阴阳即元气,其体之始,本自相浑,不可离析,故所生化之物,有阴有阳,亦不能相离,……大抵造化鬼神之迹,皆性之不得已而然者,非出于有意也,非以之为人也,其本体自如是耳。[③]

以上从阴阳角度对元气"有浑浑者,有生生者"的情况进行阐明。不论"元气"是尚未生化还是既生且化,构成"元气"的阴阳都处于"不可离析""不能相离"的状态。对于阴阳来说,并无"气本""气化"之分别,"元气"本身即是阴阳相即不离的造作。这种气之造作的存在既是自在的,又是自为的,即所谓"性之不得已而然"。"性之不得已而然"是指"元气"使自身从"气本"到"气化",又使"气化"回复到"气本",其实是在揭示存在的本然性与实然性。

这里可以借助黑格尔(1770—1831)对存在概念的考察来解读王廷相所

---

① 参见土田健次郎:《道学之形成》,上海古籍出版社,2010年,第181页。

② Ira E. Kasoff(葛艾儒)指出,张载气论学说其实是在阐释两种气,即原始未分的混沌之"氣"(Ch'i)和凝聚、有形的化生之"気"(ch'i)。这种说法看到了气在张载文本中的双重含义。参见氏著:《张载的思想(1020—1077)》,上海古籍出版社,2010年,第42—43页。

③ 王廷相:《答何柏斋造化论(十四首)》,载《王廷相集》第三册,中华书局,1989年,第964—969页。

说的"元气"及"气本""气化"的逻辑关系。按照黑格尔的看法,自在存在(Being-in-itself)和自为存在(Being-for-itself)是精神概念存在活动的两个阶段。在前一阶段,概念保持自身的原始统一性,对立的因素是潜在的,概念自身并不知道它为何如此。随着概念的活动发展对立因素显现出来,概念回复自身达到对立面的统一。概念意识到自身是如何并要如此存在,这就从自在存在到自为存在。也就是说,存在必须是作为规定性的存在,规定性的存在同时即作为一种否定性,即对他物的否定。对于他物来说,此规定性的存在就是异己的存在。如此,规定性的存在在自身发现了作为异己的存在。当它作为异己的存在对他物进行规定或否定时就会发现,这种过渡本质上即是回复到自身。① 简言之,存在自身不能离开规定性而存在,所有的规定性本质上就是存在从有限达到无限的形式。黑格尔这种讨论的精髓,在于指出"所以存在作为否定之否定,就恢复了它的肯定性",它通常被简单理解为"否定之否定,即是肯定"的理性精神辩证法。这种简单化的理解潜藏着思想上滥用或曲解的危险。更糟糕的是,这容易抹除黑格尔辩证法的发展环节及其内在张力,使辩证法沦为变戏法。

黑格尔讲存在的自在与自为,是在存在论领域内对概念作逻辑形式的考察,目的是从中揭示出辩证法的自否定精神,从而使传统的形式逻辑重新焕发活力。与之相较,王廷相以上对"元气"的说明并非是在西方哲学语境内进行的。他所说的"元气"及"气本""气化"等不是纯粹的概念形式,而是具有着活泼泼的生命力及其实践内容。与气相联结的人、事、物,都不能作抽象的解读,如他所说:"天内外皆气,地中亦气,物虚实皆气,通极上下,造化之实体也。"②"元气实体"即代表气化本身就是终极实在性存在,而不是在气化之外或之上树立一个实在,这种存在不局限于具体的事物,但不能缺乏具体事物的参与。

参照上论,"气本"和"气化"相当于"元气"的存在阶段及其规定性。"气化"通常表现为某种规定性("气禀"),即是某种否定性,"气本"作为存在必须要有这种规定才可以显示其存在。不然的话,"气本"就是空洞的抽象,即虚无。"气本"一旦脱离"气化"且坚持作为气的存在,就是"元气"的"自在阶段"。通过"气化"事物获得具体的肯定,造作成万事万物,同时是对万事万物的否定,因为万事万物不再是"元气",万事万物之和也不是"元气"。"气化"是由事物与事物的相互否定最终回复到"气本",达到"元气"的"自为阶

---

① 参见黑格尔:《小逻辑》,商务印书馆,1980 年,第 204—209 页。

② 王廷相:《慎言·道体篇》,载《王廷相集》第三册,中华书局,1989 年,第 753 页。

段","元气"由自在而自为达到肯定与否定的统一。由此来说,气本论意义上的"元气"主要指其自在阶段,气化论意义上的"元气"主要指由自在而自为的阶段。

但是要看到,王廷相的"元气"指涉的不是纯抽象概念,而主要表现为对浸润了伦理意义世界的确证:

> 天地之间,一气生生,而常而变,万有不齐,……统而言之,皆气之化,大德敦厚,本始一源也;分而言之,气有百昌,小德川流,各正性命也。**……气有常有不常,则道有变有不变,一而不变,不足以该之也。** 为此说者,庄老之绪余也,谓之实体,岂其然乎?①

"大德敦厚""小德川流"出自《中庸》,"各正性命"出自《易经》,"本始一源"则可能化自《伊川易传》中"体用一源"之说。这些经典概念都是用来说明儒家对道德性命的理解。王廷相从这些儒家经典中寻找依据,一方面是为了反对老庄不合理的道论思想,另一方面表明他的元气论本质上与儒家道德性命之学相融通。

有必要说明,王廷相所谓"元气实体"的"实体",与亚里士多德(Aristotle,前384—前322)的"实体"有所不同。亚里士多德意义上的实体,在最严格、最原始、最根本的意义上说既不述说一个主体,也不存在一个主体之中。它首要指"既不可以用来述说一个主体,又不存在于一个主体里面的东西,如某一个个别的人或某匹马"。② 在亚氏看来,第一性实体就是最优先性、最确切的存在,没有第一性实体就不可能有其他东西存在。对王廷相元气论来说,"元气"当然有亚氏所谓"第一性实体"的意味。然而亚氏指出实体具有两方面的意义,或作为不用述说他物的终极载体,或是作为可分离的这个而存在,每一事物的形状或形式便具有这种性质。③ 与此不同,中国气论传统的元气论并不是西方意义上纯粹的实体论。在元气造化中,"元气"既述说他物又是他物的终极载体,"元气"本身不可分离而每一事物具有它的性质。

---

① 王廷相:《雅述·上篇》,载《王廷相集》第三册,中华书局,1989年,第848—850页。
② 亚里士多德:《范畴篇　解释篇》,商务印书馆,2009年,第12页。
③ 亚里士多德:《形而上学》,中国人民大学出版社,2003年,第97页。所谓"实体"(希腊文ousia)说到底指的就是世界的根本实在、存在。一般认为这一概念是亚里士多德引入到哲学,用来指使事物成其为这个事物的本质规定,实体概念后来经拉丁文substantia演变为耳熟能详的英文substance,词义发生了很大变化。沈清松对亚里士多德"实体"概念引入中国进行了深入反思,参见《亚里士多德"实体"概念引进中国及其哲学省思》(中山大学西学东渐文献馆主编:《西学东渐研究》第五辑)。

"元气实体"的"元气"并不是亚里士多德意义上的实体概念,而是说"元气"是整体的,包含统一与分变,不能以一偏而论。同样,"元气本体"也不是说"元气"是物质本体或精神本体,而是说"元气"本身离不开物质和精神,是真实的实在。质而言之,"元气实体"和"元气本体"共同指向兼摄气本与气化的"元气"本身及其造化内容。① 如此一来,王廷相的元气论才能获得善解。

陈来指出,从张载到王阳明的宋明儒者都没有放弃过"气"的观念。在心学传统中,存有论意义上气的概念服从于人生论的需要,气的这种哲学的意义与西方哲学显然有极为不同的意义。宋明儒岂止没有放弃气观念,对于气论思想资源,他们都进行着别有会心的建构与运用。问题在于,气论的确切内涵如何才能得到合理揭示。通过对"元气"的气本论意义与气化论意义的解读,王廷相元气论的意涵可以获得善解。

三、与元气相关的造化之气

从根本上说,王廷相所论述的有关气的概念皆统摄于"天地万物之宗统"意义上的"元气"。就概念的具体规定而言,"元气"可以从表现形态与发动机制等方面作出区分,即前者为"形气",后者为"气机"。对"形气""气机"等造化之气的相关考察,有助于把握王廷相元气论基本情况。

(一)"元气"与"形气"

作为明确的单一概念,"形气"多属生理学范畴,意为"形体"或"血气"及其外在表现。"形气"的最初意涵近于《皇帝内经·素问》所说的天地,即"故在天为气,在地为形,形气感而化生万物矣"。也就是说,以天地为形气,抑或,形气首要表现是天地。这种形气观在王廷相处有所表现:

> 阴阳在形气,其义有四:以形言之,天地、男女、牝牡之类也;以气言之,寒暑、昼夜、呼吸之类也;总而言之,凡属气者皆阳也,凡属形者皆阴也;极言之,凡有形体以之氤氲葱苍之气可象者,皆阴也;所以变化、运动、升降、飞扬之不可见者,皆阳也。②

---

① 关于中国传统哲学的气论与西方哲学上的实体论之间的关系,学界已有所讨论。可参见郭齐勇:《中国哲学史上的非实体思想》,载《场与有——中外哲学的比较与融通》(四),武汉大学出版社,1997年,第 36—49 页;邓晓芒:《西方哲学史上的实体与非实体主义》,载《场与有——中外哲学的比较与融通》(二),中国社会科学出版社,1995年,第 201 页。

② 王廷相:《慎言·道体篇》,载《王廷相集》第三册,中华书局,1989年,第 752 页。

依上所论,天地之间的万事万物,按阴阳之气的性质分类,可以有四层区分。"阴阳在形气"的"形气",即指天地。"以形言之""以气言之"的"形"与"气",分别指有形的形体和无形的气。按照"阴性凝聚,阳性发散"的原则,无形之气类皆归属于阳性,有形的形体类归属于阴性。如果对"形气"以及"形"与"气"不加区分,以上文本就极易引起歧解。王廷相还说:

> 气附于形而称有,故阳以阴为体;形资于气而称生,故阴以阳为宗。性者,阴阳之神理,生于形气而妙乎形气者也。①

这句话的意思再明确不过:气即指阳,形即指阴。阴阳互为体用,性是这种体用的内在价值,它生于天地、在天地之间产生神妙的作用。这种以天地为形气的形气观和先秦儒家所谓的形气主体不尽一致,与以气之聚散而来的有形无形的形气观有所不同。

王廷相和张载都在造化论范畴内使用形气、形与气这些概念。如:

> 今执事(引者注:何瑭)以神为阳,以形为阴,此出自释氏仙佛之论,误矣。夫神必藉形气而有者,无形气则神灭矣;纵有之,亦乘夫未散之气而显著,如火光之必附于物而后见,无物则火尚何在乎? 仲尼之门,论阴阳必以气,论神必不离阴阳。执事以神为阳,以形为阴,愚以为异端之见矣。②

王廷相批判何瑭"以神为阳,以形为阴"的论据,就是"论阴阳必以气,论神必不离阴阳"。论神不能脱离气,仅仅"以神为阳"是有问题的。《慎言》主张"以气指阳、以形指阴",这种看法与"以神为阳,以形为阴"表面上很相近。问题在于,何瑭将"神"视为独立的实体,这一点不为王廷相所接受。

王、何二人关于阴阳、形气的辩论,至少从《阴阳管见》成书后就已开始。是书成于嘉靖五年(1526),经郭维藩介绍,王廷相成为最早读者之一。《答何粹夫(二首)》强调"神"不过是"阴阳之妙用""形气之妙用",不能"以神为阳,以形为阴"。从该信收尾处所言,可推知写于嘉靖七年(1528)夏之前,此时《慎言》已辑成半年左右。如果说《慎言》是王廷相对何瑭的初步回应,那么《答何柏斋造化论(十四首)》则是专门性、针对性的批判。

---

① 王廷相:《慎言·问成性篇》,载《王廷相集》第三册,第767页。
② 王廷相:《答何柏斋造化论(十四首)》,载《王廷相集》第三册,第963—964页。

韩邦奇也讲"形气",不过主要是循着张载的路子。① 与之相较,王廷相的形气观保留有天地的含义。这一点很少被注意到。也就是说,王廷相形气观就造化范畴而言,但不失其独特性,即以天地指涉形气:"天地之始,静而无扰,故气化行焉。化生之后,动而有匹,故种类相生焉。"②天地是气化行始的条件,当"形气"特指天地之时,实质上相当于"天地万物之宗统"意义上的"元气"。

在王廷相思想世界中作为"天地万物之宗统"的"元气",在作用形式上离不开"形气",在价值内容上离不开"生气"。"生气"则来源于"气机"。

(二)"元气"与"生气"

生或生生的观念是儒家的重要传统。在早期的甲骨文及金文中,"生"字意为禾出土上之状,指万物生、草木长的生生之意。这种生生之意既包括创生之义,包括生命生长义。在儒家传统中"生生"的概念出自《尚书·盘庚》,《周易》赋予其深刻哲学意涵和人文化成作用,"生生之谓易"及"天地之大德曰生"便是《易传》核心观念。《系辞传》说:

> 一阴一阳之谓道,继之者善也,成之者性也。仁者见之谓之仁,知者见之谓之知。百姓日也不知,故君子之道鲜矣。显诸仁,藏诸用,鼓万物而不与圣人同忧,盛德大业至矣哉! 富有之谓大业,日新之谓盛德。生生之谓易。成象之谓乾,效法之谓坤。极数知来之谓占,通变之谓事,阴阳不侧之谓神。③

这就是《周易》的生生之道、变化之道。"生生"是气化世界的不断生成流转还是"天地之大德"。天道生生体现在生生之人与物身上,这就是天地凝道成德的善举。《周易》即使没有直接以气(如阴阳二气)论生生,"有气"则"有生"的观点却很明显。也就是说,"生生"观念与气论传统的思想融合初具规模。所谓"精气为物,游魂为变"即具有以气论生生的意涵。《管子·枢言》讲"有气则生,无气则死,生者以其气",《荀子·王制》更说"水火有气而无生,草木有生而无知,禽兽有知而无义;人有气、有生、有知,亦且有义,

---

① 韩邦奇认为"一气"凝结为"形气",同时"形气"回返到"一气"。"形气"与"一气"是隐显、聚散的关系。参见《见闻考随录》(一),载《苑洛集》,台湾商务印书馆,1986年,第642、648页。另,宋应星对"形气"有专门讨论,一定意义上是以中国古代科学思维对形气思想进行论说。参见氏著:《野议 论气 谈天 思怜诗》,上海人民出版社,1976年,第52—63页。

② 王廷相:《慎言·道体篇》,载《王廷相集》第三册,中华书局,1989年,第751页。

③ 参见唐明邦主编:《周易评注》,中华书局,1995年,第201页。

故最为天下贵也"，都是以气论生的传统。可见，气是生的根据，由气通向生是基本义。

到了汉初的《淮南子》，以气论万物生成演变的气化宇宙论的系统基本确立。宋明理学兴起过程中，理学家自觉讨论《周易》所言生生变化之道与氤氲气化的关系，如胡瑗明确指出：

> "坤以易知，坤以简能。"义曰：夫乾之生物，本于一气，其道简略不言而四时自行，不劳而万物自遂，是自然而然者也。坤以简能者，夫坤之生物，假天之气，其道亦简略，其用省默而已，不假烦劳而万物自生，不假施为而物自遂，是自然而然者也。①

胡瑗明确将气论直接关联于《周易》的乾坤变化生生之道，指出这是气化自然而然的结果。在此基础上张载的讨论更为深刻，《正蒙·太和》指出：

> 太和所谓道，中涵浮沉、升降、动静、相感之性，是生氤氲、相荡、胜负、屈伸之始。其来也几微简易，其究也广大坚固。起知于易者乾乎！效法于简者坤乎！散殊而可象为气，清通而不可象为神，不如野马、氤氲，不足谓之太和。语道者知此，谓之知道。学易者见此，谓之知易。不如是，虽周公才美，其智不足称而已。②

张载用"太和"指涉和描绘的阴阳气化之道，指出气化不息的相感之性，强调要领会周易之道就必须通晓其变化生生的整体。为此，他区分了气化之道的基本位阶即"散殊而可象为气"和"清通而不可象为神"，气化之道的最高表现或最本真状态是达到"野马、氤氲"的本相。"气化生生不已"源自于阴阳、浮沉、升降、动静等相感相生相对之性的作用。这就是"天地之大德曰生"的儒家本义。张载更说："知虚空即气，则有无、隐显、神化、性命通一无二。顾聚散、出入、形不形，能推本所从来，则深于《易》者也！"③气化之道及气的德行，成为理解大易精神的根本。

不只是张载，邵雍、程颢、程颐等北宋理学家都强调观"天地之生意""天地生物之心"。由此，"复"卦所体现的"生生"之意成为理学家往复讨论的对

---

① 胡瑗：《周易口义》，载《儒藏精华编》（第三册），北京大学出版社，2009年，第354页。
② 张载：《正蒙·太和》，载《张载集》，中华书局，1978年，第7页。
③ 张载：《正蒙·太和》，载《张载集》，中华书局，1978年，第8页。

象。以至于朱熹阐述"天地生物之心便是仁",将儒家仁学思想提升到一个新高度。[①] 或因如此,理学家在讨论仁学即道德性命问题时,将气的生生作用视为默认项。在王廷相这里,气的生生作用即"生气"不仅起到说明宇宙气化的基础性作用,还承担了道德性命的内涵。如他所说:

> 人一受元气以生,天地之美无不备具,故知至于道,行极于德,谓之完人,足以答天矣。[②]

生生之道就包含生生之德。在王廷相的理解中,从最高意义上说,人人都是元气生生的光辉个体,人人都是在知与行的过程中、在天人交互作用的过程中成就人性之美。也就是说,王廷相并不否认生生之气的道德意涵,而是说道德意涵源自于元气,必须经过知与行的实践才能体现以及确证。这一点,即使是在张载气论学说也不明显。理学传统中的气论并不说明道德的来源与根据,仁学才承担此项任务。为此他指出:

> 有形亦是气,无形亦是气,道寓其中矣。有形,生气也;无形,元气也。元气无息,故道亦无息。是故无形者,道之氏也;有形者,道之显也。[③]

在气化之有形与无形的基础上说明元气与生气的关系,同时说明气与道的关系,这是王廷相气论思想一般观点。另外,"生生"本是内具于元气的品格,因而生生之气是大道必然且自然的彰显,所以他反复申言:

> 天地之间,一气生生。[④]
>
> **气者造化之本,有浑浑者,有生生者,皆道之体也。**[⑤]
>
> 有元气则有生,有生则道显。故气也者,道之体也;道也者,气之

---

① 陈来指出理学家的仁者以天地万物为一体与气论密不可分,气贯通一切,把一切存在物贯通为一体。参见《新原仁:仁学本体论》,生活·读书·新知三联书店,2014年,第173页。关于儒家气论与仁学关系问题,杨泽波近来思考值得注意,参见氏著:《跨越气论的"卡夫丁峡谷"——儒家生生伦理学关于自然之天(气)与仁性关系的思考》,《学术月刊》2017年第12期。

② 王廷相:《慎言·潜心篇》,载《王廷相集》第三册,中华书局,1989年,第780页。

③ 王廷相:《慎言·道体篇》,载《王廷相集》第三册,中华书局,1989年,第751页。

④ 王廷相:《雅述·上篇》,载《王廷相集》第三册,中华书局,1989年,第848页。

⑤ 王廷相:《慎言·道体篇》,载《王廷相集》第三册,中华书局,1989年,第755页。

具也。①

王廷相对气之有形与无形,以及气与道关系的理解,不同于程朱的二分架构,这种"生生之气"的气一元论思想甚至扩展至人性论问题。

(三) "元气"与"气机"

元气之所以为"元气",一定意义上在于具有"元机"和"元神"。如前所论,《慎言》开篇就以"造化之元机"为核心来阐明"道体本有本实"。王廷相指出,"造化之元机"存在于天地未判和天地既判两个阶段,不会随造化过程而泯灭。关于《慎言》某些观点,他在与薛蕙的论辩中强调:

> 余尝以为元气之上无物,**有元气即有元神**,有元神即能运行而为阴阳,有阴阳则天地万物之性理备矣。②

"元神"并不神秘,它是"元气"和阴阳造化的重要桥梁。"元机""元神"主要是道家或道教术语,特别是道教内丹学用之说明修身、修行方面的情形。儒家使用此语并不多见。《正蒙》未论及,王廷相只是偶尔使用,以表示"元气"的功用和性质。③"气机"是王廷相常用概念,它统合"元气"与"元神":

> 或问生,曰:"**气机也**。"问死,曰:"**气机也**。""孰机之?"曰:"大化呼吸之尔。物不求化而化至,故物生而不感;化不为物而物成,故化存而不任。"……存乎**体者,气之机也,故息不已焉**;存乎气者,神之用也,故性有灵焉。体坏则机息,机息则气灭,气灭则神返。神也返矣,于性何有焉!④

"气机"使人物得以产生、得以生养。从人的身体来说,"气机"是充乎内的基本构成部分;从人的生死来说,一切都由"气机"所致。"气机"不会消泯,用王廷相的话来说,"气机不容已"故造作"此乃天然之妙,非人力可以强而为之者。""天然之妙"说明"气机"的妙用自然而然,有其独立性和不可

① 王廷相:《慎言·五行篇》,载《王廷相集》第三册,中华书局,1989 年,第 809 页。
② 王廷相:《答薛君采论性书》,载《王廷相集》第二册,中华书局,1989 年,第 517 页。
③ 相关讨论参见王论跃:《王廷相论形神关系》,载《跨文化视野下的东亚宗教传统:体用修证篇》,"中央研究院中国文哲研究所",2010 年,第 37—56 页。
④ 王廷相:《王廷相集》第三册,中华书局,1989 年,第 764—766 页。

逆性。

"气机"这种"天然之妙",在王廷相的诗文理论中被称为"天然之神"。嘉靖十四年(1535),王廷相为杜柟的诗文集作序:

> 文章之敝也久矣。自魏晋以还,刻意澡饰,敦悦色泽,以故文士更相沿袭,摹纂往辙,遂使平淡凋伤,古雅沦陨,辞虽华绘,而天然之神凿矣。①

在他看来,充满"天然之神"的诗文"其见愈真,其机愈含,其情愈切,其言愈婉"②。"天然之神"指诗文创作的内在机理即"气机"。"气机"这种"天然之妙"体现在人身之上被称作"天地之美"。人是"气机"造化的精灵,与王阳明所说"良知是造化的精灵"有某种一致性,都是对"气机"之于人主体性价值的肯认。在天地造化中"气机"作为动力机制,最可贵的载体是人。

"气机"的造作不是由外界强加或设定的,这一点张载已说明,"凡圜转之物,动必有机;既谓之机,则动非自外也。"③虽"气机"不可能消泯,却有可能"坏"或"息"。张载讲"凡气清则通,昏则壅",气壅塞就意味着"气机"之"坏"或"息"。王廷相持相似看法:"种类繁则气扰,而化生之机息矣。"④造作事物的"气机"一旦损坏,即使该事物仍保持其性能,但无法体现"灵"的价值。王廷相提出气种说目的之一就是为了解决"气扰"的问题。

在张载论"感""通"的基础上,王廷相进一步指出"感"是"机"的由来,"机"是"神"的保障,"神"则通向"灵":

> 阴阳,气也;变化,机也。机则神,是天地者,万物之大圆也。阴阳者,造化之橐钥也。……阴阳也者,气之体也。阖辟动静者,性之能也。屈伸相感者,机之由也。氤氲而化者,神之妙也。⑤

"性""机""神"都是阴阳赋予万物性质和价值的内在方式。广义的"气机"就是"元气"的化身,通过"气机"可以认识"元气"造化过程的具体环节。在王廷相之前,刘因指出"气机"是生生不息的终极原因,但没有进一步追问

---

① 王廷相:《杜研冈集序》,载《王廷相集》第三册,中华书局,1989年,第991页。
② 王廷相:《杜研冈集序》,载《王廷相集》第三册,中华书局,1989年,第991页。
③ 张载:《正蒙·参两篇》,载《张载集》,中华书局,1978年,第11页。
④ 王廷相:《慎言·道体篇》,载《王廷相集》第三册,中华书局,1989年,第751页。
⑤ 王廷相:《慎言·道体篇》,载《王廷相集》第三册,中华书局,1989年,第754页。

"气机"产生的机理。[①] 王廷相在前贤基础上,结合张载气论以及元气说传统给出了富有创见的解说,即"气机"的神妙源于阴阳变化。

这里需注意王廷相"天乘气机"的说法:"天乘气机,自能运,自能立,非藉乎地者;况地在天内,势不能为天之系属乎!"[②]"乘气机"成为天的独有品格,与张载"天地常体"之说有所不同,与朱子学所说的"理乘气"更有实质区别。"天乘气机"不是指天与气机为异质的二者,而是说天本身就是"气机","气机"就是天。这个意义上的"气机"就接近于"元气"。

王廷相如此强调"元气"乃在于"有元气即有生","生"的机制在于"气机","生"表现为"形气"。"生生"是"元气"固有属性。"元气"能生在于有"元气种子",这就构成气种说基本机制。可以简示为:

元气——生气（气种）——形气——（气种）气机——元气

图表 2.3

本章小结

本章简述王廷相之前的元气说及其演变情况,进而辨析王廷相元气论的思想结构。在正统化理学主导的思想时代,王廷相要复兴古色古香的元气说,看上去与时代主题格格不入,实则透露出他要批判正统化理学并重整儒家思想秩序。此种做法即使不能说开启了明清儒学转型,至少丰富了明代儒学内涵,为明代气论学说注入了活力。以此,王廷相元气论的理论意义在于:其一,在张载之后真正树起了气论学说大旗,使张载气学在明代得以接续和进一步开展。不仅如此,它还突出了张载气论关于"气本"与"气化"相结合问题,在儒家气论发展进程中具有重要理论意义。其二,在程朱理学盛行的思想氛围中表现出独立、自主、明辨的为学精神,敢于正面、系统地批判程朱理学的不合理性。其三,它沿用汉唐元气说的理论形式但并未停留于以往的层次,而是在气本论与气化论相结合的层面阐述元气学说,使其在世界及其存在变化问题上变得更加完善。

毋庸讳言,王廷相元气论的焦点在于如何更好地说明世界的实在及其存在的问题,正因如此,对于如何安顿儒者精神与心灵的时代课题所能提供的思想贡献确实比较有限。这一点与阳明学形成强烈反差。王廷相气论思

---

① 刘因:《游高氏园记》,载《静修先生文集》,中华书局,1985 年,第 46 页。

② 王廷相:《雅述·下篇》,载《王廷相集》第三册,中华书局,1989 年,第 888 页。

想在当时儒家士人群体中没有获得较大反响,与此有很大关系。也就是说,王廷相气论没有聚焦时代中心课题即道德心性问题。从理论本身来看,王廷相元气论有繁杂与粗糙之处,譬如,他没有辨明其元气论与汉唐诸元气说的关系。然而,在评价王廷相元气论时要考虑到其气种说。气种说就是为了处理"气本"和"气化"结合问题而提出。王廷相气论思想的创造性、想象力及其理论困难由此展现出来。

第三章　王廷相的气种说

王廷相力图阐明以元气论为核心的气论才是儒家思想正道。基于此，他将中国传统气论学说的核心议题即造化问题指认为气本与气化相结合问题，最终提出了气种说，从中推衍出"气种之有定"。本章指出：其一，出于气本和气化相结合的思想诉求，气种说的提出有其思想机缘和问题意识。其二，气种说在王廷相思想脉络逐步推展最终指向"气种有定说"。其三，气种说的宗旨在于进一步阐明气本和气化的结合问题。与宋明儒的种子说相比，作为气论与理学相激荡而产生的气种说，显示出不同的思想趋向和独特理论意蕴。

第一节　气种说的提出

在王廷相思想文本中，气种说并没有被频繁提及，而是潜藏于元气论相关文本或言说。如果不以气本和气化如何结合的问题意识为着眼点，纵使关于气种的论述摆在面前，其思想脉络与理论意义很难被领会。在王廷相气论学说内部，气种说始终围绕气本和气化结合问题而展开，正因如此，气种说成为王廷相气论思想最独特部分。冯友兰、张岱年、侯外庐、萧萐父等先贤较早认识到气种说问题，指出"气种之有定"是王廷相气论思想的理论局限。① 蒙培元、葛荣晋、张学智、刘又铭、王俊彦等对此有所论述，基本倾向于认为在王廷相气论思想中气本与气化难以形成一致。② 关于此问题，本章

---

① 冯友兰比较早观察到王廷相气种说是对解释万物生成及其可能的理论探索，张岱年指出王廷相兼论气与元气的学说特点，这些认识是理论洞见。参见冯友兰：《中国哲学史新编》（下），人民出版社，2007年，第234页；张岱年：《中国哲学大纲：中国哲学问题史》，中国社会科学出版社，1982年，第74—85页；侯外庐、邱汉生、张岂之主编：《宋明理学史》下卷（一），人民出版社，1987年，第498页；萧萐父、李锦全主编：《中国哲学史》（下卷），人民出版社，1983年，第157页。

② 葛荣晋：《王廷相和明代气学》，中华书局，1990年，第104—108页；蒙培元：《理学的（转下页）

在前章基础上进一步探讨。

一、气种说提出的思想机缘

王廷相突出气本与气化相结合的问题,与不满于以往气论普遍倾向于气化论的做法有很大关系。这种偏向在薛瑄处表现得比较明显:

> 天地之初,人物无种,纯是气化。自人物有种之后,则形化虽盛,而气化亦未尝息。[①]

薛瑄所论道出了气化世界观的基本观点,亦提及气化与气种的关系问题。王廷相不否认气化及造化的重要性,但强调"先识得气本",如此,气化世界才不至于陷入迷途。气本与气化相结合的问题意识理论上决定了王廷相元气论推展出气种说。委实如此,气种说的提出离不开两个重要的思想机缘:一是对朱子学理气论的批判,一是对各种五行说的辩驳。

(一)"不知理是何物,有何种子,便能生气"——批判理气论

王廷相气种说在《横渠理气辩》得到初步表达。如前所论,该文是《慎言》辑成前王廷相的重要创作之一,其中包含了气种说形成的关键信息:

> 气,游于虚者也;理,生于气者也。气虽有散,仍在两间,不能灭也。故曰"万物不能不散而为太虚"。理根于气,不能独存也,故曰"神与性皆气所固有"。若曰"气根于理而生",不知理是何物? 有何种子,便能生气? 不然,不几于谈虚驾空之论乎?[②]

《横渠理气辩》全篇六百余字,从中可以感受到王廷相对张载气论的推服以及对朱子学"理生气"学说的不满。如上所引,其中对张载的评语为:"阐造化之秘,明人性之源,开示后学之功大矣!"这是不能再高的评价。从"造化"与"人性"两方面来概括张载思想功绩,表明彼时王廷相对张载的造化论与人性论特别赞同。

(接上页)演变——从朱熹到王夫之戴震》,福建人民出版社,1984 年,第 398—399 页;张学智:《明代哲学史》,北京大学出版社,2000 年,第 346 页;刘又铭:《理在气中——罗钦顺、王廷相、顾炎武、戴震气本论研究》,五南图书出版公司,2000 年,第 57—62 页;王俊彦:《王廷相与明代气学》,秀威资讯股份有限公司,2005 年,第 48—58 页。

① 薛瑄:《薛文清公读书录》,中华书局,1985 年,第 69 页。

② 王廷相:《横渠理气辩》,载《王廷相集》第二册,中华书局,1989 年,第 603 页。

　　以上所论针对朱子学造化论的理生气说而发。在王廷相的引述中,朱熹曾说:"气之已散者,既散而无有矣,其根于理而日生者,则固浩然而无穷。"[1]实际上,这一段文本是朱熹给弟子寥德明(字子晦,生卒年不详)复信内容的一部分,其中的确包含"理生气"的造化思想。[2] 在朱子学视域中,"气根于理而日生者"说的是理为气之根本,气能日生的原因在于气中有理。朱熹还说过:"有是理方有这物事,如草木有个种子,方生出木。"[3]理被譬喻为生成万事万物的种子。然王廷相认为朱熹之说是"窥测造化之不尽者",故索性将朱熹的话改为"气之已散者,既归于太虚之体矣,其氤氲相感而日生者,则固浩然而无穷"[4]。具体而言,就是将"既散而无有矣,其根于理而日生者"改为"既归于太虚之体矣,其氤氲相感而日生者",这一改动透露出王廷相气论思想基本理念:其一,消散了的事物不是"无有"而是"归于太虚之体";其二,"理"不是静止死寂的形上本体而是氤氲相感的活动。

　　敢于改动朱熹之说,王廷相表现出一股"求真"的理论勇气,更重要的是张载气论学说使他拥有理论自信和思想依据。在朱子学那里,从存在论的角度看,理与气从来都相即不离。[5] 问题不在于王廷相对朱子学"理生气"的理解是否有错位之嫌,而在于他要坚守以气为本的思想前提并以此讨论造化等诸问题。用气论话语来说,即在气本论前提下讨论气化论问题,这才是王廷相要处理和应对的思想课题。在此理论背景之下,"理生气"的"生"不管是生成论意义还是构成论意义,或是二者兼具,朱子学关于理能生气的判定都会受到王廷相批判。

　　"不知理是何物? 有何种子,便能生气",表明王廷相对"理"的理解有强烈的去实体化色彩,这是异于朱子学理本论的思想表现。陈来将元明理学这种新型的理气观及其对理的理解称之为"去实体化的转向",这一看法颇

---

①　王廷相:《横渠理气辩》,载《王廷相集》第二册,中华书局,1989年,第602页。

②　朱熹原话是:"性只是理,不可以聚散言。其聚而生、散而死者,气而已矣。所谓精神魂魄有知有觉者,皆气之所为也。故聚则有,散则无。若理则初不为聚散而有无页。但有是理,则有是气。……故祭祀之礼,以类而感,以类而应。若性则又岂有类之可言耶? 然气之已散者,既化而无有矣,其根于理而日生者,则固浩然而无穷也。故上蔡谓'我之精神,即祖考之精神',盖谓此也。"具体参见于《朱子全书》第贰拾贰册,上海古籍出版社、安徽教育出版社,2002年,第2081—2082页。据陈来考证,朱子给弟子寥德明的答复信件写于宋淳熙元年(1174),参见氏著:《朱子书信编年考证》(增订本),生活·读书·新知三联书店,2007年,第128—129页。关于朱子与寥德明交往,参见罗大经:《鹤林玉露》,中华书局,1983年,第56页。

③　朱熹:《朱子语类》第一册,中华书局,1986年,第236页。

④　王廷相:《横渠理气辩》,载《王廷相集》第二册,中华书局,1989年,第603页。

⑤　近年来学界对朱熹理气论有重省,其中蒙培元的看法值得注意,参见氏著:《朱熹哲学十论》,中国人民大学出版社,2010年,第23—39页。

能揭示气论哲学在本体论上的特色,但只能是相对而言,中国古代思想传统本来就没有西方意义上的实体本体论。去实体化其实是专指朱子学"理气观"中的"理",并不意味着非实体化,更不意味着对"天理"的消解。王廷相认定只有气是运动造作的实体,相对而言,理、性、心等都只能是第二序列的存在。在气本论当中气是第一位存在,理变成了气的条理、属性与规则,不再是有别于气的独立存在之物。"去实体化转向"本质上是作为理学的儒学向以气论为主导的儒学的某种转变,是儒学通过批判自身而有所发展的思想表现。

作为明代中期敢于正面批判朱子学的儒者之一,王廷相对朱子学的批判正是以理气论为起点和中心的。或者说,对朱子学理气论的集中批判,是王廷相气论思想形成的主要论域,"气种说"就产生于这种持续深化的批判之中。"不知理是何物?有何种子,便能生气"透露出几个重要思想信息:其一,从生成论意义上来讲,种子是"生"的关键因子,是"气"的内在属性。其二,从存在论意义上而言,气散而不灭,死而不亡,是由它的种子决定的。其三,从构成论意义上说,造化中的人与物都是由气的种子所构成。这些思想信息在《横渠理气辩》显示为由强至弱、由显到隐的排列秩序。《横渠理气辩》时期的王廷相,气论思想尚未成型,面对朱子学理气论这个复杂思想体系,选择以张载之说为依据对其中某一点即"理生气"说给予批判。

(二)"气种各具于元气,不独五行而已也"——辩驳五行说

与《横渠理气辩》相较,气种说在《五行辩》得到更为详细阐述:

> 且夫天地之间,无非气之所为者,其性其种,已各具于太始之先矣。金有金之种,木有木之种,人有人之种,物有物之种,各各完具,不相假借。……**此义也,惟张子《正蒙》乃独得之。**其曰:"阳陷于阴为水,附于阴为火。""木、金者,土之华实也,其性有水火之杂。故木,水渍则生,火燃而不离,盖得土之浮华于水火之交也。金得火之精于水之燥,得水之精于水之濡,故水火相持而不害,烁之反流而不耗,盖得土之精实于水、火之际也。"由是观之,金木者,岂非水火土之所生乎?[①]

顾名思义,《五行辩》是要辨明五行之说的顺序与性质。天地之间所有事物的造作变化实质上均归结为气,此为气本论的基本态度。本段论说的重点在于王廷相揭示了气之所以如此造作的"性"和"种",其实在"太始之

---

① 王廷相:《五行辩》,载《王廷相集》第二册,中华书局,1989年,第598页。

先"已经具备,即气化的具体条理早已潜藏在气的本来状态即气本之中,并且人物、五行之种的性质是"各各完具,不相假借"。这就是说,具体的种子在气化中都有其独立性。由此可以初步说明,王廷相所说的"气种"有两大特征:其一,气种在具体的气化之前,气化脱离不了气种;其二,气种在气化中具有独立性,即自在而自为。

既然人物、五行之种性质上是先在于气化且自在自为,那么所谓"五行生人""人生五行"等说法都不准确,为此王廷相援引张载论阴阳五行的话,指出《正蒙》已经具备气种说的真义。这种看法是一种创造性诠释,《正蒙》本身很难说明确具有此义。《正蒙》全篇几乎没有文本明确涉及气种问题。就此而言,《横渠理气辩》和《五行辩》的情形相似,都是王廷相创发一己之见的文本解释。

从上述援引张载有关阴阳五行的话,王廷相确定了两个理念:其一,五行均根源于阴阳;其二,五行的应然顺序是水、火、土、金、木。持此两种理念,加上阐发气种说的需要,他对周敦颐、朱熹的相关说法进行了批判:

> 然则周子"五气顺布,四时行焉",非与? 曰:此惑于五行家之说而为言也。何以言之? 日有进退,乃成寒暑,寒暑平分,乃成四时,于五气之布何与焉? 其曰"春木、夏火、秋金、冬水",皆假合之论。"土无所归,配于四季",其缪妄尤甚焉。
>
> 朱子曰"五行之序,木为之始,水为之终,而土为之中",何如? 曰:此以四时流行之气论五行也。又曰"水一、木三、土五,皆阳之生数;火二、金四,皆阴之生数",何如? ……前二说出纬书假合之论,后说虽出周子,俱非造化本然之序矣。[①]

王廷相以气种说的先在性和自在自为性,批判周敦颐五行四时相配之说,认为寒暑、四时由"日有进退"所决定,与五行之气没有必然关联。以四时配五行之气更是荒谬不堪。同理,朱熹以四时流行之气论五行和以天地奇偶之数论五行,也被认为是牵强附会。即便朱熹采纳周敦颐《太极图说》的阴阳五行说,王廷相认为仍旧没有揭示出阴阳造化本身的规律,理由是:

> 且夫天地之初,惟有阴阳二气而已。阳则化火,阴则化水。水之渣

---

① 　王廷相:《五行辩》,载《王廷相集》第二册,中华书局,1989 年,第 598—599 页。

滓便结成地。渣滓成地即土也,金、木乃土中所生。**五行本然先后之序如此。** 后之学者,乃不于是而求之,怪怪然惟五行家是信,亦何不思之甚哉!或曰:"五行以气言,非论其质也。"曰:"吾已言之矣。**天地之先,气种各具于元气,不独五行而已也。**"①

按照王廷相的看法,阴阳二气是天地造作最原初要素,五行无疑来自阴阳二气,其中最早产生的是水火,土乃水所生,金、木则从土所生,其"本然先后之序"是:火、水→土→金、木。王廷相的五行顺序说重视经验和推理,具备实证科学因素,这一点已为论者所注意。然还要注意,气种说与"阴阳—五行"的传统思维的关系。《尚书·洪范》关于五行思想的最初表达,不过并未指明其先后顺序,《尚书正义》疏曰"五行,气性流行也",明确以气来理解五行。早在董仲舒处,不论是五行相生说还是五行相胜说,都以气性流行为基本原则。对于"五行以气言,非论其质也"的流俗之论,王廷相认为它没有看到万事万物生成造化的种子已经具于元气之中,五行的种子同样俱在元气之中,因此以气言五行必须认识到气种的独特作用才不至于陷入理论困境。

进而,王廷相批判了经学权威孔颖达(字冲远,574—648)以"微著"论五行先后之说:

> 五行之性,火有气而无质,当作最先;水有质而不结,次之;土有体而不坚,再次之;木体坚而易化,再次之;金体固而不烁,当以为终。虽五行生成先后之序,亦不外此。②

在"本然先后之序"的理念指导下,五行生成先后顺序最后被确定为:火→水→土→木→金。由此可知,这一具体顺序的判定是以五行之体质在气中所形成的客观情况为依据,就是说,五行与阴阳之气的关系成为王廷相批判以往种种五行说的理论依据。阴阳之气是天地万物万殊的根底,这一点张载已然指出:

> 游气纷扰,合而成质者,生人物之万殊;其阴阳两端循环不已者,立

---

① 王廷相:《五行辩》,载《王廷相集》第二册,中华书局,1989 年,第 599 页。
② 王廷相:《慎言·五行篇》,载《王廷相集》第三册,中华书局,1989 年,第 807 页。

天地之大义。①

　　若阴阳之气,则循环迭至,聚散相荡,升降相求,氤氲相揉,盖相兼相制,欲一之而不能,此其所以屈伸无方,运行不息,莫或使之。②

　　在张载的论述中,阴阳之气的造作是世界万物差异或分别的来源,故为"天地之大义"确立的来源。王廷相的突破之处在于气种说的引出及其建构,气种说已经渗入并影响到他对五行顺序问题的理解。

　　传统的阴阳—五行的思维方式以及五行配四时的做法,而是为了解释和安排天人之间的秩序。王廷相的批评缺乏具体分析,并没有看到其合理性,故对周敦颐、朱熹以及孔颖达的批评有欠妥当。从理论上看,这些批评本身不够一致,比如,气种说与五行说到底的关系问题有待进一步交代,王廷相有关论说不足以回答这些问题。

二、气种说的根本问题意识

　　王廷相气论主要通过批判正统化理学而形成,这一点已经反复论述,批判朱子学理生气说和辩驳各种五行说是气种说提出的重要机缘,它们凝结为一个判断,即批判宋明理学"止知气化而不知气本",换而言之,就是从根本上处理气本与气化相结合的问题意识。"世儒止知气化而不知气本,皆于道远。"③这句警策之语揭露以往气论学说的缺陷,显示出王廷相气论核心理念在于气本与气化的有机统一,这就符合他所构建的儒家气论之道。

　　的确,以往的儒家气论学者偏向于气化或造化问题的讨论,对于气化的气本问题有所忽视。或者说,讨论气化或造化问题往往连带着气本问题,气本问题没有得到专门注意,不是儒者关注的重点。《横渠易说》有言:

　　　　易,造化也。圣人之意莫先乎要识造化,既识造化然后其理可穷。彼惟不识造化,以为幻妄也。不见易则何以知天道,不知天道则何以语性? 不见易则不识造化,不识造化则不知性命。既不识造化,则将何谓之性命也?④

　　张载对造化问题的优先性理解,来自于对大易精神以及儒家圣人之学

---

①　张载:《正蒙·太和篇》,载《张载集》,中华书局,1978 年,第 9 页。
②　张载:《正蒙·参两篇》,载《张载集》,中华书局,1978 年,第 12 页。
③　王廷相:《慎言·道体篇》,载《王廷相集》第三册,中华书局,1989 年,第 755 页。
④　张载:《横渠易说·系辞上》,载《张载集》,中华书局,1978 年,第 206 页。

的领会。《宋史·张载传》点出张载之学首"以《易》为宗"是很有道理的。张载认为天道造化需由《易》而见,性命之道则由天道造化而来。这种看法对后来者产生了重要影响。在与王廷相交往密切的许诰身上就能见诸一二。张载将造化视为首要,目的是要奠定其儒学世界观的存有论基础,做到"能推本所从来",从而与佛教虚无主义观点区隔开来。他阐述道:

> 气块然太虚,升降飞扬,未尝止息,《易》所谓"氤氲",庄生所谓"生物以息相吹""野马"者与!此虚实、动静之机,阴阳、刚柔之始。浮而上者阳之清,降而下者阴之浊,其感通聚散,为风雨,为雪霜,万品之流形,山川之融结,糟粕煨烬,无非教也。[①]

气的造作变化说明的是人所面对的世界真实不虚。在反对佛教虚无主义的情况下,"先识造化"在张载处就成为要优先阐明的儒学立场。由以上文本可知,张载所谓的"先识造化"的"识"不仅是客观地观察以及认识,还要从中获取生命教养和人伦大义。此即是牟宗三所说的天道性命相贯通。[②]天道性命相贯通的精神就来源于大易,其贯通的依据即为易学传统的气论思想。

在明代儒学群体中,王廷相认识到仅仅"识得气化"而忽略或遗忘气本的思想危害性,故强调在气本的前提下谈论气化,或者,要在气化过程中识得气本,故构成了独特的问题意识。王廷相元气论及气种说围绕这一问题意识展开。气本与气化在元气论中如何才能实现结合。正是在此根本问题意识的作用之下,气种说在《横渠理气辩》《五行辩》等文本中被正式提出。王廷相要力图论明的是,气化过程就包含着"常"(确定性),"常"往往暗含"变"(不确定性)的因素。在他看来,气之常与变都要从气本得到说明。

《横渠理气辩》《五行辩》都见于《王氏家藏集》,《王氏家藏集》编定并出版于嘉靖十五年(1536)初夏,比《慎言》的辑成晚了九年左右。王廷相对《王氏家藏集》的重视程度远不如《慎言》。既然如此,《慎言》的气种说就比《横渠理气辩》《五行辩》的更重要、更有代表性?问题恐怕并不简单。《横渠理气辩》《五行辩》或未能保留气种说被提出时的理论原貌,关于这一点,只要对《慎言》以及后来的气种说文本进行对照分析,就不难得梳理清楚其理路。

---

① 张载:《正蒙·太和篇》,载《张载集》,中华书局,1978年,第8页。
② 参见牟宗三:《宋明儒学的问题与发展》,联经出版事业股份有限公司,2003年,第179—188页。

第二节　气种说的展开

王廷相元气论是在对朱子学不断批判以及与同辈学者往复辩论中形成并成熟起来的,气种说大体也遵循这个轨迹。概要而言,前期关于气种问题的思考在《慎言》有较集中体现,后期相关思考则体现在与何瑭等的论辩。嘉靖十二年(1533)十一月前后,王廷相与何瑭就造化问题作了最后一次深入辩论,气种说在这次讨论中有所发展。纵观气种说在王廷相气论思想的整个推展过程,始终以气本和气化结合为主题,最终从气种说推展出气种有定说,在理论上实现了气本立场上关于气化问题的讨论。

一、《慎言》的气种说

《慎言》的气种说展开为三个层面的内容:一是肯认和加强《横渠理气辩》《五行辩》中气种说的基本观点。二是气种说基本具备独立的理论姿态,逐渐融入到气本和气化结合问题的探讨。三是在气本论立场下论明造化之道和人性之源,使气种说最终走向气种有定说。

先看《慎言》如何肯认和加强之前的气种说,《道体篇》指出:

> 是故太虚真阳之气感于太虚真阴之气,一化而为日星雷电,一化而为月云雨露,**则水火之种具矣**。有水火,则蒸结而土生焉。日滷之而成鹺,炼水之成膏,可类测矣。土则地之道也,故地可以配天,不得以对天,谓天之生之也。有土,则物之生益众,而地之化益大。金木者,水火土之所出,化之最末者也。[①]

"太虚真阳之气"和"太虚真阴之气"是对处于太虚阶段的气的描绘,是相对于气化过程中阴阳之气而言,并不表明阴阳二气可以分离开来。在所有的气种当中,王廷相认为水火之种在形成过程中具有代表性,因此特别强调"水火之种"与太虚之气的联系。同在《道体篇》,他又说:

> 有太虚之气,则有阴阳,有阴阳,**则万物之种一本皆具**。随气质美恶大小而受化,虽天之所得亦然也。阴阳之精,一化而为水火,再化而

---

① 王廷相:《慎言·道体篇》,载《王廷相集》第三册,中华书局,1989 年,第 752 页。

为土,万物莫不藉以生之,而其种则本于元气之固有,非水火土所得而专也。①

所谓"万物之种一本皆具",指的是其他事物的种子与"水火之种"一样,在气的造化中可以共存。以上两段文本所论内容极为相近,与《五行辩》阐发阴阳以及五行的论述相比照,基本上没有多大出入。据此有理由推测,这些文本有可能出自同一时期,只不过上述内容被编入《慎言》的《道体篇》,《五行辩》则独立成篇,后被收入《王氏家藏集》。

以上交代了五行以至万物之种的形成机制,即由元气中真阳之气和真阴之气相感,进而逻辑上最先具备水火之种,其他物类之种潜在地存在。不难看到,这实际上是对气种何以可能作学理说明。一旦阐明气种形成机制,五行及万物的体质各有区别就不难给出解释。问题在于:真阳之气和真阴之气该如何理解,它们与阴阳有何区别。

关于这些问题,王廷相未给出明确交代。何瑭则揪住不放,与之往复论辩。撰成于嘉靖五年(1526)的《阴阳管见》着力阐发"以神为阳,以形为阴",促使王廷相不得不对阴阳造化问题进行深入思考,最终阐发出"论阴阳必以气,论神必不离阴阳"的思想。从以上两段论述不难推知,真阴之气和真阳之气指处于万物未化之前的太虚之气,一般意义上的阴阳之气即从此而来,这并不是说真阴之气或真阳之气可以相互独立而在,相反,二者因相感而存在。

《慎言》中不少内容与论辩相关。如《慎言》的《五行篇》开头,就安排了这样一则对话:

> (曰:)"五行分俪四时,厥义何如?"王子(王廷相)曰:"纬人私智力强合,非圣人实正之论也。五行之气,浑于太虚,何日无之?既曰春木矣,季土矣,何水火土金,日轮次而仍在?不几于自为矛盾乎?若曰日逢甲乙,木气独生矣,其水火金土将归何处?不几于诞而害义乎?气无绝灭之理,又非逊避而然,故曰纬人私智强合,非圣人实正之论也。"②

在《五行辩》《五行配四时辩》等文本中,王廷相多次反对"以五行分俪四时"的观点,乃至在《慎言》的《五行篇》仍要批判之,足见对这个问题的重视。

---

① 王廷相:《慎言·道体篇》,载《王廷相集》第三册,中华书局,1989年,第754—755页。
② 王廷相:《慎言·五行篇》,载《王廷相集》第三册,中华书局,1989年,第803页。

以上文本侧重于说明五行之气同在于太虚阶段,不能想当然地以为它们单独生成。与王廷相以往对各种五行说的批判相比,《慎言》气种说的进步在于获得了较为独立的理论姿态,不再依附于有关理气或五行的论辩。随之而来的情形,就是气种说被运用和推展开来。

王廷相之前,张载曾以气说明动植物及其归类:"动物本诸天,以呼吸为聚散之渐;植物本诸地,以阴阳升降为聚散之渐。"[1]张载之说比较简略,这里可引入叶子奇(字世杰,1327—?)的说法以帮助理解,后者指出:

> 动物本诸天,所以头顺天而呼吸以气;植物本诸地,所以根顺地而升降以津。故动物取气于天,而乘载以地。植物取津于地,而生养以天。……动物本诸天而体则温,植物本诸地而体则冷,阴阳之谓也。[2]

以天地阴阳之气的造作为依据区分动植物,这是中国传统关于物的分类思想的基本原则,邵雍在此方面作了一些重要探索。[3]叶子奇对邵雍、张载关于物的思想多有承袭。王廷相独特之处在于将气种说运用于动植物的说明:

> 草木之枝干花叶,各有定形,以有定种故也。受气殊矣乎?土以为质,水以为液,火以为连,而生枝干花叶,随在各足也,一本故尔。枝干自柔而坚,自细而大,自疏而密,与花叶之生荣凋谢,均有变也。《观物》云:"木之枝干乃土石之所成,故不变;花叶乃水火之所成,故多变。"是以土生枝干,而水火生花叶也,然乎?求之实理,滞而不通,误也。[4]

草木等植物的"形"是确定的,是因为它们具备"定种"。以上所引邵雍之说出自《皇极经世观物外篇衍义》(卷六),对此王廷相并不赞同。他以气种说为支撑批评邵雍,认为草木的枝干花叶本于一气所生但有所变化,并不如邵雍所说枝干不变而花叶多变。同时,他认为枝干花叶均有其固定之形质,因而决定它们的种乃是如此。这就一方面认为枝干花叶均有变,另一方

---

① 张载:《正蒙·动物篇》,载《张载集》,中华书局,1978年,第19页。
② 叶子奇:《草木子·观物篇》,载《草木子》,中华书局,1959年,第11页。
③ 较为著名的篇目有《观物内篇》《观物外篇》(参见《邵雍集》,中华书局2010年版)。《伊川击壤集》有多首《观物吟》之类的作品。邵雍的"物"论是其易学思想的反映,表达了对伦理世界与身性修养的看法。可参见方旭东:《邵雍"观物"说的定位——由朱子的批评而思》,《湖南大学学报(社会科学版)》2012年第6期。
④ 王廷相:《慎言·五行篇》,载《王廷相集》第三册,中华书局,1989年,第807页。

面指出它们各有定形。前者指涉气化意义上的形态,后者强调气本意义上的形质,二者并不矛盾。

对于上述文本,王俊彦主张从气之本体义与生生义来予以阐发,其依据在于王廷相所谓的气统摄有无两层。[①] 这种理论致思与本书揭示的气本和气化结合的理路有相通之处。从王廷相的立场看,邵雍的不当之处在于为了达成其五行生成理论,不惜将枝干与花叶分隔开来,由此一本之气无法在草木中贯通。相形之下,气种说在气化过程中坚持气本的一贯性。这一特点不仅适用于草木,在人类群体身上同样适用:

> 万物巨细柔刚各异其材,声色臭味各殊其性,阅千古而不变者,气种之有定也。 人不肖其父,则肖其母,数世之后,必有与祖同其体貌者,气种之复其本也。[②]

通过气种有定的方式,气化和气本在人、物身上得以结合。气种有定在人体貌特征上表现为回复到其祖先的趋势。从生物遗传学角度来说,王廷相以上所说的"气种之复其本",显然不符合现代科学观点,但不能因此否认其合理性,更不能简单视之为返祖遗传或隔代遗传。体质人类学的常识指出,王廷相所说的同其体貌现象在一般经验范围内并非没有事实依据,问题是要了解由"气种之有定"推扩为"气种之复其本"在历史文化领域的意涵,即人类的衍生及其创制要与自然同步。

推展开来说,"气种之复其本"追求的是气化意义的确定性,这种形式上的回返并不是历史退化论,而是所谓的"取今复古,别立新宗"(鲁迅语)[③]。在这一回返、回复的过程中,气种确定性及气化意义得到阐明。需知道,在王廷相所处的时代,"进步"或"创造"的观念尚未成为核心价值观念,儒者一般诉求于重复与回返的方式以认知生命价值或获取存在感受,对于这些方面,《易经》的"复"卦以及《老子》"吾以观复"说树立了早期典范。传统价值观及文化观浸润下的儒者,之所以青睐"复"的思想意蕴,就是出于对这一传统的肯认和自觉传承。[④] 王廷相所说的"复本"根据在于"气本",目的是为儒学寻找源头活水,并非一意"梦游远古"。

---

① 参见王俊彦:《王廷相与明代气学》,秀威资讯股份有限公司,2005 年,第 52—58 页。
② 王廷相:《慎言·道体篇》,载《王廷相集》第三册,中华书局,1989 年,第 754 页。
③ 参见鲁迅:《文化偏至论》,载《鲁迅全集》第一卷,人民文学出版社,2005 年,第 57 页。
④ "复古"是一个十分值得研究的人文现象,不论是中国(古文运动、以复古求解放)还是西方(文艺复兴"回到古代去"),与近现代以来的"创新""创造"意识可以说构成有意味的对照。

关于气种在处理气本和气化结合方面的作用，《慎言》多有揭示，尤以下面的论述最具意味、最为典型：

> 雪之始，雨也，下遇寒气乃结。花必六出，何也？**气种之自然也。**草木枝干花叶，人耳目口鼻，物蹄角羽毛，胡为二然耶？**气各正其性命，不得已而然尔。** 应阴数，有诸？曰：传会之拟矣！孰主宰为之？花萼亦有然者矣，四出、五出、六出同时而成，又奚应哉？①

对于气化所造成的人物之别，王廷相答之以"气各正性命，不得已而然"。"各正性命"出自《易经》乾卦象传，体现了先秦儒家尊重个体价值的重要原则，各正性命的对象不仅有人还有物。将天道变化中人物各正性命的传统学说拓展成"气各正性命"，换成以物为中心的表达就是"物各得其所"，因此，把儒家最重要的核心概念"仁"理解为"物各得其所"，这种仁学思想与其气种说的理念正相一致，或者说，气种说融入到王廷相仁学思想。这就表明，道德价值（仁学）可以从事实存在（气种说）层面获得内在依据。

以上文本中"不得已而然"的说法可能取自于《正蒙》，即所谓"太虚不能无气，气不能不聚为万物，万物不能不散而为太虚。循是出入，是皆不得已而然也"。"不得已"是被动的说法，换成积极表达，就是张载所说的"不能不"，即王廷相多次使用的"不容已"：

然者	物理世界	势不得不然	物各得其所	花必六出	气种之自然
	伦理世界	不得已而然	气各正性命	气化之不容已	
		不容已而然			

图表 3.1

如上图所示，王廷相所说的"然者"，指示天道与人道、物理与伦理相贯通。"不得已而然"和"不容已而然"都是"气种之自然"的价值表现，属于"然者"的范围。与"然者"相对的是"不然者"。王廷相这种看法到后儒那里已经有所变化，比如，李贽几乎彻底摆脱"不得已而然"，只讲"不容已而然"，将

---

① 王廷相：《慎言·乾运篇》，载《王廷相集》第三册，中华书局，1989 年，第 756—757 页。

"不容已而然"作了前所未有的阐发,提出了自然本身即是天理的看法。[①]

物理世界只有"然者"与"不然者",对应于人伦世界来说,物理的"然者"就有"不得已而然""不容已而然"的区别。换成现代伦理学的说法,前者类似于自然事实,后者类似于价值事件。物理的"不然"被视为"恶",是因为"不然"的事实牵涉于价值性的否定判断。如王廷相后来所说:

> 风雨者,万物生成之助也;寒暖者,万物生杀之候也。物理亦有不然者,不可执一论也。雨在春虽能生物,过多亦能杀物。诸物至秋成实,雨固无益,诸菜亦藉雨而生,安谓秋雨枯物?风,春则展,秋则落,物理自展自落耳。[②]

风雨寒暖是事实存在,在一定条件(自然之天)作用下就表现为相应价值,成为"天道"。从纯粹自然界来说,物理没有然与不然的区别,王廷相所说的物理"有然"与"有不然",无疑渗透了天道人伦的价值因素。同理,"气种之自然"针对花草树木而言,但也通于人伦世界。"物之气类,万古不移,此主宰所以谓之帝也。"[③]主宰物类使其万古不移之物被叶子奇视为上天,照王廷相气种说,其实是"气种之有定"的缘故。《慎言》的气种说在内容上较《横渠理气辩》《五行辩》有所丰富,更实质性地推展为气种有定说。

二、《答何柏斋造化论(十四首)》的气种说

王廷相后期的气种说,主要表现为嘉靖十三年(1534)十一月前后与何瑭的往复讨论,核心文本是《答何柏斋造化论(十四首)》。该文被张鹏(字鸣南,1502—1545)录入《内台集》。嘉靖十五年(1536)初秋刊刻于世,几乎与此同时,《王氏家藏集》由王廷相亲自辑成。饶有意味的是,既然《答何柏斋造化论(十四首)》十分重要,王廷相本人却没有将之收入到《王氏家藏集》。

根据《浚川王公行状》《百川书志》的载述以及葛荣晋等的研究,《王氏家藏集》是根据《沟断集》《台史集》《近海集》《吴中稿》《华阳稿》《泉上稿》《家居集》《鄂城稿》《小司马稿》《金陵稿》等著述部分内容合辑而成,这个集子涵括了除《慎言》之外的王廷相六十二岁之前的基本著述。他回复何瑭关于造化问题的论辩,则是在北京任兵部尚书期间的嘉靖十四年(1535),即《王氏家

---

① 参见沟口雄三:《中国前近代思想的屈折与展开》,生活·读书·新知三联书店,2011年,第133—153页。
② 王廷相:《雅述·上篇》,载《王廷相集》第三册,中华书局,1989年,第843页。
③ 叶子奇:《草木子·观物篇》,《草木子》,中华书局,1959年,第12页。

藏集》和《内台集》编刻的前一年。照此来看，王廷相可能没来得及将《答何柏斋造化论（十四首）》收入家藏集，张鹏敏锐意识到此次讨论的重要性，故将其录入《内台集》，后世才得以了解气种说在王廷相思想的后续进展。

据《内台集》的编辑与出版人张鹏交代：

> 鹏（张鹏）自壬辰从事台末，获受教浚川公台下，见公于退朝之余，即肃肃入院台理政事，稍暇即为文书，盖无一时休焉。……乃窃録其与诸名公巨卿往来论辩、问答、赠送之作，辞与文若干篇，刻之东省（山东）以传。盖仰叹公嗜学之笃，终身不衰，而所以经济天下着，有具，因以见。鹏之受教于左右着，得益为良多也。其他生平文章诗赋，则有《家藏集》，已先刻之，为世宝矣，此特绪余耳，然非浚川公意也。[1]

张鹏所录内容为嘉靖十一年至嘉靖十五年间的论辩内容，这是张鹏私下辑录的，似乎没有经过王廷相首肯。不过，《内台集》刊刻之后，王廷相对张鹏所作所为并未表示不满，即所谓"非浚川公意也"。在《内台集》问世两个多月前，王廷相亲自编定《王氏家藏集》，作为亲近王廷相的后学，张鹏不太可能没有阅读过此集，他编辑、出版《内台集》的首要目的，就是补充家藏集所遗漏的内容，故一定意义上，《内台集》可视为《王氏家藏集》的续集。

何瑭是王廷相的学术诤友，前文提及，二者曾讨论阴阳五行问题，且《慎言》的问世很可能受到《阴阳管见》的激发。此次关于造化问题的论辩，某种程度上是以往讨论的延续。彼时两人年过花甲，论辩起来仍不失当年风采。针对何瑭批评"以太虚清通之气为太极"的论调，王廷相指出：

> 柏斋又谓"以太虚清通之气为太极，不知地水之阴自何而来"，嗟乎！**此柏斋以气为为独阳之误也。** 不思元气之中，万有俱备，以其气本言之，有蒸有湿。蒸者能运动，为阳为火；湿者常润静，为阴为水。无湿则蒸靡附，无蒸则湿不化。始虽清微，鬱则妙合而凝，神乃生焉。故曰"阴阳不测之谓神"。是气者形之种，而形者气之化，一虚一实，皆气也。神者，形气之妙用，性之不得已者也。三者，一贯之道也。[2]

"太虚清通之气"源自张载之说："（太和）散殊而不可象者为气，清通而

① 张鹏：《刊内台集序》，载《王廷相集》第三册，中华书局，1989年，第891页。
② 王廷相：《答何柏斋造化论（十四首）》，载《王廷相集》第三册，中华书局，1989年，第963页。

不可象者为神。""太虚为清,清则无碍,无碍故神。""凡气清则通,昏则壅,清极则神。"①王廷相发挥张载之说,进而提出:"是故太虚无形,气之本体清通而不可象者也;太和氤氲,万物化醇,生生而不容以息也,其性命之本原乎!"②太虚清通之气为气之本体,以太虚清通之气为太极即以气之本体为太极,这是王廷相的核心主张。何瑭持"神为阳、形为阴;阳无形,阴有形"的观点,提出阴阳是独立自主的观点,王廷相认为阴阳之气不能分离,故批评何瑭"以气为独阳之误"。

元气之中万有俱备是气种说的基本观点。"以其气本言之",说明王廷相一贯强调既要讨论气化更要识得气本,他甚至对何瑭说:

> 愚谓学者必识气本,然后可以论造化。 不然,头脑既差,难与辩其余矣! ③

此语意在批评何瑭不识气本,可见以气本是王廷相气论的学问头脑。此气本不能离开气种来理解,如《慎言》前面所说的"气种之复其本也"一样,气之本某种意义上指的就是气之种。这里更进一步,气种与气化的结合被阐述出来,即所谓"气者形之种""形者气之化""神者,形气之妙用,性之不得已者"。气化来源于气种。这样,气种将气本、气化以及气之妙用融贯于一。及至《答何柏斋造化论(十四首)》的后半部分表示:"愚以元气未分之时,形、气、神冲然皆具,且以天有定体,安得不谓之有? 不谓之实?"④气者、形者和神者中的"气者",指的就是气种而不是元气本身。在回应和批判何瑭的过程中,气种说成为王廷相不可或缺的理论武器。

在气种、气本与气化的讨论中,王廷相反复申明的基本主张,就是只有元气或太虚之气才拥有"种",也就是说,气种指的是元气之种。如他说:"金石草木,水火土之化也,虽有精粗先后之殊,皆出自元气种子。""若论天地水火本然之体,皆自太虚种子而出,道体岂不实乎?"⑤元气种子或太虚种子指明了终极意义上的"种子"的拥有者只能是"元气"或"太虚":

---

① 张载:《正蒙·太和篇》,载《张载集》,中华书局,1978年,第7—9页。
② 王廷相:《慎言·乾运篇》,载《王廷相集》第三册,中华书局,1989年,第758页。
③ 王廷相:《答何柏斋造化论(十四首)》,载《王廷相集》第三册,中华书局,1989年,第973页。
④ 王廷相:《答何柏斋造化论(十四首)》,载《王廷相集》第三册,中华书局,1989年,第971页。
⑤ 王廷相:《答何柏斋造化论(十四首)》,载《王廷相集》第三册,中华书局,1989年,第970—971页。

愚谓天地、水火、万物皆从元气而化，盖由元气本体具有此种，故能化出天地、水火、万物。如气中有蒸而能动者，即阳即火，有湿而能静者，即阴即水，道体安得不谓之有？[①]

"种"是"化"的来源，元气是"种"的拥有者，气种成为沟通气本与气化的沟通要道，重要性不言而喻。现在要问的是：气种在元气中如何具备。继而需追问：元气种子随着气化过程会不会产生变化，会有什么样的变化。这些问题都有待气种说作出回答。

对于以上问题，王廷相《慎言》有初步探讨："有太虚之气，则有阴阳，有阴阳，则万物之种一本皆具。"[②]元气中万物之种能够具备的原因在于阴阳，不仅如此，万物生化的情形取决于其所受阴阳关系如何。王廷相认为，五行之中以水火最为优先在于"水火得阴阳之精"，他指出：

阴不离于阳，阳不离于阴，曰道。故阴阳之合，有宾主偏盛之义，而偏盛者恒主之，无非道之形体也。[③]

气化之道的本质在阴阳不即不离，气化之道具体体现在阴阳有"宾主偏盛之义"。综合以上所言，可见以阴阳偏盛之义论气种的思想，在《慎言》中已形成雏形。在与何瑭的论辩中，这一思想逐渐明晰化：

二者(阴阳)相须而有，欲离之不可得者，但变化所得有偏盛，而盛者尝主之，其实阴阳未尝相离也。其在万物之生，亦未尝有阴而无阳，有阳而无阴也，观水火阴阳未尝相离可知矣。[④]

以阴阳偏盛之义论气种的思想越是明晰，其理论说服力的限度就越发明显。质而言之，阴阳至多能确定万物之种在性质上(即阴类或阳类)的偏向，似乎无法阐明元气之中何以具备万物之种的问题。对此王廷相举例：

①　王廷相：《答何柏斋造化论(十四首)》，载《王廷相集》第三册，中华书局，1989年，第964页。
②　王廷相：《慎言·道体篇》，载《王廷相集》第三册，中华书局，1989年，第754页。
③　王廷相：《慎言·乾运篇》，载《王廷相集》第三册，中华书局，1989年，第756页。细检中华书局版《王廷相集》，以上所引文本中的"偏盛"原作"偏胜"，本书在引用时统一为"偏盛"，特此说明。
④　王廷相：《答何柏斋造化论(十四首)》，载《王廷相集》第三册，中华书局，1989年，第974页。

> 水在下,地在上,若浮乘然。气激于虚,泉涌而上,即地下之水,非别有生化者。人之脉,出自涌泉,而升于百会,可推矣。阴乘乎阳,云升而雨,即地水之气,非别有种子者。①

以阴阳相乘解释地下水气上升成为雨水较符合现代科学意义上的水循环系统运作原理,王廷相这里强调"非别有种子"的意思是说一切事物的种子都由阴阳相互作用而成,不存在阴阳之外的种子。这种看法仍停留阴阳的思维模式,只能说明种子的阴性或阳性,还不能具体说明物的个体性及其价值所在。

"气各正性命"是王廷相对个体性及其价值的说明,亦是气种说在天道性命视域下的表述。"气各正性命"是"性之不得已",这种"不得已"在某种程度上意味着气种是天道的客观化内容,有不可逆性或不可抗拒性:

> 人物之生于造化,一而已矣。无大小,无灵蠢,无寿夭,各随气质所禀而为生,此天地之化所以无心而为公也,故曰:"**各正性命**。"但人灵于物,其智力机巧足以尽万物而制之,或驱逐而远避,或拘係而役使,或戕杀而肉食,天之意岂欲如是哉? **物势之自然耳**。故强凌弱,智戕愚,通万物而皆然,虽天亦无如之何矣!②

这里说的"气各正性命",很接近自然主义意义上的事实描述,依照王廷相的理解,人与物都是天地造化所生,这是一致的,没有根本的分别,人物之别表现为人要灵于物。此灵为"智力机巧",不是"恻隐之心"或"天植灵根"。"无心而为公"指的就是天道的客观化性质,此"物势之自然"能"通万物而皆然",表明在天地造化的客观化领域,自然就是必然。人物之性命要得正,首先必须承认人物的客观差别及其实在内涵。王廷相这里并不是谈人物之别的根本所在,而是要指出人物性命差别是客观存在,他说:

> 天有天之理,地有地之理,人有人之理,物有物之理,幽有幽之理,明有明之理,各各差别。统而言之,皆气之化,大德敦厚,本始一源也;分而言之,气有百昌,小德川流,各正性命也。③

---

① 王廷相:《雅述·上篇》,载《王廷相集》第三册,中华书局,1989年,第853页。
② 王廷相:《雅述·上篇》,载《王廷相集》第三册,中华书局,1989年,第853页。
③ 王廷相:《雅述·上篇》,载《王廷相集》第三册,中华书局,1989年,第848页。

站在反对程朱理学"理一分殊"说的角度看,这段话可视为王廷相的"气一分殊"说,其实也可以视为气种说的表达。万事万物性命各各得正的实质在于各有其"种",这些"种"都是由阴阳结合造成的。同时,"气各正性命"又被强调为"性之不容已",说明"种"在气化过程中内在地要求保持自我实现自身价值,即如王廷相所指出的,神为己有即为"自神","自神"就是天道凝注的个体性呈现,就是个体价值的所在,即凝道而成德。"自神"就是"性之不容已",强调的是价值的自我实现和自我证立。

作为"气种说"在价值领域的表现,气各正性命之说有"不得已"和"不容已"。就文本而言,王廷相对前者的论述明显多于后者,显出他比较侧重价值来源的客观内容,强调价值与事实的统一性,体现了带有自然主义倾向的思想性质。在以"天理"为价值绝对权威的思想背景之下,王廷相这种具有中国气论思想特色的自然主义倾向的学说,对保护个体价值以及多样性选择具有积极作用。这是气种说的理论功绩之一。

三、从气种说到气种有定说

气种说潜藏于王廷相气论思想脉络,气种有定说则隐匿于气种说之内。从思想发展线索而言,后者是前者的逻辑延伸,考察后者必须以对前者的梳理为前提。关于王廷相的气种有定说,学界已有所讨论,基本倾向于认为气化的"生生不容以息"和"气种之有定"存在不相契之处。这种看法一定意义上揭示了气化和气种的共存难题,但未能充分考虑气本、气化与气种的关系。可以说,气种有定说是气种说的必要开展,气种说要解决的是气化与气本的结合问题,进而,气种有定说要解决的是气化过程中气本何以实现的问题,后者是对前者的进一步展开。

逻辑地看,气化与气本相结合,一方面表现为将气化引向气本,一方面表现为使气本贯彻到气化。以王廷相气论话语来说,前者相应于"气种之有定",后者相应于"气各正性命"。"气种之有定"和"气各正性命"属于同义,二者是气本的一体两面。与其说"气种之有定"使王廷相气陷入认识论意义上的先验论或决定论,还不如说是表达了一种存在论意义的思想新动向,即在气化过程中气本以"有定"为存在方式,气化过程不能脱离"有定"。

为此要检讨王廷相气论思想中的"气种之有定"。其实,对(气种之)"有定"的具体揭示,就是对"气种何以有定"的解答。王廷相气种说视域中所说的"有定"包括以下意涵:首先,"有定"以"有"为前提,"有"既包含气本论意义上的终极之"有",也包含气化论意义上的有形、无形之"有"。其次,"有定"所说的"定"不是先验的设定或给定,而是在经验和意义的确定性寻求中生成的(即"物各得其所"和"气各正性命")。再次,"有定"本身可以容纳"有不定","有定"并非"命定"。

要辨明"有定",首要需弄清它如何产生。王廷相说:

> 阴阳即元气,其体之始,本自相浑,不可离析,故所生化之物,有阴有阳,亦不能相离,**但气有偏盛,遂为物主矣**。[①]

最后一句点出"有定"产生于阴阳造化的偏盛,换句话说,只要是在阴阳造化中之人、事、物都会呈现出"有定"的特质。对于以气为本的造化世界来说,"有定"最首要表现就是肯认"道体本有、本实"或"道体不可言无,生有、有无",表明王廷相所说的"有定"的前提是"有",然后才是"定"与"不定"(或"常"与"不常"),并且"不定"也是"有"的内容。用他的话来说,"气有定与不定"和"道有常有不常"是一致的。如下所示:

实有	(气)有定、有不定	气种有定	道体本有本实 道体不可言无,生有、有无
	(道)有常、有不常		
	(道体)生有、有无		

图表 3.2

"有定"意味着"有"这一存在事实具有规定性、确定性以及在气化中具体而定,不能离开气化的经验内容,故"有定"不能一味从超验层面看,即有别于"先定"(预先给定或设定)。如此就不难理解,为何王廷相反复论明"天有定体"的重要性。"有定"反映在天道观上就是"天有定体",且可以得到事实验证:

> 天亦有定体,远不可测也。 观恒星河汉终古不移,可以验之。[②]
> 愚尝验经星河汉位次景象,终古不移。谓天有定体,气则虚浮,虚浮则动荡,动荡则有错乱,安能终古如是?[③]

以上两则文本,不能仅从天文学或自然科学的角度来看待。若将其与

---

① 王廷相:《答何柏斋造化论(十四首)》,载《王廷相集》第三册,中华书局,1989 年,第 964 页。
② 王廷相:《慎言·乾称篇》,载《王廷相集》第三册,中华书局,1989 年,第 758 页。
③ 王廷相:《答何柏斋造化论(十四首)》,载《王廷相集》第三册,中华书局,1989 年,第 965 页。

气种有定之说结合起来就可以发现，王廷相在对天体的反复观察中获得了关于确定性的启示。① "天有定体"的经验并非仅仅告诉天道是什么，还获得关于"有定"的存在论意义。张载说"太虚无体"，朱熹明确指出"天无体"，王廷相的"天有定体"说无疑是对前者观点的挑战。从中国古代天文学发展历程来看，前二者所持的是宣夜说，后者所持的是浑盖合一论，王廷相的论调并非意味着科学观念上的进步，而是为了说明自身思想问题所作的特殊处理。②

逻辑地看，"经验"既作为什么的含义"what"（如做些什么、干些什么、坚持些什么等），包括人们怎么样活动和怎样受到影响（"how"），即能经验的过程。王廷相所说的"有定"，既是构成经验所不可或缺的内容，又存在于当下的具体经验，也就是所谓的"物各得其所"及"气各正性命"。"气种有定"不是静态的先验决定，而是一种动态的实践进程，图式化理解即：

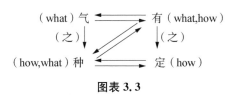

图表 3.3

以上图表旨在表明：在"气""种""有""定"的关系结构之中，"气"是根本依托，"有"是第一位的，能直接通向其他三者，在这个意义上，"有"首要表现和规定为"气"。"气"不能直接通向"定"。相反，"定"通过"种""有"才实现为"气"。当"有""种"一并关联于"定"时，"有"才同于"种"。结合前章的考察还可以说："气""种"的直接互通要在"元气本体"的意义上才能达成，"有"与"定"的直接互通要在"元气实体"的意义上才能实现。照此来看，"气种有定"之说与"气禀自然"之说有一定区别，简言之，后者是由"天"下贯而来，是"天"所给定的；前者尽管承认"天有定体"，没有因此否定气化内容的差异性与实在性。"有定"不排除"命定"却也不是"命定"的代名词。准确地说，"有定"更接近于对某种确定性的寻求。

王廷相所处的时代，对大多数儒者而言，"天理"是最确信无疑的普遍性存在。人们坚信通过格物可以穷理，这种方式总不免沦为逐于物、累于物等

---

① 天文观测本身就是对不确定性与确定性作出判别，进而作出合理推论。王廷相对《夏小正》作解，后又辑成《岁差考》《答天问》，就是因为既有天文历法记载，不完全符合他的观察。
② 关于王廷相的天文历法学说，参见高令印、乐爱国：《王廷相评传》，南京大学出版社，1998年，第228—242页。

支离事业,有鉴于此,王阳明大倡良知之学,以良知自作主脑。无论是天理还是良知,都是一种确信不疑、确定不移的存在,实际上是以牺牲"不确定性"为代价的,因此,"气质"只能是"变化"或涵养的对象,其结果要么是高蹈的天理观否弃人欲,要么是良知信念的世俗化引来人欲横流。相较而言,"有定"构成了王廷相对气化世界存在的主要理解,这就使得"气种"不会缺乏确定性、目的性。同时,由于肯认了气化的事实,"有定"并不排斥不确定性,就为"人欲"和"气质"找到了理论上的安顿之所。

简言之,"有定"正是王廷相气论学说用来说明存在问题的,这一观念并不排斥"有不定"(不确定性)。作为兼及气本与气化两方面意涵的学说,气论视野下的气种说是王廷相对天人之际进行"整全实有"之观照的理论努力,"有定"的观念则是其中的闪光点。就学理而言,从气种说到气种有定说预示王廷相气论思想由宇宙论到存在论的转向及其某种完成。"不知理是何物?有何种子,便能生气"表明王廷相敢于批判朱子学的不合理性,气种有定说意味着他所建构的儒家气论学说具有独特致思。

第三节　气种说的定位

梳理王廷相气种说的提出及其展开过程,实质上就是对其进行思想史的重新解读。从理论构成来看,气种的说法无疑是气论与种子说的结合,因此梳理清楚种子说的思想史脉络,构成王廷相气种说定位的重要前提。前文已论,气种说旨在于讨论气本和气化的结合问题,故将其置于中国古代气论传统来检讨有益于廓清其理论轮廓和思想边界,有助于指出气种说的理论困难。

一、气种说的理论前缘

如果说气论学说是中国固有思想传统,作为一门理论体系的种子说(Bija Theory)主要源于印度佛教大乘学说的瑜伽行派("有宗")。魏晋南北朝以来,瑜伽行派的种子说经真谛(499—569)、玄奘(600—664)的译介流布中原,后在玄奘的弟子窥基(632—682)等人手里灿然具备。佛学的中国化促使佛教种子说在儒家文化圈传播。[①]

---

① 种子说的理论源于印度佛教大乘瑜伽行派(有宗)的唯识本体学说,其间涉及心识、阿赖耶识和种子诸说,逻辑严密且复杂。这些思想传入唐代后产生较大影响,唯识宗发(转下页)

在唯识宗之前,中国传统经典没有专门以种子为理论核心的思想学说,有的只是某些譬喻性说法。以种子为核心的学说即种子说是唯识学的重要理论。然而,不论种子说在唯识学思想体系中如何重要,始终都是为阐发"万法唯识"这一核心主张服务,"种子生现行"乃是精神意识的本体及其变现。从根本上说,唯识学的种子说无法避免地要否定现实世界及生活的实在性。[①]

作为佛教中国化的重要一支,唯识宗所承袭并构造出的"万法唯识"的思想体系逻辑严密、义理精微,其中包括种子说。关于种子,《成唯识论》有言:"一切种相应更分别,此中何法名为种子? 谓本识中亲生自果功能差别。"[②]本识指第八识即阿赖耶识,阿赖耶识中含藏着产生色法、心法等现行的功能,这些功能也就是种子。《成唯识论》提出种子的六个条件,即刹那灭、果俱有、恒随转、性决定、待众缘和引自果。阿赖耶识被认为俱有这六个条件的种子,能变现出宇宙万有,成为世界的本源。在唯识学看来,现世的谷种、麦种等均为外种,只有阿赖耶识的种子方为内种,外种只是假立种子之名并不是真正的种子,内种才是真正意义上的种子。唯识学这种对种子的论说及分判,用论者的话说,它是以"非本体"的态度来看待世界的实在性。[③]唯识学提供了一套精致的、有别于中国传统经典的理论体系,对中国固有思想世界产生了刺激和重要影响,特别对儒学倡导的世界观念和人生态度造成了有力挑战。

以上对唯识学种子说的梳理,有两点值得注意:其一,无论是唯识古学还是唯识今学,其"种子说"都是借用植物性种子之喻阐发大乘佛学的思想义理。[④] 其二,按唯识学的讲法,一方面种子生起现行,一方面现行熏习种

（接上页）展出种姓说等理论。及至宋明时期,其宗势已基本衰落。关于唯识学说在印度的发展,吕澂有精要说明,参见氏著:《印度佛学源流略讲》,上海人民出版社,1979 年,第195—217 页。至于印度唯识学在中国的传入及其发展,又参见氏著:《中国佛学源流略讲》,中华书局,1979 年,第 183—191、342—352 页。本研究并非讨论种子说在佛教唯识学中的义理与传衍情况,故对此内容不作正面交代。相关研究参见方立天:《中国佛教哲学要义》,中国人民大学出版社,2002 年,第 252—261、729—844 页。

①　吕澂对唯识学理论有经典概括,他指出:"唯识说阐明:一切客观现象都与人的经验联系着,不能脱离人的意识而独立存在。……积累的经验就是'种子',经验所显现的现象就是'现行',这二者互为因果,联翩不断。这就是瑜伽行派唯心论的构图。这一构图,主要在表示显现之由来,同时也说明人们为什么会对这些现象产生颠倒分别,以及如何由这种不正确的认识转到正确认识的。"参见氏著:《中国佛学源流略讲》,中华书局,1979 年,第 188 页。

②　玄奘译、韩廷杰校释:《成唯识论校释》,中华书局,1998 年,第 105 页。

③　相关说明参见玄奘译、韩廷杰校释:《成唯识论校释·序言》,中华书局,1998 年,第 13—15页。相关讨论参见麻天祥:《中国佛学非本体的本体诠释》,《中国社会科学》2001 年第 6期。

④　吴学国对"种子"在唯识古学与唯识今学那里的存在情况作了考察,参见氏著:《境界与言诠——唯识的存有论向语言层面的转化》,上海人民出版社,2003 年,第 151—160 页。

子,二者相互作用。习气是经七转识现行的熏习而在阿赖耶识中新形成的种子。简言之,习气(梵文 Vasana)即种子。至少在理论形态上,"习气—种子"的说法与气种说有相似之处。前提性的问题是:王廷相对佛学的了解如何? 他是否熟悉且有能力援用唯识学以上说法? 目前可判定的是:王廷相对于佛学有一定了解,然不能说必是借取了唯识学种子说。相较而言,儒家传统尤其是宋明理学本身的种子说更有可能为他所取。

应对佛教思想挑战的过程中,宋明儒者一面汲取佛教相关思想滋养,一面注意挖掘自身传统内相关思想资源。在此情况下,"种子"的说法多被论及。宋明儒之前,作为植物性隐喻的"种子"说即潜藏于儒家传统之内。所谓植物性隐喻,大体是指将自然的意象(主要指植物)植根于儒学的语言与结构以表达相应思想诉求。中国古代先贤们相信自然界与人类社会有着共同法则,通过体察自然便能洞悉人事。有论者就曾指出,先秦时期儒家思想中就有一些基本概念根植于水以及水养育的植物等意象,即所谓能近取譬、取象譬类。譬如,植物的发芽、生长直至开花、结果以及枯萎为理解人类的生命及其本性提供了不可多得的"喻象"[1],植物的发端与根本在于种子,由此种子一类的譬喻或隐喻很自然地进入儒者的视野,被用来诠释他们所理解的儒家思想。

孟子在"取譬"方面为后来儒者树立了典范,他以四端之心证诸人性之善的做法虽未直接提及种子,植物性隐喻在其讨论中却多见,如揠苗助长、牛山之木等。[2] 后来,董仲舒在讨论性之善与不善的问题时发挥到:

> 善如米,性如禾。禾虽出米,而禾未可谓米也。性虽出善,而性未可谓善也。[3]

性与善的关系被喻作稻禾与米粒,稻禾与米粒则来源于谷种。在董仲舒这里,以谷种喻人性的做法成为儒家譬喻性种子说的经典例证,影响深远。

---

[1] Sarah Allan(艾兰)较早运用西方关于"喻象学"(Metaphorology)的理论,进而对中国早期思想中的喻象思维和隐喻应用作出分析。参见氏著:《水之道与德之端——中国早期哲学思想的本喻》,商务印书馆,2010 年,第 147 页。与此呼应,王树人"象思维"概念的提出和创发则极大深化和拓展了该领域的探索,参见《回归原创之思:"象思维"视野下的中国智慧》(江苏人民出版社 2012 年版)。

[2] 据李炳英的统计,《孟子》全书有九十三章总共使用一百五十九种譬喻。参见氏著:《孟子文选·前言》,人民文学出版社,1957 年,第 7 页。

[3] 苏舆:《春秋繁露义证》,中华书局,1992 年,第 311 页。

儒家思想核心在仁,这个仁就与植物的种子关联(果仁)。宋明儒承续孔孟的做法,以植物性隐喻(如"谷种")来诠释仁的生生之意、生生之理。程门弟子刘安节(字元承,1068—1116)询问仁与心的区别,程颐回答道:"心譬如谷种,生之性便是仁也。"①(又作:"心犹种焉。其生之德,是为仁也。"②)在程颐的话语中,生之性、生之德都是植物生长发育的本性,此喻可以说明仁是人之生命的内在本性。

程颢论仁不见于种子之说,然对仁之生意的体贴同样诉诸于植物性隐喻,如其所言:"仁便是一个木气象,恻隐之心便是一个生物春底气象。"③"程门四先生"之一的谢良佐(字显道,1050—1103)发展了程颢的仁说:

> 心者何也? 仁是已。仁者何也? 活者为仁,死者为不仁。今人身体麻痹不知痛痒谓之不仁,桃杏之核可种而生者谓之桃仁杏仁,言有生之意。 推此仁可见矣。④

以桃仁杏仁有生之意论仁,指明儒家之仁是活泼泼的,这种仁之生意和植物种子的生长发育一样是自然的发育与呈现,对此朱熹说:"如谷种,桃仁、杏仁之类,种着便生,不是死物,所以名之曰'仁',见得都是生意。"⑤从二程到朱熹,谷种一类的植物性隐喻在理学家仁说中常被提及,其内在理念即为"以生物之心"释仁。至于个中原因,崇奉朱子学的徐问(字用中,? —1550)说得很清楚:"心具性,先儒以为郛郭,于人虽资环卫,而终为二物。惟谷种之譬为得之,盖其浑一之妙,难以言语形容,只得如此名状,欲人之易晓耳。"⑥谷种之喻可以使难以言状的仁与心、心与性等关系得到形象化的理解,故为宋明儒者常加引用。

种子的生意是内在的、自发的、经验的,如同仁之于人心。即便如是,如果没有后天培养工夫这种生生之意无法显现出来,培养工夫不适宜或不充分,种子的生意得不到完全展现。在理学家本体—工夫的视域中,种子多被视为仁之本体,工夫则为仁心之发用。对此,湛若水(字元明,1466—1560)之说有代表性:

①　程颢、程颐:《伊川先生语四》,载《二程集》(上),中华书局,1981 年,第 183—184 页。
②　程颢、程颐:《论道篇》,载《二程集》(下),中华书局,1981 年,第 1174 页。
③　程颢、程颐:《二程集》(上),中华书局,1981 年,第 54 页。
④　谢良佐:《上蔡语录》,上海古籍出版社,1987 年,第 3 页。
⑤　朱熹:《性理三》,载《朱子语类》第一册,中华书局,1986 年,第 113 页。
⑥　黄宗羲:《诸儒学案中六》,载《明儒学案》下册,中华书局,1985 年,第 1247 页。

鸡抱卵,少间断,则这卵便瘀了。然必这卵元有种子,方可。若无种的卵,将来抱之虽勤,亦瘀了。学者须识种子,方不枉了工夫。**何谓种子? 即吾心中这一点生理,便是灵骨子也。**①

种子是人心中这一点生理,这是仁之根本所在。在唯识学视域中,种子是心识的功能及其变现,在理学家本体—工夫的视域中佛家的种子说没有体现出仁的生生之理、生生之意,这是理学家对唯识种子说最不满的地方,也是儒佛分判之所在。湛若水强调种子是工夫的本体与主体,"识得此种"具有实践上的优先性,这一思想在阳明后学代表人物王畿那里更得到彰显:

涵养工夫,贵在精专接续,如鸡之抱卵,先正尝有是言。然必卵中原有一点**真阳种子**,方抱得成。若是无阳之卵,抱之虽勤,终成假卵。学者须先识得**真种子**,方不枉费工夫。②

"先识得真种子""先识得真阳种子"就是先体认良知本体之心,王畿主张先天正心之学,强调要在心体上立根,以至针对王阳明四句教提出四无论,将良知本体喻为真阳种子就是要突出先天正心的优先性。所谓即本体以为工夫,指的就是识得本体并以之作为涵养工夫的前提。在阳明学视域中,作为"天植灵根"的种子在本体—工夫境遇中具有优先性意义,而作为本体意义上的种子与工夫实践之间的关系成为中晚明阳明学的主题之一。由此将会看到,阳明学以种子譬喻心性本体与工夫次第的做法,与王廷相的气种说形成某种对照。

儒家传统中并非没有关于种子的思想,比如儒者对于性善、仁说的认识,多通过种子一类的譬喻来进行,特别是以二程为始的宋明儒在这方面积累了丰富思想经验。唯识学不以植物种子为意,而试图通过阿赖耶识的种子来营构其本体论、心性论与认识论。宋明儒反其道而行,透过植物种子的隐喻揭示出儒家仁学思想的真谛并以种子之生意、生理为心性论的本源,有力地回应和贬抑了佛教相关学说。问题在于:宋明儒特别是陆王心学一派的种子说过于强调生意流行的一面,有坠于虚荡的思想危险。

如所周知,佛老的挑战是宋明理学兴起的"一大事因缘",或者说,宋明

---

① 黄宗羲:《甘泉学案一》,载《明儒学案》下册,中华书局,1985 年,第 892 页。
② 王畿:《留都会纪》,载《王畿集》,凤凰出版社,2007 年,第 98—99 页。理学家在本体—工夫论境遇下讨论种子的,还有唐伯元、周瑛、徐问等儒者,分别参见《甘泉学案六》及《诸儒学案上四》《诸儒学案中六》。

理学的主旨就是在儒家的立场上消化吸收佛老的思想智慧。^① 正是在回应或消化、吸收佛老这个主题的掩映下，汉唐儒道思想资源之于佛教的刺激和滋养的相关内容被严重忽视，如此，研究者就容易产生某种盲视，看不到汉唐儒学与宋明儒学的一贯性，甚至无视佛老与儒家思想交锋的基础之所在。元气论传统之于儒佛道三教的思想作用及其自身演变等重要问题，基本处于该盲区内。气种说亦如此。这种有失偏颇的研究态势理应得到救正。

二、气种说的理论贡献

王廷相气种说的思想贡献，主要表现在两方面：第一，突出了儒家气论传统的种子说并将气论和种子融合为气种说，与儒家心性论传统的种子说区别开来。第二，气种说及其气种有定说在一定意义上创造性地解答了气本与气化如何结合的问题，关联于王廷相对仁学的理解，这样就拓展了儒学气论的理论通道，激发了气论传统的新义。

从中国思想传统发展历程来看，最早将气论与种子说关联在一起的，应首推《庄子》："种有机，得水则为继，……万物皆出于机，皆入于机。""万物皆种也，以不同形相禅，始卒若环，莫得其伦，是谓天均。"^②庄子思想重心不是谈气与种的关系，但确实将二者联系起来，并且强调的是破除或超越气与种的变化，从而达到"天均""天倪"。与这种看法形式上相似的是，宋明理学家普遍强调变化气质，从而符合于天道天理。

其实，儒家气论关于种子的思想并非不讨论造化问题，更非只有植物性譬喻这一种情形存在。换言之，儒家气论传统的种子说同样值得注意。如程颐曾指出：

> 陨石无种，种于气；麟亦无种，亦气化。 厥生初民亦如是。至如海滨露出沙滩，便有百草禽兽草木无种而生。此犹是人所见。若海中岛屿稍大，人不及者，安知其无种之人，不生于其间。^③

程颐以近似生物学知识的论说透露了理学家气种子说的雏形，"万物—种—气"的观念得到展现，不过这主要是以气化角度来看待气与种。程颐在回答弟子关于"古有气化，今无气化"的问题时指出：世界生成方式无非两

① 参见吕思勉：《理学纲要》，东方出版社，1996年，第2页。
② 郭庆藩：《庄子集释》，中华书局，1961年，第624—625、951页。
③ 程颢、程颐：《伊川先生语一》，载《二程集》（上），中华书局，1981年，第161页。

种,一种完全是由气化所生,一种则先是由气化而生然后由种生。① 这些思想基本为朱熹所接受和阐发并吸纳到理气论。朱熹与弟子们讨论时表示:

> 疑此气是依傍这理行。及此气之聚,则理亦在焉。盖气则能凝结造作,理却无情意,无计度,无造作。只此气凝聚处,理便在其中。**且如天地间人物草木鸟兽,其生也莫不有种,定不会无种子白地生出一个物事。** 这个都是气。若理则只是个净浩空阔的世界,无形无迹,他却不会造作。气则能酝酿凝聚生物也。但有此气,则理便在其中。②

这段文本由"朱子门人"沈僩(字杜仲,生卒年不详)所采录,应为朱熹六十九岁或之后所发。③ 关于"理在气中"的思想要领,朱熹采取了种子比喻进行论证,理被譬喻为物事之所以生的种子,气凝结造作的动力也来源于种子,种子生成人物草木鸟兽都是气的表现,在朱熹阐发"理在气中"的观点时,种子既是事物之理又是动力之源成为沟通理和气的桥梁,故以种子说阐发"理在气中"的做法经过调适和改造,呈现出气种说的基本理论形态。王廷相批判朱子学"理生气"说主要是就"理能生气"发论,至于"理在气中"似乎没有被否定。

有论者将唯识宗熏习种子说与王廷相气种说作比较,可以说是一种有意义的探索性研究,不过这种考察可能难以找出确实的证据。④ 与其关注王廷相气种说是否受唯识宗种子说影响,不如将目光转移到朱子学以及宋明儒气论的相关说法,后者在理论上更值得挖掘。实际上,王廷相对佛教理论有一定了解,他对大乘佛教基本经典如《心经》《华严经》《金刚经》等比较熟悉,对禅宗更是颇有见识。《雅述》有两处批判佛教与禅宗的话足可为证。⑤ 或因如此,他对佛禅之学的批判才更为自觉,以诗为证:

> 膏灯朗芸室,秋夕致斋虔。兀坐厌鸣柝,幽怀停抚絃。庭虚轩月上,台静树鸟眠。**养寂诸缘灭,非关悟入禅。**⑥

---

① 参见程颢、程颐:《伊川先生语一》,载《二程集》(上),中华书局,1981年,第161页。
② 朱熹:《理气上》,载《朱子语类》第一册,中华书局,1986年,第3页。
③ 这一判断是综合陈荣捷、陈来、束景南等的研究成果并结合《朱子语类》文本语境得出。
④ 参见王俊彦:《王廷相与明代气学》,秀威资讯股份有限公司,2005年,第130—139页。
⑤ 参见王廷相:《雅述》,载《王廷相集》第三册,中华书局,1989年,第856、875页。
⑥ 王廷相:《院中斋居》,载《王廷相集》第三册,中华书局,1989年,第934页。

《院中斋居》呈现出这样一幅画面:秋天的傍晚,年迈的王廷相独自端坐在书房,四下寂静肃穆,月上庭轩,万籁清和。如果没有诗的尾句读者很有可能会以为这是首禅诗,然非如此:即便是"养寂诸缘灭",在儒者王廷相这里,与佛禅之悟毫不相关。这一细节有力表明"致斋虔"与"悟入禅"有本质区别。反而论之,王廷相对当时士人普遍入禅的做法持否定态度。

简括而言,王廷相气种说并非将气论传统与种子说机械地拼凑在一起,其所展现出来的思想创造性与想象力在于理论的创新,更在于真正从儒家传统自身生发出来并有问题意识,即突破在气化范围来讨论气论的局限。在王廷相之前,薛瑄仍遵从程朱的传统,即纯粹以气化来理解和解说人物及其世界的现实存在,王廷相就是要突破这种主流论调,以气种统合气本和气化,这是他的气种说立意所在,也是其思想精义。

作为事物之理和动力之源的种子,被王廷相改造成为气本与气化得以结合的枢纽。以"气种之有定"来完结气种说的思考,一定程度上使得该学说容易陷入理论困境。从儒家内部来说,气种说至少站在以气为本的立场上实现了对朱子学以及心学一派的批判和某种超越,对于儒家学说在解说世界秩序及其人伦价值问题上贡献了理论智慧。就整个中国气论传统来看,气种说独具特色。

就气种有定说的形成与思想结构而言,显然具有自然主义思想特质,以此可以将这一学说称为中国古典的自然主义。毋庸讳言,正是这种特质的彰显容易使研究者认为气种说陷入了先验决定论。究其根本,如何从自然存在的角度说明价值的生成及其秩序问题,一直是气论学说面临的理论任务。王廷相通过气种说及其气种有定说来思考这一问题,显示出对以道德为优位的儒家仁说传统的纠偏态度,由此在气论视域中将"仁"理解为"物各得其所"即所谓"气各正其性命"。与正统化理学对天理至上性的强调相比,这种仁学思想似乎更益于自然生命的个体性与多样性的肯定与表达。

以法国启蒙哲学家爱尔维修(1715—1771)等为代表的自然主义,是十八世纪以来西方思想界进行价值探究的一种特殊立场、路向和方法,它肯定价值的实在性,否认对价值作某种超越的或先验的理解并把价值问题放置于统一的自然界来看待。王廷相的"气各正性命"说与价值论的自然主义有相近处,这是否意味着"气各正性命"本质上否认价值来源于人的历史性和社会实践性活动? G. E. 摩尔(1873—1958)提出的"自然主义谬误"是否也适用于王廷相?"气种说"在证立、肯认个体价值的同时是否滑向了先验决定论? 通过思考解答这些问题,王廷相气种说的理论意义可以获得更多思想观照。

三、气种说的理论困难

王廷相气种说存在着两重理论困难:第一重困难来自于其思想内部,即气种说与气化论、气本论如何融合的问题。如前所论,气种说是王廷相对气论传统核心议题进行认识和重新诠释的结果,其目的在于阐明气本论与气化论结合的问题。依照他的理解,元气种子自在自为,在阴阳气化中如何保持其自在自为就构成一个理论难题。气种有定说的困难正源于此。

第二重困难来自于王廷相对儒家之道的理解与追寻,即气种说视域下的儒家之道到底是一元还是多元。气种说无疑具有肯认个体性与多样性的优点,王廷相并未明确将这种思想与其人性论、心性论等融贯起来,就限制了气种说的空间。更重要的是,在强调道德的至上性、整体性与统一性的理学氛围中,气种说如何协调"个体"(多)与"整体"(一)的问题就显得很关键。以下分别阐述这两重困难的大体情况,并对此作相关评述与思考。

关于王廷相气种说的第一重理论困难,李存山的阐述值得注意,他说:

> 现在的问题是,"气种"论与传统的"气化"论在逻辑上是否相容? ……在"气种"论中,天地、水火、金木、人、物的种子都已"各具于太始之先",它们"各各完具,不相假借";在"气化"论中,金、木、人、物却是水、火、土所化,土是水之凝结,水、火又归本于阴阳。这显然是两个不同(不符合形式逻辑同一律的)发展序列。[1]

上述观察认识到王廷相气种说问题所在,不过有待深化。气种说和气化论一并存在于王廷相气论话语系统的确是不容否认的理论事实。这一理论事实,是否意味着气种说与气化论逻辑上难以相容? 可能并非如此。以逻辑上是否相容来看待气种说与气化论共存的理论事实,这种提问方式本身恐怕就有失当之处。当然,上述追问值得认真对待。

可以说,王廷相气论思想的气化论主要是从气本身的关联性和整体性来说明造化的实际过程,气种说主要是从种的角度来阐明造化的个体性与多样性,二者从不同的方面来讨论造化问题。对于这些在造化问题上的论说,如果以"逻辑上是否相容"或"形式逻辑同一律"来质问与考察,显得不太恰切。委实如此,以上讨论促使研究者思考:王廷相的气论思想如何在个体性、多样性和关联性、整体性之间达成协调? 或者说,气种说(以"种"论"造

---

[1] 参见李存山:《王廷相思想中的实证科学因素》,《人文杂志》1993 年第 6 期。

化")与气化论(以"气"论"造化")到底是何关系？

根据王廷相气种说，以"种"论"造化"显然有其独特作用和理论价值，这些作用和价值就表现在：其一，正因为意识到了传统气化论(以"气"论"造化")的理论缺陷，王廷相才提出气种说。这一理论缺陷就是传统气化论偏重于气化内容对气本多有轻忽。气种说可以弥补传统气化论的缺陷。其二，气种说可以更好地突出气本，加强儒者对气论的认同。宋明儒讨论气论时往往将气本设为默认项，王廷相认为这容易使造化问题陷入迷途。职是之故，通过气种说特别是气种有定说阐明气本之于气化的不可或缺性，并非画蛇添足。

为了更好探讨气种与气化的关系，这里有必要再次征引王廷相的话：

> 且夫天地之初，惟有阴阳二气而已。阳则化火，阴则化水。水之渣滓便结成地，渣滓成地即土地，金木乃土中所生。五行本然先后之序如此。……且夫天地之间，无非气之所为者，**其性其种，已各具于太始之先矣**。金有金之种、木有木之种，人有人之种，**物有物之种，各各完备，不相假借**。①

气化论和气种说出现于同一文本，此情形在王廷相这里较为常见。以上所列举文本出自王廷相较早时期作品《五行辩》，他晚年创作的《答何柏斋造化论(十四首)》同样出现以上情形。这在王廷相本人没有什么不妥，就某种意义而言，气种说本身就是为了解决传统气化论的问题而提出来的。如此看来，气种说和气化论并不互斥而是相互补充。气种说指向的是"元气本体"，气化论侧重于"元气实体"。故以上文本，前者指向的是"太始之先"，后者的范围在于"天地之初"。

从气种说与气本论的关系来看，气种本身就是气本的基本形态。也就是说，气本之所以为气本乃有赖于气种的存在。王廷相"气种之复其本"的说法委实容易引起误解，然能够直接揭示气种必归于气本、气本即表现为气种的理论主张。气种与气本、气化结合起来，表现出他的气论力图融贯统一性与多样性、整体性与个体性的理论品格。问题在于，他并没有使这种理论品格得到充分展现和贯彻，特别是在性与天道的问题上，局限于正统化理学的论题和视域，或寄望于《六经》和孔子之道。这些做法本无可厚非，但脱离了时代主题。在强调道德的优先性和至上性的思想氛围中，气种说只能在极其有限范围内得到认可。

---

① 王廷相：《五行辩》，载《王廷相集》第二册，中华书局，1989 年，第 598—599 页。

结合王廷相气种说的第二重理论困难来看问题就更清晰明了。气种说理论上肯认个体性与多样性,即使程度比较有限。王廷相认识到气质的差异性,承认"天地之美"在人身上"无不备具",故人人都要运用自己的"心思之神"。为此,他更为看重圣人之教的作用,主张以统一性、整体性的礼仪制度来规范社会、规约人心。如此,对圣人之教的过分倚重势必限制对人的个体性与多样性的肯认。圣人本身需不需要检视,圣人之教可靠与否、可行与否,圣人与人心的关系如何,这些问题几乎都不在王廷相气论思想讨论范围。这就导致其理论缺陷的形成。

就整个明代中期思想状况来看,相应于程朱理学以及新兴起的阳明心学,气种说及气种有定说无疑呈现为某种"异议"。[①] 超出狭义的理学论域,将不难发现,王廷相的这些"异议"促成了气论思潮与理学思想之间的变奏,为儒学在明清之际的转型提供了可能,故有必要从更宽阔的哲学视域来重新省察此"异议"的理论边界和思想意义。特别是王廷相气种说涉及的一与多的问题,可以借助西方思想史关于气和种子的论说作一简要讨论。

西方思想史上关于气和种子的论说,出现在古希腊哲学家追问万物"始基"的历程中。阿那克西曼尼(生卒年不详)提出了气本原说:

> 正如我们的灵魂是空气,并且通过灵魂使我们结成一体一样,嘘气和气也包围着整个世界。[②]

活动的、无定形的气是万物的始基及其运动原则,还被视为灵魂的来源。这种气论观念和先秦时期诸家将气看作是兼摄物质性与精神性内涵的做法有一致之处。不过古希腊的气本原说后被取代,并没有形成像中国这样持续绵延的气论传统。与此相较,种子的观念更值得注意。赫拉克利特(前530—前470)主张:"火在逻各斯和神的支配下由空气结合成水——宇宙的种子。"[③]在此基础上认为:

---

① 侯外庐等的《宋明理学史》将王廷相思想称之为反理学代表之一。杨儒宾近来从东亚哲学视角对"反理学思想"进行新考察。相应,"后理学时代""广义宋明理学"的说法也是值得注意,从更广阔的思想史视野来看,以近世思想或近世哲学的连续性与断裂性来考察这一问题,或更为妥当。

② 参见叶秀山:《前苏格拉底哲学研究》,生活·读书·新知三联书店,1982年,第43页;又见北京大学哲学系外国哲学史教研室编译:《西方哲学原著选读》(上卷),商务印书馆,1981年,第18页。前后译文略有差别,此处采用叶先生的译文。

③ 北京大学哲学系外国哲学史教研室编译:《西方哲学原著选读》(上卷),商务印书馆,1981年,第21页。

命运的实质是贯串宇宙实体的尺度,命运是以太性的物体播撒生成万物的种子和周期运行的尺度。①

种子的观念已经包含逻各斯和神的因素,且与命运紧密相关,就意味着种子已经开始突破感性经验的局限与精神性因素和形上原则结合在一起。

古希腊探究世界本原的思想发展至巴门尼德(生卒年不详),对万物本原的探求被推至只有思想能把握的存在本身。巴门尼德认为,只有思想才是真理的道路,只有存在才是事物的本质,存在要用思想才能把握。这种看法使西方思想形而上学化,同时给以物质为始基的传统提出了理论难题。这就是一与多的矛盾问题。如此,种子观念在巴门尼德这里就产生困难:种子要么被理性主义彻底抛弃,要么能协调好"一"与"多"的问题。在巴门尼德看来,后者几乎是不可能的。为了处理巴门尼德所揭示的矛盾,阿那克萨戈拉(前500—前428)力图以"种子"(homoeomeria,希腊文原义为"部分与整体同种")解释世界的统一性与无限丰富性。他认为种子包含无限可能性,可以生化出人以及万物。

根据阿那克萨戈拉的论述,种子有两个基本特点:第一,本身具有个性。第二,包含了万物,是无限的。种子成为万物之间的"共同成分"。这一种子说在自然观上比较好地解决了一与多的协调问题以及"无中生有"的问题,而且与原子论极为接近,不过实质上仍是一种多元论。

在阿那克萨戈拉那里,种子权且作为一种"假定"(hypothesis),在中国气论传统中种子却是切实的呈现、实在的流行。阿那克萨戈拉同时论及气与种子,但并未交代二者是何关系。从他的讨论可以推知,气只是万物中之一物,种子则是对万物的终极说明,后者比前者要更具根本性。这种看法形式上几乎与王廷相气种说相反。重要的是,阿那克萨戈拉认为种子分化的动力不来自本身,而来自于 nous(奴斯,心灵)。这个思想以种子说的方式使西方思想的两大传统开始呈现,即奴斯的传统与逻各斯的传统。

至此,可以观察到:第一,种子说在西方思想史上正式出场的时间比较短暂,不过其思想理念融入到原子论以及后来的单子论中。② 第二,早期的种子说具有浓厚的唯物主义倾向,后来种子本身被摄入"神"或"逻各

---

① 转引自叶秀山:《前苏格拉底哲学研究》,生活·读书·新知三联书店,1982年,第99、111页。

② 参见布鲁诺:《论原因、本原与太一》,商务印书馆,1984年,第115—135页;黑格尔:《哲学史讲演录》第三卷,商务印书馆,2009年,第378—399页。相关研究参见陈修斋主编:《欧洲哲学史上的经验主义和理性主义》,人民出版社,1986年,第53—54页。

斯"的因素,种子的动力被认为来自于"奴斯"。就是说,经过改造后的种子说转变为精神性存在单元,成为莱布尼茨(1646—1716)单子论的理论前提。

与此相比,中国气论传统自先秦以来就偏重于阴阳气化传统,即气化的动力和内在原因在于阴阳相即不离、相互作用。自元气说在汉唐盛行以后,儒者对元气的性质和机理讨论越来越丰富如元气自然说、元气自化说、元气自动说,仍然主要是从造化动力方面进行阐述,并未脱离阴阳气化说的范围。直到王安石以体用思维方式讨论元气不动说,元气说被明确赋予新的思想意涵。王廷相的元气论继此而来,然并未抛弃阴阳气化的传统。其元气论视域的气种说认为种子要"从元气而化",意在说明种子具有自在自为性,这种自在自为仍需要通过元气获得实现,并且只能如此。

王廷相在解说种子动力问题上并未重视心的因素,在他看来,没有脱离于气化的心,心不是一个孤立的独体,它本身也是"从元气而化"。这就显示出中西思想传统种子说的不同之处,即中国气论传统种子说更注重存在的整体性和连续性,西方思想中种子说以及后来的原子论更强调个体性和主体性。[①] 王廷相气种说的重要性在于对个体性与多样性给予一定重视。其理论困难来源于此。

在强调气本优先性的同时,王廷相要解决的是气化过程中如何说明气本的一致性问题。由于气本本身是整全实在而不是超绝于气化的终极存在,因此所谓连续性与不可分的点就不存在割裂问题,只要认清气化生生就是对气本的实现与证成就可以。就此而言,气种说是对程朱理学"理一分殊"说的置换,理论效果如何恐见仁见智。从现代性价值观来看,统合气本与气化的气种说最大的理论不足在于无法使个体得到足够突显,这正是古希腊以来的原子论思想的优长所在。

面对朱子学所建构起来的理学大厦,王廷相气种说一定意义上发起了思想冲击,但很难说产生了实质性的理论冲击。究其根本,气种说在天理观上并无实质性改变。相较于此,阳明学对个体存在及其价值的肯定无疑直接得多,有力得多,影响大得多。从中国近世思想的连续性来看,直到戴震分理说的出现,王廷相气种说所开启的思想任务才真正宣告完成。

要提及的是,王廷相气种说不是专门指涉形下世界,也不是解释形上世界。在他看来,气种说与元气论一样,无所谓形上与形下之别。晚年在内台

---

① 参加吴根友:《从气论与原子论看中西哲学思维异同》,《中国社会科学报》2013 年 2 月 4 日 A05 版。

任职期间,内阁首辅夏言(字公瑾,1482—1558)与之论学。王廷相以诗化哲学的方式说:

> 《六经》垂大训,千古治攸关。要在礼行分定,民物总归安。慨自山
> 颓木萎,生有异端邪说,波荡不知还。修身兼济物,此是圣门丹。讲虚
> 空,述训诂,总戕残。大道何曾裨补?徒使语成闲。**若究本来真性,出
> 自气元种子,火热水终寒**。支离今日甚,无处扣尼山。[①]

以上属应承之作,却字字珠玑,真章毕见。所谓"若觉本来真性,出自气元种子",借用佛道之语阐发气种说观点,说明在王廷相眼中,事物的本来真性即其实体都来自于气种。以上所说的气种,显然是王廷相元气论视域的气种而不是唯识学的说法,与西方思想史的种子说亦有所不同。"本来真性"不是专门指心性,更不是指先天性善,而是指气化体现气本且气本确证气化。

本章小结

冯友兰、侯外庐等认为王廷相气种说陷入了决定论或形而上学的先验论,这种看法局限于从气化论的路子看待王廷相气种说。根据本章考察,王廷相气种说涵摄气化论与气本论两重意蕴,只从气化论来解读必定产生偏颇或误读。相较而言,萧萐父、李锦全等主编的《中国哲学史》以"'气本'与'气化'相结合的宇宙观"来理解王廷相气论,已经意识到了气种与气本、气化之间的关联,只是尚未予以高度肯认。[②] 据此有充分理由认为,在"'理载于气'的气本论"与"'气有偏盛'的气化论"之后,补上"'气本'与'气化'相结合的气种说"。这对于中国哲学史或宋明理学史的研究可视为一种突破,其意义不可低估。

王廷相气种说突出了儒家气论传统的种子说并作了进一步发展,即由

---

① 王廷相:《水调歌头·奉和夏桂洲论学》,载《王廷相集》第三册,中华书局,1989 年,第 953
页。夏言的词为《水调歌头·答王浚川司马》:"黄金明魏阙,白日照燕关。岁岁花香柳媚,
春色满长安。只怪鹦声太巧,底事燕巢无定,昏暮马蹄还。为渠双鬓白,添寸心丹。问苍
生,多困苦,甚凋残。独使至尊忧切,忍放一身闲。感叹明良相遇,说到圣贤出处,风雨对床
寒。寄与浚川老,莫学谢东山。"参见《全明词》,中华书局,2004 年,第 670—671 页。
② 参见萧萐父、李锦全主编:《中国哲学史》下卷,人民出版社,1983 年,第 148—153 页。

气种说推展出气种有定说。气种说集中展示了王廷相气论的想象力和创造力,遗留下某些理论困难。归根结底,这些理论困难源于王廷相气论思想自身,反映出王廷相气论之于明代儒学的独特理解。

第四章　王廷相气论思想诸面相(上)

　　王廷相气论思想基本围绕如何实现其理想的儒家之道而展开,理论上表现为对造化问题的集中阐发,故他选择以元气论及气种说为思想依据,通过批判朱子学来表达思想观点,显示出某些深造自得。在前论基础上,本章重点考察王廷相气论对正统化理学的集中批判及其儒学建构,进而通过本思想个案揭示明代气论思潮与儒学转型的关系问题。[①]本章指出:其一,针对理气关系论,王廷相提出了"气一则理一,气万则理万"的气理观。其二,针对天地之性与气质之性的二分,他认为性气一元,强调"性生于气""性与气相资而有"。其三,针对格物致知传统,他以气释物,提出"元气化为万物""物各得其当然之实"。在此基础上,他创造性阐发的"理因时制宜""凡人之性成于习"以及"在我之物"与"身外物"等观点,给明清气论思潮与儒学发展注入了理论活力。

第一节　气与理——对朱子学理气论的批判和发展

　　作为儒学史上"致广大而尽精微"(全祖望语)的理论体系之一,朱子学主要表现为理气论、心性论(或人性论)、格物致知论(或修养工夫论)等方面。王廷相对朱子学批判即有相应表现,首当其冲的是朱子学理气论。针对朱子学"理先气后""理一分殊"等说法,他在气理观基础上提出了"理随气具""气一分殊"等的观点,特别阐发了"理因时制宜"的新观念。这些做法对朱子学理气论思想体系形成了冲击。

---

① 王廷相这一批判建构工作,参见胡栋材:《以"破"代"立"——析论王廷相对朱子学的批判与发展》,载郭齐勇主编:《儒家文化研究》(第九辑·明清儒学专辑),岳麓书社,2017 年,第25—68 页。

一、"气一则理一,气万则理万"的气理观

理气关系问题是朱子学重要组成部分,也是王廷相批判的主题之一。通过该主题,他要树立起张载气论学说旗帜,提升气论在理学体系中的地位,重振宋明儒学气论传统。理气关系问题在两宋儒学的形成与论定,实际上是气论传统和理学思潮交互的产物。朱熹创造性地融合张载气论与二程天理观,最终确立了理气论的学说范式。从发生学角度看,理气论在朱熹思想有复杂的演变过程。① 概言之,朱熹前期以体用关系理解理气,此时理气并无"先后"或"生"的问题;经过朱陆太极之辩等历程,理的永恒性、绝对性地位逐渐被突出;《朱子语类》的载述显示,理气先后问题成为朱子学的重要议题。这种情况下,"理先气后""理生气"的观点逐渐显豁起来。此后,朱熹讨论理气关系时具体说法上有所变化,总体上倾向于认为理与气在本源上并无先后,逻辑上理在气先。

学界基本倾向于认为,朱熹理气论兼有本原论和构成论的意涵,"理生气"只是朱子学理气说的环节之一,不能以之涵盖整个理气论体系。② 委实如此,作为思想事实的朱子学是一回事,作为官方意识形态的朱子学及其所造成的思想效应可能是另一回事。王廷相所极力批判的,主要是后者对理或天理的过分抬高,由此提出了"理根于气,不能独存"的观点。

《横渠理气辩》批判被高悬的"理",将理气论拨正为气理观。在此基础上,王廷相气理观逐渐丰富和深入。为了批判程朱学派"理一分殊"说提出了"气一分殊"说。《慎言》指出:

> 人与天地、鬼神、万物一气也。**气一则理一,气大小、幽明、通塞之不齐者,分之殊耳。** 知分殊,当求其理之一;知理一,当求其分之殊。③

"一气"被认为是天、地、人、神贯通的前提,天、地、人、神的分殊源于"气一",前者相当于气本论意义上的气,后者相当于气化论意义上的气。在这

---

① 丁为祥:《学术型格与思想谱系——朱子的哲学视野及其历史影响的发生学考察》,人民出版社,2012 年,第 375—380 页。
② 分别参考陈来:《朱熹哲学研究》,中国社会科学出版社,1988 年,第 3—90 页;蒙培元:《朱熹哲学十论》,中国人民大学出版社,2010 年,第 23—40 页;岛田虔次:《朱子学与阳明学》,陕西师范大学出版社,1986 年,第 57—60 页。
③ 王廷相:《慎言·作圣篇》,载《王廷相集》第三册,中华书局,1989 年,第 764 页。

种语境下"理一"源于"气一"。王廷相并不反对"理一"和"分殊",他要做的是将"理一分殊"转换为"气一分殊"。依循这一思路,《雅述》接着说:

> 天地之间,一气生生,而常而变,万有不齐,故气一则理一,气万则理万。 世儒专言理一而遗万,偏矣。 老、庄谓道生天地,宋儒谓天地之先只有此理,此乃改易面目立论耳,与老、庄之旨何殊? 愚谓天地未生,只有元气,元气具,则造化人物之道理即此而在,故元气之上无物、无道、无理。①

《雅述》这段讨论比上述《慎言》之语针对性更强,代表了王廷相气理观基本态度即"气一则理一,气万则理万"。与此同时,他坚决反对"专言理一""天地之先只有此理"。为此,"世儒""宋儒"以及"老庄"等相关论调都成为王廷相批判对象,他本人的观点极为明确,那就是"气一则理一,气万则理万""元气之上无物、无道、无理":前者对"理一分殊"的批判与改造,后者点明元气论特质。"元气之上"的"上"不是时间或方位的指称,而是指逻辑在先的意思。上述关于"一气""元气"的讨论兼具气本论意义与气化论意义,"一气生生"指"生生"的根本在于"一气",又指"一气"本身即是气的"生生"过程。

"理一分殊"的论题,原为程颐与弟子杨时(字中立,1053—1135)讨论《西铭》时所提出,用以说明道德原则与道德规范的关系问题。② 王廷相并不反对分殊的内容,而是对"专言理一"即专门以道德原则为优位的做法强烈不满。换句话说,他反对理的绝对性和永恒性,认为只有元气才有可能具备这些品格,所谓"元气具,则造化人物之道理即此而在"就是要说明"人物之道理"唯有来源于"元气"。宋儒所谓的"天地之先只有此理"在王廷相看来是道家"道生天地"的改头换面之说,这种观察有失准当。"天地之先只有此理"强调的是理本体论并不是说理就超绝于天地,与道家所说的"道"不相一致。

从"理气论"到"气理观",王廷相对朱子学理气关系核心秩序的翻转,某种意义上体现儒学自身的发展要求,即气论学说要从正统化理学的禁锢中走出来进而对其进行批判乃至反叛。如同"世界精神"由"骑在马背上的拿破仑"来象征,对正统化理学的批判要由以气为思想主脑的王廷相来开启。

---

① 王廷相:《雅述·上篇》,载《王廷相集》第三册,中华书局,1989年,第848页。
② 程颢、程颐:《答杨时论西铭书》,载《二程集》(上),中华书局,1981年,第609页。

为了批判朱子学以理为绝对优先的观念,《咏怀十首》写道:

> 太虚造化始,一气判两仪。万形从此出,厥理亦随之。耳目既正形,聪明乃相依。不有天地器,覆载安附诸?理先气乃后,兹论委支离。习识痼真鉴,昏老尤难移。知道古来寡,吾将铸钟期。[①]

"万形从此出,厥理亦随之"指器物由一气造化而来,器物之理也由此而来。这首《咏怀》重点表达的就是"理随器具"的思想观念。在以气为本的前提下,理先气后说不论是在逻辑上还是在常识上都说不通。用上述诗歌表达,即所谓"理先气乃后,兹论委支离"。"理先气后"是朱熹理气关系说重要观点之一,这个在明代中期儒学被广为接受的观念被王廷相视作"支离之论"。至此,"理先气后""理一分殊"都被王廷相批判,特别是对"理先""理一"的批判使理本体论受到怀疑乃至否定。

经过朱熹及其后学的诠释和判定,气基本被视为构成事物的材料,理则是事物的规则、规律,现实一切事物都由理气共同构成。从逻辑上讲,气是第二义的范畴,理才是第一义的。正统化的程朱理学将气锁闭在理气论的狭窄范围内,使原本活泼泼的、充满生命力的气(包括元气说)背上了过于沉重的道德律令。明初以来理学的发展动向表明,理先气后论调松动的迹象越来越明显,其中最重要的表现就是明初诸儒强调理气一体的思想倾向越发明显。

某种意义上说,王廷相气论属于明代中期儒学有所发展的题中之义,对朱子学理气论的批判可能不尽妥当,至少可以表明,他没有随声附和朱子学而敢于直面问题,以至深造自得。"理因时制宜"观念就是最好例证。

二、"理因时制宜"的新观念

王廷相对朱子学"理一分殊"的批判几乎与罗钦顺同步。罗钦顺中年"始慨然有志于道",嘉靖七年(1528)辑成《困知记》(前两卷),此时《慎言》辑成不到一年。罗钦顺反对将理形而上学化,始终坚持"理气为一物"的观点,认为"分殊"的实质是气化流行。这些看法与王廷相气理观有相似处。王廷相的突破在于彻底扬弃"专言理一"观念,推进了"认理气为一物",进而阐发了"理因时制宜"的新观念。

(一)"理因时制宜"的提出

王廷相没有抛弃"专言理一"观念,而是默认了"天理"的必要性和合理

---

① 王廷相:《咏怀十首·之八》,载《王廷相集》第一册,中华书局,1989 年,第 136 页。

性。如同康德(1724—1804)在批判理性能力时给信仰预留位置一样。正因如此,使王廷相气论和程朱理学之间产生颇多纠葛。即便如此,在以气为本的思想境遇中,"天理"被理解为具体的造化规律:

> 儒者曰:"天地间万形皆有敝,惟理独不朽。"此殆类痴言也。理无形质,安得不朽?以其情实论之,揖让之后为放伐,放伐之后为篡夺;井田坏而阡陌成,封建罢而郡县设。**行于前者不能行于后,宜于古者不能宜于今,理因时制宜**,逝者皆刍狗矣,不亦朽敝乎哉?[①]

上述引文的首句,就是王廷相对宋以来儒者关于理的看法的概括。"惟理独不朽"在他这里不被认可。不朽的只有物的存在及其变化自身,只有合乎时宜的存在才是真实的存在,才是事物之情实。批判"惟理独不朽"这种流俗之论的同时,他提出了"理因时制宜"观念。在此之前,《淮南子》言"权则因时制宜,不失中道也",朱熹说"权是时中,不中,则无以为权矣"[②]。王廷相对《淮南子》和朱熹之说稍作改动,提出了"理因时制宜"之说。"理因时制宜"观念意在表明,"理"只能存在于因时制宜的社会实践过程,并不存在超越的、孤悬的理。

据以上所论,"理因时制宜"观念的直接理论依据是"行于前者不能行于后,宜于古者不能宜于今",其背后的社会历史事实依据就在于"揖让之后为放伐,放伐之后为篡夺;井田坏而阡陌成,封建罢而郡县设"。这里的讨论离不开"理",然主要是指历史中的社会制度及实践之理。按照"气一则理一,气万则理万"的原则,社会制度及实践操作随社会历史本身变化而改变,也就是说,在变化的社会实践中并不存在不朽之理。这是否意味着"理"在所有领域、所有情况下都只能因时制宜?"理因时制宜"是否是取消理的超越性?对于这些问题,王廷相并未交代清楚。可以说,儒家六经对他来说就是常道之所系。因此,"理因时制宜"是对常道的注解,而不是瓦解。

王廷相并没有明确论及"天理"是否不朽的问题。委实如此,"理因时制宜"观念的提出,在很大程度上已经使"天理"落实到现实历史与实践,而不再表现为高悬的形上存在。从《横渠理气辩》对朱熹理气论的批判,到《雅述》"理因时制宜"观念的明确提出,他在反思、批判朱子学理气论方面创造性地提出了辩证的古今观。"行于前者不能行于后,宜于古者不能宜于今"

① 王廷相:《雅述·下篇》,载《王廷相集》第三册,中华书局,1989年,第887页。
② 朱熹:《朱子全书》第三册,上海古籍出版社、安徽教育出版社,2002年,第989页。

的看法与儒家传统的"三代观"不同,具有肯定当前、面向未来的意味,与王夫之的历史观形成呼应。王廷相气论的这些创见冲击了理学传统观念,也更新了他本人的儒学观念。

需留意的是,上述引文中所说的"不能"是相对于"不朽"而言的,并不是对"能"的完全否定。综合而言,对理的永恒性所作的批判,主要是从历史的角度来给予论证。上引文本结尾处还提示,王廷相历史观核心理念在于"宜"(合乎时宜),也就是符合社会历史的规律。"宜"来源于"因时",也就是说,"理因时制宜"观念的基础在于"因时"。

(二)"理因时制宜"的基础

王廷相提出"理因时制宜"的观念意在反对程朱理学对"理一"的过分强调,或者说反对理的形而上学化。职是之故,"理因时制宜"观念对应"时"的问题,为此他主张以"气"论"时"或"时中"。

《周易》贵"时","夫卦者时也,爻者适时之变也。"①卦变说本质上就是讲时与位的变化关系,如《系辞》有言:《易》之为书也,原始要终,以为质也。六爻相杂,唯其时、物也。"对于儒家贵"时"的特点,孟子早有深刻认识,他指出"孔子,圣之时者也"。儒家传统对"时"的重视,多表现为"时中"(Timely the Mean)。"时中"概念最早出现于《易》蒙卦《彖传》:"蒙,亨。以亨行,时中也。"儒家非常看重"时中",《中庸》所谓"君子之中庸也,君子而时中",《论语》所谓"中庸之为至德也,其至矣乎!民鲜久矣"。这一思想实质是将宇宙秩序(时间性、空间性)与道德伦常(天、命)适当地统合在一起,故说"君子而时中"。

宋初理学家孜孜于《易》之"艮"卦的阐发,一则因为"艮"卦集中代表了儒家"时中"的思想,即所谓"时止则止,时行则行,动静不失其时,其道光明"②,故二程指出:"学者全要识时。若不识时,不足以言学。"③一则因为"艮"卦对理学回应佛老有思维方式上的深度启发,以致二程立言:"看一部《法华经》,不如看一'艮'卦。"④不论二程之论具体情境如何,以艮卦贬斥《法华经》的态度,足以显示卫道的鲜明心态。正因如此,宋代理学家主要是在道德心性领域讨论"时中"问题。

---

① 王弼:《王弼集校释》,中华书局,1980 年,第 604 页。
② 李学勤主编:《周易正义》,北京大学出版社,1999 年,第 214 页。
③ 程颢、程颐:《二先生语二上》,载《二程集》(上),中华书局,1981 年,第 15 页。
④ 程颢、程颐:《二先生语六》,载《二程集》(上),中华书局,1981 年,第 81 页。《河南程氏外书》载:"周茂叔谓一部《法华经》只消一个艮卦可了。"宋明理学家对"艮"卦的阐发有深造自得者,恐怕要推黄绾,参见黄绾:《明道编》,中华书局,1959 年,第 1—5 页。

王廷相论"时中"没有完全脱离道德心性领域,他表示:

> 无忿懥、好乐、忧患、恐惧,此不偏之中,圣人养心之学也。未能至
> 此,则本淆,故当致中。喜怒哀乐,各当其节,是谓不戾之和,圣人顺应
> 之学也。未能至此则道离,故当致和。①

以上主要表达心性如何"致中和""各当其节"的问题,这是宋明理学家的共同关切,然不是王廷相的重点。后来他进一步指出:

> 《中庸》"喜怒哀乐未发谓之中",言君子平时有存养慎独之功,故未
> 发而能中尔,非通论众人皆如是也。世儒乃谓人人未发皆能中焉,非
> 矣。……众人未发而能中,宜皆发而中节矣;何世之人喜所非喜,怒非
> 所怒,哀忘其哀,乐淫其乐,发不中节者常千百乎? 时有一二中节者,非
> 天之赋性中和,必素达养性之学者;不然,既中矣,何呼吸出入之顷,而
> 内外心迹辄尔顿异,不相关涉如此乎?②

这段文本透露出王廷相与理学家的不同,不再从纯粹的道德心性领域来探讨"未发而能中""发而中节"及其关系问题,更没有细致分析未发与已发之间的复杂联系,而是将这些问题引入到现实操作与社会表现的诸环节中来进行讨论。为此他指出,"人人未发皆能中"是不符合实际的论调,能够做到"中节者"必定要通过修养心性的后天工夫。"圣人养心之学""圣人顺应之学"体现了"时中"的精髓,圣人之学从事中磨炼、体认出来,不是静心默坐、玩弄光景就能实现的。

根本而言,王廷相论"时中"以气为前提,这是其思想个性的必然表现:

> 气不可为天地之中,人可为天地之中,以人受二气之冲和也,与
> 万物殊矣。 性不可为人之中,善可为人之中,气有偏驳,而善则性之
> 中和者也。 ……天地之化,人生之性,中焉而已。③

依上所见,人为天地之中,善为人性之中,气(阴阳二气)只有在人身上

---

① 王廷相:《慎言·潜心篇》,载《王廷相集》第三册,中华书局,1989年,第775页。
② 王廷相:《雅述·下篇》,载《王廷相集》第三册,中华书局,1989年,第889页。
③ 王廷相:《慎言·问成性篇》,载《王廷相集》第三册,中华书局,1989年,第768页。

才能达到中和的状态或境界。同样,善是人性气质的最好实现。这里所说尚属于心性论范围,王廷相认为"性不可为人之中",可见"性"基本就是"气"而不是程朱理学"性即理"意义下的"性";"善"也不是先天至善而是气性的"中和"。《中庸》重"中和"之论,"中和"亦有"时中"之义。

在气的前提之下,王廷相将"时中"问题置于社会历史领域而非理学一贯偏向的心性道德领域,体现了其思想特质,由此可见"理因时制宜"的"因时"主要是就社会实践领域和历史领域而言。从实践主体来看,"理因时制宜"必定推导出"圣人因时","圣人因时"源于"理因时制宜"。

(三)"理因时制宜"的扩展

王廷相的"理因时制宜"观念,与"时中"理念一致。如前所论,"行于前者不能行于后,宜于古者不能宜于今"是"理因时制宜"的重要观点和理论依据,表明王廷相对古今变化性的承认。在此基础上,他指出古今的一致性:

> 古今人一也,后之视今,即今之视昔尔。……若曰"天下之理,先儒言之,皆善而尽,但习以守之可也",是不知道无终穷,忽忽孟浪之徒尔,谓之诬道;若曰"后世之人必不能及于古之儒者",是不知造化生人,古今一轨,中人以下,以己而论量天下者也,谓之诬人。①

《与彭宪长论学书》所说的"古今人一""古今一轨",强调的就是古今一致性。王廷相指出,以气之造化的过程而言,古今人物都得遵循气化之道,以至他有诗言:"古今同过客,天地一蘧庐。""会须乞借镜湖去,浪迹沙鸿无古今。"②古今的共性特征太过明显,以至于发出"无古今"的感叹。以此来看,一概认定后世之人不如古之人,这种厚古薄今的看法不符合气论造化的实际情况。"诬道""诬人"用得十分精妙,深刻表明"道"与"人"在古今问题上不能被限定。

秉持辩证的古今观,使王廷相在讨论现实问题时重视具体而论,反对先入之见和泛泛而谈。比如,与孟洋讨论诗歌体式问题时他断定"今不逮古",从三个方面具体论证了明诗不如汉唐之诗。比如,对于音乐问题他提出今与古既同且异的看法,即今之雅调近于上古之乐,今乐之俗部则与以前有所不同。又如,针对开封之地人物状况他主张"夫今古此地,今古此人性,今古

---

① 王廷相:《与彭宪长论学书》,载《王廷相集》第二册,中华书局,1989年,第510页。
② 参见王廷相:《病起三首》(之三)、《省中即事》,载《王廷相集》第一册,中华书局,1989年,第271、304页。

此物产，宜也"；在古今学风的问题上他认为"古人之学也尊师，故道德之成也足以裕己而成化。今之人于友不亲焉，况师乎！"①

这就是说，无论古今问题如何复杂，都必须根据"时"的具体适当性（"宜"）才能给出。孟子认为孔子是"圣之时者"，王廷相则首先强调"圣人因时"，然后指出圣人会因于"时"而有所为、有所不能：

> 道无定在，故圣人因时。尧、舜以禅授，汤、武以征伐，太甲、成王以继序。道无穷尽，故圣人有不能。尧、舜之事，有羲、轩未能行者；三代之事，有尧、舜未能行者。②

所谓"因时"，就是指根据具体社会历史情况作出适当筹划。这里的"时"实质为历史进程中不可更改的"势"，因此王廷相才说"道无定在，故圣人因时"。受"时""势"之作用，即使圣人也有不能为之事、不可为之时：

> 天下有不可返之势，故有不可为之时。机在人也，圣贤且奈何哉？孟子之道不得行于战国，岂皆齐、梁之君之罪哉？亦其势然尔。……虽有圣王不忍之心，仁义之政，安所从而施之？故曰势之不可为也。③

"天下有不可返之势，故有不可为之时"可视为对"道无定在，故圣人因时"的补充与说明。不可返的"时"与"势"意味着人不可违逆而为，即使是圣人也是如此。它说明"道无定在"本身也有"不可"的一面。这里要澄清两个问题：其一，王廷相说"道无定在"，并非是否定天道的确定性，与他所说的"气种有定"不意味着排斥气种有不定是一个道理。"道无定在"不是说道不存在，不是主张历史虚无主义而是要肯定历史变化的存在及其合理性。葛荣晋指出王廷相"道无定在"的历史作用，这一点无可厚非，但认定"道无定在"是对"天不变，道亦不变"的批评，似乎不够准当。④ 其二，"圣人因时"不

---

① 分别参见王廷相：《寄孟望之》，载《王廷相集》第二册，中华书局，1989年，第474—475页；《雅述·下篇》，载《王廷相集》第三册，中华书局，1989年，第858页；《策论·三十四》，载《王廷相集》第二册，中华书局，1989年，第561页；《慎言·见闻篇》，载《王廷相集》第三册，中华书局，1989年，第771页。

② 王廷相：《慎言·作圣篇》，载《王廷相集》第三册，中华书局，1989年，第763页。

③ 王廷相：《慎言·保博篇》，载《王廷相集》第三册，中华书局，1989年，第796—797页。

④ 参见葛荣晋：《王廷相和明代气学》，中华书局，1990年，第215页。高令印、乐爱国对葛说有改进，参见氏著：《王廷相评传》，南京大学出版社，1998年，第266—269页。

是指"时"优先于"圣人",相反,他更强调圣人的优先性。或者说"圣人"之所为"圣人"在于因循于时势,由此王廷相才会直接地表示,只要有圣人在位无论是封建还是郡县都是可行的。质而言之,"道无定在,故圣人因时"不是直线性的因果逻辑,理论预设是"气有常有不常,则道有变有不变",在社会历史领域,"道无定在"即道有变有不变来源于气的常与不常。

依上所论可推知,仁义之政只有在安定的社会环境才有可能得以实施或达到其效果。王廷相认为"井田制"属于"不可返之势",故反对在当时实施这一制度:"必言(田)可井者,迂儒之慕古也。势终不能,徒生扰攘尔。"①他反对的是不顾具体地域差别、一味追求土地均平的做法,并非反对井田制的均平理想,如张载所言:"治天下不由井地,终无由得平。周道止是均平。"②王廷相很大程度上是一位复古主义者,不过其"稽古"是为了"治今",他极为反对"执古"或"泥古"的行为,"弗通于时而泥古,斯困溺于法制者也,迂。"③

历史地看,王廷相这种古今观在王夫之等明清之际思想家那里得到更加系统的阐发。王夫之就说:

> 以古之制,治今之天下,而未可概之今日者,君子不以立事;以今之宜,治古之天下,而非可必之后日者,君子不以垂法。④
> 洪荒无揖让之道,唐虞无吊伐之道,汉唐无今日之道,则今日无他年之道者多矣。⑤

王廷相和王夫之的古今观某些方面有异曲同工之妙,与他们共持气本的立场有内在关系。也就是说,以气为本的社会历史观随着儒家气论的发展作出相应的理论转向。在历史观方面,强调历史的前进性与未来性是明清之际气论历史观的重要表现。王廷相气论思想与明清之际气本论思想的关联,需作深度考察。从王廷相自身来看,他所持的辩证古今观与其复归于六经的复古思想是否相矛盾?该问题不能简单处理。对王廷相而言,复归六经更大程度上是作为理想存在的一种方式或者是价值表达的方式。从实

---

① 王廷相:《慎言·保博篇》,载《王廷相集》第三册,中华书局,1989年,第797页。
② 张载:《经学理窟·周礼》,载《张载集》,中华书局,1978年,第248页。
③ 王廷相《慎言》多次批判"执古""泥古"的行为:"务执古而无泛观之智,其弊也迂。"(《慎言·见闻篇》)"迂儒强执,不识古今之宜。"(《慎言·君子篇》),载《王廷相集》第三册,中华书局,1989年,第772、815页。
④ 王夫之:《读通鉴论》,载《船山全书》第十册,岳麓书社,2011年,第1181—1182页。
⑤ 王夫之:《周易外传》,载《船山全书》第一册,岳麓书社,2011年,第1028页。

际情形看，辩证的古今观是他处理现实问题的主要手段，也是思想创造性的表现之一。

第二节　气与性——对人性二元论的批判和发展

"性"的问题也是王廷相批判正统化理学的重要内容。[①] 在程朱理学话语体系中，性被划分为天命之性和气质之性，前者为人物禀受的天地之理，后者为人物自然而然的气质禀赋。心性论在朱子学中主要表现为"人心道心""心统性情"诸说。相较而言，王廷相对人性的成就更为关注，对朱子学人性二元论的批判用力尤深。他倾向于"生之谓性"的传统，强调"性者缘乎生者""性生于气"，在此前提下创造性地发展了"性与气相资""凡人之性成于习"的人性观念。

一、"性生于气"——性的本源问题

嘉靖十年(1531)初夏，顾璘(字华玉，1476—1545)为《慎言》作序。对王廷相以生论性之说有所领会："(《慎言》)辨性本，则主缘生。"[②]这一看法确乎抓住了要领。王廷相曾说道：

> 性者缘乎生者也，道者缘乎性者也，教者缘乎道者也。[③]

这些说法图式化呈现为：

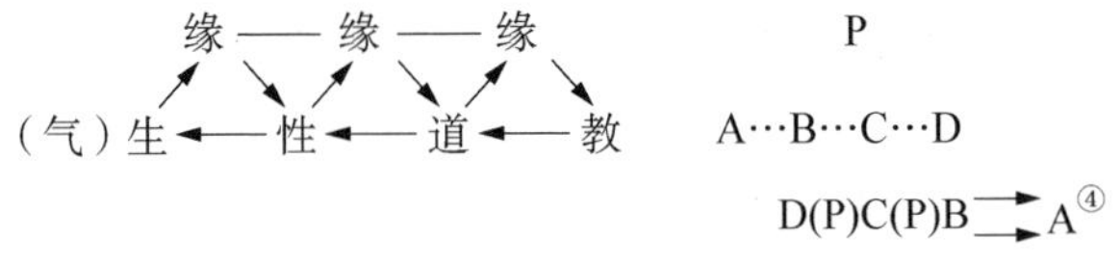

图表 4.1

① 李世凯对此有专门考察，其指出王廷相对"性"的核心观点是"性者，阴阳之神理"及"气之灵能而生之理，可以说抓住了重点。具体可参见氏著：《王廷相心性思想研究》，中国社会科学出版社，2022 年，第 199 页。
② 参见顾璘：《慎言序》，载《王廷相集》第三册，中华书局，1989 年，第 749 页。
③ 王廷相：《慎言·问成性篇》，载《王廷相集》第三册，中华书局，1989 年，第 765 页。
④ 此图示中的 P 指"缘"这个场域，A、B、C、D 分别指人文化成中"缘"的次序。

《中庸》开门见山指出"天命之谓性,率性之谓道,修道之谓教"。王廷相以上说法毫无疑问是对《中庸》的创发,故特地在"性""道""教"的前面加上"生"这个根本所在,这里的"生"实质上就是"气"。他还将"之谓"改成"缘"。"缘"本义为"衣服边饰",一般被理解人或物之间的联系与条件。随着佛教中国化,这一语词在儒道佛三家思想交融中变得深有意味。王廷相取"缘"一词显然不是随意之举,这里的"缘"似乎应理解为价值生成与呈现的"场域"。"生"是"缘"的大前提,"性""道""教"三者不是决定与被决定的关系,而是在"生"的前提下因"缘"而在的人文化成的序列。王廷相的意思是说,要谈"性"必须先谈"生"的问题,只有"生"的前提才有可能讨论人性或心性的问题,否则是无依据的、不可想象的。

既然谈性必须言生,"生"从何来?"生"的内容是什么?王廷相对此回答:生从气来,生因气而在。进一步说,气即是生,生即是气。援用儒家经典的说法即"天地之间,一气生生",用王夫之的话说就是"天人之蕴,一气而已"[1]。这里的生生,主要来自儒家传统。《系辞》说"天地之大德曰生""生生之谓易",生不仅指生命化育,还指心性变化和人性养成,这种以生言性的看法实质上倾向于"生之谓性"传统。

在王廷相这里,"生之谓性"问题被转换为性气关系的说明。讨论性气关系,就是在表达对生与性的看法。他说:

> 离气无性。 气外有本然之性,诸儒拟议之过也。[2]

气与性不可分离,是内在一元的,性的本原就来自于气化生生,性的内容就在气化生生中得以成立和展开。由此理念出发,他尤其反对宋儒离气言性,认为离气言性或分性为二都是偏失之举。下面的文本较为典型:

> 性生于气,万物皆然。 宋儒只为强成孟子性善之说,故离气而论性,使性之实不明于后世,而起诸儒之纷辩,是谁之过哉?明道先生曰:"性即气,气即性,生之谓也。"又曰:"论性不论气,不备;论气不论性,不明。二之,便不是。"又曰:"恶亦不可不谓之性。"此三言者,于性极为明尽,而后之学者,梏于朱子本然气质二性之说,而不致思,悲哉![3]

---

[1] 王夫之:《读四书大全说》,载《船山全书》第六册,岳麓书社,2011年,第1054页。
[2] 王廷相:《慎言·君子篇》,载《王廷相集》第三册,中华书局,1989年,第814页。
[3] 王廷相:《雅述·上篇》,载《王廷相集》第三册,中华书局,1989年,第837页。

王廷相首先指出"性生于气,万物皆然",意在说明性来源于气。这一看法和"生之谓性"的区别,在于气本身就是生生的主体,或者说,对"生"的理解和规定都要以气为根据,气包括"生"之所然和所以然。基于性气一元立场,他明确赞同"明道",批判"朱子"及其尾随者。在他看来,"性之实"才是最为重要的,进一步说,本然之性和气质之性(包括恶)都是人性整全真实的呈现与组成内容,都是"性之实"。程颢的讨论被视为"于性极为明尽",在于程颢肯认"性之实",正符合王廷相的意旨。

从根本上说,"性者缘乎生者"和"性生于气"表达同一意思,前者强调从人文化成的角度看,后者倾向于从自然主义角度作概括性说明。凡此可见,王廷相不认为只要是天生的、实在的就属于人性应然的内容,不主张一味诉诸于道德的应然与当然,忽视人性的实然,而是强调应然从实然中导出。

这里进一步阐明"性者缘乎生者"(A 缘乎 B)与"生之谓性"(A 之谓 B)的区别。显而易见,两种说法都是表达生与性的关系都强调生与性有一致性、相通性。"生之谓性"引发学界诸多争论的主要原因,在于如何理解"生"与"性",更在于如何理解"之谓"。[1] 如图表 4.1 示,A 缘乎 B 不是指 A 与 B 互为条件性存在。用王廷相的话说是指 A 与 B 双方"即此而在"。王廷相取"缘"字意在表明,"性"与"生"要保持自身存在地位,使二者之间保持畅通。以"性者缘乎生者"来诠释"生之谓性"的人性论传统表现出王廷相独立和探索的思想品格。

有意思的是,王廷相极力批判朱熹强分"本然气质二性之说",却对张载的性论观点缺少批评。在宋明理学范围内,这种人性二元论被认为导源于张载。[2] 王廷相不可能不熟悉《正蒙》,但没有点名批评张载,这可以从两方面来理解:其一,这说明在人性论的问题上他没有承袭张载的路子,而且委婉地表示了反对。其二,对张载划分天地之性与气质之性的行为"视而不见"意味着他在批判朱子学性二元论的做法并不彻底。至少要肯定一点,王廷相将性的本源归诸于气并对程朱之论作出正面批判,无疑需要理论勇气。[3]

---

① 告子"生之谓性"影响甚大,焦循《孟子正义》就有所注意。荀子之后,《春秋繁露》说:"如其生之自然之质,谓之性。"(《春秋繁露·深察名号》)《论衡》说:"性,生而然者也。"(《论衡·初禀篇》)现代学者的研究以岑溢成的探讨最先值得注意,参见氏著:《"生之谓性"释论》,《鹅湖学志》1988 年第 1 期。

② 张载区分天地之性与气质之性,重视"变化气质",但并未完全贬损气质之性,张载的人性二分尚不具备朱子学之义。张岱年指出了这一点,参见氏著:《中国伦理思想研究》,载《张岱年全集》第三卷,河北人民出版社,1996 年,第 574 页。

③ 杨儒宾对王廷相以气论性思想的论析,多能发前人所未发,不过对其人性思想受到的羁绊少有论述。李世凯的研究亦如此。

二、"性与气相资而有"——性气关系问题

《慎言》成于嘉靖六年(1527),辑成后并未立刻付梓,而是在学友之间传抄、讨论,这一过程持续近六年。作为王廷相门生,薛蕙成为最早的读者之一。正因如此,他率先针对此书提出疑问,与老师往复讨论。二者讨论的主题之一就是"生之谓性"的问题。薛蕙充当程朱理学的传声筒,王廷相在《答薛君采论性书》申辩:

> 余以为人物之性,无非气质所为者。离气言性,则性无处所,与虚同归。离性言气,则气非生动,与死同途。**是性与气相资而有,不得相离者也。** 但主于气质,则性必有恶,而孟子性善之说不通矣。①

此处阐述两个重要观点:其一,"人物之性,无非气质所为"。王廷相进一步将性规定为气质,"气质之性"的说法看上去是重复程颢的话,其实不然,他基本否认"本然之性"或"天命之性"先验存在的可能,否认恶的品质的先天根据。其二,"性与气相资而有,不得相离"。王廷相认定人性只有在气质中养成,性与气根本上互为取用、相互滋养,不得彼此剥离。质言之,性、气不是二元的,而是一元的。"性与气相资"是在"性生于气"的基础上对性气关系的说明,较"性即气,气即性"之说在认取气质生命的道路上迈出了实质性一步。可见,王廷相关于性的看法可称为"气质之性一元论"。"余以为人物之性,无非气质所为者"就是最有力的注脚。

早在正德末年(1520—1521),王廷相途经河南灵宝时就特地拜会了许诰。二人谈及"理气神性"问题,许诰说"辩此何难! 若是除去形气,直问宋儒要那神与性理何处安顿便了",言罢,二人"相视大笑"。王廷相与许诰在理气、人性等方面思想接近,彼此相知相契,有会心之交。他们都肯认人性的实在性,关注人性的生成性,是对重视性之本然与超越层面的理学传统的一种矫正。

无独有偶,王阳明曾和弟子讨论"生之谓性"问题。有弟子表示"生之谓性"的说法可取时,被王阳明训斥道:

> 凡人信口说,任意行,皆说此是依我心性出来,此是所谓生之谓性。然却要有过差。**若晓得头脑,依吾良知上说出来,行将去,便自是停**

---

① 王廷相:《答薛君采论性书》,载《王廷相集》第二册,中华书局,1989 年,第 518 页。

当。 然良知亦只是这口说,这身行。岂能外得气,别有个去行去说?故曰:"论性不论气不备,论气不论性不明。"**气亦性也,性亦气也。 但须认得头脑是当。**①

所谓"认得头脑",就是要弟子保任"至善"这一良知本体。王阳明指出,如果缺乏良知道德主体"生之谓性"的说法难免导致"信口说,任意行"的后果。不过他同时承认,以良知为心性头脑并不是说良知脱离气,良知同样需要气来实现。但又指出:"气即是性,人生而静以上不容说,才说气即是性,即已落在一边,不是性之本原矣。……若见得自性明白时,气即是性,性即是气,原无性气之可分也。"②以此来看,他是以体用一如的方式来肯定气之于性的积极意义,然以"性之本原"为最高价值追求。结合前论可知,程颢主要从气禀的经验实在与道德超越的圆融来说明性,王廷相则强调性的实在性、生成性和养成性。他们都主张将性与气联系起来讲,都对"生之谓性"说有所讨论,内在理路和思想旨趣却不相同。

王廷相"辨性本,则主缘生",但不认为性完全等同于生或气,而是指出性应该是"生之主""生之理"或"气之灵能",进而提出"性缘乎生且主于生""性不离气而为气之灵"等观点。如其所言:"是故气质合而凝者,生之所由得也;气质合而灵者,性之所由得也。"③王廷相注意到性与气之间存在距离,不主张强行弥合二者,他更在意的是突出性的生意与主意。虽倾向于"生之谓性"传统,但很注意"生之理""生之主"的作用。用现代伦理学的话语来说,他既承认、肯定人性的实然一面,没有否认其应然与规范的意义,而是将性善的应然与规范意义落实到人性具体实践。这就使偏向于强调伦理规范的理学传统的伦理观,得以兼顾人性的现实行为过程,有将伦理学的关注点从原则规范转移到行为效用上来的思想作用。有论者以规范性与人性关系为中心,考察王廷相人性论及其修养论,不失为可行之举。④ 还有论者认为,王廷相通过"生之理"的规定重建了性与生的联系,从而在某种程度上化解了性与人、理与心的疏离,他对性善与性恶的讨论立足于后天的习性,而非

---

① 王守仁:《语录三·传习录下》,载《王阳明全集》上册,上海古籍出版社,1992年,第100—101页。

② 王守仁:《语录二·传习录中》,载《王阳明全集》上册,上海古籍出版社,1992年,第61页。

③ 参见王廷相:《慎言·问成性篇》、《慎言·道体篇》,载《王廷相集》第三册,中华书局,1989年,第767、754页。

④ 参见马渊昌也:《王廷相思想中的规范与人性——以人性论和修养论为中心》,载《新哲学》第二辑,大象出版社,2004年,第102—113页。

天赋的天性、生性,可以说是人性思想的突出特征。①

在人性问题上,王廷相关注焦点是"成性"而不是"本来之性"或"本来性善",以承认"人性之实"为出发点关注伦理行为及活动,其目的是要沟通伦理规范与生活现实。由此,他倾向于肯认"生之谓性"的人性论传统,反对一切诸如天地之性与气质之性、人心与道心等的二分架构、二元对立,特别是划分天理与人欲的做法。后来王夫之讲"盖性者生之理也。均是人也,则此与生俱有之理,未尝或异"②,可视为这一思想的发展。

在批判朱子学人性二元论的过程中,王廷相围绕"成性"理念提出了新观点,特别是对气质作了比以往更多的肯定,推动了明代儒学伦理观的更新。委实如此,其人性论(包括心性论)的界限和局限很明显,那就是在根本上以圣人之教为指导和依归,始终诉诸于圣人的方式("优入圣贤之域")来达到"成性"。相较而论,王阳明强调致良知的做法更符合内圣的要求,"满街都是圣人"的主张更具有平民化气息。

按照王廷相对"性"的理解,重要的不是在性本善或性本恶的问题上纠缠,而是要在个人修养和社会实践两方面同时下手,这样才铸成"性之实",才能使人性通达于天道,为此他提出一种新型善恶观:"性与道合则为善,性与道乖则为恶。"③这里的"道",已经不再完全是先验的天命、天道、天理,而注重从社会群体实践中形成具体制度规范,即所谓的"人心之所同然"。"人心之所同然"由社会历史文化与现实实践共同作用生成。

从儒学史看,宋代理学和明代理学通常合称宋明理学。若从性论角度看,宋代以性二元论为主导,明代以性一元论为特出,二者理论形态差异明显。一元论人性观成为整个明代儒学人性思想的基调,与明初理气一元论的兴起交相呼应。④ 就此而言,王廷相的性论不是脱离时代而是走在了前沿,这种以成性为重心的儒家人性论,可视为陈确(字乾初,1604—1677)、王夫之、颜元(字易直,1635—1704)、戴震等明清之际儒学人性论新开展的先声。

三、"凡人之性成于习"——生成论意义上的人性论

在人性问题上,王廷相关注"成性",故对《易传》所言"继之者善也,成之者性也""成性存存,道义之门"有独特解释,指出"成性"应包括己与众、人与

---

① 参见李世凯:《王廷相心性思想研究》,中国社会科学出版社,2022年,第95—176页。
② 参见王夫之:《张子正蒙注》,载《船山全书》第十二册,岳麓书社,2011年,第128页。
③ 王廷相:《慎言·君子篇》,载《王廷相集》第三册,中华书局,1989年,第814页。
④ 参见沟口雄三:《明清时期的人性论》,载刘俊文主编《日本学者研究中国史论著选译》第七卷,中华书局,1993年,第156—180页。

物。在气论视域下,他倾向于生成意义上的人性理念,在"成性"及其途径的问题上特别留意"习"的作用。由此,"凡人之性成于习"是他关于性习关系的总体看法。具体而言,这种生成论意义上的人性论包括从"习相远"到"习于名教"、从"习识害性"到"因习而知"以及"变其性而移其习"等内容。这些内容可以归结为两种意义上的"习",即知识论意义上的"习"和道德论意义上的"习"。王廷相对两者均有讨论,对前者的讨论更值得注意。

(一) 从"习相远"到"习于名教"

儒学传统倾向于认定人性本来为善,其不善源于后天的"习"。就此,"习"容易被视作负面性的、有碍于人性的东西。熟读宋明理学家的典籍,这一点不难得到印证。理学家要成就的是圣人理想、真儒人格,这要求道德修身上务必做到超拔流俗,脱尽旧习或习气。气、习或俗在这种道德优先的思想意识里,注定会被推到不堪的境地。

在理学家变化气质语境中,气(气质)往往被认为是阻碍或妨碍人性发展的对象,由"性相近,习相远"引起的性习之辩成为宋明儒者乃至现代新儒家讨论人性问题的重要议题之一。[①] 在变化气质、性习关系等问题上王廷相一度服膺理学传统,后来认识到传统人性论在社会实践中存在问题,因此更主张"习于名教":

> 为恶之才能,善者亦具之;为善之才能,恶者亦具之。然而不为者,一习于名教,一循乎情欲也。夫性之善者,固不俟乎教而治矣;其性之恶者,方其未有教也,各任其情以为爱憎,由之相戕相贼胥此以出,世道恶乎治! 圣人恶乎不忧! 故取其性之可以相生、相安、相久而有益于治者,以教后世,而仁义礼智定焉。[②]

根据上述观点,人为善与为恶的区别不在于其才能如何而在于到底是"习于名教"还是"循于情欲"。在王廷相这里,"习于名教"与"循于情欲"的区别,被视为善恶行为的分水岭。要注意的是,并不是说"名教"与"情欲"是截然对立的东西。王廷相分别用"习"和"循"来联结二者,表明在意的是二者所产生的效果。同样,性之善与性之恶并不是王廷相关注重点,他感兴趣的是善恶之为与不为的问题。或者说,如何才能使性之恶者尽量不为恶,使

---

① 参见胡栋材:《从"性习之辨"到"本习之辨"——试论熊十力对宋明儒学的继承与拓新》,《哲学评论》第 15 辑。

② 王廷相:《慎言·问成性篇》,载《王廷相集》第三册,中华书局,1989 年,第 765 页。

性之善者有善而为之。名教(圣人之教)能很好解决以上问题,故受到高度推崇。否则,"人之生也,使无圣人修道之教,君子变质之学,而惟循其性焉,则礼乐之节无闻,伦义之宜罔知,虽禀上智之资,亦寡陋而无能矣,况其下者乎?"①王廷相没有因为反对人性二元论而否定变化气质,反倒认为后者强调得不够。

王廷相侧重于说明不为善和不为恶的实践机制。"不为善"的原因在人们流于情欲,"不为恶"在于遵循名教并躬行实践。在为与不为的问题上,他认为在"取其性之可以相生、相安、相久而有益于治者"的基础上,"习于名教"才会保证能为恶却不为、能为善而为之的现实可行性,这就表达了对名教(人伦秩序)的高度信赖。或因如此,王廷相被认为是"是一个强烈的名教拥护论者"②。其实这种看法将他所谓的"名教"看成是官方意识形态,并将"名教"与"圣人之教"混为一谈。"有圣人而后名教立"③,名教与圣人的结合才是王廷相的一贯看法,名教是圣人之教而不是官方意识形态。委实如此,荒木见悟的解读引出了潜藏于王廷相思想的问题,即由上而下的名教观无法真正使作为社会个体的人得到根本肯认。用现代伦理学的话说,规范伦理学过于强调个体义务和责任忽视了个体的自由及其价值。王廷相对名教的推崇的确存在抹杀个体性欲求的倾向,这一点和正统化理学似乎并无区别。

进一步而言,名教作为人性养成必要过程、社会治理不可或缺环节本无可厚非,问题是名教一定意义上异化为"习俗的专制"(the Despotism of Custom)。④ 人的自由个性势必遭到压毁,"人情"得不到合理安顿和必要肯认。理学家普遍贬斥习、俗,与这种诉诸于内在超越的思想心态相关。

王廷相所说的"习于名教"不是"循于名教",更不是"习俗的专制"和"文化的专制",这就要求在理论上对"习"作出细致说明。与此同时,"名教"的内容应得到重省。无论他本意如何,过度依赖名教的做法势必会遭受"习于名教"或"名教拥护者"之虞。不仅如此,名教与孔子通常设定为对等关系,在文本中几乎看不到他对名教的反省和反思。相较而言,阳明学在这方面比王廷相要深入得多,以致后来李贽提出"不以孔子之是非为是非"的主张。简言之,"习于名教"就是力图在当时社会实现圣人治下的人伦秩序。王廷

---

① 王廷相:《雅述·上篇》,载《王廷相集》第三册,中华书局,1989 年,第 847 页。
② 荒木见悟:《气学商兑——以王廷相为中心》,载《明末清初的思想与佛教》,上海古籍出版社,2010 年,第 19 页。王廷相多次表达了对名教的肯定和褒扬,如他说:"鸿荒之初,未有圣人,皆夷狄也;未有名教,皆禽兽也。"分别参见《王廷相集》,中华书局,1989 年,第 800 页。
③ 王廷相:《慎言·御民篇》,载《王廷相集》第三册,中华书局,1989 年,第 784 页。
④ 参见约翰·密尔:《论自由》,商务印书馆,2009 年,第 83 页。

相强调"习"的作用,一定意义上可以弥补理学偏重于道德修养的不足,然缺乏对名教及其异化问题的反思与批判,始终是其理论缺憾。

(二) 从"习识害性"到"因习而知"

为了成就圣贤人格,正统化理学要求严判天地之性(或义理之性)与气质之性,并以前者为优位。这种高蹈的伦理观所营造的文化心理氛围在儒者身上留有深刻思想印痕。与大多数理学家一样,王廷相对"习"的危害性多有注意:

> 习识害性,习性害道,善学者必察于旧习之非。大儒变之,小儒反哓之;圣人作之,众人乃疑之。其道也,揭于中正之途,非可哓、可疑也,要于习性固之也。夫人之生也,刍豢稻粱之味未尝入其口腹也,则夫菽藿之味以为至足也。今夫学者不辨于中正之道,非智浅而识寡也,要于习性固之也。[1]

以上对"习识""习性""旧习"的看法,与张载、程颐、薛瑄等前贤几乎没有什么两样。王廷相认为习识、习性有害。儒者应该觉察"旧习之非",对以往的习识、习性中不好的方面进行涤除;那些不能达到中正之道的儒者并非因为智力浅、识见少,而是被旧习所束缚、沉溺于其中不能自拔。就此而言,王廷相不过是重复前人论调而已。但他从"人之生"角度出发,以经验论证的方式说明人在学习过程中容易陷入自我满足与自以为是。这至少说明,不能将认识论意义上的"习"与道德伦理范围的"习"相混淆。

从宋明儒学发展史观察"习"的问题,似可以发现,似乎只有到黄宗羲这里,"习"之于人性的积极意义才正式得以开显,"习性"被真正意识到是人的"第二自然"(黑格尔语)[2]或"第二天性"(约翰·密尔语)[3]。黄宗羲在《孟子师说》指出:

> 先儒认"习"字太狭,坠地已后之习无论矣。人乃父母之分身,当其在胎之时,已有习矣。不然,古人之言胎教何也?[4]

黄宗羲认为"习"的存在不应以人之出生为开端,而要追溯到人尚在孕

---

[1] 王廷相:《慎言·君子篇》,载《王廷相集》第三册,中华书局,1989 年,第 812—813 页。

[2] 参见黑格尔:《精神哲学》,人民出版社,2006 年,第 188—196 页。

[3] 参见约翰·密尔:《论自由》,商务印书馆,2009 年,第 6 页。

[4] 黄宗羲:《孟子师说》,载《黄宗羲全集》第一册,浙江古籍出版社,1985 年,第 138 页。

育的整个过程,故以胎教为例说明"习"的重要性。这种立论依据或许有欠妥当,然毕竟指出了前儒论"习"的狭隘性,认识到习与人的共在性。这种洞见使"习"获得了超越道德范畴的意义并提示儒者:不能仅把习看成是败坏人性的东西,还要认识到它同时滋养人性,人不能也不必脱离习、免于俗。黄宗羲以上所论的"习"与宋明儒贬斥的"习"并非同一所指,委实如此,对"习"的肯认突破了道德伦理束缚,因而有重要思想史意义。

王廷相未像黄宗羲那样突破宋明儒对"习"的狭隘理解,但将性的生成指向生成性的、历史性的实践活动,这说明即便在道德范围内,"习"之于"性"并非只能是有害而无益。在认识论意义上,他对"习"的重视以及对"识"的活力的体察就更值得注意。如:

> 使婴儿孩提之时,即闭之幽室,不接物焉,长而出之,则日用之物不能辩矣,而况天地之高远,鬼神之幽冥,天下古今事变,杳无端倪,可得而知之乎?……夫圣贤之所以知者,不过思与见闻之会而已。世之儒者乃曰思虑见闻为有知,不知为知之至,别出德性之知为无知,以为大知。嗟乎!其禅乎!不思甚矣。**殊不知思与见闻必由吾心之神,此内外相须之自然也。** 德性之知,其不为幽闭之孩提者几希矣。
>
> 婴儿在胞中自能饮食,出胞时便能视听,此**天性之知**,神化之不容已者。自余**因习而知**,因悟而之,因过而知,因疑而之,皆**人道之知**也。父母兄弟之亲,亦积习稔熟然耳。何以故?使父母生之,孩提而乞诸他人养之,长而惟知所养者为亲耳。途而遇诸父母,视之如常人焉耳,可以侮,可以詈也,此可谓天性之知乎?由父子之亲观之,则诸凡万物万事之知,皆因习因悟因过因疑而然,人也,非天也。[①]

这两则关于婴儿之知的思想假说(可简称"婴儿假说")是王廷相人性论思想不得不讨论的重要文本。有论者从心理学或教育学等角度对其进行阐发,创见颇多。[②] 他以婴儿作为思想假说的主体阐发了"知"的种类与阶段("天性之知"与"人道之知"),涉及思虑与见闻、知与行的关系问题。后来,吴廷翰将王廷相关于婴儿之知的思想假说运用到"释子"(僧徒)身上,对佛

---

① 王廷相:《雅述·上篇》,载《王廷相集》第三册,中华书局,1989年,第836—837页。
② 婴儿(赤子)的思想文本还见于《石龙书院学辩》,参见《王廷相集》第二册,中华书局,1989年,第604页。关于此特别注意认知心理学与教育心理学的研究成果,参见高觉敏主编:《中国心理学史》,人民教育出版社,2009年,第306—319页。汪凤炎:《中国心理学思想史》,上海教育出版社,2008年,第188—189页。

教思想进行了抨击。要特别注意的是,对"知"中之"习"的强调,"因习而知"被放在"人道之知"序列的首位。王廷相突出"习"在"人道之知"的地位,"性相近,习相远"由此获得肯定。实际上,"朱文圭不辨牛马"的史实,证明了王廷相以上类似于"感觉剥夺实验"(Sensory Deprivation Experiment)观点的正确性①。这里需要思考的是:王廷相"天性之知"与"人道之知"的划分和宋明儒"德性之知"与"见闻之知"的划分,二者是否有实质区别? 怎样看待它们的区别?

王廷相并不否认"天性之知"的存在,不过"天性之知"在他这里受到了严格限制和压缩,圣人生而知之被明确指定为"惟性善近道二者而已",相应地,"人道之知"获得了极大的正视和重视。给"圣人"预留位置意味着天性之知的必然存在,关键在于,"天性之知"不是先验的存在而是处于"知"的范围之内,和"人道之知"在根本上是一致的。在王廷相看来,与其强调"德性之知不萌于见闻",不如在人道之知上著实用力,"思与见闻必由吾心之神,此内外相须之自然"就是突出实践中的认知主体与客观实际的交互行为及其作用。如此来表明,认识论意义上的"习"在王廷相这里获得了高度认可,这是其思想贡献之一。

(三)"凡人之性成于习"与"变其性而移其习"

王廷相反对以性善为第一位原则、压制人情欲望的做法,认为人性是生成的、开放的。与此同时,"习"之于培养人性、改造人性的社会作用得到正视。他尚未自觉分开伦理道德意义上的"习"与认识论意义上的"习",但在"凡人之性成于习"的思想宗旨的引导之下,"变其性而移其习"的主张仍有重要价值:

> **凡人之性成于习**,圣人教以率之,法以治之,天下古今之风以善为归,以恶为禁,久矣。以从善而为贤也,任其情而为恶者,则必为小人之流,静言思之,安得无愧乎?②

王廷相没有把人性看成是已经完成的、固有的现成给定,而是认为应该在性与习的交互作用下处于动态、开放的行为活动之中。然而,他只是隐约意识到或提示了这种新人性思想,没有对之作更多阐发,也没有突出这种人

---

① 1954年加拿大麦吉尔大学的心理学家首先进行了"感觉剥夺"实验。"朱文圭不辨牛马"的史实见载于张廷玉等撰:《诸王列传》,载《明史》(一二),中华书局,1974年,第3615页。

② 王廷相:《答薛君采论性书》,载《王廷相集》第二册,中华书局,1989年,第519页。

性思想的时代意义。后来陈确、王夫之等提出"习与性成""性日生日成"之说,则更为完善更具有现代意蕴。与此相关,王廷相指出:

> 学校之礼乐,官府之刑法,皆圣人修道之具也。故囿于中者,则变其性而移其习,由之为善则安,为恶则愧。久矣,民之会于道也,虽王道相代,易姓受命,而此道之在人心者,生生相继,未尝一日泯灭。圣人修道之功,被于人心者,大哉远矣!①

人生之性不是一次性达成,更多是在圣人修道立教的具体实践中养成的,这就是上述引文所要阐述的核心意思。王廷相特别强调,圣人修道立教之于人性为善的重要作用,因此一再主张"变其性移其习",且认为人性应是一个实践的、开放的过程,而不是一蹴而就的、封闭的牢笼。在气论思想主导下,人性主要被理解为一种生成论品格,因此他反驳道:"盖性一也,因感而动为五,是五常皆性为之也。若曰'性即是理',则无感、无动、无应,一死局耳。"②人性应该是活泼泼的、生成的而不是僵死的、给定的。通过批判程朱理学经典话语,王廷相表达了与之不同的、具有现代性价值的人性思想倾向。

从思想品格看,王廷相这种重实践的人性论与心性论,与以天理统摄人性与心性的高蹈的伦理观存在区别。对于现实世界人性差异,他指出:

> 圣愚之性,皆天赋也。气纯者纯,其浊者浊,非天固殊之也,人自遇之也。圣人治天下,必欲民性至善而顺治,故立教以导之,使其风俗同而好尚一,虽不尽善,而为恶者亦鲜矣。③

圣人之性与愚人之性之所以有别,在王廷相看来主要不是天赋即气禀的原因,而是"人自遇之"的结果。上述文本中"遇"这个用词很值得玩味,意味着"性"的现实展开与最终落定是自然与人为双向活动作用结果。用王廷相的话语来说,在承认"天赋之性"的条件下要加上"人性自遇"的考虑,这表现一种天人交互的实践过程。"自遇"意味着人性有塑造和提升的空间,要发挥身体气质的能动性。"自遇"本身就包含了一定的偶然性,"圣人立教"

---

① 王廷相:《雅述·上篇》,载《王廷相集》第三册,中华书局,1989年,第857页。
② 王廷相:《雅述·上篇》,载《王廷相集》第三册,中华书局,1989年,第847页。
③ 王廷相:《慎言·问成性篇》,载《王廷相集》第三册,中华书局,1989年,第768页。

只能以参差不齐的现实人性为基点。依王廷相所言,圣人立教只能后于"天赋之性",与在人身上"天地之美无不备具"的观点似乎有冲突。

以王廷相为代表的明代中期以至明清之际以气为首的儒者,在性习之辩问题上逐渐冲破理学传统的人性论及其伦理观,为儒家思想发展提供新的可能。[①] 王廷相的"成性"说即是这种思想新动向的理论先兆之一。

第三节 气与物——对格物致知论的批判和发展

相较于理气论和人性论,王廷相对朱子学格物致知论的态度平和得多,与之相比,陆王心学和佛禅之学的做法更引起其不满和批判。他以格物致知问题为契机,阐发一系列气论视域下的物论观点。这些说法主要包括:第一,物的来源问题。第二,物何以为物的问题。第三,人物关系问题。总体而言,这些观点大多处在理学传统范围之内,"在我之物"等说法显示出他在格物问题上的某些创见。

一、"元气化为万物"——物的来源问题

"以气释物"即将物理解为气及其衍化形态,这是先秦以降儒家的共识。[②]《易传》有言:"盈天地间皆物""精气为物,游魂为变,是故知鬼神之情状。"[③]物的本质是气,或是物质性的气或是精神性的气,又或是物质、精神兼摄之气。换而言之,气难以把捉,人便通过物及其途径如声、色、味、形等具体方式来理解和认识,故气的存在基础使"物"和"格物"成为可能,"格物"在一定意义上也就是对气的探求。《大学》在提出"致知在格物"后,从"物"开

---

① 冯契对中国传统哲学的性习问题有简要梳理,他的《人的自由与真善美》指出,至少从陈确开始,性习关系就逐渐突破理学传统,如陈确所撰"性习图"(参见《陈确集》下册,中华书局,2009 年,第 459 页)。实际上,到了黄宗羲,"习"获得了超出于道德范畴的理解。在颜元处,对"习"的强调被推至高峰,参见颜元:《颜元集》下册,中华书局,1987 年,第 412—414、726 页。关于明清之际性习关系问题,可参见胡栋材:《明清之际的"性习之辨"及其当代意义重省》,载《阳明学研究》第六辑,人民出版社,2021 年,第 218—230 页。
② 关于秦汉时期气论释物的传统,可参见陈德兴:《气论释物的身体哲学——阴阳、五行、精气理论的身体形构》,五南图书出版股份有限公司,2009 年,第 32—63 页。
③ 对于"精气为物,游魂为变",王弼注:"精气氤氲,聚而成物,聚极则散,而游魂为变也。游魂,言其游散也。"孔颖达疏:"精气为物者,谓阴阳精灵之气氤氲积聚而为万物也。游魂为变者,物既积聚,极则分散,将散之时,浮游精魂,去离物形,而为改变,则生变为死,成变为败,或未死之间变为异类也。"王注成疏对后世儒学的相关理解产生深远影响,尤其是"或未死之间变为异类"之说。

始,下贯到"知""意""心",以至"身""家""国""天下"。这种一体下贯的理路之所以可能,就在于由气而通的理念为儒家所持守。

在气论视域下,气与物的直接关联性最为明显。张载说:"物之初生,气日至而滋息;物生既益,气日反而游散。"① 王廷相有类似看法:"气,物之原也。理,气之具也。器,气之成也。"② 在物的来源问题上,他主张"元气化为万物":

> 元气化为万物,万物各受元气而生,有美恶,有偏全,或人或物,或大或小,万万不齐。③

物形成的内在之理和物外在表现形态都是气造作的结果。不论动物、植物以至万物实质上都来源于气,由气所造成。为此他指出:

> 愚则以为万物各有禀受,各正性命,其气虽出于天,其神则为己有。地有地之神,人有人之神,物有物之神。④

这段文本容易被视为泛神论,然王廷相所说的"神"并不神秘,不过是"气机"的妙用。他认为"气出于天"和"神为己有"并行不悖,从而说明地、人、物各有其气机妙用处,这就承认了多元性、差异性的存在事实。换而言之,天地万物不能唯"理一"是从。对"神为己有"的肯定,表明王廷相倾向于多元价值观,"神为己有"的展现就是"各有禀受"和"各正性命",其前提则是"气出于天"。因此,这种多元价值观是在统一性基础之上承认差异性。王廷相所说的"元气化为万物"就包含这种思想内涵。

在"元气化为万物"的情形中,"天"被赋予独特位置。王廷相说:

> 有太虚之气而后有天地,有天地而后有气化,有气化而后有牝牡,有牝牡而后有夫妇,有夫妇而后有父子,有父子而后有君臣,有君臣而后名教立焉。是故太虚者,性之本始也;天地者,性之先物也;夫妇、父子、君臣,性之后物也;礼义者,性之善也,治教之中也。⑤

---

① 张载:《正蒙·动物篇》,载《张载集》,中华书局,1978年,第19页。
② 王廷相:《慎言·道体篇》,载《王廷相集》第三册,中华书局,1989年,第751页。
③ 王廷相:《雅述·上篇》,载《王廷相集》第三册,中华书局,1989年,第949—950页。
④ 王廷相:《答何柏斋造化论(十四首)》,载《王廷相集》第三册,中华书局,1989年,第973—974页。
⑤ 王廷相:《慎言·道体篇》,载《王廷相集》第三册,中华书局,1989年,第752页。

这一段话应先看后部分再看前部分：后一部分从太虚、天地、夫妇、父子、君臣、礼义等方面对"性"作说明，前一部分就是对"天道"作描述。简而言之，王廷相这里要表达的就是性与天道的一贯，应该是对张载"由太虚，有天之名；由气化，有道之名；合虚与气，有性之名"的继承和发挥。张载所谓的"天"指物理意义的天空，又指微妙的抽象之理。如他说："人鲜识天，天竟不可方体，姑指日月星辰处，视以为天。"①就是要突出后者意义的天，也称天道、天理。

王廷相对天的理解比较复杂，既讲自然之天也常讲天道、天德、天性、天赋等伦理道德之天。以上文本将天地并列，且将它们作为气化造作的先决条件，此与前文考察的以天地为形气的看法相一致。他还特别指出：

> 天者，太虚气化之先物也，地不得而并焉。天体成，则气化属之天矣；譬人化生之后，形自相禅也。②

"天"明确被视为最优先的单独性存在，作为太虚气化之先的东西，这显然是对天地并存观念的冲击，更是对道家传统道生天地之先看法的否定。这种看法并非要将天神圣化，而是与对天体运动的观察密切相关。"三垣、十二舍，经星终古不移，天亦有定体矣。……天亦有定体，远不可测也。观恒星河汉终古不移，可以验之。"③暂且不论这些天文学知识是否完全符合天体运动实际情况，王廷相的意图是将"天有定体""恒星河汉终古不移"这些客观知识对象纳入到元气论视域下来。换言之，一旦承认天在客观事物中优先性地位势必要以气论学说对之进行合理性说明。

随着专制皇权对明代儒学的钳制，气与物这种直接关联性及其蕴含的知识论态度被儒家伦理优先的意识形态所遮蔽。特别是成己成物的传统受到宋明理学家的表彰，使气在物的理解中设置为默认项。理学家面对"物"时，普遍理解为伦理范围内的"事"而不再是"气"，典型者如朱熹在注解四书时所言"物，犹事也"④。所谓"事"，即是人与物的意义统一体。"以事解物"迫使"以气释物"屈居幕后，特别是在陆王心学的思想舞台上，心（良知）的角

---

① 张载：《横渠易说·系辞上》，载《张载集》，中华书局，1978 年，第 177 页。
② 王廷相：《慎言·道体篇》，载《王廷相集》第三册，中华书局，1989 年，第 752 页。
③ 王廷相：《慎言·乾运篇》，载《王廷相集》第三册，中华书局，1989 年，第 757—758 页。
④ 朱熹：《四书章句集注》，中华书局，1983 年，第 4 页。在朱熹之前以物解事就形成传统，如孔颖达对《易传·系辞下》的疏云"物，事也。一卦之中，六爻交杂错，唯其各会其时，唯各主其事"。参见李学勤主编：《周易正义》，《十三经注疏》（标点本），北京大学出版社，1999 年，第 316 页。

色被发挥到极致,相较之下,气只能作为配角而存在。关于这种状况,《传习录》的说法很有代表性:

> 身之主宰便是心,心之所发便是意,意之本体便是知,**意之所在便是物**。如意在于事亲,即事亲便是一物;意在于事君,即事君便是一物;意在于仁民爱物,即仁民爱物便是一物;意在于视听言动,即视听言动即是一物。①

这段话阐述的核心,是"心"与"意""物"的相互关系问题。王阳明认为"身"由"心"来主宰,"意"来自于心的发动流行,既然"物"又是"意之所在",不难推知,"心"才是"物"的根本源头。由"心"到"物",这一过程中必须检讨的是"意","意"既要保持与"心"的一致,又要达到其所在的目的("事"),于是,"事"就沟通"意"与"物"。王阳明良知学说并没有抛弃气的传统,但默认的是"以事解物"的正当性,一定程度上忽视"以气释物"。在以心为本体的体用关系和意义结构中,心、知与意、物在严格意义上处于同一层次和序列。然而,在"四句教"中王阳明揭出"有善有恶意之动""为善去恶是格物"将"意"和"物"视为有善有恶,如此一来,"意""物"和"心""知"处于上下两层,与上述所论造成矛盾。

阳明学的困境,在于难以弥合心、知与意、物的不一致。王畿提出"先天正心之学"以及"四无论"就是努力化解这个难题。不管最后成功与否,陆王心学的开展昭示了这样一个理论事实,即道德主体的作用在心学视域下容易获得最大限度膨胀以致近乎取消物的客观性。对于阳明学及其格物说,王廷相并非不关注,他是当时较早预见到阳明学流弊并给予批评的儒者之一。

二、"物各得其当然之实"——物的意义问题

王阳明将物理解为心、意之所在,"格物"的"格"被训为"正"便是水到渠成之举。值得注意的是,王廷相也将"格"训为"正",而不是像罗钦顺那样极力反对王阳明②:

---

① 王守仁:《语录一·传习录上》,载《王阳明全集》上册,上海古籍出版社,1992年,第6页。
② 罗钦顺比王廷相更直接地接触王阳明学说,在格物问题上对阳明学的批判更多,参见邓克铭:《理气与心性:明儒罗钦顺研究》,里仁书局,2010年,第105—146页。

格物之解,程朱皆训"至"字,程子则曰"格物而至于物",此重叠不成文义;朱子则曰"穷至事物之理",是"至"字上又添出一"穷"字,圣人之言直截,决不如此。不如训"正"字,直截明当,义亦疏通,既无屋上架屋之烦,亦无言外补添之扰。①

王廷相反对程朱训"格"为"至",主张训为"正",其理由是训"格"为"正"在考据训诂上直截明当。有论者认为这受到王阳明影响。② 其实,以上说法并未透露王廷相训"格"为"至"的理据,下面一段话说得明白:

格物者,正物也,物各得其当然之实,则正矣。物物而能正之,知岂有不至乎? 知至而见理真切,心无苟且妄动之患,意岂有不诚乎? 意诚则心之存主皆善而无恶,邪僻偏倚之病亡矣,心岂有不正乎?③

粗看过去,王廷相此处所说的心、知、意、物的意义系列与王阳明在《传习录》所论几无差别,实际上,可能只是解释《大学》时所产生的话语交集而已,并不意味着他们思想上相呼应。王廷相对"正"的理解在于"物各得其当然之实",与王阳明之说有实质性区别。《大学问》表示:"格者,正也,正其不正以归于正之谓也。正其不正者,去恶之谓也。归于正者,为善之谓也。"④这是就道德意向和道德原则而言。王廷相倾向于肯定事物的实在性与应然性的统一,即所谓的"当然之实"。⑤

王廷相训格为正的做法,可能与张载有关,后者曾说:"盖得正则得所止,得所止则可以弘而至于大。"⑥所谓"所止者",根据王夫之的注解就是"事物所以然之实,成乎当然之则者也"⑦。"所以然之实"就是将"当然之则"予以坐实。以此,"物各得其当然之实"被王廷相说成是"仁":

仁者,与物贯通而无间者也。"万物并育而不相害,道并行而不相悖",天地之仁也;"老者安之,朋友信之,少者怀之",圣人之仁也。故

---

① 王廷相:《雅述·上篇》,载《王廷相集》第三册,中华书局,1989年,第838页。
② 参见彭国翔:《良知学的展开——王龙溪与中晚明的阳明学》,生活·读书·新知三联书店,2005年,第435页。
③ 王廷相:《慎言·潜心篇》,载《王廷相集》第三册,中华书局,1989年,第775—776页。
④ 王守仁:《续编一·大学问》,载《王阳明全集》下册,上海古籍出版社,1992年,第972页。
⑤ 颜元以"犯手实做其事"来解释"格物",比王廷相之说更突出实习、实行的作用。
⑥ 张载:《正蒙·中正篇》,载《张载集》,中华书局,1978年,第26页。
⑦ 王夫之:《张子正蒙注》,载《船山全书》第十二册,岳麓书社,2011年,第156页。

物各得其所，谓之仁。①

物各得其所、物各得其当然之实，实际上也就是让物成为物自身，让神为己所有。这个物自身不是康德意义上的"物自体"（Ding an sich）。后者是人的理性所不可认识的只能诉诸于上帝和信仰；前者则需要人的参与特别是仁者的参与，通过与人的交织，才能达到"无一物而非仁""无一物之不体"的境地。相反的情况是，物未能各得其所、各得其当然之实，人也不能有所长进而无法达至于道。用王廷相的话说，"人心有物，则以所物为主，应者非其物，则不相得矣，不戾于道者几希！"②人物关系不是主客二元对立，而是呈现为"在我之物"和"身外物"两种情形。

将"仁者"视为"与物贯通而无间"，说明王廷相的物论不排斥"成己成物"的传统。独特的是，他能够从物的角度出发对"仁"进行界定即所谓"物各得其所，谓之仁"，至少承认了物的客观性、实然性，无疑给偏重于道德心性的儒家仁说传统注入了新鲜血液。

王廷相曾给应试考生拟了一套关于"格物"的考题（策问）：

问：格物，《大学》之首事，非通于性命之故、达于人化者，不可以易而窥测也。诸士积学待扣久矣，试以物理疑而未释者议之，可乎？天之运，何以机之？地之浮，何以载之？月之光，何以盈缺？山之石，何以敧侧？经星在天，何以不移？海纳百川，何以不溢？吹律何以回暖？悬炭何以测候？夫燧何以得火？方诸何以得水？龟何以知来？猩何以知往？……引针拾芥，其性情也何居？是皆耳目所及，非骋思于六合之外者，**不可习矣而不察也**。请据其理之实论之。③

这一连串问题（共有二十三问）涵盖物理、天文、气象、地质等方面，侧重对天文地理等自然知识的积累和考察，要求当时的儒生"据其理之实"一一作答。王廷相重视"物理"之识的精神，由这封策问即可窥见一斑。

从中国思想史看，"以气释物"的传统本来就不限于伦理的方面，还包括物理、生理、心理等方面。吴廷翰说："格物须物上见得此理，有实地，然后渐次可进。"④从"气论释物"的传统看，"此理"应当涵括物理、生理等诸方面，而

---

① 王廷相：《慎言·作圣篇》，载《王廷相集》第三册，中华书局，1989年，第762页。
② 王廷相：《慎言·潜心篇》，载《王廷相集》第三册，中华书局，1989年，第776页。
③ 王廷相：《策问》（三十五），载《王廷相集》第二册，中华书局，1989年，第539页。
④ 吴廷翰：《吉斋漫录》卷下，载《吴廷翰集》，中华书局，1984年，第46页。

不宜狭隘化在伦理之域。王廷相后期明显加重对物理世界的关注和阐述，其思想重心显现出由重伦理到重物理的转变：

> **探物及源，厥论乃真**。儒云仓庚鸣春，非有使之，厥气自动，若于春无与焉。嘻！此半途之论尔。……《雅言》云："鱼阴类，从阳而上，二阳伏在水底，三阳则鱼上负冰，四阳五阳则浮在水面。"愚谓此**物理之必然者**。①

以上对"物理之必然"的揭示，来自于作者长期对自然现象及社会现象的观测和考察。当然，"物理之必然"不排斥"物理之不然"。这一点前文已有论述。王廷相由重伦理向重物理的转变，表明知识视野的丰富和扩展促使其认识思想发生了实质性改变，以至于强调：

> 物理不见不闻，虽圣哲亦不能索而知之。②

这类气论视野下物理世界的重视和阐发，在王廷相之后的一个世纪里得到宋应星(字长庚，1587—1666)、方以智等的高度重视。③

从整个宋明理学传统来看，作为兼含知识论和工夫论的格物说，在朱子学和阳明学中呈现出不同的倾向。大体而言，前者强调对客观事物的认识及其意义，后者体现道德主体的主导作用。相较而言，王廷相在格物说上接近朱子学的路子(或者说与罗钦顺同路)，这一物论思想的独特性在于：从气论的立场来认取格物的作用并对之给予适当的彰显，与此同时，格物工夫与心性修养的直接相关性被大大减煞。王廷相晚年与夏言诗词唱和，其中《水调歌头·奉和夏桂州论学》论及"民物""济物"，这里面所说的"物"，远不是一己之私的伦理领域所能局限。与王阳明所谓"物理不外吾心""此心之物则为理"④的态度相比，王廷相所论更注重物的客观实在性即强调物的知识论意涵。不难发现，以气为本的思想家普遍重视事物规律的客观性。就此而言，明清气论与传统科学的关系值得深究。

---

① 王廷相：《雅述·下篇》，载《王廷相集》第三册，中华书局，1989年，第884页。"雅言"是指明代中原地区"共同语"，与"方言"对举。王廷相这里说的《雅言》，很可能是指明代的音韵典籍，即《洪武正韵》的改编本。
② 王廷相：《雅述·上篇》，载《王廷相集》第三册，中华书局，1989年，第836、884页。
③ 宋应星在明亡前有《论气》之作，以科学态度对气进行了分疏，参见氏著：《野议　论气　谈天　思怜诗》，上海人民出版社，1976年，第64—79页。
④ 王守仁：《答顾东桥书》，载《王阳明全集》上册，上海古籍出版社，1992年，第42页。

三、"在我之物"与"身外物"——人物关系问题

王廷相没有如王阳明那样"以意为物",也不采取类似于邵雍"以物观物"的态度,而是在气论视域下主张"体物",提出了"在我之物"的说法。

"体物"源自于气之"感""通",如其所言:"命则天道发育万物者,人不得而与焉;然其情状变化,不能逃吾所感之通。"①万物乃天道发育而生而成,人之性命即由此而来,这是不可改变的事实,天道发育、生成万物的具体过程,人可以与之相感相通。人在天道、万物之间的位置极其重要作用由此显现。当然,与王阳明等相比而言,以气释物的传统在王廷相这里受到更多重视。正因如此,对人物关系的看法表现出某些独到思考:

> 是乃**在我之物,死生不可离者**,故曰"虽大行不加,虽穷居不损"。自余皆身外物耳,君子虽得之,而不以为有无焉。②

"在我之物"这个说法很难说出自哪部儒家经典,在王廷相著述中亦不常见。"在我之物"形式上与孟子的"万物皆备于我"形成呼应,理学家多承孟子之论,发挥万物一体论的主张,强调道德主体之我的重要性。根据以上文本所论,"在我之物"有这层意思,但这不是"在我之物"的主要内涵。

确切地说,"在我之物"的理论来源有两个方面:其一,不论是天、地、人、物,(其)"神为己所有"。其二,人与物皆有"性之不得已而然"的共同方面。因此,"在我之物"首要指"为己所有"的"神"是穷居不损、不可褫夺的独特性和不可替代性,还不是指人禽之别意义上的人之为人的特质,而是包括人与物在内的具有真正广泛存在论意义的揭示。"在我之物"不是以"我"为主体,也不是以"物"为中心,而是在物我之间保持内外合一的动态均衡。如王廷相所言:

> 在物者感我之机,在我者应物之实。不可执以为物,亦不可执以为我,故内外合而言之,方为道具。③

这一简短论述,是王廷相关于人物关系的经典阐发。他指出,在物我之

---

① 王廷相:《慎言·作圣篇》,载《王廷相集》第三册,中华书局,1989年,第763页。
② 王廷相:《雅述·上篇》,载《王廷相集》第三册,中华书局,1989年,第835页。
③ 王廷相:《雅述·上篇》,载《王廷相集》第三册,中华书局,1989年,第854页。

间,不可偏执一处,"我"与"物"不是主客关系而是相互生成、相互支援的关系。相较而言,王廷相更加倾向于"物"参与"人"的生活实践意义。以上两则引文构成王廷相对"在我之物"的基本理解。从现实实践来看,这种思想态度很可能与他长期从事刑事、法律、教育等社会工作及其经验累积有关。①

"在我之物"是王廷相创造性说法,与西方思想发展过程出现的"为我之物""在手之物"或"上手之物"等说法有相似处,亦有较大区别。"在我之物"看上去是一种静态结构性名词。按照王廷相的理解,实际上很强调"物"与"我"的动态平衡和实践作用,这一点某种程度上近似于马克思主义实践论所说的由"自在之物"转化为"为我之物"。二者都主张以实践的方式将物与我紧密联系起来,前者仍属于物我一体的思想传统。在整个明代中期儒学群体中王廷相是极少明确提出并强调"实践"作用的思想家。

从元哲学角度看,王廷相的"在我之物"与海德格尔对"上手之物"到"在手之物"的探究倒有十分贴近之处。② 在他们眼中,"物"显然不应当只是作为静观认知对象,而是与人打交道的"器具物"。海德格尔对"物"的思考具有相当深厚的思想史背景,根本上与存在问题的探索相关联。王廷相所说的"在我之物"显示出其思想在某些方面具有开放性和前沿性,与理学家所遵循的"格物"说既相关又展现出不同的方面。

正是秉持人与物互感互应、互生互成的思想理念,王廷相对身边之物才会有如下表现:

　　屏铭:蔽其身,毋蔽于其心。蔽其身,安无害也;蔽于其心,暗莫大也。

　　枕铭:尔溺志于逸,自惰尔身乎? 尔思力所不及,自戕尔神乎?

---

① 以西方近代相关思想来说,法是人的理性与各种存在物之间的关系,也是存在物彼此之间的关系。孟德斯鸠说:"人生来就是要过社会生活的,但是他在社会里却可能把其他的人忘掉;立法者通过政治的和民事的法律使他们尽他们的责任。"参见《论法的精神》,商务印书馆,1982年,第1—3页。尽管孟德斯鸠对法的精神的揭示不一定吻合明代社会律法,但不能否认,法的精神理念之于王廷相这位律法实践者而言具有某种近似性。身处好讼的社会形势,王廷相在司法方面积累有丰富实践经验,并作出了多方探索。参见王廷相:《浚川公移驳稿》(三卷),载《明清公牍秘本五种》(第二版),中国政法大学出版社,2013年,第7—54页。关于王廷相法律思想,学界相关研究付诸阙如。

② 参见海德格尔:《物》,载《演讲与论文集》,生活·读书·新知三联书店,2005年,第172—192页。相关研究参见陈嘉映:《海德格尔哲学概论》,上海三联书店,1995年,第273—284页;王庆节:《道之为物:海德格尔的"四方域"物论与老子的自然物论》,《中国学术》2003年第3期;彭富春:《什么是物的意义——庄子、海德格尔与我们的对话》,《哲学研究》2002年第3期。

席铭：朴乎，毋淫于华靡！宴乎，毋惰其肢体！昭乎，毋愧于屋漏！……

琴铭：嗟嗟！习俗难感，而古道易湮也。舜文日邈，其响果遂终绝乎？凤鸟不至，其道将不在兹乎？守之敬之，遁世无闷。

剑铭：丈夫皇皇，志在四方；维德则威，维顺则昌。

墨铭：摩顶放踵以利天下，不仁而可为乎？知白守黑以附斯文，畔道而可与乎？①

以上内容出自《室中杂物铭》，屏、枕、席、琴、剑、墨等这些"器具物"都是彼时儒者生活中常见物什，这些常见之物没有因为其日常性而被遗忘，而是参与到儒者生活意义的实现且被视为"左右前后，皆吾师也"。以物为师，为物作铭在王廷相而言首先需要一种客观认知和观察眼光，甚至需要某种专业技术，从而发现物在道中"各得其所当然之实"。对王廷相来说，他与身边之物不是消费物和消费者的关系，也不是些没有意义的"符号"，而是道的局部与一贯或显现与障蔽的相互关系。② 用现代话语来说，物的实用功能作为一种现实性存在可以被消费掉，而作为道的意义呈现则使其自身得以可能通向永恒。"在我之物"的创发就属于后一情形。与之相反的状况是，物与我无甚瓜葛，此物就是与"在我之物"相对的"身外物"。为此，王廷相指出，儒者应努力做到"大德者外物不能迁"③，就是说，"身外物"不能迁移"在我之物"。

关于王廷相如何区分知识与道德，并重视"物"的客观性，以往的研究已多有注意，兹不赘述。这里说明的是，他的确重视客观知识以及经验实践作用，然在人物关系问题上归附儒家伦理传统，故"物"之于"身"，无主客之分却有内外之别：

大抵吾人，**此身之外，皆是长物**。古达观之士，不治生，不华身，不劳己，以奉妻子。故一饮食衣服之余，视之若浮烟耳，……大丈夫疏食饮水，其乐无涯，宁肯于污浊琐屑之中，与之争较以自苦哉？④

---

① 王廷相：《室中杂物铭》，载《王廷相集》第二册，中华书局，1989 年，第 444—447 页。
② 在鲍德里亚看来，物被理解为"大写的物"，或者说是辩证唯物主义所说的"为我之物"的变种，他以之为批判西方拜物教与主体之"我"迷失的强力武器。相关研究参见尚·布希亚：《物体系》，上海人民出版社，2001 年，第 13 页以下。
③ 王廷相：《慎言·作圣篇》，载《王廷相集》第三册，中华书局，1989 年，第 761 页。
④ 王廷相：《答杨举人恺》，载《王廷相集》第二册，中华书局，1989 年，第 497 页。

"身外物"被视作长物(多余之物),"在我之物"则需"大丈夫"倍加珍视。王廷相和大多数儒者一样,向往和追求孔颜之乐。"在我之物"展现的是从物我双向互动来说明心性修养工夫,实质上未逸出理学传统范围。

从王廷相思想自身来说,"在我之物"之所以"死生不可离",是因为作为气本与气化相结合的元气灌注于"我"身上,因而在人身上呈现为"天地之美无不备具"。就此,王廷相的"在我之物"与王阳明的"山中之花"可作比较:二者共同处在于通过完善自我来把握、体认物的存在,这种存在或意义都是以物、我在世界交往中形成的而不是以主体之"我"去占有或占据客观事物。结合明代中后期社会现象来看,他们对物欲的批判性是相通的。不同在于王廷相侧重于"物"之于"我"的实践参与,王阳明更强调道德主体之"我"的主体作用。换句话说,"意之所在便是物"确有突出道德行为实践而忽视客观实在倾向,甚至使作为对象的实在之物被消融;"在我之物"与"身外物"重视的是"物"与"我"的动态平衡。

从文本情况看,王廷相对阳明心学的直接批判以如下话语为代表:

> 近世好高迂腐之儒,不知国家养贤育才,将以辅治,乃倡为讲求良知,体认天理之说,使后生小子澄心白坐,聚首虚谈,终岁嚣嚣于心性之玄幽,求之兴道致治之术,达权应变之机,则闇然而不知。[1]

此言是反对心学的虚荡,并非是学理上的内在批判。实际上,阳明学并不是王廷相批判的重点[2],相反,他的某些思想理念如肯定主体价值方面与心学倒有一致之处。只不过在肯定主体价值的同时,王廷相诉诸于圣人之教,而王阳明更倾向于认为圣人即在良知主体的心性。在"物"的理解上,王廷相与王阳明有所区别,前者侧重"物"的知识论意涵与客观面向,反对强调"物"的主观维度。

职此之故,王廷相强调"知道者"要通观"万物":

> 夫阴阳之化,杳无定端,有常气而禅者,有间气而化者,一人之世,

---

[1]　王廷相:《雅述·下篇》,载《王廷相集》第三册,中华书局,1989年,第873页。

[2]　王论跃指出王廷相对朱子学的批判比对陆王以及佛老的批判要强烈得多,这一看法有见地。或因为此,他将其研究王廷相思想的著作命名为《理学的检验:王廷相的思想》(Le néo-confucianisme mis en examen: la pensée de Wang Tingxiang (1474 - 1544), Lille, ANRT, 2006)。

不得已概睹也。惟圣人神明，**通宇宙而观物**，斯独见而不眩惑矣。[①]

　　阴阳气化为物，物表现为阴阳气化，在此过程中有“常气”“间气”之别。所以，不能因一人之见或一时之见就自以为观物知物。能够做到通观万物、万物观通，就需要心生神明或神明朗照。从认知角度上，王廷相极其反对阳明学派所说的“意之所在便是物”，强调认知万物的道理，首要任务是在“杳无定端”的变化之中认识到宇宙万物的常道。

　　饶有兴味的是，王廷相不否认王阳明的声名与成就。嘉靖十三年（1534）正月，许诰去世，六十一岁的王廷相为其撰写墓志铭。铭文中王廷相将王阳明与许诰并称（“南王北许”），足以表明其肯定态度。王廷相对阳明学有严厉批评，但不乏肯定，只是肯定得比较少，批评得不够深入。与此相比，崔铣、吕柟等对阳明学的批判强烈得多。[②]

本章小结

　　本章考察王廷相如何从气与理、气与性以及气与物等方面来批判正统化朱子学，以此不难看出，他在批判中尝试作某些有针对性的理论建构，尤其是如“理因时制宜”“凡人之性成于习”及“在我之物”等观念逐渐突破理学传统论域，这些具有突破性、创造性的看法，推动了反理学思潮以及明清儒学理论形态的更新。这是王廷相批判正统化理学的主要功绩所在。这里要指明一个思想事实，即无论是批判还是建构，王廷相都罕言“天理”，这种存而不论的暧昧态度与他对待张载的方式如出一辙。也就是说，他批判朱子学的“理”，并不等于否定“天理”。宋初理学家将“天”“理”融贯起来，确立心性之学的形上之途，由此开启儒学革新之途。明代中后期儒者要恢复理学的活力或发展出儒学新局面，同样少不了对“天理”作出新的解说。遗憾的是，王廷相似乎欠缺这方面理论自觉，对“天理”这一根本性问题的检讨比较有限。

　　本章主要考察王廷相气论对程朱理学的批判，下章进一步阐明它对明代儒学发展的贡献。

---

①　王廷相：《慎言·小宗篇》，载《王廷相集》第三册，中华书局，1989年，第790—791页。

②　黄宗羲说：“其（崔铣）诋阳明不遗余力，称之为霸儒。”参见氏著：《诸儒学案中二》，载《明儒学案》下册，中华书局，1985年，第1155页。参见 Tang Chun-i："The Criticisms of Wang Yang-ming's Teachings as Raised by His Contemporaries"，载 *Philosophy East and West*，Vol. 23，No. 1\2，1973，pp. 163 - 186。

第五章　王廷相气论思想诸面相(下)

前章已述王廷相对程朱理学的正面批判,显示出对儒学的深造自得。本章延伸探讨他对明代儒学的思想建构,旨在阐明,在王廷相气论视域下:其一,其身体观既肯认"天性之欲"又强调"克己寡欲"。其二,其礼仪观默认儒家礼仪对社会人生的规范作用,维护礼仪活动的神圣性与实践性,反对庸俗化理解与操作。其三,其生死观有超越性追求,但持守儒家的人生之乐与生命之道。

第一节　气与身体——王廷相气论视域下的身体观

儒家的心性论与身体论乃是一体之两面。"身体"既是血气、生理的身体也是心性、文化的身体。与此同时,儒家身体观或心性论往往关涉气的思想。明代儒学的心性论入于精微"牛毛茧丝,无不辨析",与此同时,气论思潮兴起并出现了理气论、心气论和气本论。学界较多关注阳明学心性论及身体观问题,相形之下,以气论著称的王廷相身体观缺乏研究。对儒家身体观或身体思想进行探求,无论如何必然关涉气论。[①] 本节对王廷相气论视域下的身体观作出说明,揭示其独特性及其内在问题。

一、"天理人欲"与"身心一体":正统化理学视域下的身体

气论传统是先秦诸子共享的思想资源,就儒家而言,孔、孟特别是孟子关于气的思想主要偏向于心性工夫与身体修养,故一般而言先秦儒家对气的理解与运用主要在道德心性领域。身体特别是肉体身体,基本上是作为

---

① 正如安乐哲所揭示的,中国古代传统中的身体被理解为一个过程,身体的特质在于"身心互渗",身心互渗要以气作为基础和通道。参见 Roger T. Ames: The Meaning of Body in Classical Chinese Philosophy, *Self as Body in Asian Theory and Practice*, State University of New York Press, 1993, p. 165。

心性修养的对象而被关照。荀子提出通过礼仪实践养身体之欲,从而"美其身"(《荀子·劝学》),这种观点与对气的客观面向和自然属性(血肉之躯、血气身体)的肯认有关。目的在于使身体礼仪化、社会化,从而达到儒家对身体的要求(合礼、得体),即所谓"礼仪化的身体"。本质上说来,荀子和孔、孟一样,并不完全认同作为肉体存在的身体。肉体化身体在先秦儒家那里被视为"养"或"化"的对象。[①]

到了宋元明时代,先秦以降儒家修身传统被定位为"身心之学""性命之道"。随着理学的正统化,肉体化身体基本被视作与天理相对峙的人欲,需加以限制、转化、贬抑或消除,与此对应的是一整套严密的心性修养工夫,用来对治人欲及其带来的不良后果,以确保儒者最终完成内在超越成就圣贤人格,并且由此呈现出不同的工夫路数与儒者气象,如程颢的"光风霁月""诚敬存养",程颐的"严毅庄重""主敬集义"。总体上,宋代之后,不仅中国社会思想性格转向内在,就连身体存在也不断被隐蔽起来。如高罗佩(1910—1967)所指出的,宋代以前开放的房中文化在宋以后逐渐衰微,就是肉身被严重压制的社会事实。[②]

理学家好谈道德品格或人生境界,这种行为可以理解为他们在探求处理和应对身心关系问题。他们通常的做法,是使肉体身体伦理化、审美化。理学家诗歌以感性方式表达了这种身体观,如程颢的《秋日偶成》:

> 闲来无事不从容,睡觉东窗日已红。万物静观皆**自得**,四时佳兴与人同。**道通天地**有形外,思入风云变态中。富贵不淫贫贱**乐,男儿到此是豪雄**。[③]

此诗为后人反复吟咏称颂,常被视为理学家道德品格或精神境界的典型表达。从身体观角度看,"男儿"即可视为作为精神修养所呈现出来的"身体"。此诗有三重意蕴,即身体的唤醒和舒适(由睡到醒)、以身体去观和思以及作为乐之体的自得身体,其中体现了身体的境界来自于身体思维与身体意识。将整首诗反过来看:乐之体是身体得以从"忙"中"闲"下来的根本原因,只有在"闲"的境况下,才会发现作为肉体的身体倒是"我"的;身体是我的,没有被褫夺(deprived),我才可能有观和思(静观)。概言之,《秋日偶

---

① 从语义学的角度看,身体的体与礼本来就有着密切关系。《礼记·礼器》就说:"礼也者,犹体也。"不少注释家使用"体"来解释"礼"。

② 参见高罗佩:《中国古代房内考》,商务印书馆,2007年,第113—258页。

③ 程颢、程颐:《秋日偶成》(之一),载《二程集》(上),中华书局,1981年,第482页。

成》蕴含了对身体多重维度的往复观照,显示出其身体意涵的丰富性。从理论上看与程颢对气作总体性肯认态度有关,对于气的形上义与形下义都有肯认,故《秋日偶成》能展现出多重身体意蕴。

在此举出张载和薛瑄的相关诗作,以形成相关性比较。张载曾赋诗:

> 阖辟天机未始休,裉衣胝足两何求。 **巍巍只为苍生事**,彼美何尝与九州![1]

此诗为送别之作,虽不是明言一己心志,亦能透露作者态度。整首诗全被"忙"所笼罩或占据,只要是为天下苍生事奔忙,肉体化身体受到损伤乃至折磨都是值得的。作为宋代理学代表人物,张载这种"为天地立心,为生民立命"的精神无疑值得肯定和褒扬,这种行为是以肉身的献出为条件,准确地说不惜以肉体化身体为代价。在张载眼中,身体以伦理的身体、社会的身体或政治的身体为其意义之所在,唯独不能取之以肉体化身体。肉身只能沦为条件或工具,为广义的伦理身体服务。他晚年有诗:

> 土床烟足绀衾暖,瓦斧泉干豆粥新。**万事不思温饱外**,漫然清世一闲人。[2]

对于肉身来说,讲求温饱就足够,不能再要求更多。诗中显现出来的"闲",其实是身心一体且自在的状态。要知道,此时的张载已退居横渠镇(今陕西眉县东部),勤于讲学和著述,一心以圣学为事。在此具体历史境遇中,肉体的舒适对身心的意义而言,只能说极其有限。张载在官复原职之前,即熙宁八年(1075)的诗歌说道:"六年无限诗书乐,一种难忘是本朝。"[3]原来诗书之乐的背后,隐藏着"得君行道"的渴求。正如王廷相所批判的:

> 乐休者,以休为乐者也。……休且不自知矣,安知夫乐? 亦有知休矣而不能乐者矣。[4]

要知"乐"必须能"休",不能"休"者妄谈"乐",这是王廷相对"乐"的态

---

① 张载:《送苏修撰赴阙》(四首之一),载《张载集》,中华书局,1978 年,第 367 页。
② 张载:《土床》,载《张载集》,中华书局,1978 年,第 369 页。
③ 张载:《老大》,载《张载集》,中华书局,1978 年,第 368 页。
④ 王廷相:《乐休图八景诗序》,载《王廷相集》第二册,中华书局,1989 年,第 412—413 页。

度。程颢的《秋日偶成》表明身体的多维度存在，要以真正能"休""闲"下来为前提，如此身体自身的多重意蕴才能逐步得到发现并被肯认。张载的身体似乎从未"闲"过，或者说，不需要"闲"（天地万物一体就是身体）。与之相比，邵雍的诗愈发显出"闲"的本真意义，他说："世上偷闲始得闲，我生长在不忙间。""身老太平间，身闲心更闲。"①"闲"不是偷来的，而是生命的长成。"闲"与"休"不是身体的额外福利，而是生活中身体应然的存在样态。

如果说邵雍的"闲""乐"只是士大夫个人身体表达，王廷相所说的"休""乐"则指向身体的社会表现。这种思考倒能反映在商业化冲击下当时社会生活观念变化，特别是俗世生活的兴盛。②对此，阳明后学体现得最为强烈，尤其是王艮（字敬止，1483—1541）之辈，明确提出爱身、安身、保身、尊身的思想。③

张载对身体的态度，与其划分天地之性和气质之性的人性观点有关。照他看来，心性身体与肉体身体应该区别对待。对此薛瑄极为认同：

> 土床羊褥纸屏风，睡觉东窗日已红。**七十六年无一事，此心惟觉性天通。**④

这首诗表明薛瑄的临终遗志，常被后世学者津津乐道。品读一番会发现，诗的前半部分几乎是对上引程颢和张载之诗的糅合。在薛瑄这里，身体已经消融为贯通天道的心性之境，已经不停留于现实的血肉之躯。

以上通过诗歌角度展现理学家身体态度。简要而言，秉承先秦儒家关注身体的心性修养传统，在天人合一语境之下，理学家所修养的身体是一个大身体，即承自《孟子》《大学》所言：

---

① 邵雍：《世上吟》《年老吟》，载《邵雍集》，第 350、355 页。

② 以上论说受到陈立胜、贡华南等论著启发，分别参阅陈立胜：《王阳明的"万物一体"论——从"身—体"的立场看》，华东师范大学出版社，2008 年，第 123—133 页；贡华南《怕：忙人之魂——开展当代心性学研究之尝试》，《学术月刊》2010 年第 11 期。落实到王廷相的生活情境，考察明代中期日常生活更有必要，可参见王尔敏：《明清时代庶民文化生活》，中央研究院近代史研究所，1996 年，第 23—40 页；陈宝良：《明代社会生活史》，中国社会科学出版社，2004 年，第 82—100 页。

③ 王艮说："身与道原是一件。至尊者此道，至尊者此身。尊身不尊道，不谓之尊身；尊道不尊身，不谓之尊道，须道尊身尊才是至善。"（《明儒学案》下册，中华书局，1985 年，第 711—717 页。）嵇文甫称其为"尊身主义"。参见吴震：《泰州学派研究》，中国人民大学出版社，2009 年，第 42—193 页。

④ 参见张伯行：《薛敬轩先生传》，载《薛敬轩先生文集》第 1 册，台湾商务印书馆，1966 年，第 4 页。此诗备受后人关注，焦竑、黄宗羲等有生动记述，分别参见焦竑：《恬适》，载《玉堂丛语》，中华书局，1981 年，第 234—235 页；黄宗羲《明儒学案·师说》，载《明儒学案》上册，中华书局，1985 年，第 3 页。

万物皆备于我。**反身**而诚，乐莫大焉。强恕而行，求仁莫近焉。

古之欲明明德于天下者，先治其国。欲治其国者，先齐其家。欲齐
其家者，**先修其身**。欲修其身者，先正其心。欲正其心者，先诚其意。
欲诚其意者，先致其知。致知在格物。物格而后知至，知至而后意诚，
意诚而后心正，心正而后身修，身修而后家齐，家齐而后国治，国治而后
天下平。**自天子以至于庶人，壹是**皆以修身为本。

这种大身体追求身心一体或心性与天道相贯通，类似于杨儒宾所说的
"四体一体"的身体，即此身是天下的中心，从而形成了"物—身（诚—乐—
恕）—仁"及"天下—国—家—身—心—意—知"的理解结构与行动体系。在
正统化理学视域下，对身体的消极理解就是严格区分天理和人欲，前者是心
性与天道相贯通的内在追求，后者就是阻碍性因素或否定性后果。也就是
说，儒家的身体观历来以"尊身""保身""养身""修身""安身立命""杀身成
仁"为核心追求，在理学家这里被突出地表现为心性修养问题。

委实如此，理学家并非要消除肉身存在。无论是程颢还是张载或薛瑄
都不是一味要"灭人欲"，否定人欲中有天理。朱熹就曾指出："虽是人欲，人
欲中自有天理。"①理学家讲"气质之性""变化气质"，包含着对肉体身体有限
度的肯定。"身心一体"的追求和"天理人欲"之说，与其说是理论上的矛盾，
不如说是同一理论的现实差异。因此，在理学家视域下不会出现像西方传
统的身心（灵肉）紧张乃至冲突。理学家不是追求"心"（"灵"）对"身"（"肉"）
的超越，而是注重身心一体的和谐，即如朱子学所指"心者，一身之主宰也"
"以其主宰一身故谓之心"②，"心"在根本上是"气之灵""气之精爽"③。

正统化理学以"天理"节制"人欲"的身体观，有其现实合理性。诚然，
"存天理，灭人欲"的论断本身也有其理论必要性和现实指向性，但它作为思
想口号所带来的社会影响也不能无视。理学家的身心修养终是为了变化气
质，而不是直接肯认气质，更不会像明清之际的思想家们（如陈确、颜元、王
夫之等）倡言从气质人欲中认取天理。如张载所言："故气质之性，君子有弗
性者焉。""为学大益，在自求变化气质。"④从这个意义上讲，张载强调知礼、

---

① 朱熹：《朱子语类》第一册，中华书局，1986 年，第 224 页。
② 陈淳：《北溪字义》，中华书局，1983 年，第 11 页。
③ 朱熹：《朱子语类》第一册，中华书局，1986 年，第 219 页。
④ 张载：《正蒙·诚明篇》，载《张载集》，中华书局，1978 年，第 23 页；《经学理窟·义理》，载
《张载集》，中华书局，1978 年，第 274 页。

习礼,其对身体的态度与先秦儒家一脉相承,都是为了对治作为人欲的身体。

实际上,王廷相在很大程度上服膺理学传统的身体观。问题在于,他批判天理和人欲二分但肯定感性人欲,主张寡欲甚至无欲。其身体观的内在纠葛就在于难以协调二者关系。在气本和气化的世界中如何安顿身心,对王廷相来说堪为重要。

二、"天性之欲"与"克己寡欲":王廷相身体观的双重维度

作为以气为本的思想家,如何面对身心问题并处理身体之欲,是王廷相必然面对的议题,其身体观内在纠葛在于既承认"寡欲"无欲"的合理性,又发现人欲的合理性,强调"天性之欲""著实处养之"的必要性。如此,"天性之欲"和"克己寡欲"的关系就需要加以交代。

如何对待"欲"的问题,在孔孟那里就有重视。孔子讲"己所不欲,勿施于人",讲"四毋"(毋意、毋必、毋固、毋我),"富与贵,是人之所欲也,不以其道得之,不处也",同时指出"饮食男女,人之所大欲存焉""我欲仁,斯仁至矣"以至提出"从心所欲而不逾矩"。从孔子关于"欲"的辩证态度,说明儒家认识到"欲"的复杂性,希望恰当处理人之欲,发挥欲之于成德成圣的积极作用,从而使仁义之心能够主导人身之欲。及至孟、荀,前者在"求放心"的视域下提出"可欲之谓善""养心莫善于寡欲"及"吾善养吾浩然之气"诸说,后者提出"人生而有欲"及以"礼"养"欲"的思想。这些命题论说,构成理学家讨论心性修养以及处理身体之"欲"的基本前提。

在宋代理学家眼中,从工夫论来说,学而为圣"最为要切",其核心环节就是做到"(人心)湛然无欲"。对此,《近思录》有说明:

> 或问:圣可学乎?濂溪先生曰:可。有要乎?曰:有。请问焉。曰:**一为要。 一者无欲也**,无欲则静虚动直。静虚则明,明则通;动直则公,公则溥。明通公溥,庶矣乎![1]

朱子门人叶采(字仲圭,生卒年不详)认为"一者无欲"就是指"纯一不杂"之心。如此之心,有所主有所定动静皆宜,"静则所存者一,人欲消尽故虚,虚则生明,而能通天下之理。动而所存者一,天理流行故直,直则大公,

---

① 叶采:《存养》,载《近思录集解》,中华书局,2017年,第134页。

而能周天下之务。"①也就是说,朱熹等所说的"湛然无欲"之心,不是如道家所讲的"绝圣弃智",也不导向佛家所言"坐禅入定",这些都是绝弃天理、悖谬人心之论。理学的心性工夫在于在未发已发中持守此"纯一不杂"之心,动静皆相宜皆得定而不失当。

《近思录》进而阐明儒家工夫论态度:

> 人心不能不交感万物,难为使之不思虑。若欲免此,惟是心有主。如何为主? 敬而已矣。②

在宋明理学工夫论传统中,二程的突出性贡献,除了指认"天理",还有就是拈出了"敬"等工夫话语,对此朱熹指出:"程子有功于后学,最是拈出'敬'字有力。敬则此心不放,事事从此做去。"③朱熹所言极是,周敦颐、张载等理学家论及"敬"的工夫,然二程对"敬"的讨论最为重要。无论是大程的"主一之谓敬"还是小程的"涵养须用敬",都显示理学"敬"论工夫对孟子"求其放心而已"及"养心莫善于寡欲"的继承发扬。

身体之"欲"作为一种非实体性存在,产生于心物交感过程,然不是说心物交感产生的都是"欲"。孟子提出"养心莫善于寡欲",是要儒者认识到人心不能逐于物欲,丧失了自身的主体性、主导性、主动性。周敦颐认为孟子所言不彻底,因而提出"无欲故静"的观点,有点类似道家的"致虚极,守静笃"。这与二程重视"敬"的工夫有所差别。应该看到,"欲"的多样形态在宋明理学这里并没有被完全抹除,换言之,不能用"人欲"来遮蔽儒家关于"欲"的理解。因此,需要甄别"欲"的两种语境:一是"人心"和"欲",一是"天理"和"人欲"。从思想史角度看,前者是主流,从理论逻辑角度看,后者是前者论题之一,但不能过分突出后者或以后者代替前者。

《近思录》将周敦颐"无欲"之论置于存养工夫的重要位置,并不是说朱熹及其后学要使人心归于寂灭,而是强调"无欲则静虚动直",做到动静皆相宜皆得定而不失当。在"欲"的问题上,朱子学显然多取于二程"敬"论,而非周敦颐的"静"说。王廷相的工夫论话语多承自《近思录》。学而为圣贤,不能不重视"寡欲""无欲"。《慎言》有两则典型材料:

---

① 叶采:《存养》,载《近思录集解》,中华书局,2017年,第134—135页。
② 叶采:《存养》,载《近思录集解》,中华书局,2017年,第150页。
③ 叶采:《存养》,载《近思录集解》,中华书局,2017年,第151页。

> 　　**人心澹然无欲**，故外物不足以动其心，物不能动其心则事简，事简则心澄，心澄则神，故"感而遂通天下之故"。**是故无欲者，作圣之要也。**①
>
> 　　无我者，圣学之极致也。学之始，在克己寡欲而已矣。**寡之又寡，以至于无**，则能大同于人而不有己矣。虽天地之度，不过如此。②

　　"人心澹然无欲"一段开头，就表明王廷相继承了程朱理学关于人心与欲的主流观点。"寡欲"被认作为学之始，"无欲"被视为"作圣之要"，由"寡欲"到"无欲"成为成圣工夫途径。"无欲"即无一己之私欲，成就道德领域中的大公。上述两段表述，说明王廷相服膺理学"寡欲""无欲"的成圣工夫。作为儒者个人修养，"无欲"是值得追求和实践的。这里的"欲"是指一己私欲。也就是说，"无欲"必定归于"大公"，以至达成"无欲""无我"的境地。"寡欲"就是达到"无欲"的必要途径。委实如此，"寡之又寡，以至于无"的论述方式显然取法于道家。

　　在心性工夫问题上，对治人欲固然重要，但过分强调人心虚静容易流于佛老之途。即使是以识得良知为主宰的阳明心学，追求本体工夫的统一，强调良知本体即在于致良知工夫。天泉证道中，王阳明指出"四句教"为良知学宗旨，不可轻言"无善无恶"之心体，而要反复强调"为善去恶"的工夫：

> 　　人有**习心**，不教他在良知上实用为善去恶的工夫，只去悬空想个本体。一切事为俱不着实，不过养成一个虚寂。此个病痛不是小小，不可不早说破。③

　　在阳明后学群体，四句教引发的论争旷日持久，但王阳明这里强调良知本体与致良知工夫的一贯。良知学不是教人一心静坐玄想，玩弄光景。在王廷相看来，心性修养必须指向现实实践，落到实处，即"于实践处用功，人事上体验"。正因如此，他后期对"寡欲""无欲"的态度有所转变。《雅述》指出：

> 　　儒者以虚静清冲养心，此固不可无者，若不于义理、德性、人事，**著**

---

① 王廷相：《慎言·见闻篇》，载《王廷相集》第三册，中华书局，1989年，第773页。
② 王廷相：《慎言·作圣篇》，载《王廷相集》第三册，中华书局，1989年，第764页。
③ 王守仁：《语录三》，载《王阳明全集》上册，上海古籍出版社，1992年，第118页。

实处养之,亦徒然无益于学矣。故清心静坐不足以至道,言不以实养也。……后儒独言主静以立本,而略于慎动,遂使孔子克己复礼之学不行,而后生小子以静为性真,动为性妄,流于禅静空虚而不自知,悲哉![1]

身心要以实养,不能仅靠虚守其心,割裂动静,"独言主静"不符合儒门为学宗旨。所谓"实养"就是实做其事。"著实处养之"包括"义理""德性""人事"等方面。王廷相特别重视"实践处用功,人事上体验",反对以主静为本,主张"动静交养,厥道乃成""克己复礼之学"[2]。由"寡欲""无欲"转向"实养""动静交养",就是要针砭时弊、对症下药。为此他一再申论:

且性者,合内外而一之道也。动以天理者,静必有理以主之,动以人欲者,静必有欲以基之。静为天性,而动即逐于人欲,是内外心迹不相合一矣,天下岂有是理![3]

与正统化理学区隔天理人欲、追求道德原则的优先性有所不同,在王廷相这里,理欲关系不是紧张对峙,而是成就人性之所需,即既要"有理以主之",还需承认"有欲以基之"。这就将道德原则和人伦实际统合起来。天理是"主",人欲是"基"。"有欲以基之"的"欲",与上述所说"无欲"的"欲"不能等同视之,前者指人所共有的基本生理欲求,后者指"一己之私"意义上的贪欲。

上述引文"性者,合内外之道"说法源于《周易·系辞》。程颢曾点出:"'敬以直内,义以方外',合内外之道也。"[4]张载则说:"性通乎气之外,命行乎气之内,气无内外,假有形而言尔。"[5]二者都主张性或道合乎内外,王廷相特地加上"而一",就是要指明性与道需达成一致、保持一致,理与欲不能分离、隔离。由此可见,关于性的问题,他着重强调内外合一、动静交养、理欲统一。

未发(静)、已发(动)必须保持一致性,不能说未发之静是全然天理,已发之动就坠于人欲。王廷相强调,人性既要"有理以主之"需承认"有欲以基之",这就是对身体存在的最大程度肯定。这种肯定"欲"的合理性思想,闪

① 王廷相:《雅述·上篇》,载《王廷相集》第三册,中华书局,1989年,第833、846页。
② 王廷相:《雅述·上篇》,载《王廷相集》第三册,中华书局,1989年,第857页。
③ 王廷相:《雅述·上篇》,载《王廷相集》第三册,中华书局,1989年,第853页。
④ 程颢、程颐:《明道先生语一》,载《二程集》(上),中华书局,1981年,第118页。
⑤ 张载:《正蒙·诚明篇》,载《张载集》,中华书局,1978年,第21页。

现出从人欲中见出天理的新理欲观动向,从思想性质上,可以说与陈确的"人欲恰到好处即是天理"以及王夫之的"随处见人欲,即随处见天理"等同调。

将"天性之欲"融入"人心"的提法,是王廷相身体观的闪光点:

> 性之本然,吾从大舜焉,人心惟危,道心惟微而已。并其才而言之,吾从仲尼焉,性相近也,习相远也而已。恻隐之心,怵惕于情之可怛;羞恶之心,泚颡于事之可愧,孟子良心之端也,即舜之道心也。口之于味,耳之于声,目之于色,鼻之于嗅,四肢之于安逸,**孟子天性之欲也,即舜之人心也**。[①]

《黄帝内经》《白虎通》等较早探讨身体之气与五脏五官的关联,指出口耳目鼻舌之所以能开显其功能,乃在于五脏(心肝脾肺肾)之"气"通畅的结果,这些观点在汉代社会已经成为身体观的基本观点。王廷相不注重论述气的作用与五官的关联,而是将孟子所说的口耳目鼻等人身之自然功效,说成是"天性之欲",并作出"孟子天性之欲也,即舜之人心也"的判断。把"人心"与"天性之欲"结合起来,与前文所说"人心澹然无欲"有所不同。从文本看,《孟子》的原文是说,口耳目鼻四肢是身体之窍,以这些东西外求于事物,其满足与否不取决于身体本身,相反,仁义礼智内在于心性,是可以且必须把握的,具有根身性特点。王廷相对此进行改造,将孟子批判的身体之欲视为"天性之欲",较大地提升了"人心"的地位,以至于提出"人心、道心,即天赋也。人惟循人心而行,则智者、力者、众者,无不得其欲矣"[②]。也就是说,作为"天性之欲"的"人心",是人身之所同然,必须得以实现,而不是加以妨害或压制。这就把孟子之言引入荀子一路,有援孟入荀的特点。后来戴震亦有此特点。

在王廷相思想话语系统中,与"天性之欲"相类似的,尚有"天性之知"等说法。这些说法体现一个理念,即不再以天性论性之善恶,而以习性论性之善恶。相应地,所谓天理、道心,就必须从人欲、人心中去寻求。与此相比,王阳明强调心之于身的主宰发动作用,即所谓开"心窍"。阳明学论及一气流通之于身心发窍的根本性作用,阳明后学如王艮、罗汝芳等更深入地肯认

---

① 王廷相:《慎言·问成性篇》,载《王廷相集》第三册,中华书局,1989年,第766页。

② 王廷相:《慎言·御民篇》,载《王廷相集》第三册,中华书局,1989年,第784页。

了"形气之身"的存在意义。①

简言之,王廷相身体观的纠葛,在于肯认"天性之欲"即身体的合理需求,却不能肯认从中见诸"天理"的可能性,而是希冀于通过"圣人之教"来处理"人欲",以求达到"寡欲""无欲"。这些做法局部缓和了天理和人欲的紧张关系,却仍以天理为最高标准,显示了明清时期中国思想启蒙的坎坷道路,即新的突破旧的,同时死的拖住活的。

三、"正其人心"与"理其人情":王廷相身体观的现实诉求

作为心忧时局的儒者,王廷相对国家社会问题并未停留于现象描述,而是对事势(时势)的认识深入到人本身,注重人与势的相互作用,以此表达了身体的社会实践维度。他提出两个重要观点:其一,"人心之所趋向,事势由之变更。"其二,"平其势,在理其人情。"对"人心""人情"与"事势"关系的讨论,充分体现了王廷相身体观的现实诉求,即由一己之身体延展到社会之身体(人心与人情),并以此解读甚至解决国家社会问题。

从正德三年(1508)被贬亳州判官,到嘉靖七年(1528)任兵部右侍郎,王廷相在地方任职廿载,先后在亳州(判官)、高淳(知县)、山西(巡按)、北畿(督学)、赣榆(县丞)、宁国(知县)、松江(同知)、四川(先后任提学金事和右副都御史)、山东(先后任提学副使与布政司右布政使)、湖广(按察使)等地从事司法、行政、教育、军政等事务,后期开始在两京(两都)担任朝廷重要职务。可以说,履职所行之处就是王廷相践行其儒家理念的大身体。因此,他视国家形势和社会时局犹如身体之大痛痒。对此,《雅述》有重要表述:

> 今国家大可忧者有二,及今时犹可为,**久则人心不易改,事势不易回**,用力多而成功难矣,何也?今之所急者,**莫急于宗室繁衍而禄糧不足以给,莫急于边备废弛而士卒日以骄悍**。二者,其不可为之势已形兆矣。幸纪纲未坏,当事之臣犹得以藉手,若能达于事机,处置适宜,足以服其心而顺其事,则宗室可安,边防可固,人心复古,如反掌耳。不然,日益不为,势积变成,岂不大可忧乎?②

就明代中期社会政治实情而言,这段关于"今国家大可忧者有二"即宗室人口问题和边备废弛问题的看法切合实际,且有一定预见性。以上引文

---

① 可参见陈立胜:《宋明儒学中的"身体"与"诠释"之维》,商务印书馆,2019年,第3—180页。
② 王廷相:《雅述·下篇》,载《王廷相集》第三册,中华书局,1989年,第874页。

相当于朝臣奏议,本应上呈嘉靖帝,然王廷相把它放在《雅述》,想必也是一种政治谨慎的体现。《雅述》辑成之际(嘉靖十七年四月,该书于同年十月付梓),王廷相身居朝廷要职,担任兵部尚书兼都察院左都御史掌院事,且刚刚担任殿试读卷官。将重要政见置于私人著述,而不是作为奏章直接呈送天子,符合他一向谨言慎行作风。换个角度看,可能也是无奈之举,彼时嘉靖帝以一己之身体为务(修炼升仙),置天下这个大身体于不顾。

对于国家边备之事,王廷相理应有发言权。嘉靖七年(1528)三月,时年五十五岁的他升为兵部右侍郎,履任新职主要任务之一,就是督修延、绥、宁(今陕西、宁夏一带)边防。到任后,通过实地访察他向朝廷呈上《阅视陕西延宁边防题本》,着重指出边事懈驰、储饷缺乏、北虏渐盛是为边务三件大事,提请朝廷要予以重视及解决。至于宗室人口问题,万历时期徐光启(字子先,1562—1633)即指出,洪武到万历的几个时期内,宗室人口每三十年增加两倍。[①] 王廷相去世这一年(嘉靖二十三年,1544),仅宗室禄米一项就占到全国田赋收入的三分之一,故上述所言有相当强的针对性和预见性。

王廷相颇有见地地提出国家大可忧之二事,体现出对事势的准确理解和远见卓识。"久则人心不易改,事势不易回",说明人心对事势有重大导向作用,换句话说,人心所向关联着事势的变更,为此他指出:"且夫人心之所趋向,事势由之变更。"[②]这是站在"人心"的角度看"事势",突出"人心"的社会作用。

人心落实到民众身上就是民心,因此当政者要特别重视民心所向。《雅述》这样阐述人心和事势的相互作用:

> 或曰:"危乱之来,在正人心。"王子曰:"危乱乃积势而然。治不遽治,乱不遽乱,渐致之也。斯时也,人心**为积势夺者多矣**。……夫危乱有几,预见而能返之,使人心固结而不变,此善致治者也。势已抵于危乱,非素负节义、才足拨乱者,不能返。**及变而始正人心,儒之迂者乎!**"[③]

这里揭示出人心可为积势所夺的问题,反过来说,不只是人心决定时势(事势),事势反过来会影响或把控人心。面对危乱之势,就不能再求之于正人心之举,而要坚决采取足以拨乱的方式。如嘉靖十二年(1533)七月大同兵变,升任左都御史不久的王廷相主张剿灭叛乱,主张以"重立赏格"的办法

---

① 徐光启:《论说策议·处置宗禄查核边饷议》,载《徐光启集》上册,上海古籍出版社,1984年,第13—15页。
② 王廷相:《雅述·下篇》,载《王廷相集》第三册,中华书局,1989年,第875页。
③ 王廷相:《雅述·下篇》,载《王廷相集》第三册,中华书局,1989年,第888页。

来鼓动民心士气。① 一般而言,"正人心"是明代中期儒者治理地方社会一般措施。人心具有隐微和变动的特点,这就意味着使"人心得其正"充满困难。王廷相重视"人心"特别是看到"人心"和"社会""事势"的复杂关系,为此,他一方面立足于社会事势,肯认"人心"的可教之处,主张利用人心的社会性、功利性;一方面指出事的目的在于顺应人心、成全人心。

在理学话语体系中,"人心"与"道心"对应存在,"人心""人欲"往往被视为"天理"的对立面。王廷相所说的"人心"其含义不同于此,准确地说,主要是指人人所共有的社会文化心理。与此相关,"人情"是人的社会情感与社会需要。为了深入把握重"人心",王廷相提出重"人情"的说法:

> 世变有渐,若寒暑然,非寒而突暑,暑而突寒也。圣人拯变于未然,在平其势而已矣。**平其势,在理其人情而已矣。**②

圣人的重要之处,在于使不合理之势得到平服,让社会事势有利于社会各类人群的需要。这里说的"平其势"和张载所说的井田制"均平"理想似乎一致。由"平其势"到"理其人情",王廷相将理学家所说的"理",创造性地寓于社会现实的"人情"来予以规定,故指出:"礼者情也,礼不同而情同。""夫天下之势,达乎民物之情,则文之质具矣!"③

将"人情"理解为社会发展状况,不再局限于一己之私的道德情感,这种思想在正统化理学时代很难被广泛认同。王廷相强调,"人情"需要"理"的节制,但"理"偏向于"人情"是内在必然趋向,而不是外在的"天理"。

如果将以上"平其势""理人情"的说法,与戴震相关话语联系起来看,不难发现存在相通之处。《孟子字义疏证》开篇明言:

> 天理云者,言乎自然之分理也;自然之分理,以我之情絜人之情,而无不得其平是也。④

---

① 参见王廷相:《请定剿捕大同叛军赏格疏》,载《王廷相集》第四册,中华书局,1989 年,第1348—1349 页。其理由是叛军"违天逆理,法所不贷",他指出:"但始发之时,人心未定,但为凶党迫挟,各顾身家,未敢即动;持久事急,中自生变,此必至之势也。臣以为城中各卫指挥千户百户等官,受朝廷之禄,传父祖之职,决无从逆之理。"此疏反映了王廷相处理突变事宜的政治态度。

② 王廷相:《雅述·上篇》,载《王廷相集》第三册,中华书局,1989 年,第 835 页。

③ 王廷相:《王廷相集》第二册,中华书局,1989 年,第 403,419 页。

④ 戴震:《孟子字义疏证》,中华书局,2008 年,第 2 页。相关研究参见孙邦金:《乾嘉儒学的义理建构与思想论争》,中国社会科学出版社,2018 年,第 86—120 页。

与王廷相所论相比,戴震对于"天理""分理"和"人情"的论述更为鲜明,然就思想性格而言,二者无多大差别。其显著不同,在于前者尚未明确提出"天理"在于"人情",这正是其思想纠葛之所在。也就是说,天理虽被搁置不论,圣人却得到高度推崇与彰显,在王廷相眼中,圣人几乎成为一切的保障。然而,即使是圣人,在现实实践中必须要有"位"的保障。

不论如何,在王廷相的理想中,圣人能做到"平其势""理人情"。封建制也好郡县制也罢,都可以为圣人所用:

> 或问封建,王子曰:"圣人在位,封建可也,郡县亦可也。"曰:"圣人不常有,请以法守之。"曰:"诸侯权力足以乱,汉诸王可睹矣。……封建何为哉?"曰:"三代御世之良法也。"曰:"三分有二,周之得商也久矣,成、康再世而诸侯不王,言天子权主之大善得乎? 上无明主,统之不易,乌能如郡县之眇哉? 唐之方镇犹逆命自强,况封建乎? 有天下欲图民之安而治之易,虽不封建可也。"(问:)"儒恶秦郡县,私也?"(王)子曰:"**势也,非秦也。** 虽一人之私也,天下之民利之,则天下之公也。 秦之蔑德不与焉。"①

上述看法,柳宗元的《封建论》大体已论及②,其中有两点仍值得讨论:其一,《封建论》重点在于论说"封建非圣人之意也,势也"。与之相比,王廷相更重视"封建"和"郡县"的共性,认为二者只是一时之势的表现,"封建不行"是为"势不容已"的结果。既然"封建""郡县"都有"可"的方面,为何不兼取二者以形成更好的制度? 后来顾炎武(字忠清,1613—1682)"寓封建之意于郡县之中"③的思想即有此义。从此角度看,王廷相所谓的"圣人在位,封建可也,郡县亦可也",其意思很明确:事势必得于善治,善治必赖于圣君。问题在于既然"圣人因时",圣人不得其时该如何,还有严重的问题,即法被置于圣人之下无法独立。从这个意义上说,王廷相认可的是圣人之治而不是法治。

更重要的是其二,王廷相直接将"一人之私"和"天下之公"关联起来,这是对柳宗元相关说法的推进,即所谓"虽一人之私也,天下之民利之,则天下

---

① 王廷相:《慎言·保博篇》,载《王廷相集》第三册,中华书局,1989年,第797—798页。
② 参见侯外庐等编:《柳宗元哲学选集》,中华书局,1964年,第7—10页。
③ 顾炎武:《郡县论一》,载《顾亭林诗文集》,中华书局,1983年,第12页。

之公也"。① "一人"原指君王,君王能不能换成任意一人或一类人,就关系到这种"公私观"的适用范围及其理论意义。仅从王廷相思想理路来看,很显然"一人"只能指"君王",相应地,公私之辩即在于"利"(生存)的达成。② 事实上,这种表达形式对后世儒者的影响比较深远。如顾炎武的"合私成公"论就是一个有力证明。③ 也就是说,王廷相的公私观有这样一层意蕴,即"公""私"因事势(时势)的作用,有可能不再绝然对立,或基于此,他提出"守道以御时,因势以求治"的政治观点。这一观点的根本,在于承认事势与时势的不可逆性、不可违性,就是"势之所必然者"。

王廷相以上对"势"的阐发,是否比柳宗元所论更有理论说服力,还有待讨论。思想史的发展表明,明清之际王夫之、顾炎武等儒者加深了气论与社会历史发展之间关系的探讨。王廷相彼时仍是从传统社会精英阶层角度来看待社会政治及历史问题,故他特别强调圣治的作用功效,这些做法并不符合当时社会发展的大势及其要求。明代中期社会的商业化行为和奢侈之风盛行,这些事势在王廷相眼中只是浮躁风气或"奔兢于利"的习气。实际上,这些"风气""习气"所蕴含的新观念及时代精神,不能就此一概否定。

同样类似的社会现象,在近代中国"开风气"之先的龚自珍(字瑢人,1792—1841)眼中就不同。《江左小辨序》指出:

> 有明中叶嘉靖及万历之世,朝政不纲,而江左承平,斗米七钱,士大夫多暇日,以科名归养望者,风气渊雅。……俗士耳食,徒见明中叶气运不振,以为衰世无足留意。其实尔时**优伶之见闻,商贾之气习,有后世大夫所必不能攀跻者**,不贤识其小者,明史氏之旁支也夫?④

龚自珍认识到明代中后期这种社会变化的积极意义,不只是看到一些

---

① 柳宗元说:"秦之所以革之者,其为制公之至大者也,其情私也,私其一己之威也,私其尽臣畜于我也。然而公天下之端自秦始。虽一人之私也,天下之民利之,则公天下也。"参见侯外庐等编:《柳宗元哲学选集》,中华书局,1964 年,第 10 页。

② 吕坤《势利说》对势、公、利的讨论值得注意,参见林文孝:《力与公正——关于吕坤的全体生存构想》,载《中国的思维世界》,江苏人民出版社,2006 年,第 132—193 页。该文题目翻译不够准确,"力与公正"或应该译为"势、利与公正"。

③ 顾炎武说:"圣人者因而用之,用天下之私,以成一人之公而天下治。"参见氏著:《顾亭林诗文集》,中华书局,1983 年,第 14 页。此外,李贽有"人必有私"观及黄宗羲对"公、私"的讨论。扩展研究参考陈乔见:《公私辨:历史衍化与现代诠释》,生活·读书·新知三联书店,2013 年,第 140—190 页。

④ 龚自珍:《龚自珍全集》,中华书局,1959 年,第 200 页。相关研究参见傅衣凌:《从中国历史的早熟性论明清时代》,载《明清社会经济变迁论》,中华书局,2007 年,第 201—209 页。

社会风气或习气。他并不认为彼时是衰世,警惕"气运不振"的一般化观点,相反,"优伶之见闻,商贾之气习,有后世大夫所必不能攀跻者",即是说不能以"士大夫"贬低"优伶""商贾"。作为主张复古宗经的儒者,王廷相很难认同"优伶""商贾"的身体实践及其积极意义。

至此,"人心""人情"被王廷相视为解决事势问题的关键,从一己之身体推扩开来,对社会化身体、政治化身体作出儒家式理解和规定,但他所说的"人心""人情"绝对不包括"优伶""商贾"之流,而只能是遵从圣王教化之下的"人心""人情"。这些关于身体社会化理解和规定,与其个人身体修养方面亦步亦趋的态度形成一致,也存在某些反差。王廷相身体观就具有这种复杂性乃至矛盾之处,但对社会发展客观事势(时势)及其人心、人情的重视,在明清儒学范围来看已属不易,其注重社会实践的气论思想无疑值得肯定。

此处可借助法国思想家布迪厄(1930—2002)的相关论说展开一点讨论。"习性"是布迪厄社会学理论的核心要素,"习性"与"身体""场域"等概念一起构成社会世界及其秩序、意义与实践的可能。在布迪厄看来,习性是身体化的意向、历史性的沉淀以及生成性的母体,几乎关涉日常生活实践的全部内容。换句话说,习性不仅不是人性痼疾,且不是习惯或习气所能取代的。习性是历史的实践活动,也是现实实践的前提;习性是"体现在人身上的历史",是实践的全部状态。作为实践感的表现,故处于现实制度中的人无法豁免。以此,从习性到习俗直接指向身体实践。布迪厄与宋明儒站在不同角度对习性作出截然不同的阐释,前者主要是从西方现代公民社会立场作出讨论,后者主要就中国传统儒者士大夫修身问题而言。王廷相所讲的"人心""人情",转进为戴震意义上的"以我之情洁人之情",更能彰显身体实践的社会习性及其积极作用,而非只诉诸于圣王之教或圣王之治。

第二节　气与礼仪——王廷相气论视域下的礼仪观

王廷相贬斥宋明诸儒对儒家礼仪经典的随意注解,主张复归孔子《六经》之道,强调要宗于六经大义。他十分注重发挥儒家礼教的社会规范作用,维护礼仪活动神圣性,强烈反对庸俗化理解与操作。正是抱此信念,王廷相礼仪观及其礼仪实践活动,在明代中后期儒学光谱中闪现出自身特色。

一、"圣人制礼"：礼仪为社会规范

先秦儒家即形成重视礼教的传统，孔子自觉接续周公"制礼作乐"精神及传统，重视恢复和发扬周礼之治。《论语·八佾》倡言："周监于二代，郁郁乎文哉，吾从周！"①孔子告诫儿子孔鲤(字伯鱼，前532年—前481年)："不学《礼》，无以立。"②儒家"六经"之中，礼经居其一。礼经包含《仪礼》《周礼》及《礼记》。《史记》指出"《礼》以节人"，就是说礼的主要功用在于节制人的行为，明定社会身份及交往规则，宣布圣王之教，彰显圣王之治。故《礼记·曲礼》说："夫礼者，所以定亲疏，决嫌疑，别同异，明是非也。"③《礼记》还有《王制》篇，解说儒家推崇仁义之道和王者之制，涉及分封、职官、爵禄、祭祀、丧葬、刑罚、奖赏、选贤、教育、生态等规章制度和礼仪规范，宣扬"天地生君子，君子理天地"的礼治观念。

梁漱溟指出，中国数千年风教文化之所形成，周公与孔子之力最大，其最重要贡献就是"礼乐制度之制作"及其传续发展。④ 此论诚可信从。如果说贯彻忠孝仁义的天道天理是儒家安顿人心、整治社会的核心理念，《中庸》所言"礼仪三百，威仪三千"等便是其行为规范。这个意义上说，礼就是缘饰化的生活。《礼记·礼运》载述孔子之言：

> 夫礼，先王以承天之道，以治人之情，故失之者死，得之者生。……是故夫礼，必本于天，肴于地，列于鬼神，达于丧、祭、射、御、冠、婚、朝、聘。故圣人以礼示之，故天下国家可得而正也。⑤

孔子及儒者认为，礼的原则是顺乎天道、导乎人情。本乎仁义之道的礼仪规范是安排人类社会生活及精神生命的必然选择。《史记·礼书》指出圣人"缘人情而制礼，依人性而作仪"。《论语》说"人而不仁，如礼何"。"仁"与"礼"相辅相成，是为儒家根本大法。及至孟子，高举孔子仁义之道，发扬"尽心知性""存心养性"的调适上遂道路。荀子特重礼制，指出信仰礼、遵从礼、践履礼是儒者的内在使命，是儒行的根本要求。站在礼学传统角度看，荀子

---

① 程树德：《论语集释》，中华书局，1990年，第182页。
② 程树德：《论语集释》，中华书局，1990年，第1169页。
③ 孙希旦：《礼记集解》，中华书局，1989年，第6页。
④ 梁漱溟：《中国文化要义》，载《梁漱溟全集》第三卷，山东人民出版社，1989年，第103—105页。
⑤ 孙希旦：《礼记集解》，中华书局，1989年，第584页。

对礼的思考与贡献怎么肯定都不过分。然也要看到,礼本身随着时代变化有所损益,孔子指出:"殷因于夏礼,所损益,可知也;周殷于殷礼,所损益,可知也。其或继周者。虽百世,可知也。"[①]关于礼之变革损益的问题,到荀子这里有了更加深入探讨。

荀子主张"文理情用,相为内外表里"的原则,认为礼仪规范应与人的自然性情相协调统一,即所谓"称情而立文"。最完善的礼能够做到"情文俱尽",兼顾人的性情与礼仪规范达到高度和谐统一。《荀子·礼论》云:

> 凡礼,始乎梲,成乎文,终乎悦校。**故至备,情文俱尽**;其次,情文代胜;其下,复情以归大一也。[②]

礼的最完善最理想的程度是"情文俱尽",即礼之形式深度契合于人情内容,进而形成良好教化,其中当然要考虑到"人情""礼制"不协调问题。为此,礼的培养教育十分重要。从礼教来说,圣与凡并无本质区别,人人具有通过礼仪教化成为圣人的可能性。圣人可学而致是荀子礼学思想的核心观点。荀子反复论说"学""习"之于"礼"的重要性。

从中国礼仪传统的漫长过程来看,礼治体系的形成主要是在汉代。两汉四百多年的重要成就之一,就是在统治集团推动下确立了一整套礼制体系及其礼治秩序。从汉高祖立国到文景时期是汉代礼治孕育时期。从汉武帝到昭帝宣帝时期是其逐步确立时期,以董仲舒的出现为起点,以石渠阁经学会议为标志,《礼记》的流行盛传成为文化事件。及至东汉章帝时期,白虎观会议及《白虎通义》问世,基本确立了一套以儒家教义为核心而服务于汉朝统治的礼治体系及意识形态。由此,以礼学为核心的汉代经学体系林立,蔚为大观。清人皮锡瑞(字鹿门,1850—1908)说:"经学自汉元、成至后汉,为极盛时代。"[③]此言不虚。唐代经学及礼学基本是在汉代基础上有所损益而已。

及至理学在唐末宋初振兴,儒者们致力于从义理上回应佛老挑战,与此同时,在社会日用常行方面重视礼制建设及其对人间秩序的重整作用。一般认为,以宋初三先生为肇始,传衍至张载、二程等人,逐渐形成"以礼立教""以礼为教"的传统。从整个社会状况看,宋代礼制一大特点是所谓"礼下庶

---

① 程树德:《论语集释》,中华书局,1990年,第127页。

② 王先谦:《礼论篇第十九》,载《荀子集解》,中华书局,1988年,第355页。

③ 皮锡瑞:《经学历史》,中华书局,1959年,第101页。

人",即随着庶人社会地位提高,要求获得与之相适宜的礼仪权益,礼的变革损益成为必然要求。① 另外,宋室南渡之后,礼崩乐坏现象更加严峻,这就要求理学家深入思考礼的相关问题。对此朱熹疾呼:

> 圣人事事从手头更历过来,所以都晓得。而今人事事都不理会。**最急者是礼乐。** 乐固不识了,只是日用常行吉凶之礼,**也都不曾讲得。**②

面对上述现实状况,朱熹感到痛心疾首,他一生都坚持礼的教化与实践。从宋明理学视域看,朱熹是理学思想的高峰,也是儒家礼学思想代表人物。特别是对宋元以降儒家来说,朱子礼学思想及其实践产生了深远影响。譬如《朱子家礼》,逐渐成为传统社会从上自下礼仪实践活动的重要范本。

朱熹礼学思想以《仪礼》为本经,考证注重义理,强调因时因地制宜,既有对宋代礼学思想的继承批判,也是其参与政治、社会生活的反映,具有鲜明的时代特征和个性。针对儒门突出《礼记》而忽视《仪礼》的行为,朱熹给予批判:

> 《仪礼》,礼之根本,而《礼记》乃其枝叶。……《仪礼》是经,《礼记》是解《仪礼》。③

就此,王廷相指出:

> 《仪礼》乃圣经,而《礼记》多出于汉儒之杂故也。④

朱熹强调《仪礼》,编撰了《仪礼经传通解》,实际上是强调礼仪实践要有根本理据,不能不因时因地制宜,"今士人只读《礼记》而不读《仪礼》,故不能见其本末。"⑤朱熹这些礼学思想,对宋元明理学产生了重要影响。王廷相亦在其列。如上所引,甚至有抬高《仪礼》而贬低《礼记》的倾向。

明朝开创者朱元璋(字国瑞,1328—1398)"起自寒微",经过艰辛奋斗最

---

① 参见陈戍国:《中国礼制史·元明清》,湖南教育出版社,2011年,第157—461页;杨志刚:《中国礼仪制度研究》,华东师范大学出版社,2001年,第195—204页。
② 朱熹:《朱子全书》第拾伍册,上海古籍出版社、安徽教育出版社,2002年,第1335页。
③ 朱熹:《朱子全书》第拾柒册,上海古籍出版社、安徽教育出版社,2002年,第2888—2889页。
④ 王廷相:《答刘远夫论丧礼书》,载《王廷相集》第二册,中华书局,1989年,第511页。
⑤ 朱熹:《朱子全书》第拾柒册,上海古籍出版社、安徽教育出版社,2002年,第2888页。

终成就帝业。元朝统治的失败殷鉴不远,促使明太祖注重礼制建设。对此,《典故纪闻》有载:

> 太祖尝谓廷臣曰:"古昔帝王之治天下,必定礼制,以定贵贱,明等威。……**贵贱无等,僭礼败度,此元之失政也。**"①

清人官方著作《明史·礼志一》的载述更为详实:

> 明太祖初定天下,**他务未遑,首开礼乐二局,**广徵耆儒,分曹究讨。……二年诏诸儒臣修礼书。明年(1370)告成,赐名《大明集礼》。其书准五礼而益以冠服、车辂、仪仗、卤簿、字学、音乐,凡升降仪节,制度名数,纤数毕具。……永乐中,**颁文公《家礼》于天下,**由定巡狩、监国及经筵日讲之制。……至《大明会典》,自孝宗朝集纂,其于礼制尤详。②

明初胡广(字光大,1369—1418)等修撰的《明太祖实录》,载有朱元璋之言:

> **人之害莫大于欲,**欲非止于男女、宫室、饮食、服御而已,凡求私便于己者便是也。然**惟礼可以制之。先王制礼,所以防欲也。**……故循礼可以寡过,肆欲必至灭身。③

以上三则文献,可以说明明初统治者对礼的重视程度及思想理念。明代最高统治者弃元礼不用,而是上承汉宋直导先秦,擘划有明一代礼制,将礼制政治作用推举到新高度。或因如此,明太祖治国手段霹雳残酷,儒生们对其仍抱有特殊情感寄托,甚至将其视为圣王的化身。王廷相就是其中一员。

明太祖大力推崇孔子及儒家礼制,得到王廷相高度评价,以致提出"王者立太祖"的政治主张。嘉靖十五年(1536),他作为随从官员前往拜谒明代先王陵墓,赋有诗云:"父老道旁呼万岁,圣人真与物同春。""想像文皇旧时事,至今神武照人间。"④这些恭维嘉靖帝之词,表露出追慕明太祖之义。

---

① 余继登:《典故纪闻》,中华书局,1981 年,第 36 页。
② 张廷玉等撰:《礼志一》,载《明史》(五),中华书局,1974 年,第 1223—1224 页。
③ 胡广等撰:《明太祖实录》,中央研究院历史语言研究所,1962 年,第 2009 页。
④ 王廷相:《丙申扈从谒陵歌(十首)》,载《王廷相集》第三册,中华书局,1989 年,第 909 页。

二、《丧礼备纂》:礼仪为养生送死

在儒家,圣人制礼作乐无非是为了整治人间秩序,安顿社会生活,教化一方民众,和谐社群关系。《礼记·昏义》说:"夫礼,始于冠,本于昏(婚),**重于丧、祭**,尊于朝、聘,和于乡、射,此礼之大体也。"①儒家之礼大体围绕人的生命展开而布局,是为人立身处世的依据和行为活动准则,其中丧葬祭祀被认为极其重要。以至于先秦儒家反复指认:

> 子曰:"生事之以礼,**死葬之以礼,祭之以礼。**"②
> 践其位,行其礼,奏其乐,敬其所尊,爱其所亲,**事死如事生,事亡如事存**,孝之至也。③

"事死如事生,事亡如事存"是儒家生死观核心理念之一,体现为丧葬礼仪的基本理念。礼仪的缘饰要合于身心表现。丧祭之礼的根本在体现人的哀戚、敬畏之心,不能适得其反。儒家高度重视丧葬祭祀之仪,生之所来死之所往皆需得到合"礼"安排。对此,《荀子·礼论》有比较完整阐述。

死生之义、人道之情、哀敬之心是儒家丧祭之礼的内在根据,也是通过其所表现出来。荀子认同《礼记·三年问》说法,指出"三年之丧"是丧葬之礼的重要环节,不可损益,即所谓"三年之丧,称情而立文,所以为至痛极也"。委实如此,丧葬之礼在不同环境下难免有所损益。对于秉持"死生之大义"的儒家来说,如何进行丧葬祭祀活动,丧葬之礼如何适宜,这些是反复探讨的大事。

明初儒者就十分重视丧葬之礼,宋濂等儒臣就指出:

> 三代丧礼散失于衰周,厄于暴秦。汉、唐以降,莫能议此。夫人情无穷,而**礼为适宜**。**人心所安,即天理所在**。④

从史实看,宋濂之论有失偏颇,其欲图丧葬礼仪的恳切心情无可厚非。并且,用"人情""人心"来理解"礼""天理"的意义,显然是要接续以朱熹为代表的宋儒事业。明代丧祭之礼本诸礼经,参考《朱子家礼》等前贤之论,其基

---

① 孙希旦:《礼记集解》,中华书局,1989年,第1418页。
② 程树德:《论语集释》,中华书局,1990年,第81页。
③ 朱熹:《中庸章句》,载《四书章句集注》,中华书局,1983年,第27页。
④ 张廷玉等撰:《明史·礼志十四》,载《明史》(五),中华书局,1974年,第1493页。

本成果表现为《大明集礼》《大明会典》等。《明史·礼志十四》载"丧葬之制""品官丧礼"及"士庶人丧礼"等相关内容,反映明代各级官员丧葬的形制、等级、规模及程序。

关于丧服及丧期制度,依据《仪礼》,主要有"五服""六丧"等。这些官方化的礼仪规定,要得到贯彻落实,需要自上而下的严厉法令和有效执行,更要合乎人情时宜。对此朱元璋很重视,要求严加治理丧礼失范的社会乱象。明初统治者出于恢复和维护社会秩序等考虑,将朱熹礼学推举到前所未有高度,儒臣儒生们更是遵从程朱之论。而在朱熹礼学中,流传最广、影响最甚者非《朱子家礼》莫属。《朱子家礼》是朱熹四十岁左右因母亲去世丁忧在家时所编撰的未完成之著,其中包括通礼、冠礼、昏礼(婚礼)、丧礼及祭礼。丧礼包括服丧、葬礼、祭奠和祭祀等活动仪式。《朱子家礼》对丧礼的解说包含二十一个小型礼仪活动组成。值得注意的是,整个礼仪活动设置及序列,儒家特别指明"哭"的行为动作及其礼仪作用,如下图所示:

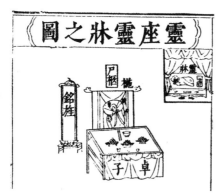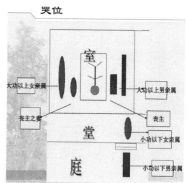

图表 5.1—5.2

图表5.1是逝者大敛之后所设置的灵座灵床,亲人们要朝夕哭踊。图表5.2显示了丧葬礼仪位次观念,如"服制""哭位""葬次"等均服从宗法传统和孝亲原则。这是儒家丧葬礼仪的通行之义。王廷相亦认可。

《丧礼备纂》是王廷相借丁(母)忧的机缘以及其切身经验于嘉靖三年(1524)前后撰成,"总条贯之备而析理明,酌古今之宜而折衷当"[①],以使丧葬之礼更加易懂宜行。该书参考了《礼经》(主要是《仪礼》《礼记》)、《大明集礼》及《朱子家礼》等尤以《朱子家礼》为多。下面以丧礼为中心,将《朱子家礼》和《丧礼备纂》主要内容进行对照。

---

① 参见张卤:《丧礼备纂序》,载《王廷相集》第四册,中华书局,1989年,第1369页。

朱子家礼	丧礼	初终—沐浴、袭、奠、为位、饭含—灵座、**魂帛**、铭旌—小敛—大敛—成服—朝夕哭奠、上食—弔、奠、赙、陈器、祖奠—遣奠—发引—及墓、下棺、祠后土、题木(墓)主、成坟—反哭—(以下为祭礼)虞祭—卒哭—袝—小祥—大祥—禫—(居丧杂仪—致赙奠状—谢状—慰人父母亡疏—父母亡答人疏—慰人祖父母亡启状—祖父母亡答人启状)
	祭礼	四时祭—初—先祖—祢—忌日—墓祭

图表 5.3

在《朱子家礼》等的基础上,《丧礼备纂》增加讨论了"奔丧仪""返葬仪""改葬仪"以及"并丧""合葬""贫葬""过期葬""葬次""居丧"等礼仪内容。如下图所示:

丧礼备纂	丧礼	初终—**复**—楔齿缀足—立主丧,护丧,司宾,相礼,司书,司货—易服不食—设奠帷堂—男女为位而哭—治棺—讣—沐浴、饭含、袭—置灵座,为铭,设重—**不作佛事**—亲友弔哭—小敛—大敛—堂殡—芦次—成服—朝夕哭奠	奔丧仪	闻讣—遂行—为位—变服(第二日)—成服(第四日)—宾友弔奠—途哭—至家—既葬之墓哭(齐衰以下闻丧—齐衰以下除丧而后归)
	葬礼	(接上)择葬地—刻誌石—治椁,造明器,造下帐,造苞筲罋甒,造大举竹格㽅,造主—择日开塋域祠后土—穿圹、作灰隔—请启期告于宾—启殡(将葬启其殡之途而迁柩于堂中也)—朝祖—亲宾致奠赙—祖奠—陈器—迁柩升举—遣奠—发引—路祭—墓远设奠—及墓—乃窆—主人赠—宾客拜辞而归—加灰隔盖—祠后土于墓左—藏明器等类—题主—反哭	返葬仪	初终—**复**—楔齿缀足—立主丧,护丧,司宾,相礼,司书,司货—易服不食—设奠帷堂—男女为位而哭—治棺—讣—沐浴、饭含、袭—置灵座,为铭,设重—**不作佛事**—亲友弔哭—小敛—大敛—成服—朝夕哭奠(**以上三十事,皆同前初丧之仪**)—治丧具—请启期告于宾—告启期—亲宾致奠赙—陈器—迁灵就举—发引—途次设奠(**以上俱如前**)—迎柩—柩至家—亲属相弔哭—亲宾弔哭(**自此以下,择地治葬,发引三虞,卒袝祥禫,俱如常仪**)—殇丧—殇服
			改葬仪	择地治葬具—**告迁葬于祠堂**—男女为位墓次—启墓—举柩—敛于新棺—迁柩升举—发引—至墓—乃窆—**告成事于祠堂**
	祭礼	虞—再虞—三虞—卒哭—袝—大功以下除服—小祥—大祥—禫—服制—斩衰		

图表 5.4

王廷相所论,有两点值得注意:一是"复"的理解问题。《礼记·檀弓》言:

> 丧礼,哀戚之至也。节哀,顺变也。君子念始之者也。**复者,尽爱之道也,有祷祠之心焉。**望反诸幽,求诸鬼神之道也。①

《礼记》这里讲的"复",就是指"招魂"。儒家把"复"理解为孝亲行为的一种自然表现,以表对死者的孝心。《丧礼备纂》突出"复"的理解问题:"复:招死者魂魄使之来复,故曰复。"②这种解释符合《礼记》以降的儒家传统,王廷相独特之处,在于用气来说明"复",即"复"为"生气之复"。也就是说,在人死气绝之际,人身之气离开躯体后并不会完全消亡而是呈现为另外一种景象,此即"鬼神""魂魄"的问题。

二是强调"不作佛事":

> 世俗凡有丧者,于始死、累七、百日、周年、再周、除服,无不供佛饭僧,建设道场及水陆大会,云为死者灭罪资福,此皆浮屠诓诱之说,当一切禁止之。**吾儒丧礼,如初终,大小敛、朝夕等奠,三虞卒袝二祥禫忌等祭,自足以致夫慎终追远之礼,以尽夫哀痛惨怛之诚。**二氏追荐之说,断不可惑也。③

就"养生送死"之事,王廷相认为儒家已经提供了行为规范。形式方面,儒家有一系列"慎终追远之礼";内容方面,儒家主张"尽夫哀痛惨怛之诚"。因此,作佛事、布道场等行为被斥责,世人受此诓诱、迷惑不浅。王廷相指出,儒家丧礼讲求的是"丧之礼所以饰衰也,务尽其实而不周于文焉"④。然现实情况并非如此。对于普罗大众来说,佛事也好,道场也罢,都可寄托哀戚之情或往生之念,不必一定遵照儒家礼仪。何况,佛道之举可能比儒家礼仪更经济实惠。

三、"感通之气":礼仪为祭祀之道

王廷相重视儒家礼仪之道,对《礼记》有所体察。早在正德十四年

---

① 孙希旦:《礼记集解》,中华书局,1989 年,第 252 页。
② 王廷相:《丧礼备纂》,载《王廷相集》第四册,中华书局,1989 年,第 1370 页。
③ 王廷相:《丧礼备纂》,载《王廷相集》第四册,中华书局,1989 年,第 1378 页。
④ 王廷相:《杂著·丧礼论(十七首)》,载《王廷相集》第二册,中华书局,1989 年,第 654 页。

(1519)就撰有《深衣论》《深衣本篇解》等,此外有大量尚难以考订具体时间的著述,如《礼论》《丧礼论》《乡射礼图注》《答赵生习家礼疑问》《答刘远夫论丧礼书》等。正德末嘉靖初(1519—1520),他开始集中关注礼制及其实践问题,认识到社会生活变化对儒家礼仪的变革要求。"大礼议"问题上的"变礼"说以及《丧礼备纂》的编撰,都是其理论表现。这种"礼因时制宜"的态度与其"理因时制宜"观念相一致,体现了他的辩证态度。

"禮,履也,所以事神致福也"①,祭祀活动及其礼仪化过程体现出儒家传统思想理念及行为特点。在儒家内部,孔子有"敬鬼神而远之"之论,强调"未能事人,焉能事鬼",但要看到,孔子及先秦儒家对鬼神的态度比较复杂:一是不置可否,即不肯定也不否定鬼神存在;一是强调要有"敬"的态度,要慎重对待鬼神之事。孔子不否认祭礼与鬼神魂魄之说的关联。《论语·八佾》云:"祭如在,祭神如神在。"②《礼记·礼器》说:"礼也者,合于天时,设于地财,顺于鬼神,合于人心,理万物者也。"③礼仪活动中鬼神,是天地人物中间环节,绝非可有可无,祭祀因此成为沟通天人变化之道的重要途径。随着时代环境变迁,如何对待祭祀问题,需要儒者给予与时偕行的具体回答。

以"祭如在,祭神如神在"为例。董仲舒对此有所解说,依他所论,祭祀是在一定场景或境地的"察",体会"察"的关键在"逮不可闻见者"或"见不见之见者"。④ 在他的理解中,天命鬼神的存在是肯定的,祭祀在于"逮不可闻见者",这是通达天命鬼神的前提,也是祭祀活动的意义所在。⑤ 与此不同,朱熹认为:

> 此弟子见孔子祭祖先及祭外神,致其**孝敬以交鬼神**也。孔子当祭祖先之时,**孝心纯笃**,虽死者已远,因时追思,若声容可接,得以竭尽其**孝心**以祀之。祭外神,虽神明若有若无,圣人尽其**诚敬**,俨然如神明之来格,得以与之接也。⑥

同样是"祭如在,祭神如神在",在董仲舒那里神学色彩(天命鬼神观)比较浓厚,到朱熹这里给予理性化解释,强调以孝心或诚敬之心来理解祭祀活

---

① 许慎:《说文解字》,中华书局,1963 年,第 7 页。
② 程树德:《论语集释》,中华书局,1990 年,第 175 页。
③ 孙希旦:《礼记集解》,中华书局,1989 年,第 625 页。
④ 转引自程树德:《论语集释》,中华书局,1990 年,第 175 页。
⑤ 关于董仲舒"神"观念与祭祀之道的关系,参见翟奎凤:《〈春秋繁露〉中的"神"与修身为政之道》,《现代哲学》2016 年第 5 期。
⑥ 转引自程树德:《论语集释》,中华书局,1990 年,第 177 页。

动。也就是说,朱熹把被汉儒神秘化的鬼神观,转化为人的孝敬之心的某种状态,体现了理学思想特点。

儒家礼仪(丧、祭、射、御、冠、婚、朝、聘)之中,祭祀之礼为五礼之首。继承儒家重视祭祀的传统,明洪武元年(1368)二月朱元璋登基不久即命儒臣考定天地、社稷、宗庙等祭祀礼仪,指出:

> 自昔圣帝明王之有天下,莫不严于祭祀,故当有事,内必致其诚敬,外必备其仪文,所以交神明也。①

朱元璋指出,祭祀之事十分重要,是沟通天地神明的途径,因此必须内心诚敬、礼仪严备。这是他夫子自道,即认为自己作为皇帝能与上天心意相通。"祀天地,实为天下苍生。"最高统治者如此看重祭祀活动,朝野上下无不闻风而动。从朱元璋开国到朱厚熜主政,明代统治者热心于祭祀之礼,尤其是天地、神祇、先王、先祖、先师等的祭祀,受到了持续关注。上行下效,促使儒家知识分子思考祭祀活动及其鬼神、魂魄等问题。如何身体力行且行之有效,垂范教化世人,这需要儒者加以思考和实践。

作为宋代理学代表性人物,朱熹的鬼神观值得注意。总体来说,朱熹认为鬼神之事难以理会,其与日用常行之理相关但非"常理"之事。他否定佛教所说存在论意义上的鬼神,否定实体化意义上的鬼神,而是更加注重《中庸》所说"鬼神之为德"的内涵与功效。朱熹认为应该这样理解鬼神之理:

> 鬼神视之而不见, 听之而不闻, 人须是于那良能与功用上认取其德。②

寥寥数语,透露出重要思想信号:一是朱熹鬼神观的重点不在于探究鬼神的形迹有无,这与董仲舒之说有所区别。二是朱熹统合了张载、程颐等的鬼神观,张载认为鬼神是"二气之良能",程颐认为"鬼神,天地之功用,而造化之迹也"。这就指向儒家以气论鬼神、魂魄的传统。三是朱熹注重探讨"鬼神之为德"的义理,在整合先秦儒家以来的思想资料基础上肯认"以气论鬼神"的传统,进而更致力于阐发祭祀活动的鬼神观问题。

从儒家传统看,以气论鬼神、魂魄是其应有之义。《周易·系辞》有"精

---

① 胡广等撰:《明太祖实录》,中央研究院历史语言研究所,1962年,第806页。
② 朱熹:《朱子语类》第五册,中华书局,1986年,第1685页。

气为物,游魂为变,是故知鬼神之情状"之说。《礼记·祭义》有"气也者,神之盛也;魄也者,鬼之盛也"之说。《礼记·檀弓》有载:

> 延陵季子适齐,于其反也,其长子死,葬于嬴、博之间。孔子曰:"延陵季子,吴之习于礼者也。"往而观其葬焉。其坎深不至于泉,其敛以时服。既葬而封,广轮掩坎,其高可隐也。既封,左袒,右还其封且号者三,曰:"骨肉归复于土,命也。若**魂气则无不之也,无不之也**。"而遂行。孔子曰:"延陵季子之于礼也,其合矣乎!①

"魂气则无不之也",说明人身所凝结之气为神灵,有融通天地万物的作用("无不之也")。这句话即使不是孔子本人所说,至少得到他的认同,为此才称赞延陵季子通达祭祀之礼。对此,孙希旦(字绍周,1736—1784)解释说:"言魂气无不之,以冀其精气之随己而归,亦送形而往、迎精而反之意也。"②似进一步表明,魂气与精气的密切关系。到了朱熹这里,以气论鬼神(魂魄)的传统被加强,并给予义理上的提升。《朱子语类》载:

> 魄者,形之神;魂者,气之神。魂魄是神气之精英,谓之灵。③
>
> 精气就物而言,魂魄就人而言,鬼神离乎人而言。……神者,伸也,以其伸也;鬼者,归也,以其归也。人自方生,而天地之气只管增添在身上,渐渐大,渐渐长成。极至乐,便渐渐衰耗,渐渐散。④
>
> 因言魂魄鬼神之说,曰:"只今生人,便自一半是神,一半是鬼了。但未死以前,则神为主;已死之后,则鬼为主。纵横在这里。以屈伸往来之气言之,则来者为神,去者为鬼;以人身言之,则气为神而精为鬼。然其屈伸往来也各以渐。"⑤

《朱子语类》所录朱熹关于鬼神魂魄的讨论不少,卷三即列有"鬼神"的专题。上述三条语录,即为朱熹与弟子讨论鬼神魂魄问题。从逻辑上看,前两条逐步说明鬼神魂魄与人身之气及天地之气的关联,后一条有总结意味,简要说明在感通作用("屈伸往来")下人与鬼、神相通之理。这些论述关涉

---

① 孙希旦:《礼记集解》,中华书局,1989年,第294页。《尚书》《左传》等均有类似记载。
② 孙希旦:《礼记集解》,中华书局,1989年,第294—295页。
③ 朱熹:《朱子语类》第六册,中华书局,1986年,第2260页。
④ 朱熹:《朱子语类》第四册,中华书局,1986年,第1554页。
⑤ 朱熹:《朱子语类》第一册,中华书局,1986年,第40页。

生死问题即祭祀实践,"惟是齐斋戒祭祀之时,鬼神之理著。"①对此,朱熹及弟子进一步讨论:

> 问:"鬼神以祭祀而言。天地山川之属,**分明是一气流通**,而兼以理言之。人之先祖,则大概以理惟主,而亦兼以气魄言之。若上古圣贤,则只是专以理言之否?"曰:"有是理,必有是气,不可分说。都是理,都是气。那个不是理,那个不是气?"问:"**上古圣贤所谓气者,只是天地间公共之气**。若祖考精神,则毕竟是自家精神否?"曰:"**祖考亦只是此公共之气**。此身在天地间,便是理与气凝聚底。天子统摄天地,负荷天地间事,与天地相关,**此心便与天地通**。……人家子孙负荷祖宗许多基业,**此心便与祖考之心相通**。"②

朱熹认为祭祀活动中不可纠缠于理气分合问题,而要体认"天地间公共之气"。祭祀者与祭祀对象在"此公共之气"中如何"感格",则必须加以说明。朱熹认为,天地之气与人身之气相通,人死气散但有快与慢、有与无之别。生人之气在死后表现为鬼神之气,祭祀者在诚敬其心作用下,与所祭对象发生感通效应,实质是气的同类与感通。对于此,他反复指认:"毕竟子孙是祖先之气。他气虽散,他根却在这里。尽其诚敬,则亦能呼召他气聚在此。"③

对于朱熹来说,祭祀活动中气的感通与心之诚敬相呼应,共同构成"神之来格""祖考来格"的关键,即所谓:"若是诚心感格,彼之鬼气未散尽,岂不来享?"④如此,祭祀实践就要做到"正其衣冠,尊其瞻视;潜心以居,对越上帝"。⑤ 这些观点成为元明理学以气论鬼神的重要参考。王廷相对此亦有深思,《慎言》说:

---

① 朱熹:《朱子语类》第四册,中华书局,1986 年,第 1545 页。相关研究参见吴震:《"鬼神以祭祀而言"——关于朱子鬼神观的若干问题》,《哲学分析》2012 年第 5 期;方旭东:《新儒学义理要诠》,生活·读书·新知三联书店,2019 年,第 33—101 页;殷慧:《祭之理的追索——朱熹的鬼神观与祭祀思想》,《湖南大学学报(社会科学版)》2012 年第 1 期;傅锡洪:《"惟是齐斋祭祀之时,鬼神之理著"——简论朱熹鬼神观中的气与祭祀》,《朱子学刊》2012 年第 1 期。
② 朱熹:《朱子语类》第一册,中华书局,1986 年,第 46—47 页。
③ 朱熹:《朱子语类》第一册,中华书局,1986 年,第 47 页。
④ 朱熹:《朱子语类》第一册,中华书局,1986 年,第 38 页。
⑤ 朱熹:《朱子全书》第二四册,上海古籍出版社、安徽教育出版社,2002 年,第 3996 页。

（问:）"祭祀感格之道何如?"曰:"难言也。"曰:"祖考,精气一也;天地、山川、鬼神,元气一也。**气一,将无不通乎?**"曰:"难言也。夫人之致祭,其礼委委容容,其物芬芬烝烝,**夫惟类若人者,然后能感而享之。**吾**未知**天地山川之果类人否乎? 吾**未知**鬼神、祖考之犹具体而能饮食否乎? 焉能而知之?"曰:"圣人谨祭之为何?"曰:"报本追远,仰功酬德,先王仁孝之诚,且因之以立教也。故祭祀之道,**惟圣人能知之,能言之,其余诈己之心以诈人,非愚则诬而已。**"①

以上对话,最为集中地反映了王廷相气论在"祭祀感格之道"方面的观点。他反复回答"难言也",既是对孔子、朱熹等儒家传统观点的重申,也表明其对祭祀态度颇为复杂。至于"祭祀感格之道",他肯认气的感通作用,但表达了与理学传统不同看法。析而论之:其一,普罗百姓不要轻言"祭祀感格之道",这种事只有圣人能领会。其二,祭祀过程能够实现"感而享之",但有人物之别。人是万物之灵,祭祀礼仪是为人的活动,不能滥用。其三,祭祀活动中感通的具体性,很难为认知理性所把握,本质上说是"仁孝之诚"的表现。故王廷相所说的"难言"实是对祭祀礼仪实践的审慎态度,反对作庸俗化处理。明代中叶,社会礼教松弛,庸俗化或歪曲性的祭祀现象频发,王廷相对此表达了不满。

同是以气为本,相较于张载,王廷相对祭祀活动的某些功能显示出怀疑态度。张载以万物一体看待祭祀中人、物、神、鬼的存在及其关系,王廷相则将知识论态度运用到"祭祀感格之道",所以他要区分"未知"和"能知",这表明王廷相与张载不同,与王充也不尽相同。王充曾明确反对祭祀:

> 百祀无鬼,死人无知。百祀报功,示不忘德;死如事生,示不背亡。祭之无福,不祭无祸。祭与不祭,尚无祸福,况日之吉凶,何能损益?②

王充专门作《祀义》《祭意》,对祭祀行径进行批判。王充以"死人无知"质疑"感格之道",抨击祭祀行为的不合理性和功利化现象。这在认知理性范围内似乎说得通,然以此批判道德礼仪化的祭祀实践,并不适用,其批判有错位之嫌。王充的问题在于将已逝之人仅视为尸体般存在,而不是看作生气之人的转化。在祭祀礼仪活动中生人之气可以与祖辈相感、与先师同

---

① 王廷相:《慎言·保博篇》,载《王廷相集》第三册,中华书局,1989年,第798页。
② 王充:《论衡·讥日篇》,载《论衡集释》,中华书局,1990年,第992页。

在,这是儒家传统。祭祀主要是以体知(Embodied Knowing)为主的身体实践,通过身体与礼、物的反复实践凝结成为"公共之气"的场域。对于儒家而言,祭祀显然不是布迪厄所说的游戏,祭祀行为实践主体不是游戏者,而是一种且"仁"且"诚"的人文化成之教。

王廷相以气为本主张"天地之间,一气生生",故面对祭祀活动"气一,将无不通乎"这样的问题时,理论上应持肯定态度。但实际上并非如此。"难言也",表明他相信圣人能够实现身体之气与天地之气的感通,至于一般人则不好说。将祭祀之事归诸圣人,有利于强调祭祀的神圣性和重要性,即所谓神道设教,是对当时社会商业化庸俗化的某种批判。作为以气为本的思想家,王廷相并非怀疑气有感通的可能性,更不会反对祭祀存在的必要性。他的担忧在于:祭祀感格之道应以严肃审慎对待,不能作庸俗化处理。更进一步说,他希望使祭祀感格之道真正有益于社会教化,做到切实可用,但其前提是确保其严肃性和神圣性。

王廷相强调祭祀的神圣性,重视礼仪实践作为教化活动作用("存乎其人")。基于"礼者情也,礼不同而情同"观念,他赞成对礼作出相应革变,如对深衣形制的改动与订正。① 在他看来,作为儒者个人修身的祭祀实践是基础与前提,但作为家族群体的祭祀,必须达成"公共之气"。因此,他本人践履祭祀礼仪,但质疑社会上一些不合时宜之礼。用布迪厄的话说,前者属于"信念的场",后者属于"意见的场"。②

四、"大礼议":王廷相及王阳明的选择

正德十六年(1521),明武宗朱厚照(1491—1521)荒淫早亡,无子嗣又无同父兄弟。为此,皇太后与杨廷和(字介夫,1459—1529)等大臣决议,立宪宗朱见深(1447—1487)之孙、兴献王朱祐杬(1476—1519)之子朱厚熜(1507—1567)为帝。是年朱厚熜十五岁,仍在服父丧之中。按照封建宗法制度,明世宗作为外藩亲王入继大统,属于特殊情况下小宗转为大宗。围绕朱厚熜如何称谓已死的明武宗和生父兴献王的问题,即"继统"与"继嗣"问题,嘉靖朝初期产生了激烈争论,史称"大礼议"。

关于"大礼议"前后原委,相关研究已足参考。③ 此不多赘述。概要而

---

① 王廷相的《深衣》在朱熹的基础上有所改动体现了其礼仪观。具体参见刘乐乐:《从"深衣"到"深衣制"——礼仪观的革变》,《文化遗产》2014 年第 5 期。
② 参见刘拥华:《布迪厄的终生问题》,上海三联书店,2009 年,第 117—123 页。
③ 参见陈成国:《中国礼制史》(元明清卷),湖南教育出版社,2011 年,第 162—176 页;张显清:《明嘉靖"大礼议"的起因、性质和后果》,《史学集刊》1988 年第 4 期;李洵:《"大（转下页）

言,在嘉靖皇帝亲自发动下"大礼议"持续二十年之久:第一阶段,从正德十六年四月嘉靖帝即位到嘉靖八年(1521—1529)。以内阁首辅杨廷和、礼部尚书毛澄(字宪清,1461—1523)等为代表,提出嘉靖帝宜尊称明孝宗为"皇考",生父兴献王为"皇叔考",自称"侄皇帝"。对此,世宗不悦,怒斥道:"父母可更易若是耶?"下令再议。彼时,以观政进士张璁(字秉用,1475—1539)、南京刑部主事桂萼(字子实,?—1531)等为代表,主张"以全圣孝",认为世宗只继武宗皇位,"子无自绝父母之义",要加尊生父母封号为"兴献皇帝""兴献皇后"。此阶段,赞同及附和杨廷和一派为多数,张璁、桂萼一派频受攻讦。有赖张、桂等的支持,嘉靖帝态度坚决,因此双方争论激烈,以至演变为党派之争,爆发了多次冲突。嘉靖三年(1524)七月的左顺门事件是"大礼议"的重要转折点,嘉靖帝果决威严,多名官员惨死于廷杖之下,给整个朝廷及士大夫造成巨大的心灵震动。嘉靖七年(1528)六月,张璁、桂萼等奉命编纂的《明伦大典》完稿,对"大礼议"事件作了定调,张、桂一派在体制上获得胜利,杨廷和等人受到不同程度的惩治。此为第一阶段的"大礼议"活动与王廷相、王阳明等休戚相关,故多作交代。

第一阶段之后,"大礼议"持续。嘉靖九年至十五年(1530—1536)为第二阶段,主要围绕祭祀典礼展开争论,以夏言为代表。嘉靖十五年至十七年(1536—1538)为第三阶段,主要是解决兴献王追封宗号入祀太庙之事,以严嵩(字惟中,1480—1567)为代表。至此"大礼议"基本宣告结束。

关于"大议礼"双方理论依据。杨廷和派"一则守《礼经》之言,一则循宋儒之说",主要遵从封建宗法制度的大宗、小宗理论和宋儒礼教传统。"窃惟正统所传之谓宗,故立宗所以继统,立嗣所以承宗。"[①]"宪宗—孝宗—武宗"这一系是大宗。小宗入嗣大宗,旁支入承正统,必须立为大宗之后,成为大宗之子,据此宜称兴献王为皇叔父,自称侄皇帝。这是强调"大宗"的正统性和重要性。相对而言,张璁、桂萼一派主要从"孝亲"入手,认为"孝"是纲常名教核心:

> 今陛下生于孝宗崩后二年,乃不继武宗大统,超越十有六年上考孝宗,**天伦大义固已乖悖**。又未尝立为皇子,与汉、宋不同。**自古天子无大宗、小宗,亦无所生、所后**。《礼经》取载,乃大夫士之礼,不可

(接上页)礼议"与明代政治》,《东北师大学报》1986 年第 5 期;邓志峰:《"谁与青天扫旧尘"——"大礼议"思想背景新探》,《学术月刊》1997 年第 7 期。

① 张廷玉等撰:《列传第七十九》,载《明史》(一七),中华书局,1974 年,第 5061 页。

语于帝王。伯父子侄皆天经地义,**不可改易**。今以伯为父,以父为叔,**伦理易常,是谓大变**。①

席书(字文同,1461—1527)之言,表明张、桂一派的思想理念及理论依据即更孝道、尊亲原则,为此反复强调《礼记》的核心精神:"礼非从天降也,非从地出也,人情而已矣,故圣人缘人情以制礼。"②"圣人制礼"的根据应是"人情","法理"不外乎"人情"。儒家社会最根本性的"人情",就是孝亲之情。《礼记·礼运》言:"何谓人情?喜怒哀惧爱恶欲七者,弗学而能。"③人的自然情感本无可厚非,内植于人情且更为重要的,则是亲亲尊尊的伦常之道和仁义礼智的伦理原则。简言之,"大礼议"的核心就是皇权制度下宗法礼仪与血亲伦理的关系问题,它涉及如何协调礼的"常"与"变"。无论是杨廷和一派还是张、桂一派都论及封建礼法的"常"与"变",双方立场与目的不同而已。杨廷和一派以"大宗""正统"为根本,张、桂一派将"孝亲"原则置于首位,嘉靖帝则希望通过大礼之议掌控和加强君主大权。

面对"大礼议",王廷相如何判断与选择,则是很有兴味的话题。嘉靖三年(1524)初,"大礼议"继续发酵,左顺门事件尚未发生。张汉卿(字元杰,生卒年不详)多次询问关于"大礼议"的态度,王廷相回信:

> 又承集议大礼之教,仆**不敢放言**。但《礼》云:适子不后,一子不后,大宗不得夺小宗,今然乎? 不然,**是变礼矣**。以礼之变者处天子,而以**礼之常者处天子之父**,而曰:为人后者,不得顾私亲。可乎? 不可乎? 利天子之尊,突然使其亲绝祀,**使今议礼诸君子与吾执事,自处其父母,将且为之乎?** 仆意不但诸君子与吾执事不肯为,凡有仁爱之心者,决不肯为矣。 此于治体所伤不细,不但系一时文字得失而已也。盖既以变礼处天子,亦当以变礼处天子之父,**此为适均**。④

王廷相以"变礼"观解读"大礼议"事件,且从礼之变化的一致性立论,理论上支持嘉靖帝,主张"既以变礼处天子,亦当以变礼处天子之父亲"。可以看出,王廷相肯认仁爱之心、血缘亲情但并不是其立论理据,这与张璁、桂萼之流有区别。"变礼"观依据现实情况变化,关注礼仪本身一惯性,也就是

---

① 张廷玉等撰:《列传第八十五》,载《明史》(一七),中华书局,1974 年,第 5203 页。
② 张璁:《正典礼第一疏》,载陈子龙等:《明经世文编》卷一七六。
③ 孙希旦:《礼记集解》,中华书局,1989 年,第 606 页。
④ 王廷相:《答张元杰》,载《王廷相集》第二册,中华书局,1989 年,第 475—476 页。

说,礼之"变"的现实情有可原,但"礼"不能"变"而无"常",应是"变"中有"常",所以主张"既以变礼处天子,亦当以变礼处天子之父,此为适均"。由此可见,王廷相专注于"礼"之"常"与"变",其理论说服力是比较强的,契合于儒家的中庸之道。他既不单纯反对杨、毛一派也没有轻易滑向张、桂之流,在当时环境下,能做到这一点,实属难能可贵。

不仅如此,王廷相通过汉哀帝刘欣(字和,前25—前1)追尊生父定陶恭王刘康(？—前23)为"恭皇"的礼仪事件,间接阐明了"大礼议"态度:

> 夫祖宗之统,父子之亲,其轻重均也。**就祖宗之统而忘父子之情,是陷于一偏而利天下矣**。[①]

王廷相主张兼顾"宗统""血亲",二者应协调一致。为此他反对遗弃"父子之情",重新拟定绘制"大宗小宗图"。出于善意,他劝张汉卿不要抗逆皇上:"执事今在议礼之次,漫以此义奉助,不罪幸幸。"[②]显然,后者没有接受劝告,而是果决站到了杨廷和一列,最终获罪于上。《明史》载:"初,兴献帝议加皇号,汉卿力争,至是,又倡众伏阙。两受杖,斥为民。二十年,言官邢如默、贾准等会荐天下遗贤,及汉卿,终不召。"[③]彼时,与王廷相有所交往的学友,如崔铣(字子钟,1478—1541)、吕柟、张汉卿、孟洋、薛蕙、杨慎(字用修,1488—1559,杨廷和之子)等,因政见与嘉靖帝相左受到惩治,有的仕途就此终结。相反,黄绾(字宗贤,1477—1551)、方献夫(字叔贤,1485—1544)等因"以全圣孝"而受重用。值得提及的是,王廷相和王阳明没有直接参与其中,亦未直接表态。

此处特别提及薛蕙。嘉靖初年,杨廷和、毛澄等认为世宗应该遵从宗法制度要求,更改生父母称呼,薛蕙自觉站到这一行列,并提出新理由:

> 嘉靖二年,廷臣数争"大礼",与张璁、桂萼等相持不下。蕙(薛蕙)撰《为人后解》《为人后辨》及辨璁、萼所论七事,合数万言上于朝。《解》有上下二篇,**推明大宗义**。……夫人子虽有适庶,其亲亲之心一也。而《礼》适子不为后,庶子不得为后者,此非亲其父母有厚薄也,**直系于传重收族不同耳。今之言者不知推本祖祢,惟及其父母而止,此弗忍薄**

---

① 王廷相:《汉哀追尊恭皇论上》,载《王廷相集》第二册,中华书局,1989年,第627页。
② 王廷相:《答张元杰》,载《王廷相集》第二册,中华书局,1989年,第475—476页。
③ 张廷玉等撰:《列传第八十·张汉卿》,载《明史》(一七),中华书局,1974年,第5094页。

其亲，忍遗其祖也。……夫《礼》为大宗立后者，重其统也。重其统不可绝，乃为之立后。 至于小宗不为之后者，统可以绝，则嗣可以不继也。①

　　《明史》对薛蕙的载述，主要涉及"大礼议"一事。薛蕙推重"大宗""正统"诸义，指出"亲亲之心一也"，不能只知"及其父母"而不知"推本祖祢"；"亲其父母"没有"厚薄"之分，若是直接关系到宗族传承发展，就应当"族无庶子，则当绝父以后大宗"②。从以上引述可知，薛蕙对"大礼议"的杨廷和一方起到了支持作用。不难发现，关于"大礼议"，薛蕙与王廷相的意见相左。嘉靖二年，薛蕙在京师任职，王廷相亦曾逗留。师徒二人相聚，不可能不论及大礼之议，结果可想而知，由于意见冲突有可能不欢而散。如上所论，嘉靖三年初，同乡好友张汉卿多次书面询问，王廷相才阐发了"变礼"观。

　　相比王廷相，王阳明在朝野之间特别是士大夫群体中具有较大影响力。加之此前生擒宁王朱宸濠（1479—1520），后被贬谪贵州龙场的挫折，使得王阳明在"龙场悟道"之后，一般不参与政治性争论，而是专注于良知学问，谨言慎行。针对嘉靖初年"大礼议"，他不牵扯其中，发持中之论。《王阳明年谱》这样记载：

> 　　是时"大礼议"起，先生（王阳明）夜坐碧霞池，有诗曰："一雨秋凉入夜新，池边孤月倍精神。潜鱼水底传心决，栖鸟枝头说道真。莫谓天机非嗜欲，须知万物是吾身。**无端礼乐纷纷议，谁与青天扫旧尘？**"……盖有感时事，二诗已示其微矣。③

　　王畿、钱德洪（字洪甫，1496—1574）等讨论"大礼议"，王阳明不作明确表态，弟子们只能领会微言大义。事实表明，正德十年（1515）左右，张璁曾拜会过时任南京鸿胪寺卿的王阳明。"大礼议"中持"继统"观点即赞成张、桂一派的，多有阳明学人士，如方献夫、黄绾及黄宗明、霍韬等。当然，阳明学派不乏持"继嗣"观点者如季本（字明德，1485—1563）、邹守益（字谦之，1491—1562）等。

　　从王阳明的私人信件等不难推知，他比较支持"继统"派观点。也就是

---

① 张廷玉等撰：《列传第七十九》，载《明史》（一七），中华书局，1974年，第5074—5075页。
② 薛蕙之论参见张廷玉等撰：《列传第七十九》，载《明史》（一七），中华书局，1974年，第5074页。
③ 王守仁：《碧霞池夜坐》，载《王阳明全集》上册，上海古籍出版社，1992年，第786页。

说,在"大礼议"问题上王阳明和王廷相一致,即不公开表态不直接参与,理论上支持"以全圣孝"。这种做法与其说是明哲保身,毋宁说是基于政治经验的智慧表现。客观而言,他们从"大礼议"中获得或多或少的政治益处。对王阳明而言,弟子们积极参与支持嘉靖帝的行为,使阳明学处于政治上的有利地位,从而扩大其朝野影响力。[①] 譬如,嘉靖六年(1527)五月,正是在阳明弟子黄绾的促成之下,张璁、桂萼才向嘉靖帝推荐起用王阳明总督两广及江西、湖广军事。

"大礼议"的"继嗣""继统"之争,实质上是"天理""人情"之争。[②] 张璁主张"圣人缘人情以制礼",强调礼制要应时而变,顺乎人情;杨廷和一派坚守"大宗""正统"的天理观,强调程朱理学关于礼制的权威解释。争论双方代表了正统的朱子学与新兴的阳明学之争。在此背景下,王廷相持"变礼"观,强调"人情"之义,没有依附任何一方,表现出独立的思想品格。

第三节　气与生死——王廷相气论视域下的生死观

中国传统文化重视生命之道、生生之德。孔子强调"未知生,焉知死""事死如事生",老庄主张"重身惜生""重生轻死"及"生死齐一"。大体而言,儒家"乐生安死""尽人事以知天命",道家"生死而然""尊道而贵德"。[③] 二者共通点,在于肯认生死转化乃气之所为,即所谓气化生死观。作为以气为本思想家,王廷相对生死问题有自觉探索。

一、师儒法道:少年王廷相

王廷相少年时期,最为人称道的是其"文声""文名"。对此,多种文献材料可以佐证:

> 公幼丰姿秀发,聪慧奇敏,读书即解大义,**好为文赋诗**,留心经史,日记千余言不忘。[④]

---

① 参见王宇:《合作、分歧、挽救:王阳明与议礼派的关系史》,《中山大学学报(社会科学版)》2009 年第 6 期。

② 参见刘文:《明代大礼议的情礼分歧与论证方法》,《伦理学研究》2022 年第 1 期。

③ 参见郭齐勇:《中国哲学智慧的探索》,中华书局,2008 年,第 118—132 页。

④ 高拱:《前荣禄大夫太子太保兵部尚书兼都察院左都御史掌院事浚川王公行状》,转引自《王廷相集》第四册,中华书局,1989 年,第 1492 页。

七岁时,从群儿入书肆,邑人前进士田鑑见而异之曰:"此公辅器也。"年十三,补邑庠生,即以能古文诗赋名。[①]

先生风神秀颖,早著文声。[②]

十二岁为邑庠生,文有英气,继进古文,诗赋雅畅。[③]

生而颖异,十三岁补邑庠,即以能古人诗赋名。[④]

以上五种载述,或有夸张之处,然可以肯定,少年王廷相具有过人的诗赋才干。他本人曾说:"予生藉性真,冲幼乃秀越;九龄赋诗句,十三慕文决。"[⑤]或因如此,他能参加文学复古运动,最终位列"前七子"之一。诗文给王廷相带来声名也造成了深深困扰。对于他来说,从"诗文之学"转向"体道之学",历经长期身心历练和思想斗争。对此前文已作考察。这里重点阐述,儒家之教和道家之术在少年王廷相身心成长过程的印记。

王廷相少年时期受两位老师影响:一位是李珍,一位是张纶。前者是发蒙师,可谓儒者代表;后者为尊长者,有道家风采。对于他们,王廷相均敬重,撰有墓志铭。对于前者,王廷相评价甚高,认为其有儒行尚古风,能够做到"不治生业,不谈商贾事,不与人兢"[⑥],是吾辈楷模。后者以九十三岁高龄"无疾而终",从个人身体存养来说,可谓典范,王廷相为其所撰墓志铭足可为据。其中特地记录了一段往事:

公旁通黄、老摄生之术,尝语廷相曰:"魏伯阳《参同契》,注论者数家,感不能探微,我乃大有得。"又曰:"我能意到气从,畅疏幽关,以养元祛疾。子慧,将以授子。"即端坐调息,良久,三田谷谷有声。已曰:"快哉! 此入道之门,有小益。"语道之大,则《参同契》中事也。廷相时在少年,漫不省记,今无及矣。[⑦]

张纶究心于《周易参同契》,喜好周易先天之学与黄老养生之术,自认为

---

① 张卤:《少保王肃敏公传》,转引自《王廷相集》第四册,中华书局,1989 年,第 1496—1497 页。

② 于慎远:《太子太保兵部尚书都察院左都御史赠少保谥肃敏浚川先生王公廷相墓表》,转引自《王廷相集》第四册,中华书局,1989 年,第 1501 页。

③ 何乔远:《王廷相传》,转引自《王廷相集》第四册,中华书局,1989 年,第 1504 页。

④ 孙奇逢:《王肃敏廷相》,转引自《王廷相集》第四册,中华书局,1989 年,第 1505 页。

⑤ 王廷相:《甲午书怀四十韵》,载《王廷相集》第三册,中华书局,1989 年,第 900 页。

⑥ 王廷相:《明处士李先生墓志铭》,载《王廷相集》第二册,中华书局,1989 年,第 564 页。

⑦ 王廷相:《山阴县教谕张公墓志铭》,载《王廷相集》第二册,中华书局,1989 年,第 569—570 页。

能做到“意到气从”,并当场展示调息炼气工夫,且有意传授少年王廷相,但后者无多兴趣。“意到气从”“三田谷谷有声”等身体行为,指向黄老道家或道教的调息炼气工夫。张纶给少年王廷相展示的,不是理论知识,而是身心见在的真切感受,这种感受即使谈不上震撼,至少会留下某些印记,故而立之年的王廷相在墓志铭中特别提起此事。从修身养性来说,道教调息炼气之术自有其实践依据和经验支撑,故有一定吸引力。[①] 最著名的实例,当推十七岁的王阳明,新婚之日在南昌铁柱宫与道教老人彻夜攀谈。

王阳明是明代儒者最重要代表之一,其学思过程有道家因素是不可否认事实。相较而言,从王廷相诗文中亦可体味其生命行迹的道家色彩,尤其是“四川时期”(“游于蜀”)的诗文。巴蜀之地自古道教文化浓厚,黄老道术盛行,王廷相诗文中的“游仙”“问道”主题多与此相关。兹举三诗为证:

> 《青羊宫》:**仙翁**去不返,观阁自江秋。异草金坛赤,灵泉玉井幽。青城通白帝,锦水傲蓬洲。滚滚风尘客,空怜**物外游**。
>
> 《巫山高》:道逢**仙人**眉雪光,手持九华碧玉箱,授我一丸药,木难郁金香。食之可以**骑日月**,飞踔四海**云中翔**。
>
> 《游青城山》:石坛香雾霭氤氲,坛下流泉隔世氛。**卖药仙翁**期不在,客来遥礼万峰云。[②]

巴蜀之地多年生活经历,使王廷相真切贴近道家文化胜地,耳濡目染自不必多言。他与杨慎等蜀地士人多有交往。种种迹象表明,在巴蜀时期,其身心总体上比较愉悦。“道真”观念的提出是王廷相气论思想核心追求,与巴蜀文化影响不无关联。

王廷相首次探讨生死问题,是为邑庠弟子员时期。正德十年(1515)二月二十三日,同乡好友曹继芳(字惟德,1474—1515)病卒,年仅四十二岁。王廷相为其撰写墓志铭,特地提及两件事:

> **事件1**:先生(曹继芳)疾且亟,莲渚孔永肃公问曰:“赍志早没,宁

---

① 行气是先秦以降的修身行为。两汉以来调息炼气更成为道教修身的重点之一。相关研究参见传芗:《略述道教炼气诸术》,《中国道教》1987年第4期。

② 分别参见《王廷相集》,中华书局,1989年,第254、65、382页。王廷相此类诗文颇多,有代表性的还有《秋日巴中旅行七首》《涪陵江怀古》等,均可参看。他还有《游仙二首》:“南极老人太虚客,赤松仙子上清家。海阳旧种扶桑树,春到齐开无色花。”“九疑真人韩伟远,手执灵飞六甲书。青霞指引蓬丘路,白日翻回龙虎车。”此诗难以确定写作时间。

无恨乎?"先生曰:"余何恨为? 仲尼圣者也,历七十余聘不一遇,命之值不值耳。在圣且然,况余人乎? **死生昼夜也。**山尚有颓,海犹有涸。**况人非金石,可长存乎? 生不戾于道义而足矣,余何恨为!"**

　　事件 2:常记早年与先生同读书僧寺,日见先生与游士讲方外之术,予怪,诮其所以。先生指坐边炉曰:"兹光焰者,火乎,薪乎? 薪灭则火灭,乃光尚何存? **此形神有无生死之说也。方士日修者此耳。"**嗟乎! 不意先生乃不能寿,遂使平生怀韫不得少自概见于世。悲哉![①]

　　事件1为曹继芳病卒之前的生死态度,可知他已经能平淡看待死生之事,且以儒家道义为人生价值所在,而不是以长生不死为追求。事件2为王廷相与曹继芳少年时期的往事,其中涉及的"形神有无生死之说",汉魏以降逐渐成为生死问题的核心议题。曹继芳对此有一定见解,然文献不足征。以事件1的观点,曹继芳明确反对"方外之术",想必给王廷相造成某些思想影响。

　　少年王廷相,如同大多数士人,师儒法道,儒道共举。不过他少有文名,在当时科举体制与理学文化氛围下,获得了不少肯定性评价,因而较为积极入世。委实如此,晚年王廷相仍慨叹:"久淹台省真如梦,一到山林便是仙。"[②]

二、自我觉醒:王廷相说梦境

　　从人的精神世界来说,自我意识的获得是指获得关于自身的认识以及对自我的存在与特质进行领悟与塑造。一般而言,以笛卡尔(1596—1650)的"我思故我在"为标志,挺立起现代性主体自我意识,被视为西方近现代哲学转进的重要事件。此后,康德"人为自然立法"的理性启蒙哲学,以及黑格尔"自我意识""绝对精神"及其能动过程的思辨分析,极大推动了笛卡尔以降的自我哲学研究。相对于西方哲学史主客二分传统,中国哲学传统中的"我"多被视为天人合一之"我"。颇值玩味的是,无论是西方哲人还是中国哲人,在确证"自我"的过程中,往往指向了梦或梦境的反思。

　　对早期的王廷相而言,诗文创作实质上是表现自我。一旦"诗文"不能满足"自我",就会被排斥和否定,导致"自我"的迷失。独处之时,天地之间

---

① 王廷相:《粟斋曹先生配王孺人合葬墓志铭》,载《王廷相集》第三册,中华书局,1989 年,第993—994 页。
② 王廷相:《六十四作二首》,载《王廷相集》第三册,中华书局,1989 年,第 928 页。

"我"的感受被突显出来,王廷相有诗作:

> 大块陶精灵,我岂金石姿?**矜名不自惜,劳生怨伊谁**?春风入庭
> 户,爱杀山中期。花柳已弄色,流莺亦不迟。朋亲阻携手,开尊**空所思**。
> 兔穴未央殿,草没昆明池。古人不复来,此盏安能持?**且自邀素月,聊**
> **尔作相知**。[①]

此诗题名《自酌》,在于描写孤独之意,天人合一之境溢于言表。春风、
花柳、素月都与"我"共在。此处,真正的"自我"并未显现。被贬赣榆期间即
正德九年至十一年(1514—1516),王廷相迷失"自我"而不得其解,以至于在
梦中追寻"自我",重新确证"自我"的可能性。以下两个梦境极为重要:

> **梦境1**:予去举子业,读书之余,亦致力诗赋,今十年于兹,古今情
> 事,亦可以想像得之。但不知缘此而上,果如何耳。**予昔年中第之夜**,
> **梦一宿儒送书九帙,告曰:"子得此当成名于世。"启而视之,《杨炯**
> **集》也。** 觉甚不怿,以炯文人,又不竟其用世之志,故每恶之。 入
> 官以来,拂抑轗轲,与炯何殊?齿及半生,而宦情灰冷日甚,**大道未闻**,
> **广业弗著**,**日复一日**,**情恋于词语之涯**,**或者终炯之流耳**。 此又所谓
> 可与知者道也。[②]

上述梦境产生于弘治十五年(1502),王廷相进士及第当晚。十多年来
他念念不忘并写信告之好友,说明此梦对他有特殊意义,即从沉湎于诗文状
态超拔出来进而归入儒门大道。因此之故,此梦可视为王廷相丧失"自我",
并重新确证"自我"的标志性事件。由此梦出发才会有所谓梦境2。现摘要
如下:

> **梦境2:守大道以稽圣兮**,为黔黎之所安;斯不绥之以立兮,乌用惠
> 于两间? 帝昭昭司民之直兮,固无微而不神。使一夫制不获所兮,亦有
> 累于大均。"帝览余之谆恳兮,谓余辞激而不诠:"咄! 小子之悖昧兮,何
> 兹侮黩而便悁!"乃训曰:"大虚廓生之庐,阴阳调以存乎取舍。 爰自
> 生而自翕兮,各正命而得一。 ……"再训曰:"大道夫人之囿兮,通万

---

① 王廷相:《自酌》,载《王廷相集》第一册,中华书局,1989 年,第 134 页。
② 王廷相:《寄孟望之》,载《王廷相集》第二册,中华书局,1989 年,第 475 页。

变以为门，汝蹈之弗离颇兮，物得畏夫奚论？①

上述内容题为《梦讯帝赋》，以赋文形式述说梦境。梦境 1 和 2 的主题都是追求"大道"。对此，《梦讯帝赋》的题记交代得很明白：

> 正德戊辰，余以给事中谪判亳州。甲戌，以监察御史谪赣榆丞。乙亥二月朔，**夜梦至上帝所讯帝**，帝惠以教言。嗟乎！**岂大道之未闻乎？**犹有所芥蒂而不释乎？**何以是见梦？**觉而述其意赋之。②

两相比较，梦境 1 为"宿儒"与"我"论道，梦境 2 为"上帝"与"我"论道。前者标明儒者身份，以圣贤为依归；后者儒道二家兼备，颇具道家色彩（"庄周梦蝶"、楚辞文风）。梦境 2 进一步表明，《慎言》之前的王廷相是儒道兼举。

及至《慎言》时期，王廷相开始自觉思考梦及梦境问题，进而深化为关于一系列理论见解。他首先指出：

> 说梦 1：梦，思也，缘也，咸心之迹也。梦较胜否，斯骄吝之心未灭已；梦较利，斯忮求之心未灭已。③

他从认知层面分析梦之事，并认为心思所动及其痕迹是梦出现的基本条件。心思的动力机制被称为"心气"，涵养心气被视为人身修养的重要之事：

> 说梦 2：人心当思时则思，不思时则冲静而闲淡，**故心气可以完养**。或曰："心不能使之不思。"曰："涵养主一之功未深固尔。苟未深固，则淆乱而不清，岂独思扰于昼？而梦亦纷扰于夜矣。深固则渊静而贞定，无事乎绝圣弃智，而思虑可以使之伏矣，然非始学者之物也。"④

所谓"涵养主一之功"无非是宋儒"无欲故静"及"主一之谓敬"的涵养工夫的承袭。王廷相强调，涵养"心气"不是抛弃思虑，不是绝圣弃智，尤其对

---

① 王廷相：《梦讯帝赋》，载《王廷相集》第一册，中华书局，1989 年，第 49—51 页。
② 王廷相：《梦讯帝赋》，载《王廷相集》第一册，中华书局，1989 年，第 49 页。
③ 王廷相：《慎言·见闻篇》，载《王廷相集》第三册，中华书局，1989 年，第 771 页。
④ 王廷相：《慎言·潜心篇》，载《王廷相集》第三册，中华书局，1989 年，第 775 页。

于初学的儒者不能随便为之。

在王廷相之前，以象或气、习来解释梦是儒家既有做法。如《梦书》说："梦者象也，精气动也，魂魄离神，神来往也。"①张载《正蒙》说："寤，形开而志交诸外也；梦，形闭而气专乎内也。寤所以知新于耳目，梦所以缘旧于习心。"②这些观点被王廷相综合起来，并给予创造性解释。《雅述》论述道：

> 说梦 3：**有感于魄识者，有感于思念者。**何谓**魄识之感**？五脏百骸皆具知觉，故气清而畅则天游，肥滞而浊则身欲飞扬也而复坠；心豁净则游广漠之野，心烦迫则踽踤冥窦。……推此类也，五脏魄识之感著矣。何谓思念之感？道非至人，思扰莫能绝也，故首尾一事，在未寐知前则为思，既寐之后即为梦，是梦即思也，思即梦也。凡旧之所履，昼之所为，入梦也则为缘习之感；凡未尝所见，未尝所闻，入梦则为因衍之感；谈怪变而鬼神罔象作，见台榭而天阙王宫至，……反复变化，忽鱼忽入，寐觉两忘，梦中说梦。推此类也，人心思念之感著矣。夫梦中之事，即世中之事业，**缘象比类**，岂无偶合？要之漫洪无据，靡兆我者多矣。③

以上将梦境概括为两大类，即"有感于魄识者"和"有感于思念者"。前者指向身体感官机能本身，表现为身体之气的清浊、升降、畅阻、寒热等；后者指向心思活动及其复杂变化，"思""梦"都是身体的精神意识活动，寐寤之间，二者转化变现（"梦中说梦"），以至过往的言语行为，均称为梦之条件及其推衍，即所谓"缘习之感""因衍之感"。这些说法，取法于中国化佛教的缘起及变现理论，近似于弗洛伊德(1856—1939)所说的下意识或潜意识。王廷相对梦之起因的分析，经得起实践检验，具有思想独创性。

此前，程颐较早运用理气论解释梦的现象，张载、朱熹、王阳明等亦有不同程度关注④，他们的讨论总体上服务于理学观念。譬如，王阳明的《纪梦》与王廷相的《梦讯帝赋》，相似都以游仙为手段，借梦境表达胸次。不同的是，前者围绕忠奸之辩及生死之问进行，后者则以追问大道为核心。两者源于李白(字太白，701—762)的《梦游天姥吟留别》，从文学艺术上，前者略逊

---

① 转引自《太平御览》卷三九七，参见刘文英：《中国古代对梦的探索》，《社会科学战线》1983年第 4 期。

② 张载：《正蒙·动物》，载《张载集》，中华书局，1978 年，第 20 页。

③ 王廷相：《雅述·下篇》，载《王廷相》第三册，中华书局，1989 年，第 861—862 页。

④ 参见陈椰：《梦论与睡功——睡梦的理学义蕴》，《周易研究》2013 年第 2 期。

于后者;从思想影响上,后者不如前者。从宋明儒学来看,真正从心理与认知科学深入阐释梦境,即以"魄识之感"和"思念之感"说梦,进而提出"梦中说梦"观点的,应首推王廷相。正是经由梦而反观,他实现了自我觉醒。

三、人生之乐:王廷相与诗酒

在儒家传统中,乐是人生理想状态或境界追求。关于人生之乐,《论语》有两处重要表达,一是孔子评述颜回:"贤哉回也!一箪食,一瓢饮,在陋巷,人不堪其忧,回也不改其乐。贤哉回也!"①一是孔子认可曾点:"暮春者,春服既成,冠者五六人,童子六七人,浴乎沂,风乎舞雩,咏而归。夫子喟然叹曰:'吾与点也!'"②颜回之乐、曾点之乐都是孔子深为赞许的。儒家后续提出一些新说法,如孟子讲"君子有三乐"等。但从思想史来看,"孔颜之乐""曾点之乐"成为儒家尤其是宋明理学论乐的重要命题。

作为人生理想状态或境界追求,无论是"孔颜之乐"还是"吾与点也",都是仁者之乐。对此,朱熹指出:"颜子之乐,亦如曾点之乐,……曾点是见到这里,而颜子则是工夫到了这里。"③由此看来,颜子之乐更受朱熹推崇。在理学史中,周敦颐首开"孔颜之乐"命题,指点二程"寻孔颜乐处"。程颐撰有《颜子所好何学论》,以明儒家性命之道与仁者之乐。对此冯友兰认为:

> 人一生都在殊相的有限范围之内生活,一旦这个范围解放出来,他就感到**解放和自由的乐**(这可能就是康德所说的"自由")。这种解放自由,不是政治的,而是从"有限"中解放出来而体验到"无限"(这可能就是康德所说的"上帝存在"),从时间中解放出来而体验到永恒(这可能就是康德所说的"永恒")。这是真正的幸福,也就是道学所说的"至乐"。④

冯先生将理学家所追求的"孔颜之乐"作了现代性阐述,并与康德学说结合起来进行说明。用理学家话语来说,这种"解放和自由的乐"之所以可能,在于其"与天地同体"之义得到彰显,表现为随顺随应,廓然大公,胸中洒落。程颢说得好:

---

① 程树德:《论语集释》,中华书局,1990 年,第 386 页。
② 程树德:《论语集释》,中华书局,1990 年,第 806 页。
③ 朱熹:《朱子语类》第三册,中华书局,1986 年,第 798 页。
④ 冯友兰:《中国哲学史新编》(下),人民出版社,2007 年,第 15 页。

医书言手足痿痹为"不仁",此言最善名状。**仁者以天地万物为一体,莫非己也。** 认得为己,何所不至? 若有不诸己,自不与己相干。如手足不仁,气已不贯,皆不属己,故博施济众乃圣之功用。[①]

这就是说儒家所谓的乐,它指向仁者的"一体之乐",是人与天地万物相生和谐的状态,不是毫不关己的"一己之乐"。它不受局限,不受滞碍,因而要求儒者全身心地投入到仁道事业。王廷相既肯认宋儒以来"一体之乐",亦有其独到思考:

人有得于性分以为乐者,有假于外物以为乐者。**乐由性分,则无所遇而非乐,此君子之真乐也。**乐假于物矣,时而不得吾心,则吾与物皆逆境也,悲忧从之矣,夫安得乐? ……**彼自以为乐且靡及矣。**然而骄贵性成,傲惰习稔,内不知亲亲而骨肉薄,外不知贤贤而名誉损,上不知忠以报国而法守违,下不知仁以恤众而兆民怨,罪积眚兴,天人交怒,而忧至无日矣。**虽有可乐之具,安得久而乐之?** [②]

上述引文,首先说明两种乐的性质,即"得于性分以为乐"和"假于外物以为乐"。前者为"君子之真乐"及"乐其天性之真",后者为不可长久之乐或为了掩盖悲伤忧愁而进行的享乐。王廷相强调前者贬斥后者。其次批判明代中后期社会生活的享乐主义及纵欲主义,指出其违逆于儒家仁者之乐,应该加以大力整治。表现在音乐方面,就是时下的乐曲、乐调及乐辞变得轻浮、繁杂、淫秽,王廷相痛斥道:

古之乐也朴,今之乐也文;古之乐也淡,今之乐也淫,日趋于变然也。咏叹淫液,《大武》已悦之矣,郑、卫安得而不繁乎? 天魔羽衣,安得而不靡嫚乎? 尧、舜之不能黄桴上鼓,即三代之不能《咸》《韶》也,后世之乐宜乎日下。虽然,**圣有作者,可以反之。**节淫哇,平焦杀,本人心安静之气,调之以中和之律,亦可以和神祇,衍幽明矣。**乐也者,存乎道者也。** ……**故道之所由行,而乐之所由成也。**[③]

---

① 程颢、程颐:《二程集》,中华书局,1981 年,第 15 页。
② 王廷相:《嘉乐堂记》,载《王廷相集》第二册,中华书局,1989 年,第 442—443 页。
③ 王廷相:《慎言·文王篇》,载《王廷相集》第三册,中华书局,1989 年,第 818 页。

依上之见,王廷相并不反对音乐随时代变化而变化。然而"乐也者,存乎道者也",音乐不仅是纯粹审美活动,更承担儒家礼乐教化功能。如果本末倒置,儒家之道就无法体现。从现实角度出发,王廷相希望有圣人在世,一反靡靡之音,给社会带来儒家的中正和谐之音。所以他说:

> 作乐者,才识聪明则无节奏之乱,心性平和则无声调之戾。《韶》、《武》之所以尽美,由此道也。故七音和调、节奏中度者,在人不在乐,在声不在辞。①

王廷相重视发挥六经的教化作用,特别是在诗歌、音乐方面有深刻思考和独到见解。他认为音乐的创作演绎要兼具才与德,即"才识聪明""心性平和";在诗文方面,提出"诗贵意象透莹,不喜事实黏著"②,尊重诗歌审美的独立性,强调意象构造及其功能的重要,特别是对"意者诗之神气,贵圆融而忌阗滞"的说明,表达了文与气的密切关系,是曹丕(字子桓,187—226)"文以气为主"及刘勰(字彦和,465—520)《文心雕龙·养气篇》等的继承和推进,契合"文以气为主"转向"文以意为主"的进程。③

从个人生活来看,诗酒共举是王廷相人生乐事。兹有三类诗作为证:一类为独饮,如《秋日独酌》:

> 梧桐一叶下,天地九秋回。水抱鱼龙蛰,风摇雁鹜哀。樊生新学圃,陶令且呷杯。**醉里忘栖泊**,乘闲独上台。④

一类为三两好友对饮,如《招欧翁饮酒》:

> 蛮丛万里独游身,碧水青山满意春。闲日旅怀聊自放,殊方节俗任

---

① 王廷相:《慎言·文王篇》,载《王廷相集》第三册,中华书局,1989 年,第 820 页。

② 他指出:"夫诗贵意象透莹,不喜事实黏著,古谓水中之月,镜中之影,可以目睹,难以实求是也。《三百篇》比兴杂出,意在辞表;《离骚》引喻借论,不露本情。……嗟乎! 言征实则寡余味也,情直致而难动物也,故示以意象,使人思而咀之,感而契之,邈哉深矣! 此诗之大致也。……意者诗之神气,……何谓三会? 博学以养才,广著以养气,经事以养道。才不赡则挂陋而无文,气不充则思短而不属,事不历则理舛而犯义。三者所以弥纶四务之本也。要之,名家大成,罔不具此。然非一趋可至也,力之久而后得者也。故曰会,如不期而遇也。此工诗之大凡也。"(《王廷相集》第二册,中华书局,1989 年,第 502—503 页。)

③ 参见陈书录:《王廷相诗歌意象理论与气学思想的交融及其意义》,《文艺研究》2009 年第 9 期。

④ 王廷相:《秋日独酌》,载《王廷相集》第一册,中华书局,1989 年,第 204 页。

相亲。少城燕子已无数,锦里桃花半未匀。珍重仙曹老宾友,**呷杯莫厌过西隣**。①

一类为众同僚畅饮,如《寒食日江阁诸僚宴集》:

> 一百五日偏风雨,客馆萧萧泥杀人。杏花榆荚半浮水,紫燕斑鸠虚媚春。江上楼台忽漫兴,天涯宾友自相亲。清尊锦瑟非难事,**烂醉狂歌任尔真**。②

或独自,或邀友,或聚众,寄情于诗酒之中、山水之间,此是人之常情、士人常态,王廷相不例外。诗酒之中有乐有苦有悲有欢有聚有散,如此种种并未遗世忘情,王廷相亦不例外。这些平凡之乐,亦是真我之乐。诗酒浸润着一个鲜活而有情的生命存在。正如王廷相在怀念好友孟洋时的倾诉:"佳会近来常对酒,畏途能忘旧沾巾。"③

四、如何存在:王廷相谈生死

西方哲学将死亡作为重要哲学问题,形成所谓死亡哲学传统。柏拉图就指出哲学是"死亡的练习"。相对于此,中国传统文化有重生的传统,视死生为一体,强调生死转化与永生追求。张岱年说:"中国哲学家所思所议,三分之二都是关于人生问题的。世界上关于人生哲学的思想,实以中国为最富,其所触及的问题既多,其所得到的境界亦深。"④既然如此,生死问题历来为儒家所关注,其中以气论生或以气论生死的传统显得格外显目。

前文反复引述《荀子》之语:"水火有气而无生,草木有生而无知,禽兽有知而无义,人有气、有生、有知,亦且有义,故最为天下贵也。"⑤转化为《礼记·礼运》的表述,就是"人者,其天地之德,阴阳之交,鬼神之会,五行之秀气也"。综合二者之论,可以形成基于气的生命序列:

---

① 王廷相:《招欧翁饮酒》,载《王廷相集》第一册,中华书局,1989 年,第 305 页。
② 王廷相:《寒食日江阁诸僚宴集》,载《王廷相集》第一册,中华书局,1989 年,第 309 页。
③ 王廷相:《读孟有涯旧稿》,载《王廷相集》第一册,中华书局,1989 年,第 296 页。
④ 张岱年:《中国哲学大纲:中国哲学问题史》,中国社会科学出版社,1982 年,第 165 页。
⑤ 王先谦:《王制篇第九》,载《荀子集解》,中华书局,1988 年,第 164 页。

品级	种类		
气、生、知、义	人	五行之秀气	气
气、生、知	禽兽	五行之气	
气、生	草木		
气	水火		

图表 5.5

这种以气论生的传统,在先秦时期尚比较粗略。然《易传·系辞》透露了生死往复的论调:"原始反终,故知死生之说。"[1]随着理学肇兴,这些说法愈加深入且精致化。如在张载这里,气成为理解生死性命的基础:

> 聚亦吾体,散亦吾体,知死之不亡者,可与言性矣。[2]
> **性通乎气之外**,命行乎气之内,气无内外,假有形而言尔。故思知人不可不知天,尽其性然后能至于命。……穷理尽性,则性天德,命天理,**气之不可变者,独死生修夭而已**。故论死生则曰"有命",以言其气也;语富贵则曰"在天",以言其理也。[3]

张载指出,气之聚散是人之生死的内在机制,气散人死不代表气消失而人不存在。人身气禀虽有死生修夭之不同(死生有命),人身之气通于天地之德,人生之命可以通达天地之理(富贵在天),却是共通的、不可改变的。可以看到,张载在气的基础上概略地论及了生命、性命与天命的内在关系。从根本上说,气一贯于生死,即所谓"气之于人,生而不离,死而游散为魂,聚而成质,虽死而不散者为魄"。这种生死境界由《西铭》给予经典性表达。

二程肯认生死一贯,更重视探索生生之理:

> 死生存亡皆知所从来,胸中莹然无疑,止此理尔。孔子言"未知生,焉知死",概略言之。**死之事即生事也,更无别理**。[4]
> **真元之气**,气之所由生,不与外气相杂,但以外气涵养而已。若

---

[1] 唐明邦主编:《周易评注》,中华书局,1995 年,第 200 页。

[2] 张载:《正蒙·太和篇》,载《张载集》,中华书局,1978 年,第 7 页。

[3] 张载:《正蒙·诚明篇》,载《张载集》,中华书局,1978 年,第 21—23 页。相关研究参见张再林:《"死而不亡"如何成为可能?——张载"气化生死观"的现代解读》,《中州学刊》2012 年第 5 期。

[4] 程颢、程颐:《河南程氏遗书》卷二上,载《二程集》(上),中华书局,1981 年,第 17 页。

鱼在水,鱼之性命非是水为之,但必以水涵养,鱼乃得生尔。人居天地气中,与鱼在水中无异。……生生之理自然无息,如《复》言"七日来复",其间元不断续,阳已复生,物极必返,其理须如此。有生便有死,有始便有终。[1]

二程和张载都认为,气化生生是回环往复且从无间断的过程。为了更加突出生生之理,他们区别了"真元之气"和"外气"("天地之气"),前者为性命之理的根据,后者为涵养性命的养料,并以"人居天地之气中,与鱼在水中无异"作形象譬喻。"真元之气"和"天地之气"究竟是何关系,在二程这里似乎没有得到充分说明。

宋儒以理气论生死的观点,在朱熹这里得到了综合发展。《答黄道夫》说:

天地之间,有理有气。理也者,形而上之道也,生物之本也;气也者,形而下之器也,生物之具也。是以人物之生,必禀此理,然后有性;必禀此气,然后有形。[2]

这段话已成为宋明理学有关宇宙人生的经典论断。朱熹对生死问题的思考,主要是在此义理框架下进行。在人身之气问题上,他认可以气之聚散来理解生死现象,批判生死聚散是一大轮回之说:

横渠辟释氏轮回之说。然其说聚散屈伸处,其弊却是大轮回。盖释氏是个个各自轮回,横渠是一发和了,依旧一大轮回。[3]

委实,朱熹误解了张载之意,但横渠之说有"轮回说"的痕迹,亦是不可回避的事实。王廷相认识到问题所在:

虚者气之本,故虚空即气;质者气之成,故天地万物有生。生者,"精气为物",聚也;死者,"游魂为变",归也。归者,返其本之谓也。返本,复入虚空矣。佛氏、老、庄之徒见其然,乃以虚空、返本、无为为

---

① 程颢、程颐:《河南程氏遗书》卷十五,载《二程集》(上),中华书局,1981年,第265页。
② 朱熹:《答黄道夫》,载《朱子全书》第贰叁册,上海古籍出版社、安徽教育出版社,2002年,第2755页。
③ 朱熹:《朱子语类》第七册,中华书局,1986年,第2537页。

义，而欲弃人事之实，**谬矣**。嗟乎！有生则生之事作，彼佛氏、老、庄、父子、君臣、夫妇、朋友之交际能离之乎？饮食、衣服、居室之养能离之乎？不然，是生也为死之道者也，夫岂不谬？古之圣人非不知其然也，**以生之事当尽而万物之故当治**，故仁义礼乐兴焉。其**虚空返本之义圣人则禁之**，恐惑乱乎世矣。①

上述旨在阐明，儒家"返本说"与佛道"轮回说"有实质性区别。前者以有生之事、人事之实为本，指出脱离生之事则生不如死；后者以虚空、返本、无为为义，汲汲于以死误生，本末倒置。因此，儒家圣人兴仁义礼乐是治生之事，尊丧葬祭仪也是治生之事。这就是儒家与佛老的区隔。张载显然属于前者。

王廷相认为，只要有益于"生之事"，都可以从知识上加以肯定，否则，需进行批判：

> 至于炼气之术，**亦有至理**。大抵造化之妙，阴阳配合而道化生焉。人之得生，本诸精气，呼吸升降之间，而运动往来无滞。故吸则气升，遂以意引之，注于极上；呼则气降，遂以意引之，注于极下。久之，极上则髓海盈溢，遍达于诸骸；极下则气海充满，透彻于诸脉，此亦造化自然之机发如此。"……但伏炼金石，反以戕生矣。"②

以上对话出自《雅述·下篇》，为王廷相思想成熟时期观点。其中指出，无论是"养生之道"还是"炼气之术"，只要有其合理之处、益于修身养性之处，均予以肯定并加以运用。相反，修炼金石丹药等行为，或对身心造成损害，要高度警惕，予以禁止。

服食丹药之风盛行于魏晋时期，及至有明一代，也一度盛行。③比如，嘉靖帝就因长期迷恋于丹药，不得善终。即使王阳明这样的大儒，亦有类似举动：

> 盖天地万物，与人原是一体，其发窍之最精处，是人心一点灵明。风雨露雷，日月星辰，禽兽草木，山川土石，与人原只一体。故五谷禽兽

---

① 王廷相：《慎言·五行篇》，载《王廷相集》第三册，中华书局，1989年，第808—809页。

② 王廷相：《雅述·下篇》，载《王廷相集》第三册，中华书局，1989年，第868—869页。

③ 参见蒙绍荣：《中国炼丹术》，载《中国科学技术通史Ⅰ·源远流长》，上海交通大学出版社，2016年，第1108—1109页。

之类，皆可以养人；**药石之类，皆可以疗疾，只为同此一气**，故能相通耳。①

良知学问"从百死千难中得来"，为此王阳明反复强调儒家的尽性知命之学，需由生死体验来确证："人于生死念头，本从生身命根上带来，故不易去。若于此处见得破，透得过，此心全体方是流行无碍，方是尽性至命之学。"②其最后遗言"此心光明，亦复何言"，是对其生命的学问的最好确证。王阳明以上所论一气流通的宇宙人生观，并无理论上的舛误。问题在于实践方面。如果不加以科学分析，一旦服食药石过度，其危害将远大于益处。

相较之下，王廷相罕有"百死千难"的生死体验。要推究的话，孟洋、曹继芳等好友的早亡，可能给他造成某些生死体悟。王廷相生命最后岁月，无惊无扰，平淡恬适。嘉靖二十一年（1542），他罢归居家：

> 既归，不以语人，一惟引咎，竟不自白心事。日在书屋，与图史对，时或出游东园，为酒食会亲友，角巾野服，**欣欣如也**。③

嘉靖二十二年（1543）三月，郭廷冕（字秀文，1496—？）路经仪封，向王廷相请教按治事宜，后者将其遗著《浚川公移集》《浚川驳稿集》等交付前者，嘱代为刊印。嘉靖二十三年（1544）九月初七，王廷相卒于家中。后辈李开先盛赞王廷相："台纲能独持，宿德真吾师。身没名难没，斯文谅在兹。"④评语有溢美之辞，但绝非毫无根据。

五、天地之美：王廷相论超越

考察至此，不难获得一种印象，即作为儒者的王廷相没有什么超越性精神追求。事实上恐怕不是。从学术研究角度看，儒学的超越性问题主要是受到西学尤其是西方宗教的冲击而引起关注。其中以现代新儒家群体如牟宗三、唐君毅等人为代表，阐发了内在超越说、自我超越说等。⑤张世英（字

---

① 王守仁：《王阳明全集》上册，上海古籍出版社，1992年，第107页。
② 王守仁：《王阳明全集》上册，上海古籍出版社，1992年，第123页。
③ 高拱：《浚川王公行状》，载《王廷相集》第四册，中华书局，1989年，第1495页。
④ 参见李开先：《李开先集》，中华书局，1959年，第223页。
⑤ 此类研究成果颇多，此仅列举几种。参见蒙培元：《儒学是宗教吗？》，《孔子研究》2002年第2期；郑家栋：《"超越"与"内在超越"——牟宗三与康德之间》，《中国社会科学》2001年第4期；任剑涛：《内在超越与外在超越：宗教信仰、道德信念与秩序问题》，《中国社会科学》2012年第7期；吴先伍：《横向超越：儒家哲学的形上之维》，《宁夏社会科学》2018年第3期。

育生,1921—2020)提出了所谓横向超越说,以此对应西方的外在超越说,进而开显以儒学为主的中国现代哲思精神。总体而言,儒学的超越性问题不能脱离中西文化对话或比较的背景。从思想史角度看,明末清初的中西文化互动过程中,超越性问题便被触及。譬如围绕"上帝""神"等观念,传教士与儒生们展开了往复讨论。

对于王廷相而言,无所谓两个世界,只有生我育我的这个世界;无所谓超世间法,只有日用常行、洒扫进退的实践经世之道;无所谓高高在上超自然的实体主宰者,信从天道天理天命乃是我本身的使命。这并非是说,儒者王廷相缺乏超越与牺牲精神。相反,在现实中立命、造道、为学,是对儒者的内在要求。王廷相就是如此要求自己的,并以此取友。他在赠送吕柟的文中说:

> 余取友于天下,得有道者二人焉:河内何粹夫,高陵吕仲木是已。彼二子者,**笃契往哲**,几于圣轨,求诸今之世,盖绝无而仅有者也。观其忠君孝亲,从兄信友,仪刑于妻子,卓卓乎世之表仪;又能率履贞淳,游心淡泊,非有道义,虽世所华重,若尘垢我,若戕贼我,若辱戮我者,甘贫守节,老而弥固,所谓万物不奸其志,天下不易其乐者是矣。**不亦古人之笃行乎**？①

儒者立身处世在于道义,儒学在于笃行实践、实学经世,王廷相以此为准,认为何瑭、吕柟二人是楷模,故视他们为挚友。相较于玄妙之理、坐而论道,王廷相以笃行实践为首务,多次强调儒者的志向与快乐就在于此。通极天人,不是罔顾生人与俗人,而是致力于日用常行践履。

在学理上,王廷相以气为本,贯诸生、体、魄、魂、灵、神、性等概念,阐发出"一贯之道":

> 诸儒于体魄、魂气,皆云两物,又谓魄附于体,魂附于气。此即气外有神、气外有性之论。以愚言之,殊不然。**体魄、魂气,一贯之道也**。②

主张人之生、体、魄、魂、灵、神、性等,都是通过气一贯而有,虽有次序先

---

① 王廷相:《送泾野吕先生尚宝考绩序》,载《王廷相集》第二册,中华书局,1989年,第419—420页。
② 王廷相:《雅述·上篇》,载《王廷相集》第三册,中华书局,1989年,第837页。

后、品级高低及表现各异,然都一本于气。或因如此,有研究者认定形而下的气无法说明超越的形而上问题,故王廷相气论缺少超越维度,是对理学形而上精神的减煞甚至是否定。这种看法有一定道理,但没有充分理解王廷相这些话语的精义,如他说:

> 圣人**志气如神**,生质之美也;"**精义入神**",尽性之极也。……**圣人之道,贯彻上下**。自洒扫应对,以至均平天下,其事理一也。自格物致知,以至精义入神,其学问一也。自悦亲信友,以至**过化存神**,其感应一也。①

从以上话语不难体会,与其说王廷相否定儒学超越精神,毋宁说将其归为"圣人"。也就是说,他所理解的彻上彻下的儒家超越性追求,乃在于做到"志气如神""精义入神"及"过化存神",乃在于做到理事一如、感应一如。圣人能够做到如此,在于极致地展现了人心之灵或人心感通作用:

> **人心之灵,贯彻上下**。其微妙也,通极于鬼神,其广远也,周匝于六合。一有所不知,不足谓之尽性。命则天道发育万物者,人不得而与焉;然其情状变化,**不能逃吾所感之通**,故圣人"穷理尽性以至于命"。②

基于以上表述可知,所谓超越性精神就是尽可能发挥人心之灵,通过"吾所感之通"穷理尽性、通极鬼神。在王廷相这里,不再一味追求理学所讲的形上超越,而是肯认于气之感通的无限可能性。对此,他从未怀疑,只是言之简略,不如王阳明反复倡言:

> 我的灵明,便是天地鬼神的主宰。天没有我的灵明,谁去仰他高?地没有我的灵明,谁去俯他深?鬼神没有我的灵明,谁去辨他吉凶灾祥?天地鬼神万物离却我的灵明,便没有天地鬼神万物了。我的灵明离却天地鬼神万物,亦没有我的灵明。③

王廷相论"人心之灵"与王阳明论"我的灵明",有异曲同工之妙。作为

---

① 王廷相:《慎言·作圣篇》,载《王廷相集》第三册,中华书局,1989年,第760—761页。
② 王廷相:《慎言·作圣篇》,载《王廷相集》第三册,中华书局,1989年,第763页。
③ 王守仁:《王阳明全集》上册,上海古籍出版社,1992年,第124页。

儒者,王廷相偏向谨慎保守,注重规范与经义;王阳明乐观豁达,别开儒学生面。然在追求生命的超越这一点上,二者并无异质。也就是说,对道的体验与审美,意识到我、道、物的一体共在,从而获得一种审美超越意义上的"至乐"。诚如王阳明在探访岳麓山所赋:"吾道有至乐,富贵真浮埃!若时乘大化,勿愧点与回。"[①]这种"至乐"不尽是认识论上的乐,也不尽是存在论上的乐,而应是审美超越意义上的一体之乐。对此王廷相有精练表达:

> 人一受元气以生,天地之美无不备具,故知至于道,行极于德,谓之完人,足以答天矣。[②]

人,作为气的生存或存在过程("人一受元气以生"),天地万物一体之美("天地之美")就在其中,人以其"生生之美",体现"天地之美"。从知性与德性来讲,要求儒者知道行德,"天地之美"使人得以从有限通向无限,从而获得自由超越。就此而言,基于气论的"天地之美"观点,不是诉诸主客二分意义的超越,而是呈现为审美活动的一体与自由,即所谓审美超越。这种审美超越不是一次性达成,而有其内在层次及相应要求,与理学家所追求的道德心性的内在超越,既相通也有所不同。

委实,"天地之美无不备具",若无法实现为"生生之美",则无所谓审美超越。"天地之美"及"生生之美"观念,集中体现了王廷相气论思想的审美意识、审美体验与审美超越,需认真对待。

本章小结

儒学乃安身立命之学,身体在儒学传统中历来有崇高地位,故《孝经·开宗明义》说"身体发肤,受之父母,不敢毁伤,孝之始也。立身行道,扬名后世,以显父母,孝之终也"。儒学发展至宋明理学,身体维度更是得到理学家高度重视,开展出一整套修身工夫与实践。作为气论思想家,王廷相较少直接讨论身体之气问题,但能够肯定"天性之欲",反对高悬天理本体,主张天理人欲的统一,某种程度上批判了正统化理学。至于礼学思想方面,王廷相基本是在朱子学基础上有所增改而已,他高度强调礼的社会规范作用,反对

---

① 王守仁:《王阳明全集》上册,上海古籍出版社,1992年,第689页。
② 王廷相:《慎言·潜心篇》,载《王廷相集》第三册,中华书局,1989年,第780页。

庸俗化理解和实践,故其气论思想在其理论节点、性格特征及超越追求等方面,自有其立意及表现。

本章与前章构成一体,王廷相气论思想诸面目由此得到较全面展开。

第六章　王廷相与明清气论思潮

王廷相气论的形成与开展,有其相对独立的思想过程与理论道路,然不能脱离明代儒学及社会环境,尤其不能脱离明清气论思潮。反之,明清气论思潮的出现不能没有王廷相气论作为推动因素,故较全面考察王廷相与明清之际气论思潮的关联,是扩展本研究论域的必然要求。本章的重点,一是考察明代中后期气论思潮的整体动向与儒学衍化,一是阐述明清之际中西交往背景下气论与西学的互动进而探讨气论思潮与儒学发展的内在关系。

第一节　王廷相与明代中后期气论思潮

明代中期气论思潮的崛起是宋明儒学发展值得关注的现象,在此过程中,围绕理气关系、性气关系及养气工夫等论题,罗钦顺、王阳明、吕柟、何瑭和王廷相等有不同程度探讨,他们的相互论辩体现了明代中期儒学气论基本风貌。进而可以说,王廷相与相关儒者的气论言说助推了宋明儒学发展及其转型。[①]

一、王廷相与罗钦顺、王阳明的气论关系

此处以理气关系、性气关系及养气工夫等为中心,考察王廷相与罗钦顺、王阳明的气论观点及思想特征,勾勒明代中期气论思潮总体趋势和基本类型。

(一) 理气一元

明代儒者倾向于认为,儒家之道通过朱子学已然得到阐扬,后来者只需躬行践履即可。"自考亭以还,斯道已大明,无烦著作,直须躬行。"[②]然而,对

---

① 参见陈佳铭:《从罗钦顺、王廷相及刘宗周论明代气学的思想型态》,《清华学报》2019 年第 1 期;胡栋材:《明代中期气论思想研究》,《孔学堂》2020 年第 3 期。

② 张廷玉等:《明史》(二四),中华书局,1974 年,第 7229 页。

于朱子学及正统化程朱理学批判的声音从未中断。前文已论,在理气关系问题上,无论是曹端还是薛瑄,并未死守朱子学矩镬,而是对此展开了新的探索。曹端提出了"活理"的观点,认为理气一元而非二物;薛瑄则认为,"(理气)无毫发之缝隙"①。委实如此,"尊朱""述朱"的理念使明初诸儒对朱子学只是进行局部修整,难以作出实质性变革。

由元至明,理气关系问题逐渐成为儒者反思程朱理学的共识。曹端、薛瑄等加强了这一共识。及至明代中期,反思僵化的程朱理学进而推动儒学自身发展,成为儒者共同面对的时代课题。理气关系问题就是回答本课题的第一步,总体而言,明初儒者理气一元论的思想倾向越来越明显。

作为"朱子学后劲",罗钦顺在理气关系问题上有独到思考。在"理"的去实体化理解上,他认为"理非别有一物":

> 理果何物也哉? **盖通天地,亘古今,无非一气而已。** 气本一也,而一动一静,一往一来,一阖一辟,一升一降,循环无已。积微而著,由著复微,为四时之温凉寒暑,为万物之生长收藏,为斯民之日用彝伦,为人事之成败得失。千条万绪,纷纭胶轕而卒不可乱,有莫知其所以然而然,是即所谓理也。**初非别有一物**,依于气而立,附于气以行也。②

按照这种理解,"理"不能单纯地理解为形而上实体,理与气不可分。所谓"理"乃是"依于气而立,附于气以行",是气之所以然而然,因此,"理只是气之理,当于气之转折处观之。"③为此他批判张载气论:

> 张子《正蒙》"由太虚有天之名"数语,亦是将理气看作二物,其求之不为不深,但语涉牵合,殆非性命自然之理也。④

这就倾向于认为,张载思想具有理气二元论色彩。罗钦顺晚年不吝重申"仆从来认理气为一物",以至将"理气一物"与程颢所讲的"道器一体"相参证。⑤ 实际上,"道器一体"和"理气一物"并非同义。根据程朱理学之见,"道器一体"讲求的是形上与形下的一贯,并未抹除形上与形下的区隔。罗

---

① 薛瑄:《薛文清公读书录》,中华书局,1985 年,第 107—108 页。
② 罗钦顺:《困知记》,中华书局,2013 年,第 5—6 页。
③ 罗钦顺:《困知记》,中华书局,2013 年,第 89 页。
④ 罗钦顺:《困知记》,中华书局,2013 年,第 38—39 页。
⑤ 罗钦顺:《困知记》,中华书局,2013 年,第 197、202—203 页。

钦顺借助"道器一体"来论证"理气一物",仍停留于程朱理学的传统之见。元代儒者吴澄早已指明:"理者,非别有一物在气中,只是气为之主宰者即是,无理外之气,亦无气外之理。"①委实如此,肯认"气"在理气关系方面的优先性,乃罗钦顺气论思想的重要特点。

为了阐明"理气一物"观,罗钦顺强调区分"就气认理"和"认气为理":

> 理须就气上认取,然认气为理便不是。此处间不容发,最为难言,要在人善观而默识之。"只就气认理"与"认气为理",两言明有分别,若于此看不透,多说亦无用也。②

这就是看重"就气认理",严防"认气为理",故指出"气""理"不能混为一谈。为了进一步说明"就气认理",他创造性地阐发了"气一分殊"说,形成了比较鲜明的理气观,彰显了理本论转进为气本论的理论特征。对此,黄宗羲认为"盖先生之论理气,最为精确"③,可谓不刊之论。

在理气关系问题上,王廷相与罗钦顺存在诸多一致。不过,王廷相以气为首的态度更为强烈,《横渠理气辩》借助张载气论批判朱子学理气论的不合理性,以至提出"气一则理一,气万则理万"的气理观。在此基础上,"气一分殊"的观点被提出:

> 人与天地、鬼神、万物一气也。气一则理一,其大小、幽明、通塞之不齐者,分之殊耳。知分殊,当求其理之一;知理一,当求其分之殊。④

整个明代中期儒学,关于"理"的去实体化以及肯认"气"的首出性等方面,王廷相的立场鲜明且坚决,在气理观视域下提出"理因时致宜"的新观念,批判了"惟理独不朽"的看法。罗钦顺保持着"理"的本体地位,王廷相则比较彻底地将"理"置于气之中加以理解定位。这极大提升了气的位格,造成理的本体地位被减损的问题。此为宋明理学转向明清儒学的理论先兆之一。

在理气关系问题上,王阳明的反应比罗钦顺、王廷相都要温和,他不满于程朱理学的"理气为二",比较认同元明以来理气一元思想趋势。实际上,在王阳明及阳明心学这里,理气关系问题不再是中心议题。目前所见的王

---

① 黄宗羲、全祖望:《宋元学案》,中华书局,1986 年,第 3083 页。
② 罗钦顺:《困知记》,中华书局,2013 年,第 42 页。
③ 黄宗羲:《明儒学案》下册,中华书局,1985 年,第 1107 页。
④ 王廷相:《慎言·作圣篇》,载《王廷相集》第三册,中华书局,1989 年,第 764 页。

阳明思想材料,关于理气的直接讨论不多见,他参加弘治五年(1492)的乡试试卷中对理气关系有简略讨论:

> 今夫天地间惟理而已矣,理御乎气,而气载于理,固一机之不离。①

这则材料可能是王阳明关于理气问题的最早论述,其态度一目了然,基本遵循朱子学理气论,但强调理气相即不离。在《传习录》中,气主要充当说明道德发动问题,如"无善无恶者,理之静;有善有恶者,气之动。不动于气,即无善无恶,是为至善"②。这就将理气之动静和人性之善恶结合起来进行说明,仍没有逸出程朱理学的传统。

王阳明关于理气问题的代表性论说之一,载于《答陆原静书》(1524)。此为阳明晚年之论:

> "精一"之"精"以理言,"精神"之"精"以气言。理者气之条理,气者理之运用;无条理则不能运用,无运用则亦无以见其所为条理者矣。③

与早期观点相比,王阳明晚年理气观较为圆融,呈现为理气不即不离的观点。委实如此仍不难看出,其观点并不异质于程朱理学传统。

概观罗钦顺、王阳明及王廷相的理气观,不难得到以下认识:其一,朱子学理气论或被修正或被改造,在此条件下,理气一元论逐渐成为明代中期儒学的底色。其二,随着理气一元论的确证,"气"在理学中的位格得到提升。其三,张载气论思想被激活,理气论视域下的人性论(心性论)及修养论问题呼之欲出。

(二) 性气一本

明代理学的主要特点,是心性论取代理气论成为儒者的核心关切。也就是说,经过宋元诸儒的推阐,理学已发展至烂熟,探究万物终极实在的工作逐渐居于次要位置。理气问题不再被高度关注,心性问题逐渐成为焦点。问题是,倘若没有理气关系问题的重新挖掘,心性论恐怕难以开展得如此丰富多彩。更重要的是,从理气一元如何到性气一本,需要给予理论说明。罗钦顺晚年有言:

---

① 束景南:《王阳明全集补编》,上海古籍出版社,2016年,第81页。
② 王守仁:《王阳明全集》上册,上海古籍出版社,1992年,第33—34页。
③ 王守仁:《王阳明全集》上册,上海古籍出版社,1992年,第62页。

> 拙《记》(《困知记》)累千万言,紧要是**发明心性**二字,盖勤一生穷究之力,而成于晚年者也。①

"发明心性"是明代儒学取得重要进展的结穴。如何"发明心性",则不得不诉诸于理气关系。正因为"气"的位格上升,其理论内涵的积极意义不断被肯定,性气关系或心气关系才得以摆脱程朱理学束缚。譬如,罗钦顺对天地之性和气质之性的区隔给予批判,首先梳理了以往儒者的观点,然后指出:

> 及宋,程、张、朱子出,参之孔孟,验之人情,其说于是乎大备矣。然一性而两名,虽曰"二之则不是",而一之又未能也,学者之惑,终莫之解,则纷纷之论,至今不绝于天下,亦奚怪哉!②

本来只是一个性,宋儒强分出天地之性和气质之性,如此,似乎能够解释人性的现实表现,但这是"二本"之论,与"理气一物"观不合。理气一元论视域下人性问题该作何说明,罗钦顺对此有自觉讨论:

> 性之所以难言者,只为理字难明,往往为气字之所妨碍耳。"天地之性","气质之性",宋诸君子始有此言,自知性者观之,固可默识,在初学者观之,有能免于鹘突者几希。何也?**夫性一而已矣**,苟如张子所言"气质之性,君子有弗性",不几于二之乎?**此一性而两名,仆所以疑其词之未莹也。若以理一分殊言性,较似分明**,学者较易于体认,且与诸君子大意亦未尝不合也。③

上述足以表明罗钦顺基本态度,那就是弄清人性问题的前提在于辨明"理""气"二字,即理气关系问题。在此前提下,他反对"天地之性""气质之性"的二分之说,认为"以理一分殊言性"比较妥当。这抓住了宋儒强分天地之性与气质之性的问题,但最终解决方案是用"理一分殊"来解说人性之相通与不同。这不仅没有真正贯彻"气一分殊"的观点,对程朱理学人性论也没有构成实质性突破,只能说是一种权宜之计。在人性问题上,罗钦顺没有

---

① 罗钦顺:《困知记》,中华书局,2013 年,第 211 页。
② 罗钦顺:《困知记》,中华书局,2013 年,第 9 页。
③ 罗钦顺:《困知记》,中华书局,2013 年,第 182—183 页。

坚持理气关系问题上所取得的理论成果,故理气论和人性论存在某种不一致。诚如崔铣评价罗钦顺思想时所说,"析心性以辩儒释,合理气以一天人"①,此说非虚,然失之过简。

相较于罗钦顺,王阳明没有过多纠缠于理气关系问题,而是直接肯认"气"之于人生、人性的无可取代作用。他说:

> **天地气机,元无一息之停**;然有个主宰,故不先不后,不急不缓,虽千变万化,而主宰常定,人得此而生。②

对王阳明来说,"天地气机"的"主宰"表现在人生人性即"良知",因此,"良知亦只是这口说,这身行,岂能外得气,别有个去行去说?"③可以看到,良知学说肯认"气"的积极作用,而在程朱理学,"气"被认为是拖累善性的负面因素,在王阳明这里则转变为彰显本性、善性得以实现的必不可少的积极力量。王阳明关于"生之谓性"的论述,足可为据:

> "生之谓性","生"即是"气"字,犹言气即是性也。气即是性,"人生而静"以上不容说。……孟子性善,是从本原上说。然性善之端须在气上始见得。若无气亦无可见矣。恻隐、羞恶、辞让、是非即是气。……**若见得自性明白时,气即是性,性即是气,原无性气之可分也。**④

王阳明认为,性气一本不可分,以至其反复明言"气亦性也,性亦气也,但须认得头脑是当"⑤。这种性气关系论,以"气"的理论地位提升为前提,以肯认"气"的积极作用为动力。就此而言,王阳明继承了程颢的性气论观点。

与罗钦顺、王阳明相比,王廷相以气为首出的特征最为明确。在人性论问题上,他更加强调气的积极作用,指出"性缘乎生""离气无性"以及"性生于气":

> **性生于气,万物皆然。**宋儒只为强成孟子性善之说,故离气而论性,使性之实不明于后世,而起诸儒之纷辩,是谁之过哉? 明道先生曰:

---

① 罗钦顺:《困知记》,中华书局,2013 年,第 278 页。
② 王守仁:《王阳明全集》上册,上海古籍出版社,1992 年,第 34—35 页。
③ 王守仁:《王阳明全集》上册,上海古籍出版社,1992 年,第 66 页。
④ 王守仁:《王阳明全集》上册,上海古籍出版社,1992 年,第 68—69 页。
⑤ 王守仁:《王阳明全集》上册,上海古籍出版社,1992 年,第 114 页。

"性即气,气即性,生之谓也。"又曰:"论性不论气,不备;论气不论性,不明。二之,便又不是。"又曰:"恶亦不可不谓之性。"**此三言者,于性极为明尽**,而后之学者,梏于朱子本然气质二性之说,而不致思,悲哉![1]

这段关于性气关系的讨论,理论上援引程颢之说,实际与王阳明上述观点相近。相较之下,王廷相在"性生于气"的基础上,继而提出"性与气相资而有"以及"凡人之性成于习"等看法,进一步完善了气本论视域下的人性论。故在他这里,"性与气相资而有"是针对张载分别天地之性和气质之性而言,"凡人之性成于习"是针对张载"变化气质"而言。在人性问题上,王廷相与张载的看法有明显差异。

在宋明儒者关于人性问题的讨论中,性相近和性善论的关系问题是重要议题之一。吕柟尝试通过理气一元论给予融贯:

> 世儒谓孟子性善专是言理,孔子性相近是兼言气质,却不知理无了气,在哪里有理,有理便有气,何须言兼,都失却孔孟论性之旨了。[2]

吕柟的论述过于粗略,但这种融合理气论合性气论的做法,应属明代中期儒学气论发展的应有之义。在整个明代儒学中,随着气的位格上升,以气言性的"气性"一路渐趋显豁。[3]"气性"一路并非全盘肯认人性的气性,而是认为人性全幅内容就是气性,所以对宋儒收摄气性于心性的做法给予极力批判。王廷相堪为个中代表。"气性"一路反对超越的道德本心,主张道德判断出于心知,故养气工夫的重心在于确保心知的作用得到发挥。

(三) 养气工夫

孟子养气论重点涉及存养夜气及浩然之气,这些义旨在宋明儒者身上得到承续发展。明代理学的核心关切就是"发明心性"。基于理气关系、性气关系与养气工夫的密切关系,明代中期儒者就养气工夫及格物致知问题有所辩论。

阳明学风动一时,尤其是致良知之教,更引发时贤关注。王阳明说:

> 夫良知一也,以其妙用而言谓之神,以其流行而言谓之气,以其凝

---

① 王廷相:《雅述·上篇》,载《王廷相集》第三册,中华书局,1989 年,第 837 页。

② 吕柟:《泾野经学文集》,西北大学出版社,2015 年,第 462 页。

③ 参见郑宗义:《论儒学中"气性"一路之建立》,载杨儒宾、祝平次编:《儒学的气论与工夫论》,华东师范大学出版社,2008 年,第 170—191 页。

聚而言谓之精,安可以形象方所求哉?[①]

　　良知在夜气发的,方是本体,以其无物欲之杂也。学者要使事物纷扰之时,常如夜气一般,就是通乎昼夜之道而之。[②]

气的流行、妙用与凝聚都是良知及其表现。照此来说,致良知工夫,某种意义上就体现为养气工夫及实践。对此,阳明后学王畿说:

　　良知二字,范围三教之宗。良知之凝聚为精,流行为气,妙用为神。无三可住,良知即虚,无一可还。此所以为圣人之学。[③]

　　盖吾儒致知,以神为主;养生家以气为主。戒慎恐惧,是存神功夫。神住则气自住,当下还虚,便是无为作用。以气为主,是从气机发动处理会。气结神凝,神气含育,终是有为之法。[④]

王畿以上关于工夫论意义上的养气存神之论,可谓是对王阳明之说的发挥。如果说良知的流行即表现为"气",那么致良知某种意义上就是阳明学养气工夫的开展,即致良知视域下气的工夫论。王畿含摄道教养气养生的做法,在王阳明处已有实践,亦是阳明后学内部往复辩论的焦点。

　　罗钦顺与阳明心学主要代表人物多有交往,对阳明学工夫论并不陌生。他反对陆九渊以来心学这种简易直截、明心见性的教法,主张儒者要在格物穷理中"发明心性""尽心知性"。他与王阳明的格物之辩就是最典型例证。要而言之,在格物工夫问题上,罗钦顺紧守朱子学立场,主张穷究人与万物之理,所谓"格物之格,正是'通彻无间'之意。盖工夫至到,则通彻无间,物即我,我即物,浑然一致"[⑤]。王阳明要扭转程朱理学旧说,主张"致吾心良知之天理于事事物物"。故引发罗钦顺的批评:

　　夫孔孟之绝学,至二程兄弟始明。二程未尝认良知为天理也,以谓有物必有则,**故学必先于格物**。今以良知为天理,乃欲"致吾心之良知于事事物物",则是道理全在人安排出,事物无复本然之则矣,无乃不得

①　王守仁:《王阳明全集》上册,上海古籍出版社,1992年,第70页。
②　王守仁:《王阳明全集》上册,上海古籍出版社,1992年,第106页。
③　王畿:《王畿集》,凤凰出版社,2007年,第466页。
④　王畿:《王畿集》,凤凰出版社,2007年,第12页。
⑤　罗钦顺:《困知记》,中华书局,2013年,第5页。

于言乎！①

王阳明则回复说：

> 格物者，大学之实下手处，彻首彻尾，自始学至圣人，只此工夫而已，非但入门之际有此一段也。夫正心诚意、致知格物皆所以修身，而格物者，其所以用力实可见之地。故**格物者，格其心之物也，格其意之物也，格其知之物也**。……执事（罗钦顺）今所教，反复数百言，皆似未悉鄙人格物之说。②

罗、王关于"格物"问题的论辩，学界多有考察。③ 以上引出二者之言，以表明前者强调格物工夫的客观性、过程性与实践性，后者倾向于主观意念方面的问题。罗、王的格物之争，同样见于吕柟与邹守益等的交往过程。

王廷相与阳明学者交往不多，然对良知之学有所关注，其中不乏批评：

> 近世好高迂腐之儒，不知国家养贤育才，将以辅治，乃倡为讲求良知，体认天理之说，使后生小子澄心白坐，聚首虚谈，终岁嚣嚣于心性之玄幽，求之兴道致治之术、达权应变之机，则暗然而不知。④

对于主张"知行合一"的阳明学来说，工夫讲求的是立住学问头脑，本体工夫合一，以至黄宗羲提出"工夫所至即是本体"。也就是说，阳明学的本义是反对"澄心白坐""聚首虚谈"，"随处体认天理"强调的是要时刻下手做工夫。罗钦顺、王廷相等儒者如此排击阳明学及其教法，原因大有三：一是对阳明学良知学说的特质与宗旨不理解、不认同；二是对阳明学工夫与禅学相近的做法不满；三是对致良知工夫造成的流弊有深刻担忧，即罗钦顺所谓"谈道者所在成群，而有得者曾未一二见"⑤。

在致知工夫论上，罗钦顺、王廷相站在了阳明学的对立面。他们汲汲于批评阳明学工夫论，然对自身气论的工夫论阐述得不够，尤其是对于程颢理

---

① 罗钦顺：《困知记》，中华书局，2013年，第157页。
② 罗钦顺：《困知记》，中华书局，2013年，第217—219页。
③ 参见罗安宪：《"格物致知"还是"致知格物"——宋明理学对于"格物致知"的发挥与思想分歧》，《中国哲学史》2012年第3期；彭国翔：《中晚明阳明学的格物之辩》，《现代哲学》2004年第1期。
④ 王廷相：《雅述·下篇》，载《王廷相集》第三册，中华书局，1989年，第873页。
⑤ 罗钦顺：《困知记》，中华书局，2013年，第212页。

学视域下养气工夫挖掘得不够①,这不得不说是儒学气论的工夫论的挫折。如在"格物"的训释上,王廷相与王阳明形式上相同,都训"格"为"正";但思想实质上与吕柟等相通,讲求朱子学意义上的格物穷理,故"格物"被视为"正物","正"被理解为"各得其当然之实",而非王阳明所谓的"意之所在"。罗钦顺以"通彻无间"训"格",是指格物工夫所达到的境界,仍属于朱子学的传统。罗钦顺、王廷相等的格物说有强烈的朱子学色彩,与王阳明的致良知工夫难以并论。

从理论上看,以气为本的思想家因其高度肯认气化、气质,对人情物欲应该给予更多肯定。然无论是罗钦顺还是王廷相,都不尽如此。为了使气之本体得以朗现,罗钦顺主张"无意"("去私意")"重敬",王廷相强调"寡欲""无欲""养心"及"主敬"。《慎言》说:

> 人心如楪,虚则容,实则否。道义者,心之天理也,知之必践之,以为宝二楪之;戾乎道义者,心之私欲也,知之且禁之,以为砂砾而弃之。楪之未盈,犹足容也,故私欲之感,或可以乘隙而入;至于天理充满,无少亏欠,楪盈而无隙可乘矣,夫安能容? 故学者当蓄德以实其心。②

与阳明学所讲的良知之心不同,王廷相认为天理和私欲其实源自于人心是否遵循仁义道德。因此,蓄德养心的目的,在于确保心知能够作出及时准确的判断。

在格物致知问题上,王廷相强调见闻之知的作用,重视求知力行。后来吴廷翰说:"格物须从物上见得此理,有实地,然后渐次可进。"③"从物上见得此理"就是王廷相说的"物各得其当然之实","此理"除了伦理,还包括物理、生理、心理等方面。遗憾的是,关于心性上的养气工夫,王廷相未能给予充分阐述④,反倒是与阳明学者多有交往的吕柟,较看重养气工夫。阳明学的后续发展如刘宗周一派,在养气工夫问题上开出了新境地。⑤

① 杨儒宾:《两种气学　两种儒学》,《中州学刊》2011年第5期;郭晓东:《从"性""气"关系看张载、二程工夫论之异同》,载《中国儒学》(第十辑),中国社会科学出版社,2015年,第26—65页。
② 王廷相:《慎言·潜心篇》,载《王廷相集》第三册,中华书局,1989年,第777页。
③ 吴廷翰:《吴廷翰集》,中华书局,1984年,第46页。
④ 周磊:《气学如何在"心"上做工夫?——以王廷相工夫论为中心》,《复旦学报》2021年第5期。
⑤ 参见李存山:《刘蕺山喜怒哀乐说与儒家气论之发展》,《哲学研究》2022年第11期。

二、王廷相与吕柟、何瑭及吴廷翰的气论关系

明代前期儒学主要表现为"尊朱""述朱",及至明代中期在反思程朱理学基础上儒学逐渐呈现出多元化发展特征,其中以阳明心学最为夺目。随着朱子学理气观的调整或松动,气论思潮逐渐形成,从王廷相、罗钦顺、王阳明等儒者的气论言说,即可窥见一斑。吕柟、何瑭、吴廷翰等的加入,起到了推波助澜作用。

(一)儒者视界

明代中期儒者群体中,王廷相与何瑭、吕柟相交好,他们"躬行实践、践履笃实",反对玄虚之言、高远之论。从学术谱系看,吕柟作为关学代表(还有马理、韩邦奇等)而影响最大,何瑭、王廷相二人无明确学派归属,影响力不及吕柟。从学术地域看,他们都为北方儒者且受许衡、薛瑄等北方儒者的思想熏染。相较于何瑭、吕柟,王廷相较晚进入明代儒者共同体,思想被认可度不高。

对于吕柟其人及学说影响,《明史》的评述有代表性:

> 柟受业渭南薛敬之,接河东薛瑄之传,学以穷理实践为主。官南都,与湛若水、邹守益共主讲席。仕三十年余年,家无长物,终身未尝有惰容。时天下言学者,不归王阳明,则归湛若水,独守程、朱不变者,惟柟与罗钦顺云。[①]

《明史》论及吕柟学术性格及影响,基本无差。至于吕柟是否独守程朱理学而无所改变,则仁者见仁。对于吕柟躬行践履的学风,阳明学中人亦多为钦服,以至耿定向(字在伦,1524—1596)感叹:"乃若清修厉节,抗志守道,皭然无可疵类者,关中则有泾野先生云。"[②]吕柟在南京任职九年(1527—1535),王廷相认为其学行俱佳,给予"性行淳笃,学问渊粹"的高度评价。而在吕柟眼中,当时儒者能够做到"清修厉节、抗志守道"者,首推何瑭:

> 学者只隐显穷达始终不变方好。今之人,对显明广众之前一人焉;闲居独处之时,又一人焉;对富贵又一人焉;贫贱又一人焉。眼底交友

---

① 吕柟:《吕柟集·泾野子内篇》,中华书局,1992年,第267页。
② 吕柟:《吕柟集·泾野子内篇》,中华书局,1992年,第242页。

游所不变者,惟何粹夫乎! 故尝赠以是言。学者须知此意。①

吕柟认为儒者的品节与操行十分重要,为此他敬重何瑭。吕柟、何瑭及王廷相的交往,何瑭应为中间人物,故有这样一番场景:

> 先生(何瑭)家居,庐舍不过数椽,敝衣蔬食,日以观书玩道为乐。当世达人公卿亦罕接会,惟关中泾野（吕柟）、浚仪浚川（王廷相）诸公至,则屏从造庐,雅谈终日。②

以上所论,出自嘉靖三十三年(1554)的《刊何柏斋文集序》,距吕柟、何瑭、王廷相去世(分别为1542、1543、1544)时间不长,当可信从。三人中何瑭家居赋闲时间最长,相较而言,吕柟倾注于讲学辩论,王廷相多忙于政事繁务。三人的交往若不以何瑭为枢纽,很难出现上述场景。王廷相曾明确表示最愿以吕柟、何瑭为友,否则不会多次上疏要求启用他们。

王廷相与何瑭、吕柟志同道合,除了地缘、学缘等因素,还有一个重要原因就是湛、王之学的兴起及其影响。对此,他们都有所注意。三人之中,何瑭长期罢官家居,王廷相辗转于仕途,唯有吕柟既热心于讲学问道,且深入阳明学腹地。诸种因素聚合,使吕柟成为当时与阳明学分庭抗礼的人物。

吕柟学术性格鲜明,与阳明学中人颇有交谊,对阳明学多有批评。彼时,阳明学影响甚大,以至吕柟弟子何廷仁(字性之,1483—1551)坦言"阳明子宜良知教人,于学者甚有益"。对此吕柟批评:

> 此是浑沦的说话。若圣人教人,则不如是。人之资质有高下,工夫有生熟,学问有浅深,不可概以此语之。是以圣人教人,或因人病处说,或因人不足处说,或因人学术有偏处说,未尝执定一言。至于立成法,诏后世,则曰"格物致知","博学于文,约之以礼"。盖浑沦之言可以立法,不可因人而施。③

吕柟并不反对良知学基本宗旨,然对良知之教抱持高度警惕。尤其是对阳明后学某些轻蹈行径,很不满意。在工夫论方面,吕柟严守程朱理学格

---

① 吕柟:《吕柟集·泾野子内篇》,中华书局,1992年,第76页。
② 何瑭:《何瑭集》,中州古籍出版社,1999年,第431—432页。
③ 吕柟:《吕柟集·泾野子内篇》,中华书局,1992年,第99页。

物致之传统,痛斥所谓明心见性之举:

> 今世学者,开口便说一贯,不知所谓一贯者,是行上说,是言上说? **学到一贯地位,多少工夫!** 今又只说明心,谓可以照得天下之事。宇宙内事固与吾心相通,使不一一理会于心,何由致知? 所谓不理会而知者,即所谓明心见性也,非禅而何![①]

吕柟强调力行的"实学",强调"君子以朋友讲习,不徒讲之,而又习之也。**习即是行**",他说:

> 今学者只去其一切外慕,无所系累,**方为实学**。只今夜之言果能行之,以之立身而宜,以之为政而善,无往不可。**若传不习,虽讲一年也不济事**。且力行甚难,苟非操存为之不已,则心机又由熟路走了。须努力过此关。[②]

在吕柟看来,阳明之教简易直截,是因为阳明本人皆"习"过,能做到"理会而知",因此,"学者当日夜勤力不息,犹恐知之不真,得之或忘。"[③]这种强调"实学"即强调践履实行的精神,符合关学传统。张载以降,这种工夫路径在王廷相、何瑭及吕柟身上均有所表现。

随着阳明学兴起及影响日甚,王廷相和吕柟洞见到良知之教可能造成流弊。而在阳明后学内部,关于致良知工夫也存在不同理解及实践路径。王畿、钱德洪、邹守益、聂豹(字文蔚,1487—1563)、罗洪先(字达夫,1504—1564)等阳明后学之间的论辩就是例证。与此不同,吕柟等对良知之教的批评基本上依据程朱理学立场,难说深入到了阳明学内部。

反思理学即发展儒学的问题意识,成为明代中期儒者共识,阳明学独标良知学说引起王廷相、吕柟及何瑭等人警惕。与此同时,他们的儒学观点不能不受到湛、王之学的刺激或启发。何瑭就是如此。诚如时人所说:

> 先生(何瑭)论学,一以《大学》为宗,而用力之始,必由格致。凡义利取舍之辨,修齐治平之方,与夫纪纲因革,间阎疾苦,皆物之所当格

---

① 吕柟:《吕柟集·泾野子内篇》,中华书局,1992年,第85页。
② 吕柟:《吕柟集·泾野子内篇》,中华书局,1992年,第42页。
③ 吕柟:《吕柟集·泾野子内篇》,中华书局,1992年,第45页。

也。……先生平生所学,尽在是矣。他日送湛甘泉叙曰:"**甘泉以存心为主,予则以格物致知为先**。非存心固无以为格致之本,物格知至,则心之体用益备,实有交养互发者焉。"①

何瑭对儒学的理解定位,集中体现在《大学》修齐治平之道与格物致知之学。他反复指认儒者之道"莫要于《大学》":

> 以《大学》之传为纲,而博考于经书子史,复参以国家宪令,以尽其条目之曲折,务使其各有定见,此则所谓物格而知至也。至是,则明德之体始全。……呜呼!《大学》之道也,予平生之拙学在此。　生归矣,尚念兹哉! 尚念兹哉!②

最能代表这种儒学观的,当推何瑭撰于嘉靖三年至四年(1524—1525)的《儒学管见序》。从时间上看,《慎言》稍晚于《儒学管见》,前者受后者影响;从儒学观念看,二者几近一致。

相较于王廷相的大器晚成,何瑭、吕柟均属年少有志。"(何瑭)年七岁,见家有佛像,抗言请去之。十九读许衡、薛瑄遗书,辄欣然忘寝食。"③"公(吕柟)垂髫入学,辄有志于圣贤之道。……尝梦见明道程子、东莱吕氏,就正所学,益大进。"④正德十三年(1518),何瑭作《表彰先儒许文正公碑记》:"学以躬行为急,而不徒事乎言语文字之间;道以致用为先,而不徒极乎性命之奥。"⑤此话颇能表达其儒学理念,亦为王、吕二人高度认同。可以看出,在阳明学盛行之际,王廷相、何瑭及吕柟所展示的儒者视界,也不能轻忽。

(二) 造化之道

儒家论造化问题,多以《易传》"一阴一阳之谓道"为基源。宋明理学家尤其如此。张载深体周易之道,明确提出儒学的首务在于"先识造化":

> 易,造化也。**圣人之意莫先乎要识造化**,既识造化然后其理可穷。彼惟不识造化,以为幻妄也。不见《易》则何以知天道? 不知(天道)则何以语性? 不见易则不识造化,不识造化则不知性命。**既不识造化,**

---

① 何瑭:《何瑭集》,中州古籍出版社,1999 年,第 435 页。
② 何瑭:《何瑭集》,中州古籍出版社,1999 年,第 112—113 页。
③ 何瑭:《何瑭集》,中州古籍出版社,1999 年,第 447 页。
④ 吕柟:《吕柟集・泾野子内篇》,中华书局,1992 年,第 258 页。
⑤ 何瑭:《何瑭集》,中州古籍出版社,1999 年,第 189—190 页。

则将何谓之性命也?①

张载强调天道即造化问题是儒家性命之说的前提,大概因为面对佛教世界观的挑战,"先识造化"在儒学义理建构方面具有优先性和迫切性。及至朱子学理气论体系形成,造化问题基本得以论定。到了明代理学,造化问题不再是儒学发展的核心议题,取而代之的是心性理论,达到了"牛毛茧丝,无不辨析"的程度。实际上,在理学语境中天道性命相贯通,造化问题和心性问题密切关联。早在唐代,张璪(字文通,生卒年不详)就从文艺创作角度提出"外师造化,中得心源"的重要法则。明代理学以心性理论成就最大,然并非忽视造化问题。如果说前者主要以湛若水、王阳明为代表,后者则以王廷相、何瑭为首出。

何瑭通过其阴阳五行之说阐发了较为独特的造化之道。根据"一阴一阳之谓道"的传统,"造化之道"即"一阴一阳而已矣"。问题在于,如何理解阴阳造化的过程。对此,何瑭《阴阳管见》有重要论述:

> 造化之道,一阴一阳而已矣。阳动阴静,阳明阴晦;阳有知,阴无知,阳有形,阴无形;阳无体,以阴为体,阴无用,待阳而用。二者相合而物生,相离则物死。……予窃以为,阴阳者,虚名也,天地水火者,实体也,二而一者也。谓天地水火未足以尽造化之蕴,此特未之察耳。……愚窃以为阴之与阳,谓之相依则可,谓之相生则不可。……殊不知造化之道,阳为神,阴为形。形聚则可见,散则不可见。神无聚散之迹,故终亦不可见。今夫人之知觉运动,皆神之所为也。是岂有形而可见乎?观人,则造化之妙可知矣。张子之论,盖以意见窥测而未至者也。②

何瑭以上所论可概括出五点:其一,关于造化之道,肯认阴阳相合生万物的造化观念。其二,关于造化之蕴即造化之能事,指出阴阳与天地水火等的关系是虚实统一的关系,指出水火交合变化是万物生化的基本所在。其三,提出独特的造化之妙观点即阴阳相依而不是相生,"造化之道,阳为神,阴为形。"其四,认为张载气论造化的观点只是"意见窥测""未明造化之妙"。其五,在前者基础上提出独阳而无阴及独阴而无阳的阴阳相离思想。

对于以往儒者的造化之论,何瑭很不满意,《阴阳管见后语序》(1534)

---

① 张载:《横渠易说·系辞上》,载《张载集》,中华书局,1978年,第206页。
② 何瑭:《何瑭集》,中州古籍出版社,1999年,第394—397页。

说：

> 造化之妙，先圣已有论者，见于《易·象》及《礼·祭义》《春秋》《左传》诸篇，可考也，但所言简略耳。……但近世儒者不察先圣之指，未明造化之妙，辄以己见立论，其说传于天下后世。学者习于耳目之闻见，遂以为理实止此，而不知其谬也。[1]

何瑭长期关注探讨造化问题。围绕该问题，他与之往复论辩的儒者有郭维藩、许诰及王廷相等，其中何、王之辩堪称精彩。撰于嘉靖五年（1526）的《阴阳管见序》，载有基本情况。总体而言，许诰、王廷相等好友不太认同何瑭的造化之论，特别是关于阴阳的理解，何瑭之论受到王廷相的强力批判。关于该方面内容，前文已作相关分析。此处仅就阴阳观念，考察何瑭与王廷相的论辩。王廷相《答何粹夫（二首）》指出：

> 执事（何瑭）乃离绝阴阳为两物，但恐阳无所附著，不能自为形体耳。望再思之。……大抵执事论阴阳，觉得太离绝。仆尝谓天地未判之前，只有一气而已。一气中即有阴阳，如能动荡处便是阳，其葱苍硬确之可象处便是阴，二者离之不可得。以造化之始，物尚不可离如此，则其余为造化之所生者，如天地，如万物之属，不得离可知矣。[2]

在造化问题上，王廷相以气为本的态度坚决，针对何瑭的独阳独阴之论给予多次批判。"阴阳终竟不能相离"的根本在于"一气中即有阴阳""二者离之不可得"。也就是说，在王廷相看来，阴阳即一气，一气即阴阳，阴阳相即不离，是二而一、一而二的关系。在何瑭的理解，独阳独阴或纯阴纯阳，可以相互独立存在，是相配合关系。王廷相强调阴阳"非不可离，不得离也"。

从思想史进程看，以阴阳之气讨论造化之道，是儒学传统之见。及至理学兴起，张载提升气的理论地位和形上学作用，阴阳五行观念相对下降。《近思录》首卷论"道体"，明确了"二气交感，化生万物"的观念。王廷相继承这一点。何瑭却不以为然，他强调阴阳分离，指出阴阳本身不仅仅是阴阳二气。这种理解有其思想史源头与根据。只不过经过程朱理学的改造提升，理学体系所建构的气观念，与秦汉时期"气—阴阳—五行"的整体理解，已然

---

[1]　何瑭：《何瑭集》，中州古籍出版社，1999年，第165页。
[2]　王廷相：《答何粹夫二首》，载《王廷相集》第二册，中华书局，1989年，第488—490页。

有所不同。何瑭试图突破理学传统之见,使阴阳摆脱阴阳之气的束缚,显然很难被理解认同。

相较于何瑭、王廷相等对造化本身的关注,吕柟多讨论理气关系问题。后者一方面认同理的重要性,一方面批判独尊"理"的观点:

> 朱子谓气一成形而理亦赋,还未尽善。天与人以阴阳五行之气,理便在这里边了,说个"亦"字不得。[①]

吕柟反对朱子学的"理在气先"说,认同"气即理""理在气中"等观点。作为明代中期关学代表的吕柟,如此评价张载气论:

> 问张子说"合虚与气有性之名"。曰:"观合字,似还分理气为二,亦有病。终不如孔孟言性之善,如说"天命之谓性",何等是好! 理气非二物,若无此气,理却安在何处? 故《易》言"一阴一阳之谓道"。[②]

吕柟认为张载存在"分理气为二"的痕迹,这显然是一种误解。吕柟所说表现了天道性命一贯的理论诉求,他反对程朱理学的"理气为二",主张"性在气上求"的"理气非二"说。在他而言,性与气不是舟与人的关系,性不能脱离气,必通过气而得以实现,故反对张载"性气为二"。性气虽一体,性之本体与发用却需严格区分。所以,吕柟并非不肯认造化之道、天地之道的重要性,而是更加强调要尽天地之道,"人而不能尽天地之道,是亦草木鸟兽也。"[③]

(三) 天道性命

从宋明儒学气论谱系看,吴廷翰一般被认为是王廷相的继承者。实际上,这种观点无法充分揭示吴廷翰气论的问题意识及思想特色,明代中后期儒学气论的新发展也难以彰显。二十世纪八九十年代,容肇祖(字元胎,1897—1994)、衷尔钜(1928—2016)、张立文、姜国柱及蔡方鹿等挖掘考察吴廷翰思想,将其定位为朴素唯物主义思想家。前贤的研究有其可取之处,此不予赘述。以下仅从气论与儒学的关系角度,揭示吴廷翰气论关于天道性命的新见,以丰富明代中期气论思潮面貌。

---

① 吕柟:《吕柟集·泾野子内篇》,中华书局,1992 年,第 101 页。
② 吕柟:《吕柟集·泾野子内篇》,中华书局,1992 年,第 101 页。
③ 吕柟:《吕柟集·泾野子内篇》,中华书局,1992 年,第 31 页。

从仕途状况看,吴廷翰与何瑭类似,二者都是为官十载左右,大部分时间赋闲在家,即所谓"家居三十年"(1535—1559)。从学术交往看,吴廷翰则近于吕柟,都与阳明学中人多有交往,"尝上书王阳明公,又与欧阳南野、余玉崖诸公往复辩论。"①值得注意的是,吴廷翰早年受外祖父张纶(生卒年不详)启发,主张性气统一,后受到叶子奇、王阳明等的影响,从而初步形成其前期思想。

吴廷翰和王廷相无交集亦无直接交往。前者为正德十六年(1521)进士,嘉靖三年至六年(1524—1527)在京城履职,此后赴广东、浙江、山西等地为官,直至嘉靖十四年(1535)罢官家居。后者正德三年至嘉靖七年(1508—1528)的二十年间先后在各地为官,直至嘉靖七年春出任兵部右侍郎。综合判断,吴廷翰受到王廷相的影响,主要通过文本传播,准确而言,后者对前者的影响不早于《慎言》辑成之时,即嘉靖六年(1527)前后。吴廷翰主要哲学著作《吉斋漫录》,撰成于王廷相去世前一年(1543),彼时《慎言》《雅述》及《王氏家藏集》等都已出版。细检《吉斋漫录》,不难发现其中有参引王廷相之说。

吴廷翰明确继承王廷相以气为本的观念。在本体论层面,认为道气一体;在宇宙生化层面,指出道、太极及阴阳都是对气的说明。《吉斋漫录》说:

> 何谓道?"一阴一阳之谓道。"何谓气? 一阴一阳之谓气。然则阴阳何物乎? 曰气。然则合一谓道? 曰:**气即道,道即气。** 天地之初,**一气而已矣**,非有所谓道者别为一物,以并出乎其间也。**气之混沦,为天地万物之祖**,至尊而无上,至极而无以加,则谓之**太极**。及其分野,轻清者敷施而发散,重浊者翕聚而凝结,故谓之**阴阳**。……**太极者,以此气之极至而言也。** 阴阳者,以此气之有动静而言也。 道者,以此气之为天地人物所由以出而言也,非有二也。②

从《正蒙》的"太和所谓道""太虚即气",到《慎言》以元气论道体,强调"元气者,天地万物之宗统",再到《吉斋漫录》的道气相即论,不难发现,宋明儒学的气论谱系将天道问题置于首位。也就是说,道气关系似乎优先于理气关系。"理也者,气得其理名,亦犹变易之谓易、不测之谓神之类,非气之

---

① 常廷壁:《无为州志》卷十八,《吴廷翰传》,清乾隆八年刻本。相关研究参见黄馨慧:《吴廷翰学术传略》,《安徽文献研究集刊》2013 年第 1 期。

② 吴廷翰:《吉斋漫录》,载《吴廷翰集》,中华书局,1984 年,第 5 页。

外别有理也。"①这种气理观显然得自于王廷相。

前文已述,王廷相复归《六经》孔子之道,相应地贬斥宋儒之说。与此类似,吴廷翰以儒家经学为依据,主张"夫论道之书,以《易》为宗,而言以孔子为准,反而求之以吾心自信者为实"。在王廷相的基础上,吴廷翰凭借其易学功底,将天道、天理统统归诸于气,其气论思想有融合经学的特质:

> 天理,即天之道。天道,即元亨利贞。元亨利贞,即阴阳。阴阳,即一气。一气,即所谓"于穆不已"者。"于穆不已,天之所以为天也。"天之所以为天者在此,非天理乎?②

吴廷翰关于天理的解说,似有循环论证的意味。但要看到,他侧重于揭示天道即气化流行,体现天理观念的去实体化色彩。他站在王廷相气论基本立场上,甚至认为张载"合虚与气为性"之说陷入理气二元论的泥淖。前文提及,王廷相没有正面论及他与张载的气论思想关系,到吴廷翰这里,这个缺憾得到了弥补。根据吴廷翰的诸多论述,不难推知,他和王廷相都反对何瑭独标阴阳的做法。

吴廷翰自觉地以气论天道、天理,更为可贵的是,还对性命问题作了以气为中心的综合说明,促使天道性命贯通于气的立场。这是对王廷相气论的推进。对此,吴廷翰有几段重要论述。先看论述1:

> 论述1:心性之辨何如?曰:**性者,生乎心而根于心者也。**人之初生,**得气以为生之本,**纯粹精一,其名曰性,性为之本,而外焉者形,内焉者心,皆从此生。是形与心皆以性生。但心之得气为先,其虚灵知觉,又性之所以神明,而独为大体,非众形所得而比也,然与性并言,则不能无先后大小耳。……故尝辟之:**心则朝廷,性则人君。**朝廷,政教号令之所自出,而君实主之。若以政教号令之所处,而谓朝廷统乎人君,可乎?要之,朝廷者,人君之所建立,而因以居之也。非人君不知朝廷之为尊,非性不知心之为大。此可以知心性之辨。③

以上所论,在"得气以为生之本"的基础上辨明性与心、形的关系。尤其

---

① 吴廷翰:《吉斋漫录》,载《吴廷翰集》,中华书局,1984年,第6页。

② 吴廷翰:《吉斋漫录》,载《吴廷翰集》,中华书局,1984年,第17页。

③ 吴廷翰:《吉斋漫录》,载《吴廷翰集》,中华书局,1984年,第23页。

是心与性,吴廷翰认为应有主导随次之分、大体小体之别。性是因心而有,居于心的活动氛围,心因其有性而为切要。以朝廷与人君的关系譬喻心性关系,肯认性出于心,无其心则性无所立,无其性则心无所大。其中强调"心之得气为先","性"因"其(心)虚灵知觉"而有神明之知与德。这里所说的"先"主要是指价值论意义,因而不同于张载所谓"心统性情",也不同于朱子学的"心主性情"。论述 2 对此有进一步阐述:

> 论述 2:凡言性,则已属之人物,即是气质。盖性字从心从生,乃人物之心所得以为生者。**人生而有心,是气之灵觉,其灵觉而有条理处是性。** 仁义,皆气之善名,故谓仁气、义气。气有清浊美恶,即仁义之多寡厚薄。其仁义之多而厚,即性之善;其薄而少有欠处者,亦未免有不善。故孟子性善之说,不若夫子之备焉。①

"人生而有心,是气之灵觉,其灵觉而有条理处便是性。"这一句话概括性地表明了气与心、性的关系。也就是说,心为气之灵觉而气之灵觉的条理变体现为性。进而,吴廷翰指出"仁义,皆气之善名,故谓仁气、义气",这种说法在整个宋明理学传统中独具特色,可以说开启了明清之际气善说的先河。② 在王廷相那里,只是谈及性之善与不善以及习以成性,尚不能直接标举气善的观点,吴廷翰能够做到这一点,不能不说是一种理论进步。

对于宋明理学家普遍关注的孔孟论性问题,吴廷翰基于其性气一本的立场,也有相应讨论。如论述 3:

> 论述 3:"继之者善,成之者性也。"又曰:"性相近,习相远也。"孔子言性如此,后世莫加焉。夫谓"成之者性",承上文"一阴一阳之谓道"而言,则**成之之性,为阴阳之气之所成亦明矣**。其曰"相近相远"者,盖天之生人,以有此性也。**性成则形,虽形亦性,然不过一气而已。**其气之凝而有体质者,则为人之形,凝而有条理者,则为人之性。**形之为气,**若手足耳目之运动者是已。**性之为气,**则仁义礼知之灵觉精纯者是已。③

---

① 吴廷翰:《吉斋漫录》,载《吴廷翰集》,中华书局,1984 年,第 25 页。

② 陈来:《王船山的气善论与宋明儒学气论的完成——以"读孟子说"为中心》,《中国社会科学》2003 年第 5 期。对于宋明儒学气论中的气善说,陈先生似乎未有充分梳理。至少吴廷翰的观点未被注意。

③ 吴廷翰:《吉斋漫录》,载《吴廷翰集》,中华书局,1984 年,第 25—26 页。

性之所成,依于气之活动;成之之性,是为阴阳之气。在吴廷翰这里,性出于心气之灵觉,然其意义范围获得扩展,"虽形亦性"。他一贯认为"圣人之学,尽性而已",至于阳明学以良知之心为本是落于"第二义"。吴廷翰以朝廷人君譬喻心性关系,普天之下莫非王土,性乃范围天地万物。虽强调性气一本,亦有性本论的倾向。

与王廷相类似,吴廷翰对天理人欲关系的理解逐渐突破理学正统观点,强调人欲天理一体。故有论述4:

> 论述4:人欲,只是人之所欲,**亦是天理之所有者**,但因其流荡,而遂指其为私欲耳。其实,**本体即天理也**。圣人之学,因人之欲而节之,则亦莫非天理,**而非去人欲以为天理,亦非求天理于人欲也**。①

人欲为天理之所有,人欲之本体为天理。这些表述与明清之际"从人欲中见出天理"之说已经很接近,是对王廷相天理人欲说的推进。职此之故,吴廷翰指出"去人欲以为天理"和"求天理于人欲"二说都不准当。在他看来,人欲天理为一体。人欲之节即为天理,天理之所有即为人欲。

可以说,吴廷翰气论对天道性命问题有更为整体的观照。对于阳明学,吴廷翰的认识较王廷相更为准确深入,其关于致良知、知行合一等的批判更有理论价值。某种意义上,吴廷翰构成了明代中期心学和气学的中间人物。朱谦之(字情牵,1899—1972)指出:"古学派的创立者伊藤仁斋(1627—1705)则接受了明代吴苏原的影响。"②吴廷翰气论之于东亚儒学发展的作用,值得深入分析。

三、明代中后期气论思潮的儒学谱系

气论思潮是明代中后期理学演变的重要影响因素。对此,蒙培元、陈来、陈卫平、张学智、杨儒宾等有接续探讨。为扩展本书论旨,此处围绕从"盈天地间皆气"到"盈天地间皆 X"的演变进行分析,阐明明代中后期儒学的共识与衍化。

(一)"盈天地间皆气":明代中后期儒学的共识

先秦以降,气论作为诸子百家共享的思想资源,不限于一家一派。各家

---

① 吴廷翰:《吉斋漫录》,载《吴廷翰集》,中华书局,1984 年,第 32—37 页。
② 朱谦之:《日本哲学史》,人民出版社,2002 年,第 64 页。

气论学说存在程度及性质差别,委实如此,"一气"观念得到诸家认同,譬如《庄子》"通天下一气"的观念。刘咸炘(字鉴泉,1896—1932)就指出,"通天下一气"观念为一切圣贤愚智所共认,如同柏拉图的理念世界之说。[①] 对此,儒家有相应论观点,其典型表现就是易学传统所谓"盈天地之间唯万物"。

《周易·序卦传》有言:

> 有天地,然后万物生焉。**盈天地之间唯万物**,故受之以《屯》。屯者盈也。屯者,**物之始生也**。**物生必蒙**,故受之以《蒙》。蒙者,蒙也,**物之稺也**。物稺不可不养也,故受之以《需》。需者,饮食之道也。饮食必有讼,故受之以《讼》。……**物不可以终过**,故受之以《坎》。坎者,陷也。陷必有所丽,故受之以《离》。离者,丽也。……**物不可穷也**,故受之以《未济》,终焉。[②]

《序卦传》意在说明《易经》六十四卦的排列顺序及结构,揭示卦与卦之间的联结意义与思想关系。以上解说的核心要义,在于阐发一种贯通天地人物的整体主义宇宙观、人生观和历史观,其中特别标举"盈天地之间唯万物"的世界秩序观念以及物、人、事的流转变化观念,在儒学发展进程中具有深远影响。若结合《易传》其他篇目,如《文言传》《大象传》《说卦传》《杂卦传》特别是《系辞上下传》诸论,如"天地氤氲,万物化醇;男女构精,万物化生""精气为物,游魂为变,是故知鬼神之情状"及"天地之大德曰生""一阴一阳之谓道""生生之谓易",不难推知,《易传》所奠定的以气释物传统,注重说明宇宙人生的变通,即"山泽通气,然后能变化,既成万物也"[③]。

《易经》及《易传》未直接揭示"盈天地间皆气",然"盈天地之间唯万物"之说暗含此义。儒家"盈天地之间唯万物"之说,与道家"通天下一气"观念有近似性。区别在于,前者侧重于人物各安其道,安人伦、敦礼义;后者侧重于达至自然大道,齐万物、平贵贱。在儒家传统内部,《易传》"盈天地之间唯万物"的观念不断得到承续与发明,到了宋明理学时代,可谓精彩纷呈。

在理学谱系中,张载之学深得于《易》。对于《易传》"盈天地之间唯万物"显然不陌生:"今盈天地之间皆物也,如只据己之闻见,所接几何,安能尽天下之物?"[④]《正蒙》及《横渠易说》表示:

---

① 参见刘咸炘:《推十书》第一册,成都古籍出版社,1996 年,第 476—482 页。
② 唐明邦主编:《周易评注》,中华书局,1985 年,第 259—265 页。
③ 唐明邦主编:《周易评注》,中华书局,1985 年,第 251—252 页。
④ 张载:《张载集》,中华书局,1978 年,第 333 页。

> 盈天地之间，法象而已。……凡天地法象，神化之糟粕尔。
>
> 凡可状，皆有；凡有，皆象也；凡象，皆气也。
>
> 气之为物，散入无形，适得吾体；聚为有象，不失吾常。①

这就在气的基础上，将物的形、象、神、化及其关系作了简要说明。也就是说，张载并未直接言说"盈天地间皆气"，但对气的理解比较细致，无形而有之气乃为法象，法象本身不可执于实体化存在，不过是神化之迹而已。在此意义上，简单地把张载之学定义为气本论，则失之过简。

与张载相比，二程之学以体认天理为首出，以天理为天地间最高观念与法则。委实如此，《河南程氏外书》有载：

> 陈经正问曰："据贵一所见，盈天地间皆我之性，更不复知我身之为我。"伊川笑曰："他人食饱，公无馁乎？"②

陈经正（字贵一，1066—1140）作为二程高足。上述所载为他向程颐请教：如果说"盈天地间皆我之性"，如何确证"我身之为我"而非他物？对此，程颐没有直接回答，而以类似禅语的话头回应："他人食饱，公无馁乎？"程颐之意或是说，我与他人之间共通感应，但不是泯灭个体之性。"盈天地间皆我之性"的"我"，不是封闭的一己之私，而是性即理的公共意义上的"我"；"性"属一己心性，而是天理下贯在我的表现，亦即张载所说"性者，万物之一源，非有我之得私也"。委实如此，陈经正所言毕竟从天地的角度强调"我性""我身"，在理论上已经暗含心学"吾心即宇宙"的思想倾向，及至杨简等倡言"盈天地间皆心"及"心之精神是谓圣"，理学中的心学波澜已成大势。

陈经正所说"盈天地间皆我之性"，在二程这里，应当转换为"盈天地间皆（天）理"，即所谓："天下物，皆可以理照。有物必有则，一物须有一理。"③相较而言，程颐讲求天理的客观面向与格物致知，对理气作出形而上下的区隔；程颢注重天理的圆融一贯与切身体认，多言及万物一体及气的通贯之意。到朱熹这里，关于气的讨论，基本呈现为理气论与仁气说。从造化角度，朱熹亦肯认"天地只是一气，便自分阴阳，缘有阴阳二气相感，化生万

---

① 张载：《张载集》，中华书局，1978年，第7—9、182页。

② 程颢、程颐：《二程集》，中华书局，1981年，第413页。

③ 程颢、程颐：《二程集》，中华书局，1981年，第193页。

物",但主要强调"理"的优先性、整全性和决定性：

> 圣人作易之初,盖是仰观俯察,见得盈乎天地之间,无非一阴一阳之理。 有是理,则有是象;有是象,则其数便在这里。[①]
>
> 盖盈天地之间,莫非太极、阴阳之妙。圣人于此仰观俯察,远求近取,固有以超然而默契于心矣。……太极者,象数未形而其理已具之称,形器已具而其理无朕之目。[②]

朱熹多次指出"《易》最难看,其为书也,广大悉备,包涵万里,无所不有",经常强调格物致知穷理,必须通晓理会《易》之理。张载言"有气则有象",朱熹则接着程颐讲"有是理则有是象",两相比较,程朱理学观点已然明确,即"宇宙之间无非一理""盈天地间皆理"。

儒学思想的发展并非简单直线递进,程朱理学确立以理为首出的理气论过程中"一气"观念并未自动消失或被取代。譬如,胡宏(字仁仲,1102—1161)专门撰有《知言·一气》：

> 一气大息,震荡无垠,海宇变动,山勃川湮,人消物尽,旧迹亡灭,是所以为鸿荒之世欤? 气复而滋,万物生化,日以益众,不有以道之则乱,不有以齐之则争。敦伦理,所以道之也;饰封井,所以齐之也。……情一流则易遏,气一动则难平。流而后遏,动而后平,是以难也。[③]

胡宏较朱熹年长,其所开创的湖湘学派为朱熹所推重。前者所论"一气"观念,即使未被后者全盘接受,也或多或少影响到朱子学理气论的形成。据陈来等的观察,朱熹思想后期气论有新进开展,特别是仁气说,已非理气论所能范围。这一点,在朱子后学陈淳身上早有所表现。

《北溪字义》没有单列"气"为篇章条目,然一气流行观念并不薄弱。试看如下论述：

> 论述1:天无言做,如何命? 只是大化流行,气到这物便生这物,气到那物又生那物,便是分付命令他一般。命一字有二义:有以理言者,

---

① 朱熹:《朱子语类》,中华书局,1986年,第1646页。
② 朱熹:《朱子全书》第壹册,上海古籍出版社、安徽教育出版社,2002年,第217—218页。
③ 胡宏:《胡宏集》,中华书局,1987年,第27—28页。

有以气言者,其实理不外乎气。……所谓以理言者,非有离乎气,只是就气上指出个理,不杂乎气而言耳。①

论述 2:人物之生,不出乎阴阳之气。本只是一气,分来有阴阳,阴阳又分来未五行。二与五只管分合运行,便有参差不齐,有清有浊,有厚有薄。且以人物合论,同是一气,但人得气之正,物得气之偏,人得气之通,物得气之塞。……人气通明,物气雍塞。人得五行之秀,故为万物之灵。②

论述 3:天只是一元之气流行不息如此,既这便是大本,便是太极。万物从这中流出去,或纤或洪,或高或下,或飞或潜,或动或植,无不各得其所欲,各具一太极去,个个各足,无有欠缺。③

暂且不论以上论述,究竟是否符合朱熹思想精髓。在陈淳这里,一气流行为根本动力,无论是太极还是理都不能离乎气,必须在一气贯通的大本大流中获得确证。明初以降理气一元的思想倾向渐趋明显,表现在气论思潮方面,即"盈天地间皆气"的观念越来越成为明代儒者共识。

(二)"盈天地间皆 X":明代中后期儒学的衍化

同是倡言"盈天地间皆气",明代儒者的问题意识、理论语境及思想指向并非完全一致。无论是罗钦顺、湛若水、王阳明还是王廷相,都肯认"盈天地间皆气"。罗钦顺对朱熹所论"一气"作评语:"通天地,亘古今,无非一气而已。"④王廷相更毋庸多言。有明一代心学门庭最盛,"盈天地间皆气"之说最为丰富,亦多有创见,其中堪为代表者推刘宗周。如果说"盈天地间皆气"是明代中后期气论思潮的表征,那么"盈天地间皆 X"则是儒学衍化的体现。

陈献章为明代心学奠基人,其思想核心在于宣扬"天地我立,万化我出,而宇宙在我矣"及"以自然为宗"的心学观。在《与林郡博》中他说:

此理干涉至大,无内外,无终始,无一处不到,无一息不运。会此则天地我立,万化我出,而宇宙在我矣。得此霸柄入手,更有何事?往来古今,四方上下,都一齐穿纽,一齐收拾,随时随处,无不是这个充塞。⑤

---

① 陈淳:《北溪字义》,中华书局,1983 年,第 1 页。
② 陈淳:《北溪字义》,中华书局,1983 年,第 2、72 页。
③ 陈淳:《北溪字义》,中华书局,1983 年,第 32 页。
④ 罗钦顺:《困知记》,中华书局,2013 年,第 5—6 页。
⑤ 陈献章:《陈献章集》,中华书局,1987 年,第 217 页。

上述所言未直接以心立言，然心学义旨可见。值得注意的是其中所说"无内外，无终始，无一处不到，无一息不运"指涉天理，然其动力机制显然是气，所以肯认"天地之间一气而已，屈信相感，其变无穷"①。白沙弟子湛若水主张"随处体认天理"，湛氏在给王阳明的信中说："上下四方之宇，古今往来之宙，宇宙间只是一气充塞流行，与道为体。"②王阳明本人多有"同此一气""一气流通"之语。陈献章、湛若水及王阳明等心学中人为了证成"心"或"良知"的一体与流行，需要强调"一气"及其作用。③ 受心学和气学双重影响的吕坤，宣称"我只是我"的心学观同时亦认定：

> 乾坤是毁底，故开闭后必有混沌；所以主宰乾坤石不毁底，故混沌还成开闭。主宰者何？元气是已。元气亘万亿岁年终不磨灭，是形化气化之祖。……天地万物只是一气聚散，更无别个。④

吕坤与阳明后学有所交往，"盈天地间皆气"的共识不难得到反复确证。与吕坤有深交的杨东明（字启昧，1548—1624），主张"理气一物"，且突出"气"的地位，其著《山居功课》多言："盈天地间只是一个元气。""盈天地间，莫非生生之气。""盈宇宙间只是浑沦元气，生天生地，生人物万殊，都是此气为之。"⑤可以说，在阳明后学内部"盈天地间皆气"作为一种共识得到明确论说。以至东林学派代表人物顾宪成（字叔时，1550—1612）、高攀龙（字存之，1562—1626）均肯认"盈天地之间者气也"或"天地间浑然一气而已"。对于"盈天地间皆气"的"气"作何理解，儒者的观点并非完全一致，故出现了"盈天地间皆 X"。

阳明后学罗汝芳（字惟德，1515—1588）说："天地之大德曰生。夫盈天地间只是一个大生，则浑然亦只是一个仁矣，中间又何有纤毫间隙，又何以得天地以得万物也哉？"又说："盈天地之生而莫非吾身之生，盈天地之化而莫非吾身之化。"⑥此未直接言"盈天地间皆气"，然阳明学的气论义旨却得以

---

① 陈献章：《陈献章集》，中华书局，1987年，第41页。
② 湛若水：《寄阳明》，载《明儒学案》下册，中华书局，1985年，第879页。
③ 参见吴震：《心学与气学的思想异动》，《复旦学报（社会科学版）》2020年第1期。
④ 吕坤：《呻吟语·天地》，载《吕坤全集》（中），中华书局，2009年，第768—772页。
⑤ 杨东明：《山居功课》，明万历四十年刊本。黄宗羲对杨东明之学评价甚高，《明儒学案》多有引述。可参考廖晓炜《明儒杨晋庵哲学探微》《哲学动态》2014年第11期。
⑥ 罗汝芳：《盱坛直诠》，广文书局影印万历刻本。另参见黄宗羲：《明儒学案》下册，中华书局，1985年，第760—806页。

从"盈天地间皆 X"的方式扩展出来。抑或说,"盈天地间皆气"应给予广义理解,而非直接等同于以气为本或气一元论。关键在于,如何看待"盈天地间皆 X"意义上的"气"。

明末儒学殿军刘宗周多言"盈天地间一气":

> **盈天地间一气而已矣。** 有气斯有数,有数斯有象,有象斯有名,有名斯有物,有物斯有性,有性斯有道,故道其后起也,而求道者,辄求之未始有气之先,以为道生气,则道亦何物也? 而能遂生气乎? ……**盈天地间一气也。** 气即理也,天得之以为天,地得之以为地,人物得之以为人物,一也。[①]

因"盈天地间一气"之论,指认刘宗周为气本论者,似并无不可,然难免失之过简。毋宁说,黄宗周上述表态是为明代中后期气论思潮的儒者共识。的确,上述关于道气关系及造化之蕴的观点,与王廷相等相差无几,其中对理气形而上下的理解为戴震的新观点提供了理论前缘。委实如此,还要看到刘宗周思想的综合性特征及其心学指向。除了言说"盈天地间一气",他还说:

> **盈天地间只此阴阳之理,皆我心之撰。** 偏触偏灵,全触全灵。[②]

某种意义上,"盈天地间一气"与"盈天地间皆我心之理"对刘宗周来说具有同等效应。稍早的湖北儒者郝敬(字仲舆,1558—1639),既认定"天地间惟一气""浩然之气,与呼吸之气,只是一气",又肯认"盈天地间皆心""合天下古今之善,通为一心"。[③] 只不过相较于其他儒者,刘宗周的思想更专注于心性工夫,更注重阐发气的形上之义。且看其养气诸说:

> 孟子曰:"我善养吾浩然之气。"**浩然之气,即天地生生之气,人得之为元气而效灵于心**,则清虚不滓,卷舒动静,唯时之适,不见其所为浩然者。……人人都有此浩然之气,只为此心稍有邪曲,则厌然消阻,**虽**

---

① 刘宗周:《学言》,载《刘宗周全集》第二册,浙江古籍出版社,2007 年,第 407—408 页。
② 刘宗周:《论语学案》,载《刘宗周全集》第一册,浙江古籍出版社,2007 年,第 352 页。
③ 黄宗羲:《明儒学案》下册,中华书局,1985 年,第 1315—1317 页。相关研究参见冈田武彦:《王阳明与明末儒学》,上海古籍出版社,2000 年,第 336—355 页。

咫尺不能通透，何况天地间。①

如何确保人人具备的"浩然之气"，或人人所得的"生生之气"能够通透无间，才是刘宗周念兹在兹之事。为此，他专注于阐明气的形上之思辨析"人心一气"的要义，以达至"通天地万物为一心"的境地：

> 一阴一阳，专就人心中指出一气流行不已之妙，而得道体焉。②

从一气流行达至心体流行、性体流行、道体流行，形成了刘宗周作为理学最后一位宗师的气论品格。蕺山之学偏重意念工夫与主体心得，难免陷于玄虚荡越，加之身处明清交替之际，故容易被视为王学末流，然其敢于以身赴国难，学行操守获得后世极高评价。不论如何，这种"盈天地间皆 X"的综合性思想，为其后学所继承，引起陈确及黄宗羲等的论辩。

在黄宗羲身上，"盈天地间皆 X"的思想特质最为明显。他主张"一气流行""盈天地间皆气"：

> 通天地，亘古今，无非一气而已。气本一也，而有往来阖辟升降之殊，则分之为动静。③
> 天地之间只有一气充周，生人生物。人禀是气以生，心即气之灵处，所谓知气在上也。④

同时强调"盈天地间皆心"：

> 盈天地皆心也，变化不测，不能不万殊。心无本体，工夫所至，即其本体。　故穷理者，穷此心之万殊，非穷万物之万殊也。……盈天地间皆心也。人与天地万物为一体，故穷天地万物之理，即在吾心之中。⑤

以至于黄宗羲还提出：

---

① 刘宗周：《养气说》，载《刘宗周全集》第二册，浙江古籍出版社，2007 年，第 314 页。
② 刘宗周：《刘宗周全集》第一册，浙江古籍出版社，2007 年，第 219 页。
③ 黄宗羲：《黄宗羲全集》第三册，浙江古籍出版社，2005 年，第 606 页。
④ 黄宗羲：《黄宗羲全集》第一册，浙江古籍出版社，1995 年，第 60 页。
⑤ 以上引文为黄宗羲的《明儒学案·原序》与《明儒学案·序》，现合为一处。

> 盈天地间无所谓万物，万物皆因我而名。如父便是吾之父，君便是吾之君，君父二字，可推之为身外乎？然必实有孝父之心，而后成其为吾之父；实有忠君之心，而后成其为吾之君。①

无论是"盈天地间皆气""盈天地间皆心"，还是"盈天地间无所谓万物"，综合表现出黄宗羲思想基于气论的多样化理解，不能据此简单判定其思想立场游移不定甚至内在矛盾。心物关系问题就是黄宗羲以上论述的核心所在。自然世界与人伦意义的统一，则是其"皆天地间皆X"的思想归宿。只要熟悉黄宗羲思想文献，便知其理论卓见多体现为经世实学或以经史济世，而非沉溺于心性论辩。因此，总纠结于黄宗羲属于气学还是心学，难以切中问题根本。②

从"盈天地间皆气"到"盈天地间皆X"，抑或"盈天地间皆X"中确证"盈天地间皆气""盈天地间皆心"等，无非表明，明代中后期气论思潮并非铁板一块，其中蕴含儒学衍化即多元化开展。某种意义上，整个明代中后期气论思潮经由刘宗周被推导一个极端，同时意味着理学传统意义上的气论被终结。随着"气"的地位上升，明代儒学逐渐从定"理"于一尊的思想境况下解放出来，相应地，气论思潮的出现既显示出儒学发展的共同特征，同时蕴含着儒学衍化的多元面貌，由此形成不同思想形态及其理论后果。及至西学东渐与中西互动，儒学气论获得更富创造性的展开，如王夫之综论"天人之蕴，一气而已"，方以智创发"气—火"一元论，等。明清之际儒学转向的气学视野将更为宏富。③

第二节　明清之际气论与西学的互动

明清之际，西学东渐堪为影响中国近世思想进程一大事件。与此相应，

① 黄宗羲：《黄宗羲全集》第一册，浙江古籍出版社，1995年，第149—150页。
② 《黄宗羲全集》第一册1985年出版之后，刘述先撰《黄宗羲心学的定位》（台湾允晨文化公司1986年版），对黄宗羲思想及定位问题提出独到见解。还可参见陈荣灼：《黄宗羲气论之重新定位》，载《中央大学人文学报》第44期。
③ 参见丁为祥：《气学——明清学术转换的真正开启者》，《孔子研究》2007年第3期；陈畅：《明清之际哲学转向的气学视野——以黄宗羲〈明儒学案〉〈孟子师说〉为中心》，《现代哲学》2019年第5期。

中学西传某种程度上促进了西方文艺复兴及启蒙运动。^① 汉唐时期中西交往已有所开展,委实如此,只有到明清之际,西学在中国思想界才产生实质性影响,中西之间有规模的交往才真正推开且深入。^② 考察明清之际中学与西学的互动,可以窥见中西会通之道,进而思考儒学或传统思想的现代转型问题。本节聚焦气论与西学的互动议题。

一、"东海西海,心同理同":明清之际的中西互动

随着资产阶级的发展、资本原始积累的推动以及西方殖民主义扩张,"历史就越是世界历史"。《共产党宣言》指出:

> 资产阶级,由于开拓了世界市场,**使一切国家的生产和消费都成为世界性的了**。……过去那种地方和民族的自给自足和闭关自守的状态,被各民族的各方面的互相往来和各方面的互相依赖所代替了。**物质的生产是如此,精神的生产也是如此。**^③

马克思主义的世界历史理论,对于认识资本主义兴起及人类历史发展趋势具有理论指导作用。资本逻辑作用之下,世界发生深刻变化。譬如,美洲大陆的发现(1492),新航道的开辟(1498)以及"地理大发现"(1519)等。以葡萄牙、西班牙及荷兰等为代表的西方势力掀起征服世界的浪潮,进据西太平洋及中国东南沿海一带。汤因比(1889—1975)一针见血地指出:"他们不只为了寻求财宝和权力,而且一心要传扬征服者先辈的西方基督教。"^④

十五至十六世纪,明代中国仍雄踞世界,出现了郑和下西洋(1405—1433)等伟大壮举,李时珍(字东壁,1518—1593)、徐光启(字子先,1562—1633)、徐霞客(字振之,1587—1641)、宋应星等在医学、农学、天文学、物理学、地质学等自然科学方面有所创获,构成我国科学技术史上的群星灿烂时期。然与西方的文艺复兴、宗教改革等相比,明代社会的变革性因素比较微弱。中国逐渐成为西方殖民及传教活动的重要对象。^⑤ 澳门一带则成为欧

---

① 参见沈定平:《明清之际中西文化交流史——明代:调适与会通》,商务印书馆,2007 年,第 30—55 页;许苏民:《中西哲学比较研究史》上卷,南京大学出版社,2014 年,第 51—286 页。

② 张星烺:《中西交通史料汇编》第一册,中华书局,1977 年,第 319—370 页;方豪:《中西交通史》下册,上海人民出版社,2008 年,第 419—486 页。

③ 马克思、恩格斯:《马克思恩格斯选集》第一册,人民出版社,2012 年,第 404 页。

④ 汤因比:《一个历史学家的宗教观》,四川人民出版社,1990 年,第 173 页。

⑤ 参见李约瑟:《世界科学的演进》,载潘吉星主编:《李约瑟文集》,辽宁科学技术出版社,1986 年,第 196 页。

洲传教士进入中国内陆的前沿基地。

耶稣会(the Society of Jesus，1534)属于天主教众多修会之一，罗耀拉(1491—1556)创办该会目的在于重振天主教会，维护教皇权威。耶稣会产生于人文主义和宗教改革勃兴、天主教危机四伏的背景之下，它一方面扮演反宗教改革的角色，一方面在服从教皇、教会事务的前提下吸收人文主义滋养。① 修会有一整套严格的教育体制和培训计划，耶稣会士必须经过灵性训练和知识培养，尤其注重哲学及科学的学习。亚里士多德学说属于耶稣会士的必修科目。利玛窦(1552—1610)便是意大利耶稣会士的代表之一。

最迟从罗明坚(1543—1607)开始，耶稣会士以澳门为据点(1579)，逐步深入中国内陆。万历十年(1582)，罗明坚等前往肇庆并定居于此，传教士们终于在内陆开辟了首个据点。面对明代中国及中华文明，传教士们为了更好地传教，策略在不断调整。耶稣会士自觉修习中文，了解中国文化，力求达到精通的地步，并用中文著述传教，如罗明坚主笔的《天主圣教实录》(1584)，被视为耶稣会士第一部中文著作。他们还努力掌握社会风俗及心理习惯等，从而做到"入乡随俗"，赢得中国社会的认同与好感。在他们的苦心经营之下，这一系列举措获得了积极效果。

然而，由于早期采取佛教中国化的方式传教，加之举措冒进，传教活动引起地方官吏及群众排斥，使他们深知在传统深厚的中国传教并非易事。有赖于利玛窦在肇庆、韶州等地反复经营，辅以瞿汝夔(字元立，1548—1610)等的帮助，适应性传教策略逐渐走向成熟。其间关键一步，是瞿氏"劝利子服儒服"，利氏进而"补儒""合儒""趋儒"并以《圣经》附会"四书五经"。

利玛窦与瞿汝夔的交往，堪为早期中西文化互动的经典案例。瞿汝夔深受儒学意识形态浸染，出入士大夫圈子，亦好佛学，深谙中国世情和封建体制，对利氏进入儒家意识形态领地，起到了很好的接引作用。② 对此，李之藻(字振之，1565—1630)称：

> 利氏之初入五羊也，亦复数年混迹。后遇瞿太素(瞿汝夔)氏，乃辨非僧，然后**蓄发称儒，观光上国**。③

---

① 参见张晓林：《〈天主实义〉与中国学统》，学林出版社，2005 年，第 70—88 页；赵敦华：《基督教哲学 1500 年》，人民出版社，1994 年，第 361—411 页；奥尔森：《基督教神学思想史》，北京大学出版社，2003 年，第 355—446 页。

② 参见黄一农：《两头蛇：明末清初第一代天主教徒》，国立清华大学出版社，2005 年，第 33—36 页。

③ 李之藻：《读景教碑书后》，载《天学初函》第一册，台湾学生书局，1965 年，第 85 页。

利玛窦采取瞿汝夔建议,是经过反复讨论以及上级批准的。此后,他化身"西儒利氏"或"泰西儒士"在南昌等地成功传教(1595—1599),为正式进入南京(1599 年 2 月)及北京(1601 年 1 月)积累经验与信心。① 利玛窦富有多方面才干,充满敏锐与洞见,对中国文化有较深体认;又博闻强记,善于观察与总结,运用各种有利条件以达到传教意图。他尤其善于运用科学知识及"远西奇器"为传教打开方便之门。② 在天主教与儒学关系问题上,他阐发了"公私之别""中西之别"的儒学观,采取了肯定古儒(原始儒学),批判今儒(程朱理学)的做法。③《天主实义》第二篇"解释世人错认天主"就明言:

> 吾国天主,即华言上帝,与道家所塑玄帝、玉皇之像不同。彼不过一人,修居于武当山,俱亦人类耳,人恶得为天帝皇耶? 吾天主,乃古经书所称上帝也。《中庸》引孔子曰:"郊社之礼,以事上帝也。"朱注曰:"不言后土者,省文也。"窃意仲尼明一之以不可为二,何独省文乎?④

为了促使中国人接受"天主"观念,利氏附会孔子及《中庸》之言,同时批判朱熹的注解。意图很明显,就是要借重原始儒学以达到传教目的。比如,他利用儒家所习称的天与上帝等词汇,翻译拉丁文 Deus(陡斯)。对于程朱理学则予以批判,尤其是重点抨击了理学的"太极""道体""理"之说。利氏直言:

> 余虽末年入中华,然窃视古经书不怠,但闻古先君子,敬慕于天地之上帝,未闻有尊奉太极者。如太极为上帝——万物之祖,古圣何隐其说乎?⑤

利氏批判"太极""理"不能"造物",其理由为三:一是理依于物,二是理无灵觉,三是理卑于人。相反,天主主宰天地万物,天主创造天地万物,并且是具有人格的大父母。为此,他进一步阐发了"天主"为万物造化本原的观念:

---

① 利玛窦先后于 1595 年、1598 年分别逗留南京、北京,然并不成功。相关情况参见徐宗泽:《中国天主教传教史概论》,上海书店,1990 年,第 213—225 页。
② 具体可参见邓玉函:《远西奇器图说》,载黄兴涛、王国荣编:《明清之际西学文本》第三册,中华书局,2013 年,第 1129—1208 页。
③ 孙尚扬:《基督教与明末儒学》,东方出版社,1994 年,第 49—54 页。
④ 利玛窦:《天主实义今注》,商务印书馆,2014 年,第 99—100 页。
⑤ 利玛窦:《天主实义今注》,商务印书馆,2014 年,第 94 页。

中士曰:"万物既有所生之始,先生谓之天主,敢问此天主由谁生软?"西士曰:"天主之称,谓物之原,如谓有所由生,则非天主也。物之有始有终者,鸟兽草木是也;有始无终者,天地鬼神及人之灵魂是也。**天主则无始无终,而为万物始焉,为万物根柢焉。无天主则无物矣。物由天主生,天主无所由生也。**"①

与宋明理学家论证理本体论或太极本体论的理路不同,利氏运用亚里士多德哲学的实体学说以及形式逻辑原则,以说明万物创生之理及天主为唯一创造者。《天主实义》辩称:

试论物之所以然,有四焉。四者维何? 有作者,有模者,有质者,有为者。 夫作者,造其物而施之为物也;模者,状其物置之于本伦,别之于他类也;质者,物质本来体质所以受模者;为者,定物质所向所用也。②

以上所论,转述了亚里士多德的四因说。在利氏看来,天主是物之作者、为者,不是物之模者、质者;相应地,理学之理为物之原理、形式。亚里士多德将物划分为两大类,即自立者(实体)和依赖者(偶性)。利玛窦以此指出:

夫物之宗品有二,有自立者,有依赖者。……比斯两品,凡自立者,先也,贵也;依赖者,后也,贱也。**一物之体,惟有自立一类。**若其依赖之类,不可胜穷。③

按照以上理解,程朱理学的理、太极等被归为"依赖者","若太极者,止解之以所谓理,则不能为天地万物之原矣;盖理亦依赖之类,不能自立,曷能立他物哉?"④实际上,程朱理学的理、太极等概念统贯形上形下,远非利玛窦所谓的"依赖者"所能涵括。这至少说明两点:一是对程朱理学并未深入理解,对"理"的丰富含义未加注意;一是为"天主"的传播扫清障碍,为此必须

---

① 利玛窦:《天主实义今注》,商务印书馆,2014年,第84—85页。
② 利玛窦:《天主实义今注》,商务印书馆,2014年,第85页。
③ 利玛窦:《天主实义今注》,商务印书馆,2014年,第95页。
④ 利玛窦:《天主实义今注》,商务印书馆,2014年,第95页。

将"太极""理"等理学概念划归为所谓"依赖者"之类。

利氏之后，艾儒略(1582—1649)的《万物真原》《三山论学记》、利类思(1606—1682)的《不得已辩》以及孙璋(1695—1767)的《性理真诠提纲》等，强化了这种批判。也就是说，改造原始儒学的天道观，并批判宋明理学的理气论，是传教士输入天主教世界观及认识论的重要工作。在他们看来，"理"不具备"灵明自主"的功能和意义，不可作为创造天地万物的根本。宋明理学不具有天主作为创造者的人格神观念，这是耶稣会士无法接受的。在他们看来，"天学"即天主之学，为超生出死之学，是其他诸学的根本。天主"至一、至纯、至全、至善、至无穷，无变迁而无所不在，无始无终而无时不有，至灵无所不知，至真不容差谬，自主自专，至爱广博，至公森严，无物不照护"①。

在利氏等影响之下，瞿汝夔、冯应京(字可大，1555—1606)、杨廷筠(字仲坚，1557—1627)、叶向高(字进卿，1559—1627)、徐光启、李之藻等晚明士大夫纷纷倾向或接受天主之说，认为儒家所说的天或上帝即传教士所信仰的天主。如李之藻就说：

> **盈天地间莫非实理结成**，而人心之灵独能达其精微，是**造物主所以显其全能**，而又使人人穷尽万理，以识元尊，乃为不负此生，惟此真实者是矣。……**其教专事天主，即吾儒知天事天、事上帝之说**。②

李之藻的第一句话转换为"盈天地间皆 X"的表达，就是"盈天地间皆造物主"。西学东渐背景下，中西交往的核心议题为"格物—穷理—知天"，不过语境发生了转变。"天"不再是传统的自然天道，而是天主之学。③ 在传教士看来，科学作为了解上帝的重要方式，可以帮助他们在万物中发现上帝。为此，他们以宗教热情宣扬及绍述西方科学即所谓科学传教。事实证明，更加吸引明清朝野的倒是来自于西方的科学器具或知识，如天文学方面的亚里士多德-托勒密体系，地理学方面的地圆说及《山海舆地全图》《坤舆万国

---

① 参见艾儒略：《西学凡》，载《明清之际西方传教士汉籍丛刊》(第二辑)第七册，凤凰出版社，2017 年，第 538 页。

② 徐宗泽：《明清间耶稣会士译著提要》，上海书店，2010 年，第 144、171—172 页。李之藻《寰有诠序》有类似表述："学必知天，乃知造物之妙，乃知造物有主，乃知造物主之恩；而后乃知三达德，五达道，穷理尽性，以至于命；存吾可得而顺，殁吾可得而宁耳。"参见黄兴涛、王国荣编：《明清之际西学文本》第三册，中华书局，2013 年，第 1209—1210 页。

③ 张永堂：《明末清初西学对"格物穷理"观念的新解释——兼论南怀仁之"穷理学"》，《南怀仁逝世三百周年国际学术讨论会》，辅仁大学出版社，1987 年，第 83—91 页；钟鸣旦：《"格物穷理"：十七世纪西方耶稣会士与中国学者间的讨论》，《哲学与文化》十八卷第七期。

全图》等,数学方面的《几何原本》等。正因如此,徐光启才一方面肯认利玛窦"其谈道也,以践形尽性,钦若上帝为宗",一方面又说:

> 余尝谓其教,必可以补儒易佛,而其绪余更有**一种格物穷理之学**,凡世间世外,万事万物之理,叩之无不河悬响答,丝分理解;退而思之,穷年累月,愈见其说之必然,而不可易也。[①]

同样是"格物—穷理—知天",传教士利用西学的综合武库进行了一番改造,语境已然不同于程朱理学。不得不说,传教士的比附行为未能深入契合原始儒家经典本身,更没有认识到程朱理学义理的丰富深刻性。儒学传统发展至程朱理学,经过"理"世界的建构,"天"作为大化流行又作为万物主宰的非人格神意涵,得到了明确。朱熹说:

> 苍苍之谓天,运转周流不已,便是那个。而今说天有个人在那里批判罪恶,固不可;说道全无主之者又不可。这里要人见得。[②]
>
> 自有主宰。盖天是个至刚至阳之物,自然如此运转不息。所以如此,必有为之主宰者。这样处要人见得,非言语所能尽也。[③]

针对朱熹建构的"理"世界,有论者指出,这是以理代替人格神,同时还有认识到,所谓主宰的天帝属于信仰范围,故"要人见得",不是凭理性可以解决的。[④] 此论甚有见地。朱熹不否认主宰义的天神存在,在他而言,"理"取代了人格化的上帝,这是传教士无法认同的。在此背景下,利氏二十八年(1582—1610)的传教生涯波澜起伏,最终成为来华耶稣会士的标杆人物。利氏勤于著述,先后写出的《交友论》(1595)、《二十五言》(1599)、《坤舆万国全图》(1602)、《天主实义》(1604)、《畸人十篇》(1608)、《天主教传入中国史》(《利玛窦中国札记》,1608—1610)等名著,产生了重要影响。第一本中文著作《交友论》,便为他在中国知识分子阶层赢得良好声名。

万历二十九年(1601)正月,冯应京撰写《〈天主实义〉序》《刻〈交友论〉

---

① 徐光启:《〈泰西水法〉序》,载《明清之际西学文本》第三册,中华书局,2013 年,第 940 页。
② 朱熹:《朱子语类》,中华书局,1986 年,第 5 页。
③ 朱熹:《朱子语类》,中华书局,1986 年,第 1684—1685 页。
④ 陈荣捷:《朱熹》,生活・读书・新知三联书店,2012 年,第 62—63 页。参见桑靖宇:《朱熹哲学中的天与上帝——兼评利玛窦的以耶解儒》,《武汉大学学报(人文社会科学版)》2011 年第 2 期。

序》,明确表达了儒学向西学学习的必要性。[①] 他欣慰地说:

> 西泰子(利玛窦)间关入万里,东游于中国,为交友也。其悟交道也
> 深,故其相求也切,相与也笃,而论交道独详。……相比相益,相矫
> 相成,根于其中之不容已,而极于其终之可解,乃称为交。 ……京
> (冯应京)不敏,早溺铅椠,未遑负笈求友,壮游东西南北,乃因王事敦友
> 谊,视西泰子逍遥山海,以交友为务,殊有余愧,爰有味乎其论,而益信
> 东海西海此心此理同也。[②]

冯应京深度认同利玛窦《交友论》,突出交友之道。瞿汝夔也是如此。
瞿汝夔因与兄嫂通奸,被家族除名,四处漂泊,难为世俗所容,利玛窦视之为
良友,瞿汝夔自然颇受感动。综合陈受颐(1899—1978)、方豪(字杰人,
1910—1980)、谢和耐(1921—2018)、朱维铮(1936—2012)、樊树志、沈定平、
张西平、陈卫平、黄一农、孙尚扬、许苏民、梅谦立、钟鸣旦等的研究,晚明与
传教士交往的儒者大致可分为七类:

交 往 类 型	代 表 人 物
对传教有好感且作接引者	瞿汝夔、章潢、李贽、冯应京、叶向高、邹元标、熊明遇、何乔远
既奉教也讲求科学者	徐光启、李之藻、王徵、李天经
只奉教不近科学者	杨廷筠、韩霖
只讲科学不奉教者	方以智、周子愚
既不奉教也不讲科学,只是偶有往来者	王肯堂、沈德符
从稍有交往到反天主教者	虞淳熙
既不奉教也不讲求科学,单纯反传教者	黄贞、许大受、沈㴶、杨光先

图表 6.1

明清之际,儒家士大夫群体对西方科学知识颇感兴趣。即使沈㴶(字仲

---

① 参见樊树志:《晚明大变局》,中华书局,2015 年,第 357—376 页。
② 冯应京:《刻〈交友论〉序》,载朱维铮主编:《利玛窦中文著译集》,复旦大学出版社,2007 年,第 116 页。

257

润,1565—1624)排击天主教,也并不反对西方科学知识及其传播。[①] 这与当时中国本土思想文化土壤环境的变动有关。相关研究显示,阳明学所释放的自由解放精神,为西学的传播创造了有利氛围。在阳明学这里,"理"的主体化、人格化色彩更加浓厚,"良知是造化的精灵。这些精灵,生天生地,成鬼成帝,皆从此出。真是与物无对。"[②]与朱子学的"理"相比,阳明学的"良知"似乎更接近传教士的"天主"。

与此同时,以东林学派及颜李学派等为代表的明清之际实学思潮,更促使人们发觉西学的经世致用作用。徐光启《〈泰西水法〉序》有言:

> 泰西诸君子以茂德上才,利宾于国。其始至也,人人共叹异之;及骤与之言,久与之处,无不意消而中悦服者,其实心、实行、实学,诚信于士大夫也。[③]

随着传教的深入,围绕某些核心议题的争辩越来越显目。无论是传教士集团内部还是传教者与外部,都是如此。及至沈潅于万历四十四年(1616)发动"南京教案",明代国家政权强力介入西学东渐,传教士被驱逐,传教活动受镇压,传教事业一度中止。然西学传播并未中断,中西互动并未彻底阻断,其中,徐光启、李之藻、杨廷筠等天主教在华柱石起到了重要作用。明崇祯四年(1631),年届古稀的徐光启以《历书总目表》呈言:

> 臣等愚心,以为欲求超胜,必先会通;会通之前,先须翻译。[④]

万历三十五年(1607),李之藻阅读重刻的《天主实义》,进而强调:

> 信哉,东海西海,心同理同,所不同者,特言语文字之际。[⑤]

徐光启、李之藻等主要被西方科学与技术所折服,他们深信中西之间可以会通;与此不同,杨廷筠更留意于天主教教义与儒家学说异同,致力于进

---

① 周振鹤:《明清之际西方传教士汉籍丛刊》第一辑,凤凰出版社,2013 年,第 9—10 页。
② 王守仁:《王阳明全集》上册,上海古籍出版社,1992 年,第 104—106 页。
③ 徐光启:《〈泰西水法〉序》,载《明清之际西学文本》第三册,中华书局,2013 年,第 940 页。
④ 徐光启:《徐光启集》下册,中华书局,1963 年,第 374 页。
⑤ 李之藻:《〈天主实义〉重刻序》,载《利玛窦中文著译集》,复旦大学出版社,2007 年,第 100 页。

行儒耶会通，因而更具有文化比较意义。对于天主教义及名理之学，杨廷筠颇感兴趣，后来撰著《天释明辨》，就是明确批判佛教的玄虚。

不论如何，十六世纪后期至十七世纪前期，天主教在中国扎下了根，具有不可低估的社会影响。然不能否认，明清之际的西学东渐自始至终遭到浸润于儒学意识形态的正统士大夫的排击。最突出事件有二：一是万历四十四年(1616)的"南京教案"，对此，黄贞（生卒年不详）汇编有《破邪集》(1639)。一是康熙三年(1664)的历法大狱即"杨光先案"。前者由南京礼部右侍郎沈漼发动，指控两京（北京、南京）的传教士鼓吹异说诱惑民众，败坏祖宗纲纪；后者为钦天监监副杨光先（字长公，1597—1669）引起，《不得已》批判天主教的传播将导致儒家伦理的毁灭，"三光晦、五伦绝矣，将尽天下之人胥沦于无父无君也。"①两次冲突均指向儒学主流意识形态如祖宗崇拜，遭到天主教教义的强烈冲击。而传教士集团内部，围绕"中国礼仪"的争论也从未停止。这似乎说明，儒学意识形态与天主教理念的会通异常艰难。②

相比于佛教的儒学化以及儒学自身演进为宋明理学，天主教儒学化不能说是成功的，尤其是在学理上未作深入沟通和有效融合。天主教徒固守其出世理想及信仰主义，对儒学的理性主义和世俗化礼教始终不能真正理解认同。但不可否认，随着明清之际西学东渐，西学对以儒学为代表的中国传统文化造成了思想冲击。

二、气论与西学的互动之一：杨廷筠与"儒耶之争"

"西学"包涵西方哲学、宗教及科学技术等内容。高一志万历四十三年(1615)以前撰写的《西学》，被认为最早明确用"西学"词眼来称呼西方学问。艾儒略于 1623 年撰成的《西学凡》，即由高一志的《西学》"约略加减"而成，为当时绍述西学基本情况的经典之作。③为使中国士大夫容易接受欧洲学术体系及知识门类，高一志将 Philosophia 译为"格物穷理"之学，艾儒略则进一步翻译为"理学"，包括逻辑学、物理学、形而上学等。正所谓"理学者，义理之大学也。人以义理超于万物而为万物之灵，格物穷理，则于人全而于天近"④。艾儒略在《西学凡》篇末指出：

---

① 利玛窦等：《天主教东传文献》第一册，台湾学生书局，1975 年，第 1072 页。
② 侯外庐主编的《中国思想通史》第四卷运用大量详实史料揭示传教士所传来的绝不是西方近代自然科学，相反，是阻挠与破坏近代科学传入中国。此论有可信度。至少说明，耶稣会士终极目的是传教而非先进科学知识。
③ 梅谦立等指出，艾儒略的《西学凡》参考借鉴了高一志的《西学》，当可信从。
④ 艾儒略：《西学凡》，载《明清之际西方传教士汉籍丛刊》（第二辑）第七册，凤凰出版社，2017年，第 530—535 页。

旅人九万里远来,愿将以前诸论与同志繙以华言。试假十数年之功,当可次第译出,更将英年美质之士,乘童心之未汩,即逐岁相因而习之。始之以不空疏之见,继加循序递进之功。洞彻本原,阐发自广,**渐使东海西海群圣之学,一脉融通**。①

艾儒略等传教士致力于"渐使东海西海群圣之学,一脉融通",此美好愿望及思想信念固然可信。然无论是从西学视角看待中国之学,还是从中国经史传统看待西来之学,思想碰撞所带来的摩擦冲突难以避免。譬如,利玛窦对中国文人士大夫缺乏形式逻辑素养以至造成概念混淆的现象有所体会。在利玛窦们看来,中国传统的气论只是构成世界物质性的元素("四元行"之一)而已,但是作为天主教儒者的杨廷筠,其气论态度就复杂得多。

杨廷筠有较深儒家文化修养,曾受云栖祩宏(字佛慧,1535—1615)的影响,后经与利玛窦等的交往以及李之藻的鼓励,最终投入天主教怀抱。杨廷筠的儒道佛三教背景,加之主张儒道佛与天主教一致,因而,在儒家圈子内被攻击为叛逆之徒,在天主教内部被指责为异端,在佛法戒律方面被排斥否定。事实上,他对儒耶问题有较深入思考和辨析,《代疑篇》《代疑续篇》均有体现。简要而言,他比较基督教天主创造论与宋明理学本体宇宙论,倾向以天主观念改造理气宇宙观;比较基督教天主赋性论与儒家人性道德学说,倾向以天主赋性论取代儒家德性说。与此同时,希冀于儒家伦理观念融汇天主教教义,以期实现"不同之同,乃为大同"的思想愿望。

对于传教对象,耶稣会士所传播的教义,首当其冲的是万物的终极实在为天主的观念。对此,杨廷筠具有思想自觉。他的护教论著《代疑篇》首言"天主全能"及"创造万有":

况原初空无所有,(天主)既能以绝无为有,则建立以后,造有、适有、变有、归无,又不过微尘末事,反掌可就。只全能二字,自足了当。②

同样是信持天主观念,面对儒家传统,杨廷筠和利玛窦有着重要区别。后者没有儒家情结,可以对理本体论置而不顾,甚至完全否弃;前者却不然,

---

① 艾儒略:《西学凡》,载《明清之际西方传教士汉籍丛刊》(第二辑)第七册,凤凰出版社,2017年,第541页。
② 杨廷筠:《代疑篇》,载《明末清初耶稣会思想文献汇编》第二十九册,北京大学出版社,2000年,第168—171页。

因浸润于理学传统,不得不在理学正统和基督教义之间作出适当调停。杨廷筠所提出的"天主乃吾人大父母"观念典型之一。

毫无疑问,杨廷筠批判理气论宇宙观,然其批判不乏有同情的了解,以及独到的气论思考。他说:

> 天地实有主也,天地主实惟一也。今夫行,生法象,烂然而盈目前,此皆天地功用。谓自然乎? 谓偶然乎? 是皆浅儒臆说,不足置辩。乃格物穷理之士,又举而归诸气,谓气中自有理,是以理气为造物主也。气无知,理亦非有知。 安能自任造物之功? 况气乃四元行之一,与水、火、土分司其用,非能自为主。 气可为主,将水、火、土争出擅主,而主之权将益裂,宁知四行皆造物主之所生也。 生生者在先,为其所生者在后。 所生者为主,生之者,将置何地乎? 若曰:气可生物。 则到处皆气也,何有在此方生物,在彼方不生物? 到处皆气也,何此物有得气而生? 有虽得气而不生? 则物生之,不全属气可知矣。 且气既无灵,必不能节宣,安得自有条理? 凡以理气称物原者,皆求之不得其故,强为之说者也。[①]

以上是杨廷筠批判理气宇宙观的代表性论述,表面上看,其观点与利玛窦无本质差别。深究之下却不尽然:首先,杨廷筠对宋明儒学理气论的了解远比利玛窦充分,能够指出"理本在物,不能生物""气无知,理亦非有知"等观点。其次,杨廷筠批判"理不能生物""理亦非有知",圭峰宗密及王廷相有类似观点,然三者有重要区别,宗密和杨廷筠主张"气无知",王廷相认为气种生物。再次,相较于利玛窦对气的简单认知,杨廷筠并未否定气的作用,而是对"气可生物"的普遍可行性提出质疑,同时有限度地认同"盈天地间皆气"。如他在《天释明辨》所说:

> 夫万物之生,多藉于气。 非气则诸行不能和合,透入万有。 儒何以独少气行? 无乃以人间用物,无过此五件,最多且大。 尔天教则言天主生万物,先有其料。四行和合,万物出焉,是生物之质料也。 ……要之,天下惟气,弥漫无际,可称四大之一。[②]

---

① 杨廷筠:《代疑续篇》,载《明末清初耶稣会思想文献汇编》第三十册,北京大学出版社,2000年,第9—10页。

② 杨廷筠:《天释明辨》,载《明末清初耶稣会思想文献汇编》第二十七册,北京大学出版社,2000年,第121—123页。

杨廷筠认为,在宇宙创生问题上儒佛两家少言气,这不正确,但强调气在宇宙创生中的突出作用,却是有道理的。随着明清之际气论思潮的发展,儒家传统中,气的物质性内涵与精神性内涵有时含混不清。杨廷筠对气的生物质料性理解,且指出与精神性的灵魂相区别。毫无疑问,这是基于天主教观念,而对儒家气论的改造。这种强调"天下惟气,弥漫无际"的做法,是对明清之际气论思潮的某种响应,不论其自觉与否,可以视为气论与西学的有效互动。

其实,耶稣会内部人士对于儒家文化及气论传统的认识也在不断深化,且产生了会通的意向。譬如,高一志《修身西学》(1637—1638)以亚里士多德伦理学为前提,专门讨论身心修养及伦理问题,将身心之气大致划分为作为感觉欲望的"血气之司爱",及作为理性欲望的"志气之司爱",还论及"禀气""形气""和气"等问题,参引孟子等相关气论,以说明基督教伦理主张。[1]高氏关于"志气之司爱""血气之司爱"的解说,充分使用了儒家伦理传统的气论概念。从孟子到朱熹、王阳明,强调"志至气次""持志养气"及"无暴其气"。儒家内部对"志""气"关系理解有差异,然都强调对治"血气"的修养工夫。高氏基于基督教伦理传统的神形二元观(身心二元论),强调要使"志气""血气"得到合理安顿("各守正分"),强调"以理服欲"而不是"存天理,灭人欲"。这些观点与宋明理学人性论构成对话,对明清之际儒者如王夫之等有一定启发。

及至卫方济(1651—1729)康熙五十年(1711)发表《中国哲学》,不再将中国传统的气简单视为唯物主义概念,而且认识到理气无先后,表明耶稣会士已经认识到气论本身的复杂性。[2]这就说明,从杨廷筠到高一志、卫方济的气论言说,值得深度发掘。完全以西学来任意裁剪儒家气论,结果就难免如黄贞所言:

> 盖狄夷不知真体所在,外执天主,内执灵魂,情著天堂,而谋所以登。无事而自被刑枷,非罪而槌胸乞救,**活泼泼之趣何在,坦荡荡之宗奚存**?狄夷与圣贤苦乐相背如此,矧其他乎?[3]

---

[1] 高一志:《修身西学今注》,商务印书馆,2019年,第170—173页。

[2] 参见梅谦立、王格:《超越二元 迈向统一——耶稣会士卫方济〈中国哲学〉(1711年)及其儒家诠释学的初探》,《哲学与文化》四十四卷第十一期。

[3] 黄贞:《尊儒亟镜叙》,载夏瑰琦编:《圣朝破邪集》,香港建道神学院,1996年,第159—160页。

黄贞为一介布衣,以上批判耶稣会士的传教之言,稍显偏狭,然反映了大多儒家士人的心声,因而具有代表性。其核心观点就是如果只以天主教教义为裁量标准,儒家传统文化的"活泼泼之趣"就会被阉割。某种意义上,黄贞所坚守的"活泼泼之趣"的文化观,正适用于中西文化互动视域下的气论传统,因而引人深省。"活泼泼之趣"并非一味排斥中西互动,而是强调,中西互动应有益于激发"活泼泼之趣"。费孝通(1910—2005)晚年讲"各美其美,美人之美,美美与共,天下大同",亦有此意。

从利玛窦到杨廷筠,耶稣会士及其中国信徒对中西文化互动,带来了不同思想样本。如何准确揭示他们的思想价值,仍是摆在研究者面前的重要课题。从明清之际到晚清民国,中西互动视域下的气论与儒学的交织,更是历经复杂演进及思想变革,以此,更需要给予更全面的考察与评价。

三、气论与西学的互动之二:方以智与"中西之争"

西学东渐既有西方传教士的进入及其中国信徒的呼应,当然不能缺少中国士人本身的反响和回应。如果说前者以利玛窦及杨廷筠为代表,后者则以方以智为首出。方以智为明清之际的重要思想家,思想精深,文献丰厚[1],创见尤多,此处仅就中西互动的气论观点进行集中考察。明清之际某些儒者对西学的欢迎,并非出于盲目的好奇,而是显示了一种历史的自觉。换句话说,西学因某种意义上暗合了中国早期启蒙的内在要求,激发出了传统思想近现代化转向的"源头活水",而受到有识之士欣然接纳。其中最为杰出的代表人物,当属"坐集千古之智,而折中其间"的方以智。

方以智早年即与传教士接触,九岁问学于熊明遇(字良孺,1579—1649),十九岁拜访瞿式耜(字起田,1590—1650,瞿汝夔侄子),后又问学于毕方济,结交汤若望等,并且研读过《天学初函》等西学书籍。委实如此,他的"穷理极物之癖",首先源于深厚的家学。对此,初成于明崇祯十六年(1643)的《物理小识》有交代:

> 先曾祖本庵公知**医**具三才之故,廷尉公、中丞公皆**留心征验**,不肖以智**有穷理极物之癖**。[2]

---

① 《方以智全书》(黄德宽、诸伟奇主编)由黄山书社 2018 年 12 月出版问世。

② 方以智:《物理小识·医药类》,载《方以智全书》第七册,黄山书社,2018 年,第 258 页。

本庵公即方学渐(字达卿,1540—1616),为方以智曾祖父;廷尉公即方大镇(字君静,1558—1628),为方以智祖父;中丞公即方孔炤(字潜夫,1590—1655),为方以智生父。方以智成长于这种"留心征验""穷理极物"的氛围,且方氏家族深具易学传统,因此,医易会通的精神旨趣在他身上得到很好体现。此外,邓元锡(字汝极,1528—1593)的《物性志》和王宣(字化卿,生卒年不详)的《物理所》对方以智影响很大。《物理小识·总论》提及药性问题:

> 天地生万物者,五气。五气定位,则五味生。气者,天也;温热者,天之阳;寒凉者,天之阴。阳则升,阴则降。味者,地也;辛、甘者,地之阳;酸、苦、咸者,地之阴。阳则浮,阴则沉。……明者知其产,观其色,得其气味而性可识也。①

以上简要阐述药性的理论内容,即"气""味"观念及其关系及其对于医药实践的指导作用。《黄帝内经》以降,气论成为中医药理论基石与枢纽②,通过医药实践及验证,气论观念不断被赋予现实经验和丰富意义。医药之学是关乎人体及生命的自然科学。方以智属意于穷物极理、格致之学,中医药自然成为其主要关注对象。《物理小识》专门论及医药类,以气论中医药之理成为其核心理念。如谈及"气熏""气治"之法:

> 鼻受天气以养阳,口受地味以养阴,无形相感,惟气通之,熏熨外治,所从来矣。……形治气治神治,在药之先,而妙循经络。形治莫妙于按摩,循其上下,经络井俞,以木为员卵鍼,内外转而按放,盖与鍼同法也。气治在乎运转,以呼吸为橐籥,或放气以出邪,或闭气以专注,通关热行,其效甚捷,久行积验,其病亦轻。神治者放下而已。③

在"气感"即人身之气和天地之气相感通的前提下,方氏关于"气味""气熏""气治""血气""火与元气"诸说,透露出以气为主的思想观念及具体语境。遍察《物理小识》的《天类》《地类》《占候类》《人身类》及《医药类》,气论之说比比皆是,可谓明清之际中医药理论的首要代表。

---

① 方以智:《物理小识·总论》,载《方以智全书》第七册,黄山书社,2018年,第104页。
② 参见李心机:《中医学气论诠释》,《中国医药学报》1995年第5期。
③ 方以智:《物理小识·医药类》,载《方以智全书》第七册,黄山书社,2018年,第246—247页。

如果要在中西之争中挑选出有代表性的部分,中西医之争恐怕无出其右。及至今日都是如此。方以智能够注意并吸收西医某些知识或方法,如"脑主记忆""脑筋(脑神经)司运动感觉""人之智愚系脑之清浊"诸说,已实属难能可贵。然从总体上看,中医仍然是主体,故他主张以"气""味"识物性辨物理,这是中医药传统所在。

从"穷理极物"角度看,方以智属于气为本的思想家。① 如他说:

> 一切物皆气所为也,空皆气所实也。物有则,空亦有则,以费知隐,丝毫不爽;其则也,理之不可征者也,而神在其中矣。神而明之,知而无知,然岂两截耶? 知即无知,故不为一切所惑,乃享其神,是曰大定。(揭暄曰:"所以为气,吾师言之矣。 气既包虚实而为体,原不碍万物之鼓其中,而依附以为用也。 凡诸有形色,有声闻,莫不赅而存之。天地之间,岂有丝毫空隙哉?……以至于鸟飞鱼跃,牛耕马走。肢体运动,何往而非气之所为也耶? 可见气之为气,属无形而有形,若无力而有力。")②

以上"一切物皆气所为也,空皆气所实"的观点,与前文所论"盈天地间皆气"之说高度一致,区别在于,后者更多意味着一种世界观的共识,前者更侧重于科学地解释"气"如何为"一切物",抑或说,"一切物"何以"皆气所为"。揭暄(字子宣,1613—1695)深得方以智之意,故论定"一切物"都是"气之所为"。可能是由于西学东渐的影响,在方以智这里,气论释物传统得到强化。如《东西均》言:

> 天地间凡有形者皆坏,惟气不坏。人在气中,如鱼在水;地在天中,如豆在脬,吹气则豆在脬中,故不坠。泰西之推有气映差,今夏则见河汉,冬则收,气浊之也。由此征之,虚空之中皆气所充实也,明甚。③

---

① 有学者认为方以智是"火—气"一元论,如汪惠娟:《方以智气火一体思想管窥》,《哲学与文化》三十三卷第八期。蒋国保认为太极是方以智哲学最高范畴,参见蒋国保:《方以智哲学思想研究》,安徽人民出版社,1987 年,第 155—216 页。

② 方以智:《物理小识·天类》,载《方以智全书》第七册,黄山书社,2018 年,第 114 页。

③ 方以智:《东西均·所以》,载《方以智全书》第一册,黄山书社,2018 年,第 343 页。庞朴撰有《东西均注释》,很有参考价值,以上方以智之语参见《东西均注释》,中华书局,2001 年,第 107—108 页。有意思的是,戴震后来也讲"人在生气之中,如鱼在水中"(《绪言》),可形成比较。

方以智论证气之不受损坏、气之无所不在等观点时,已经注意到援引西学的相关论说。对此《物理小识·自序》有经典表述:

> **盈天地间皆物也**。人受其中以生,生寓于身,身寓于世,所见所用,无非事也,事,一物也。圣人制器利用以安其生,因表理以治其心。器,固物也;心,一物也。深而言性命,性命,一物也。**通观天地,天地,一物也**。……寂感知蕴,深究其所自来,是曰"**通几**"。物有其故,实考究之,大而元会,小而草木螽蠕,类其性情,征其好恶,推其常变,是曰"**质测**"。**质测即藏通几者也**,有竟扫质测而冒举通几以显其宥密之神者,其流遗物。谁是合外内、贯一多而神明者乎?万历年间,远西学入,详于质测而拙于言通几。然智士推之,彼之质测犹未备也。儒者守宰理而已,圣人通神明、类万物,藏之于易,呼吸图策,端几至精,历律医占皆可引触,学者几能研极之乎?[①]

在方以智这里,基于"一切物皆气所为"的基本立场,"盈天地间皆物"可以理解为"盈天地间皆气"。不过从思想视野及知识视野来看,如何对待"盈天地间皆物"蕴含的"质测""通几"及"宰理",显示出方氏思想的创造之处,即不是将"物"解释为"事",而是面对万物本身,探知物中之理,这样一来,就促进传统的格致之学通向近代自然科学。李约瑟指出,儒家传统注重"事"而忽略"物",有碍于自然科学的发展。[②] 此论并非无据。然可以看到,明清哲学中强调以气释物而非以事解物的儒者,往往倾向于客观验证精神。王廷相如此,方以智亦如此。

从明清之际到清末民初,像方以智这样能够立足于自身传统充满文化自信地指出西学之不足[③],同时不否认其优长之处且能接纳吸收之,实为难能可贵。究其原因,在于方氏能够"坐集千古之智,而折中其间",即具有融通古今中外的思想气魄和理论方法。《物理小识·编录缘起》印证了这一点,方中通(字位伯,1638—1698)强调乃父的为学精神:

> 适以远西为郯子,足以证明大禹、周公之法,而更精求其故,积变以

---

① 方以智:《物理小识·自序》,载《方以智全书》第七册,黄山书社,2018年,第96页。
② 参见李约瑟:《中国科学技术史》第1卷,科学出版社,1975年,第12页。
③ 方以智主张"三教归《易》"。参见廖璨璨:《〈易〉统三教:方以智的三教会通思想》,载《道家文化研究》第三十二辑,中华书局,2018年,第361—394页。

考之。士生今日，收千世之慧，而折中会决，又乌可不自幸乎！①

方以智概举了当时所能接触到的西方科学知识，涉及天文地理方面如地圆说、九重天说、五大洲说，还有西方医学、数学、物理、化学等，且有相应吸收。冒怀辛（1924—2009）等考证认为，《物理小识》有五十四处思想资料来自艾儒略的《职方外纪》，还参引汤若望的《主制群征》等书。方氏较能接受西方自然科学知识，然对其哲学宗教以批判为多，即《通雅》所谓"泰西质测颇精，通几未举"②。委实如此，他在中西互动过程中对气论传统作出重要理论开拓工作，实质性地推动了以气释物的传统，使之向近代自然科学迈进。《物理小识》指出：

> 气凝为形，发为光、声，犹有未凝形之空气与之摩荡、嘘吸。故形之用，止于其分；而光、声之用，常溢于其余。气无空隙，互相转应也。③
> 虚固是气，实形亦气所凝成者，直是一气而两行交济耳。又况所以为气而宰其中者乎？神不可知，且置勿论，但以气言：气凝为形，蕴发为光，窍激为声，皆气也，而未凝、未发、未激之气尚多，故概举气、形、光、声为四几焉。④

以上关于"气"之为"形""光""声"的说明，使"其"被赋予新的科学内涵，体现了一定科学精神。中国气论传统认为气为万物本原，光本身就是一种特殊的气。根据"天有六气"说，"阴阳风雨晦明"都属于气，作为"晦明"的光也是气。方以智进而认为，光不能说就是气，而是气的一种重要发用形式，"光理贯明暗，犹阳之统阴阳也。火无体，而因物见光以为体；犹心无体，而因事见理以征几也。"⑤也就是说，"光"是"气"之"所为"，与"形""声"一致，不过具体发生机制有所不同。无形的"光""声"都是由有形之物激发无所不在

① 方中通：《物理小识·编录缘起》，载《方以智全书》第七册，黄山书社，2018年，第97页。
② 方以智：《通雅》，载《方以智全书》第四册，黄山书社，2018年，第41页。参见许苏民：《方以智为什么说西学"拙于言通几"？——论方以智的中西比较研究》，《江淮论坛》2014年第5期；刘元青：《"质测即藏通几"说申论——兼论方以智的中西文化观》，《安徽大学学报（哲学社会科学版）》2008年第6期。
③ 方以智：《物理小识·天类》，载《方以智全书》第七册，黄山书社，2018年，第116页。
④ 方以智：《物理小识·天类》，载《方以智全书》第七册，黄山书社，2018年，第124页。又见《东西均·声气不坏说》，载《方以智全书》第一册，黄山书社，2018年，第346—348页。
⑤ 方以智：《物理小识·天类》，载《方以智全书》第七册，黄山书社，2018年，第116页。

的气,经过种种作用而产生的现象以至"无物不含光性",其实质是"一切物皆气也"。简言之,"光""声"是气物之间相互作用的结果,故可称之为"气光波动说"[①],这与现代光学的电磁波理论及"波粒二象性"理论都相距甚远,然可以发现方以智"通中西"和"尊疑""求实"的理论个性,透露出中国气论传统与西方自然科学存在可沟通之处。

与方以智相接近,宋应星在气论学说基础上讨论了"声"的发生及传播等问题,具有总结意义和一定科学精神。[②] 然而,宋应星更受传统羁绊,对自然现象的理解和说明基本沿袭阴阳、五行和气的传统观念,仍以气之聚散说明自然世界种种变化,且多基于猜测和类比,故大多无甚科学价值。相较而言,西方传教士面对中国气论传统的认识越发深入。由高一志译述的《斐录答汇》(1636),专门讨论自然哲学问题,论及天象、风雨、下火、水行、身体、性情、声音、饮食、疾病、物理、动物、植物等十二类现象,多借取、援用或创新气论概念,如"湿气""浊气""阴气""阳气""风气""血气""脾气""禀气""香气""水土之气""周围之气""空中之气""地上之气""角上之气""草卉之气""天地之气"等,这在理论上为方以智《物理小识》提供了重要参考。

综合考察高一志、宋应星及方以智的相关论说,就不难发现,气论自觉或不自觉地参与到中西互动,气论传统与近代科学的关系值得关注。西方近代自然科学强调观察论证,依赖试验方法与数学原理。中西互动过程中,气论传统关涉"光""声""力"的观点,由方以智等提供了有力论说,这些思想范本值得细加体认、厘清并加以规范,而不是随意裁剪或弃之不顾。

第三节 从王廷相到王夫之:明清之际气论思潮与儒学新开展

及至明清之际,无论从儒学传统还是从气论思潮来看,王夫之都进行了伟大的综合与发展。在中西互动方面,王夫之似乎不如方以智积极、开放且包容,然自觉应对西学确是二者的共同点。此处,从天人、古今、性习等方面探讨以王夫之为代表的明清之际气论思潮,以及从王廷相到王夫之的儒学

---

① 揭暄说:"气本有光,借日火而发,以气为体,非以日火为体也。故日火所不及处,虚窗空中皆有之,则余映也。……以气为体,不专日与火也,日火皆气也。"参见《方以智全书》第七册,黄山书社,2018年,第116页。揭暄的解说有助于详细了解方以智的理论。相关研究参见刘树勇、关增建:《中国古代物理知识与物理实验》,载《中国科学技术通史Ⅲ》,上海交通大学出版社,2016年,第3488—3496页。

② 参见宋应星:《野议 论气 谈天 思怜诗》,上海人民出版社,1976年,第64—79页。

新开展。

一、天人之辩：气化宇宙观的更新

天人关系是中国传统哲学的核心论题之一。一般认为，在这个问题上先秦形成了"天人合一"和"天人相分"两大命题。前者是主流，后者是补充。从气论角度看，前者指向"天下一气"，后者指向"人有气、有生、有知，亦且有义"。基于"天下一气"的论域，先秦时期儒道两家都有关于气的天人关系论。及至汉代，元气学说成为儒道两家的共识。无论是讲"天人感应"还是讲"养气炼气"，都旨在通贯天人。在佛教的刺激之下，儒学气论深化发展，以朱子学理气论体系为理论高峰。简言之，以气为基础沟通天人之际，是中国传统哲学的一贯之见。

明代气论思潮发展至王廷相，气本论立场通过《横渠理气辩》及元气道体说得以确立。到了明清之际的王夫之，得到了高度总结和创新发展。在天人关系方面，王夫之从气的本体论意义将天道与人道统一起来，指出"在天之气无不善""人之气亦无不善"。对此，《读四书大全说》说：

> 理即是气之理，气当得如此便是理，理不先而气不后。 理善则气无不善；气之不善，理之未善也。 人之性只是理之善，是以气之善；天之道惟其气之善，是以理之善。"《易》有太极，是生两仪"，两仪，气也，唯其善，是以可仪也。所以《乾》之六阳，《坤》之六阴，皆备元、亨、利、贞之四德。和气为元，通气为亨，化气为利，成气为贞，**在天之气无不善**。天以二气成五行，人以二殊成五性。温气为仁，肃气为义，昌气为礼，晶气为智，**人之气亦无不善矣**。[①]

以上所论，首先强调理气一元，无分先后；其次提出气之善的创见，从天人之气的角度说明理之善和人性之善。然后证成其核心理旨："天人之蕴，（一）气而已。从乎气之善而谓之理，气外更无虚托孤立之理也。"[②]这是王夫之对天人观的高度概括，亦是明清气论思潮关于天人关系的终极表达。"天人之蕴，（一）气而已"的天人观，理论上指向氤氲气化的宇宙观。

关于氤氲气化的宇宙观，《周易内传》在解释"精气为物，游魂为变"时就有表露：

① 王夫之：《读四书大全说》，载《船山全书》第六册，岳麓书社，2011 年，第 1054 页。
② 王夫之：《读四书大全说》，载《船山全书》第六册，岳麓书社，2011 年，第 1054 页。

"精"者阴之始凝,"气"者阳之善动者也。成乎形象者皆谓之"物"。"魂"者,精得气而灵,气蕴精而动者也。"变",易其故而别为新之谓。"为"者,天地氤氲不息之机,以妙屈伸之用者也。①

《周易》所蕴含的气论哲学,特别是以气释物传统,为王夫之所推重,他在注解张载《正蒙》时集中阐发了"凡物皆太和氤氲之气所成"的气化宇宙观。②《张子正蒙注》指出:

太虚即气,氤氲之本体,氤氲合于太和,虽其实气也,而未可名之为气;其升降飞扬,莫之为而为万物之资始者,于此言之则谓之天。气化者,气之化也。阴阳具于太虚氤氲之中,其一阴一阳,或动或静,相与摩荡,乘其时以著其功能,五行万物之融结流止、飞潜动植,各自成其条理而不妄。③

言太和氤氲为太虚,以有体无形为性,可以资广生大生而无所倚,道之本体也。二气之动,交感而生,凝滞而成物我之万象。……氤氲之中,阴阳具足,而变易以出。……人物之生,皆氤氲一气之伸聚。④

同样是以张载气论为依据,王夫之阐发的"太和氤氲""太虚氤氲"之气,相较于王廷相,更侧重于"变易以出"的根源,抑或说,更侧重于说明气化的依据即天道本体。相较于方以智,王夫之在探讨天人关系方面,提出了更为详尽而具有创新意义的论见。《周易外传》说:

人者,天地之心也。故曰"复,其见天地之心乎!"圣人者,亦人也;反本自立而体天地之生,则全乎人矣;……圣人曙乎此,存人道以配天地,保天心以立人极者,科以为教,则有同工而异用者焉。⑤

"人者,天地之心"的观念是儒家的传统之见。王夫之的创新,在于辩证地阐发了天道和人道的交互作用("互为道器"),提出"立人极"的尊人道思想。他在《思问录》这部具有哲学纲领性著作中指出:

---

① 王夫之:《周易内传》,载《船山全书》第一册,岳麓书社,2011年,第520—530页。
② 王夫之:《张子正蒙注》,载《船山全书》第十二册,岳麓书社,2011年,第195页。
③ 王夫之:《张子正蒙注》,载《船山全书》第十二册,岳麓书社,2011年,第32页。
④ 王夫之:《张子正蒙注》,载《船山全书》第十二册,岳麓书社,2011年,第40—41、43—44页。
⑤ 王夫之:《周易外传》,载《船山全书》第一册,岳麓书社,2011年,第882—883页。

"立人之道,曰仁与义",在人之天道也。"由仁义行",以人道率天道也。"行仁义",则待天机之动而后行,非能尽夫人之所以异于禽兽者矣。天道不遗于禽兽,而人道则为人之独,由仁义行,大舜存人道圣学也,自然云乎哉!①

对于《易传》所论述的天人之道,王夫之进行了细致辨析,区分了"在人之天道"和"以人道率天道"。也就是说,仁义是天道贯注于人的根本之所在,仁义的自发自觉行为是人道体现天道这一根本的自然表现。为此,他将人禽之别纳入到天人之辩加以说明,提出"天道不遗于禽兽,而人道则为人之独"的洞见。在王夫之看来,"人之异于禽兽,则自性而形,自道而器,极乎广大,尽乎精微,莫非异者。"②人禽之别极其精微,需严加辨别,故要珍视"人道则为人之独"。

针对社会现实的人性处境,王夫之不无独到之见:

人之所以异于禽兽,君子存之,则小人去之矣。不言"小人"而言"庶民",害不再小人而在庶民也。小人之为禽兽,人得而诛之。庶民之为禽兽,不但不可胜诛,且无能知其为恶者;不但不知其为恶,且乐得而称之,相与崇尚而不敢踰越。……庶民者,流俗也。流俗者,禽兽也。明伦、察物、居仁、由义,四者禽兽之所不得与。壁立万仞,止争一线,可弗惧哉!③

人禽之别的现实问题,不在于小人而在于庶民。依上所论,针对《孟子》所讲"人之所以异于禽兽几希,庶民去之,君子存之",王夫之更新了天人之辩的视域,提出"庶民—流俗—禽兽"的社会观察。这种看法把眼光集中于社会人群的大多数。王夫之所处的时代,发生了明清易代的标志性事件,但庶民社会并未发生实质性改变。正因如此,他才如此重视庶民问题,提防"流俗"的危害性。这种"壁立万仞,止争一线"的态度,与其说属于一种道德严格主义④,毋宁说是显示了尊人道思想,其积极表现就是《尚书引义》所强

---

① 王夫之:《思问录》,载《船山全书》第十二册,岳麓书社,2011年,第405页。
② 王夫之:《读四书大全说》,载《船山全书》第六册,岳麓书社,2011年,第1026页。
③ 王夫之:《俟解》,载《船山全书》第十二册,岳麓书社,2011年,第478—479页。
④ 参见王汎森:《明末清初的一种道德严格主义》,载《晚明清初思想十论》,复旦大学出版社,2004年,第89—106页。

调的"即民以见天"。

简言之,王夫之在天人交互作用视域下,突出了尊人道的气化宇宙观。此与方以智所主张的"人在气中,如鱼在水",一道成为明清之际气论学者对天人之辩的新思考。遗憾的是,西学传入的天文地理等科学知识并未从根本上对明清之际儒者产生实质性影响。王夫之倡言"尊我""尊人道"[1],未能彻底摆脱天道、天理的束缚,然具有挺立主体之我的现代思想特征。

二、古今之辩:气论历史观的嬗变

古今之辩,关涉天地万物变化的时空感受和生命体会。就中国传统哲学而言,古与今是连续发展的、因果联系的整体;同时,古今之间有损有益,或因时而变,变之中有不变之"常道"。为此,古今之辩意在探寻人类社会历史一般规律,即《史记》所指的"究天人之际,通古今之变"。

"通古今之变"旨在找出古今之间社会变革规律。相应地,社会历史变化规律("古今之辩"),或被认为是自然天道规律("天人之辩")的组成部分,或被认为要从自然天道规律中去寻求。先秦时期"古今之辩",理论地体现为二气五行(阴阳五行)或天道循环等观念。[2] 可以说,儒道具有厚古薄今或崇古抑今的倾向。老子讲道之归复,庄子论气之聚散,使道家历史观散发着浓厚的历史循环论意味。孔子"信而好古",孟子"言必称尧舜",《易传》谈"一阴一阳之谓道"以及"反复其道,七日来复",倡导"穷则变,变则通,通则久"的社会变革观,表明儒家历史观传统兼含复古主义与循环论。相较于儒道,法家的社会历史观强调时代之变要面向时代问题,做到因时而变,如《韩非子·五蠹》所谓:"上古竞于道德,中世逐于智谋,当今争于气力。"

大体从汉代开始,儒家厚古薄今的观念一定程度上发生嬗变。为了总结先秦社会发展规律以及迎合汉代大一统的政治需求,儒生们纷纷主张古今变通、古今异治甚至以古喻今、赞古颂今。据《汉书》所载,汉武帝决定采纳董仲舒《天人三策》,理由正是:"善言天者必有征于人,善言古者必有验于今。"[3]从崇古抑今到以古论今,儒家古今观的变化,反映了君主专制现实统治需要。从理论上看,古今观传统由此变得丰富多元。

对此,王充的说法更为辩证,他批判当时儒者:

---

① 参见王博:《王夫之尊"我"思想的内在逻辑结构分析》,《中国哲学史》2016年第4期。
② 参见李巍:《一体论与周期论:早期中国的循环思维》,《哲学研究》2020年第3期。
③ 班固:《汉书·董仲舒传》,载《汉书》第八册,中华书局,1962年,第2513页。

> 夫知古而不知今,谓之陆沉,……夫知今而不知古,谓之盲瞽。[①]

及至宋明理学,儒家历史观在义理上有所提升,然历史循环论的意味并未消退。如周敦颐《太极图说》所构造的,以"太极"为枢纽的"二气五行"宇宙运行法则,就是如此。邵雍的元会运世说,认识到古与今是不断演进的过程且具有相对性,然本质上仍是一种历史循环论。到了朱熹,基于理气论体系及其理势论,诠释了历史的变和不变,建构了天理视域下的历史观体系。其中,气论承担和说明万物的形成及其差异,遵循"一气—阴阳—五行—万物"的运转模式。[②] 为此朱熹说:

> 天只是一元之气。春生时,全见是生;到夏长时,也只是这底;到秋来成遂,也只是这底;到冬天藏敛,也只是这底。仁义礼智割做四段,一个便是一个;浑沦看,只是一个。[③]

这就是说,天地之间只是一气流行,从整体上看又称一元之气。一气是流行反复的。"流行"即不断运行,"反复"是说流行是有阶段的、反复的,如一年四季不断流行反复。四季分开来看每个不同,连接起来看只是一元之气流行的不同阶段。一气流行或一元之气的流行反复观念,体现了朱熹的气论思维及其气论历史观。值得注意的是,统一性、整体性的造化之气,在具体运行过程中存在"气运之不齐"的现象。朱熹指出:

> 天地初间只是阴阳之气。这一个气运行,磨来磨去,磨得急了,便拶许多渣滓。……造化之运如磨,上面常转而不止。万物之生,似磨中撒出,有粗有细,自是不齐。[④]

如果说一气流行或一元之气是根据必然性之理而展开,"气运之不齐"就是必然性之理在现实的偶然性表现。朱熹深刻意识到,说明历史的必然性与偶然性相统一是十分重要的理论工作。用儒家传统术语来说,就是

---

① 王充:《论衡·谢短篇》,载《论衡集释》,中华书局,1990年,第555页。
② 参见赵金刚:《朱熹的历史观——天理视域下的历史世界》,生活·读书·新知三联书店,2018年,第99—120页。
③ 朱熹:《朱子语类》第一册,中华书局,1986年,第107页。
④ 朱熹:《朱子语类》第一册,中华书局,1986年,第6—8页。

"常"与"变"或"经"与"权"的关系。从以上关于"气运"的解释可知朱熹认为"气运之不齐"并非在必然之外,相反,其不过是天地之气造化的应然表现。

朱熹关于历史问题的诸多论说,如理势论、气运说及"一气流行"观念,对此后的理学家或儒者产生了影响。比如王廷相,就很看重历史之势,强调由势中见理并提出"理因时致宜"的创见。与此同时,他对古与今、时与势的关系进行辩证分析,进而提出"古今一轨"和"道无定在,圣人因时"相结合的历史观念。关于这些内容前文已有较详细考察,此不予赘述。

及至王夫之,明清易代的剧变促使他极为重视历史问题。从文本看,《宋论》(1691)和《读通鉴论》(1688—1692)是其中代表。如《宋论》最后立言:

> 天地之气,五百余年而必复。周亡而天下一,宋兴而割据绝。后有起者,鉴于斯以立国,庶有待乎![1]

不难看出,王夫之这里所主张的,就是天地之气流行往复的历史观念。此与上述朱熹之论并无不同。相应地,基于天地气化流转与运势,历史的进程往往要求总体原则和具体情境的统一,这就是王夫之阐发的"理势合一"论。他说:

> 天下之势,一离一合,一治一乱而已。[2]
> 一治一乱,气化盛衰,人事得失,反复相寻,理之常也。[3]

王夫之认为,寻求社会历史治乱的政治逻辑,要求从总体上把握"天下之势"即因天地之气(包括人心之气)的运转规律,从中自然推寻出治乱循环之理。"气化盛衰"是自然天道秩序,进而凝结为人间社会秩序。无论是朱熹还是王夫之,都认同一气流行往复的历史循环论,即"天地之始,天地之终,一而已矣"[4]。不同的是,王夫之认为历史的运转不单以遵循或服从所谓的天理为根本,还要高度注意从社会历史事件("人事得失")本身"反复相寻"。这一历史观念转换为王夫之哲学语言,就是前文所引"天人之蕴,一气而已。从乎气之善而谓之理,气外更无虚托孤立之理也"。

① 王夫之:《宋论》,载《船山全书》第十一册,岳麓书社,2011年,第337页。
② 王夫之:《读通鉴论》,载《船山全书》第十册,岳麓书社,2011年,第610页。
③ 王夫之:《四书训义》,载《船山全书》第八册,岳麓书社,2011年,第385页。
④ 王夫之:《周易外传》,载《船山全书》第一册,岳麓书社,2011年,第953页。

在肯认天地之气始终如一的同时，王夫之指出天地之气日生日成的事实，即所谓："未生之天地，今日是也；已生之天地，今日是也。"①一气之化的历史本身就不是永恒静止之物，而是不断"变化日新"和"推故而别致其新"。在此意义上，他极力反对"泥古过高而菲薄方今，以蔑生人之性"的粗鄙之见，倾向于肯定社会历史基于自身动态发展过程。对此，《思问录》有两段重要论述：

> 论述1：**天地之德不易，而天地之化日新**。今日之风雷非昨日之风雷，是以知今日之日月非昨日之日月也。……**盈天地之间，氤氲化醇，皆吾本来面目也。其几，气也。其神，理也。**
>
> 论述2：故吾所知者，中国之天下，**轩辕以前，其犹夷狄乎！太昊以上，其犹禽兽乎！** 禽兽不能全其质，夷狄不能备其文。文之不备，渐至于无文。则前无与识，后无与传，是非无恒，取舍无据，所谓饥则呴呴，饱则弃余者，亦植立之兽而已矣。……**天地之气衰旺，彼此迭相易也。**②

论述1指出"吾本来面目"即"氤氲化醇"，天地大德之不易体现为天地气化之日新，不易之体内在地要求变化日新。所以，王夫之将《周易》哲学的不易与变易思想相融合，以之阐释自然天道与社会人事。可以说，这种一气流行往复的社会历史观委实具有循环论意味，但倾向于进化论基础上的循环论而非传统的循环论。故论述2阐发一种文明进化史观，指出"文"（文化教养）与"质"（人性特质）是人类文明进化的依据与动力。同时，人类社会文明是变动着的，并非永恒固定在某地，即所谓"天地之气衰旺，彼此迭相易也"；动态变化的人类社会历史意味着世界的文明型态是多样的、不平衡的，而非定于一尊。由此不难推知，王夫之的社会历史观及其文明进化史观能够展现出初步平等、气化日新的观念，相对于以往的儒家循环论，这无疑是一种重要变化。放眼十七世纪上半叶的整个世界，王夫之所论无疑具有现代文明史观的特征。③

与王夫之同调，方以智主张社会历史进步观念，并认为其进步体现为知识不断累积与人的才智提升。《通雅》说：

---

① 王夫之：《周易外传》，载《船山全书》第一册，岳麓书社，2011年，第885页。
② 王夫之：《思问录》，载《船山全书》第十二册，岳麓书社，2011年，第434、467页。
③ 参见吴根友：《王夫之"文明史观"探论》，《中国哲学史》2020年第1期。

古今以**智相积**,而我生其后,考古所以决今,然不可泥古也,古人有让后人者;韦编杀青,何如雕版;……智(方以智)谓**世以智相积而才日新**,学以收其所积之智也。**日新其故,其故愈新**,是在自得,非可袭掩。[1]

明清之际属于中国古代学问大总结时代,加之西学东渐,促使传统的古今之辩转为古今中西之争,因而具有进步意义且面向未来的文明史观,为王夫之、方以智等明清之际早期启蒙思想家所推崇,以至发出"我得以坐集千古之智,折中其间,岂不幸乎"的理论使命和文化自信。推扩而言,这种基于气论所创新的古今之辩,为近代中国历史观变革以及马克思唯物史观的传播提供了思想准备。

三、性习之辩:气质人性论的突破

流传至今的儒家启蒙读物《三字经》,开篇明言"人之初,性本善;性相近,习相远",将"性本善"置于"性相近"之前,暗合了程朱理学关于人性的权威解释。在程朱理学视域下,"性习之辩"成为人性论问题的组成部分。特别是经过天理观的检视,"习"被视为人性负累,"习""气"基本被认定为人之善性实现的负面因素。宋明儒这种"共识",与他们标举孟子性善论,强调道德理性优先性的思想意识密切相关。"气""习"或"俗"由此被推到不堪的境地。宋明儒所要成就的是圣人理想、真儒人格,这就要求其在道德修身方面务必做到超拔于流俗,脱尽"旧习""习气"。此种共识,延续到清儒如孙奇逢、李颙以及现代新儒家,如熊十力。

实际上,由宋至明,并非没有儒者敢批判程朱理学所论定的性习关系。如前所论,王廷相就主张气质之性一元论,强调"凡人之性成于习",然而这种声音比较微弱,没有形成时代共鸣。随着程朱理学的僵化,加上明清之际"天崩地解"的易代之苦,迫切要求儒者反思理学传统。为此,在人性问题上,明清之际儒者纷纷重省性习关系,力图恢复儒家人性思想的活力或重建儒家伦理学,为感性生活与道德理性的关系作出符合时代要求的说明。

被称为明代最后一位大儒的刘宗周,就提出了义理之性即气质之性的命题,对程朱理学人性论给予深刻调整。作为刘宗周的重要弟子,陈确更加彻底地批判程朱理学观点,提出了"变化习气"及"慎习则可以复性"论。[2] 陈

---

① 方以智:《通雅》,载《方以智全书》第四册,黄山书社,2018年,第1、85—86页。
② 陈确:《陈确集》,中华书局,2009年,第442—458页。可参见马渊昌也:《陈确的非"本来性"儒学思想》,载《国际儒学研究》第十辑,国际文化出版公司,2000年,第383—398页。

确所说的"习",没有完全限于伦理生活和道德实践,如"圣凡之分,学与俗而已。习于学而日圣,习于俗而日凡"①。这就更新了"性"的意涵,扩展了"习"的范围。进而,他认为只有在不断"学""习"的过程中才能确证所谓的至善,即所谓"物之成以气,人之成以学"。

陈确承袭了程朱理学的"习气"观和"复性"论。相形之下,王夫之通过对宋明理学的总体性批判,认识到先天性善论的局限性。《尚书引义》创造性提出了人性生成论观点,论述了"习与性成""性者天道,习者人道"的新性习论。委实如此,王夫之自始至终没有否认人具有先验善性,认为在成性或性之最终完成的意义上仅仅凭借先验的人之善性是不够的。

关于性习问题,《读四书大全说》指出:

> 孟子惟并其相近而不一者,推其所自而见无不一,故曰"性善"。孔子则就其已分而不一者,于质见异而于理见同,同以大始而异以殊生,故曰"相近"。**乃若性,则必自主持分剂夫气者而言之**,亦必自夫既属之一人之身者而言之。②

这段重要论述,意在论明孔孟论性本旨相同而关注方面有异。王夫之认为,孟子性善论是从性之"相近而不一者"的现实表现往上推,从而认识到性都来自于天命日受;孔子则是从天命在人身上凝结成不同的质立言,因而注重成性的重要性。总之,孔孟将人性问题指向人身之气的问题。为此,《读四书大全说》提出"气质中之性"的说法:

> 所谓"气质之性"者,**犹言气质中之性也**。质是人之形质,范围著者生理在内;形质之内,则气充之。而**盈天地间,人身以内人身以外,无非气者,故亦无非理者**。理,行乎气之中,而与气为主持分剂者。故质以函气,而气以函理。质以函气,故一人有一人之生;气以函理,一人有一人之性也。……是气质中之性,依然一本然之性也。③

将程朱理学的"气质之性"改造为"气质中之性",是为了说明性只有一个,并且性不离乎气质,性就是气质的性,不能离气言性。可见,王夫之的人

---

① 陈确:《陈确集》,中华书局,2009 年,第 427—428 页。
② 王夫之:《读四书大全说》,载《船山全书》第六册,岳麓书社,2011 年,第 864 页。
③ 王夫之:《读四书大全说》,载《船山全书》第六册,岳麓书社,2011 年,第 859—860 页。

性论,是在"盈天地间无非气者"前提下统合"天命之性""气质之性",并从"质以函气""气以函理"的连续性角度说明"一本然之性"的普遍性与差异性。这是对明代中期儒学以王阳明、王廷相为代表的性气一元论思想的推进。

为了进一步说明"气质中之性"的生成,即强调成性的过程,王夫之援以《易传》"继善成性"的话以说明人性通过实践活动得以生成、改善和进步。正因如此,他极力批判将人性简单看作是先天具有、一成不变的观点:

> 性也者,岂一受成侀,不受损益也哉?……悬一性于初生之顷,为一成不易之侀,揣之曰:"无善无恶"也,"有善有不善"也,"可以为善为不善"也,呜呼! 岂不妄舆![1]

为了突出正确理解人性的重要性,王夫之阐发了"习与性成"的性习论:

> 习与性成者,习成而性与成也。使性而无弗义,则不受不义;不受不义,则习成而性终不成也。使性而有不义,则善与不善,性皆实有之;有善于不善而皆性,气禀之有,不可谓天命之无。气者天,气禀者禀于天也。 故言性者,互异其说。 今言习与性成,可以得所折中矣。[2]

在批判先验人性论的同时,他反对从气禀的内容来看待人性善恶问题,认为这样做只会使人性问题驳杂不堪。正确的人性观,应该是"习与性成",进一步言,即"习成而性与成也",人性是在道德实践过程以及社会实践过程中得以养成和展现的。"性"不可能脱离"习",并且,"性"只有在"习"中才得以成就,离"习"而言"性"则"习成而性终不成"。

与"习与性成"的主张相一致,王夫之提出"性日生日成"的观点,用以说明人性的成就是在天命日受和人所自授交互作用的结果:

> 夫性者生理也,日生则日成也。……二气之运,五行之实,始以为胎孕,后以为长养,取精用物,一受于天产地产之精英,无以异也。形日以养,气日以滋,理日以成;方生而受之,一日生而一日受之。受之者有所自授,岂非天哉? 故天日命于人,而日受命于天。故性者生也,日生

---

① 王夫之:《尚书引义》,载《船山全书》第二册,岳麓书社,2011年,第301—302页。
② 王夫之:《尚书引义》,载《船山全书》第二册,岳麓书社,2011年,第299页。

而日成之也。①

"受"与"授"互为一体,说明人性成就的具体过程是天人交互作用即天命自然所予与人本身主动择取的结合,不是全然被动接受,人性的实现是新旧相推和前后革变的结果,所谓"新故相推,日生不滞""未成可成,已成可革。性也者,岂一受成侀",就是将人性视为历史中生成、发展、变化着的动态过程。道德主体应当在这一过程自作主宰、自我负责,这指向于广义的"习"即所谓"气随习易,而习且与性成"。

明清之际儒者在重省性习问题过程中,认识到"习"的积极作用。然而,将"习"视为"人道",并提出"以人道率天道"的唯有王夫之。他说:

> 孟子言性,孔子言习。**性者天道,习者人道。**《鲁论》二十篇皆言习,故曰:"性与天道,不可得而闻也。"已失之习而欲求之性,虽见性且不能救其习,况不能见乎?《易》言"蒙以养正,圣功也"。养其习于童蒙,则作圣之基立于此。②

"性者天道,习者人道"的观点,将"习"提到与"性"同等重要的地位,是王夫之性习论的一次突破性阐发。③ 结合其"天道不遗于禽兽,而人道则为人之独"以及"以人道率天道"等思想来看,王夫之在天人交互实践中阐明性习问题,在广义上肯定"习"之于德性养成的积极作用,这就将人性问题理解为社会历史实践过程。

王夫之能够就性习关系阐发出一系列新人性论及其伦理观,与其思想上创造性地推进了张载以降的气论学说有密切关系。前文提到,在程朱理学体系中气往往是被贬抑的内容,与之相应,在人性问题上气、习、习气是被克除的对象。随着明清之际气论思潮高涨,王夫之在气本论基础上提倡气善论,批判传统之见。在他这里,气是成性成善的基本前提和依托,是与天道相弥纶、与人道相终始的本善之体,故才说"气充满于天地之间,即仁义充满于天地之间"。"气无不善"已不限于道德实践范围,而是面向广阔的社会实践,这是明清儒学的思想突破。

与此相呼应,方以智亦关注性习问题。对于性的问题,方以智指明要区

---

① 王夫之:《尚书引义》,载《船山全书》第二册,岳麓书社,2011 年,第 299—301 页。
② 王夫之:《俟解》,载《船山全书》第十二册,岳麓书社,2011 年,第 494 页。
③ 《尚书引义》"性者天道,心者人道"的说法是从心性角度立论。参见王立新:《从胡文定到王船山——理学在湖南地区的奠立与开展》,中国社会科学出版社,2014 年,第 571—581 页。

分性之"本自如是"(本然状态)、"正当如是"(应然状态)和"适可如是"(适然状态)。进而,他以性气关系的不同层面,如"性在气中"或"性之不受变于气"来说明孔孟论性之旨。"性在气中"是性之适然状态,"性之不受变于气"是性之本然状态。至于性之"正当如是"的应然状态,则兼指两者。根据方以智的指认,善恶实有所对待,本无所对待。究其原因在于:

> 气凝形者坏,而气不坏;气习聚者散,而大心无聚散,故称性之质为气,而明气之中曰理。物各一理,而共一理也,谓之天理。气分阴阳,则二其性;分五行,则五其性。人物灵蠢各殊,是曰"独性",而"公性"则一也。"公性"在"独性"中,遂缘"习性"。①

"气不坏"在于"一切皆为气所为",故"性之质为气""明气之中曰理"。方以智的"习性"观,正是基于其性习关系的独特思考的结果。"独性"类似于王夫之讲的"人道则为人之独";"公性"类似于王夫之讲的"天道",方以智则表述为"一理"或"天理"。"'公性'在'独性'中"就是性的应然状态,即王夫之所说的"习与性成""性日生则日成"。由此可见,二者关于性习问题的思考具有相通性。此外,方以智辩证地思考"习气"的作用问题。一方面,"习气"不可避免且堪为重要,他征引方孔炤之语"胎中即气习矣",说明人先天即具有"习气"②。另一方面,"习气"可以转化,要加以认识和充分利用。

王夫之和方以智关于"性习之辩"的新论述,突破了理学传统之见,可以与西方人性论形成某种对话。以利玛窦为代表的传教士宣传基督教神学的原罪说,亦指出"习"的重要性。《天主实义》说:

> 世人之祖,已败人类性根,则为其子孙者,沿其遗累,不得承性之全,生而带疵,又多相率而习丑行,则有疑其性本不善,非关天主所处,亦不足为异也。人所已习,可谓第二性,故其所为,难分由性由习。虽然,性体自善,不能因恶而灭,所以凡有发奋迁善,转念可成,天主必佑之。③

利氏指出"人所已习"的重要性,但他秉持原罪说基础上的性善论,因而

---

① 方以智:《性故注释》,中华书局,2018年,第3—4页。
② 方以智:《性故注释》,中华书局,2018年,第61—62页。
③ 利玛窦:《天主实义今注》,商务印书馆,2015年,第216—217页。

从消极意义说明"习"对"性"的影响，即所为"故其所为，难分由性由习"。后来艾儒略与叶向高对话，其中指出人性本善，但有善恶之分，原因有三：一是原罪，二是气禀，三是习性。"人所居处，五方风气不同，习尚因之各异。见闻既惯，习与成性。"[①]由此不难看出，"习与性成"可以说是王夫之、方以智和艾儒略等中西学者的共同之见，特别值得发掘。

本章小结

综合考察王廷相及明代诸儒的相关言说，可以发现，气在明代儒学的位格大幅提升，气论思潮在明代中后期儒学发展格局中举足轻重。然而，明代气论思潮本身复杂且多元，这可以从"盈天地间皆气"及"盈天地间皆 X"得到说明。及至明清之际西学东渐，尤其是气论与西学的互动，促使儒学本身发生嬗变。[②]

要而言之，明清之际的中西互动交往，拉开了儒学传统变革及中国近代化的序幕，对此，还要给予更详尽的考察分析。就气论与儒学的结合来看，可以勾勒出一条从王廷相到王夫之的思想线索。特别是以王夫之为代表的明清之际儒者，阐发天人观、历史观及人性论等重要创见，体现了基于气论思潮的儒学新开展。

---

① 郑安德编：《明末清初耶稣会思想文献汇编》第一册，北京大学宗教研究所，2003 年，第 338 页。相关研究参见许苏民：《明清之际哲人与基督教的人性论对话——兼论对话对中国哲学发展的影响》，《学术研究》2010 年第 8 期。

② 参见朱维铮：《走出中世纪》（增订本），复旦大学出版社，2014 年，第 64 页。

结语:气论与儒学交织的"道真"追求

对于正统化的理学而言,王廷相的气论学说容易被视为"异议"或"异见"。《明史》修撰者在评价时认为"其说颇乖僻"[①],可见其学说被理学意识形态或官方所排斥或贬低。根据本书的研究来看,这些所谓的"乖僻"之说,其中不乏王廷相思想的独立品格和独特追求,它对于气论传统和明代儒学的理论价值,必须给予充分认识和正确评价。

王廷相对朱子学多有批判,故研究者多将其置于"诤朱"的行列。如黄宗羲就站在阳明学角度,将其列入《诸儒学案》。实际上,王廷相对朱子学的批判,表明当时儒者对僵化的理学意识形态强烈不满,探索儒学的新道路迫在眉睫。王廷相气论的出现,一定意义上是宋明儒学自身发展的结果,其中就涉及气论思潮与儒学发展的关系问题。

在学术研究上,理学主流认知范式的盛行,一度使王廷相气论处于尴尬境地。张岱年先生提出"气学一系"说,使其得到一定突显和适当评价。然而,唯物-唯心二元对战模式在中国气论哲学研究领域的泛滥,使得该范式丧失活力和效力。本书力图对理学主流认知范式和唯物论范式作出双重超越,尝试以新的研究方法和思想视野来解读王廷相气论思想。本书的基本看法是,王廷相气论思想体现出独立的"道真"追求,以个案方式展现出气论与儒学的交互关系,理应置于气论传统与儒学发展的双重视角加以认识评价。

气论传统有着源远流长的历史和丰富的思想内涵,在中国思想文化版图中,如同一条蔚为壮观、绵延不绝的长河。就其各阶段主体表现来说,在先秦时期主要呈现为一气说、精气说、六气五行说,汉唐时期主要呈现为元气说,宋元明时期主要呈现为理气论,明清之际主要呈现为气化论同时关涉含气论传统与西方思想的碰撞。这些各具特色的气论学说都是与特定思想时代相结合而产生的,有的并不局限于儒家,但基本与儒学有紧密关联。

---

① 张廷玉等撰:《明史·王廷相》,载《明史》(一七),中华书局,1974年,第5156页。

要尽可能认识王廷相气论思想的价值何理论贡献，首先必须突破习以为常的观念，如单纯以气化论来看待气论学说。与此同时，要摒弃那种将中国气论学说与西方思想中某些理论相比附的观念。这些习以为常的观念与现代以来气化论受重视的思想史偏好有很大关系。本书之所以从气本论与气化论的结合问题来探讨王廷相的元气论及其气种说，就是要纠正研究的偏向。

就儒学自身的传统及其发展而言，汉唐时期儒学在形上理论方面受到佛老之学的极大挑战，因而唐末至宋初的儒者普遍倾向于营建儒家道德心性之学。本书指出，研究者往往注意到宋明理学的主题之一，就是在儒家的立场上消化吸收佛老的思想智慧，对作为儒佛道三者交融的基础的气论（元气说）却视而不见。这一点亟待纠正。

程朱理学以其精致而广大的理论系统为明代统治者提供了思想意识形态的不二选择，薛瑄"无烦著述，直须躬行"的话足以代表当时儒者对朱子学的真诚态度。从儒家思想发展线索来看，明代理学的主要问题由薛瑄这句话点出。无论是吴与弼、陈献章、罗钦顺，还是后来的王阳明皆如此。王廷相对朱子学的体认可能不如他们，但其思想议题与朱子学有很深关联。从学理上说，为了克服朱子学二元论倾向所带来的负面影响，元明理学开始呈现出内在一元论的诉求，这种诉求最典型地体现在理气关系问题上。元明理学的一元论诉求，实质上意味着气论在理学体系中地位上升。及至王廷相的时代，包括罗钦顺、王阳明等在内的儒者开始或隐或显地承认气论在儒学中的基础性和重要性。王廷相受当时北方理学尤其是关学的影响，加之他学无常师、贵求自得，一心以复归《六经》和孔子之道为己任，故能在程朱理学盛行的思想氛围中独标气论学说。

如果说，王阳明及阳明学开启了以主体化为道德本位的中国近现代思想方向，因而云集响应；那么，王廷相则追溯所谓孔子六经之道，希冀于复归往圣。前者是明代儒学主潮，后者并非逆潮而动，而是如思想之河中独自坚守的坚石。坚石或有阻于潮水向前，或被潮水侵蚀淹没，某种意义上也加速了潮水向前。这就是王廷相思想形象及意义所在。

以往的研究在论及王廷相气论思想形成问题时，基本将它与张载气论学说直接挂搭起来。本书并不否认这种做法的合理性，但要指出这种做法存在局限性。与此相关，研究者习惯于从气化论这一视角来看待王廷相气论显然有不当之处。这些误解长期存在，很大原因在于研究者没有充分考虑到气论与儒学在王廷相气论思想的复杂关系。

就思想史的实际而言，这与气论与儒学的互动密不可分。从哲学层面来看,气论与儒学可以相辅相成,但不完全一致,二者的关联可能导致某些问题晦暗不清。比如,宋初理学家放弃元气说的形式,可能就是考虑到元气说对形上世界的营造不利。同理,在气论思想性格明显的儒者那里,形上世界往往被拉到形下世界中予以说明。李存山先生以"气论与仁学"来看待中国气论与儒学的关系,这一说法从思想史研究的宏观视野来看仍有合理性,但存在一些问题。特别是在微观研究或个案研究上存在不少困难。① 气论传统本身并无主体性可言,或者说,它是无主体而有客体的过程,这一过程与儒学的关系只能具体看待作具体分析,需关注气论在儒学中具体起了什么作用,如何起作用,其作用效果如何。

王廷相气论对程朱理学的批判,可以视为明代中期儒学调动自身思想资源来实现自身发展的理论表现之一。儒家之道在王廷相气论中具有主体性地位,换而言之,气论学说是儒家之道由以通达的必然途径,即所谓追求"道真"。可见,王廷相的"道真"追求是气论思潮与儒学发展相互作用的结果。

历史地看,王廷相对朱子学的批判以及这种批判被接受的过程都充满坎坷。王阳明在后学等的努力之下获得官方认可,明万历十二年(1584)进入孔庙。罗钦顺也被认定为朱子学后劲,清雍正二年(1724)得以从祀孔庙。明代中期具有典型意义的三位儒者,唯独王廷相的思想境遇让人唏嘘,正如其诗言:"自叹浮生成浪迹,敢论吾道寡知音?"②实际上,王廷相并非无知音可寻,除了本书多次提到的许诰等人,罗钦顺对《慎言》表示过高度肯定。在认识王廷相思想方面所形成的差异,正说明了明清儒学发展进程的坎坷和曲折。

在王廷相看来,儒道之真必须落实为经世致用。与那些措意于儒家心性工夫、心灵境界的同时代儒者相比,儒者王廷相显示出两大不同:其一,他自觉从文学复古运动中抽出身来,转向以气论探求儒家之道,体认到经世致用才是儒家精神所在。其二,他始终积极参与政治,力求通过社会政治实践来实现其儒家理想。综观王廷相的学思历程,其批判的主要对象为正统化理学兼及佛老之学和陆王心学。毫无疑问,他在这些方面取得了重要成绩,遗憾的是并没有像王阳明那样创造出一套自成体系的思想理论。某种意义上,批判理学的成就奠定了王廷相在明代儒学的位置,思想创造的欠缺限制

---

① "气论与仁学"之说有一定理论洞见,但过于强调以物质观来看待气论,以道德学说来看待仁学,有夸大气论与仁学之间张力的嫌疑。

② 参见王廷相:《秋兴》,载《王廷相集》第一册,中华书局,1989年,第296页。

了其理论的高度与深度。

委实如此,王廷相的"道真"追求,表现了独立自主、求真明辨的为学精神。如本书所阐释的,他的气论学说与明清气论思潮具有重要关联。特别是就气论与儒学的互动而言,无疑提供了重要范本。考察分析此范本,有助于深化认识明代中后期儒学发展的诸多环节及转型问题。

参考文献

（一）王廷相著述

王廷相：《王廷相哲学选集》，侯外庐主编，北京：科学出版社，1959年。

王廷相：《王廷相哲学选集》，侯外庐主编，北京：中华书局，1965年。

王廷相：《王廷相集》，王孝鱼点校，北京：中华书局，1989年。

王廷相：《慎言雅述全译》，冒怀辛译，成都：巴蜀书社，2009年。

王廷相：《浚川公移驳稿》，载《明清公牍秘本五种》（第二版），郭成伟、田涛点校整理，北京：中国政法大学出版社，2013年。

（二）相关典籍文献

曹端：《曹端集》，王秉伦点校，北京：中华书局，2003年。

陈淳：《北溪字义》，熊国祯、高流水点校，北京：中华书局，1983年。

陈亮：《陈亮集》，邓广铭点校，北京：中华书局，1987年。

陈确：《陈确集》，北京：中华书局，2009年。

陈献章：《陈献章集》，孙通海点校，北京：中华书局，1987年。

程颢、程颐：《二程集》，王孝鱼点校，北京：中华书局，1981年。

程树德：《论语集释》，程俊英、蒋见元点校，北京：中华书局，1990年。

戴震：《孟子字义疏证》，何文光整理，北京：中华书局，2008年。

戴震：《戴震集》，上海：上海古籍出版社，1980年。

方以智：《方以智全书》，黄德宽、诸伟奇主编，合肥：黄山书社，2018年。

方以智：《性故注释》，张昭炜注释，北京：中华书局，2018年。

冯从吾：《关学编》，陈俊民、徐兴海点校，北京：中华书局，1987年。

高拱：《高拱论著四种》，流水点校，北京：中华书局，1993年。

龚自珍：《龚自珍全集》，王佩诤校，北京：中华书局，1999年。

郭庆藩：《庄子集释》，王孝鱼点校，北京：中华书局，2006年。

韩邦奇：《苑洛集》，台北：台湾商务印书馆，1986年。

何景明：《何大复集》，李淑毅等点校，郑州：中州古籍出版社，1989年。

何宁：《淮南子集释》，北京：中华书局，1998年。

何瑭：《何瑭集》，王永宽点校，郑州：中州古籍出版社，1999年。

贺钦：《医闾先生集》，武玉梅注，沈阳：辽宁人民出版社，2011年。

胡宏：《胡宏集》，吴仁华点校，北京：中华书局，1987年。

胡居仁：《居业录》，台北：台湾商务印书馆，2008年。

黄晖：《论衡校释》，北京：中华书局，1990年。

黄兴涛、王国荣主编:《明清之际西学文本》,北京:中华书局,2013年。

黄绾:《明道编》,刘厚祜、张岂之点校,北京:中华书局,1983年。

黄宗羲:《明儒学案》,沈芝盈点校,北京:中华书局,1985年。

黄宗羲:《黄宗羲全集》,杭州:浙江古籍出版社,2005年。

黄宗羲、全祖望:《宋元学案》,陈金生、梁运华点校,北京:中华书局,1986年。

计六奇:《明季北略》,北京:中华书局,1984年。

计六奇:《明季南略》,北京:中华书局,1984年。

焦竑:《玉堂丛语》,顾思点校,北京:中华书局,1981年。

李觏:《李觏集》,王国轩点校,北京:中华书局,2011年。

李开先:《李开先集》,路工辑校,北京:中华书局,1959年。

李梦阳:《空同先生集》,台北:伟文图书出版有限公司,1976年。

李颙:《二曲集》,陈俊民点校,北京:中华书局,1996年。

李之藻编:《天学初函》,黄曙晖点校,上海:上海交通大学出版社,2013年。

李贽:《焚书 续焚书》,北京:中华书局,1974年。

刘因:《静修先生文集》,北京:中华书局,1985年。

刘宗周:《刘宗周全集》,杭州:浙江古籍出版社,2007年。

柳宗元:《柳宗元哲学选集》,侯外庐等编,北京:中华书局,1964年。

吕坤:《吕坤全集》,王国轩、王秀梅整理,北京:中华书局,2009年。

吕柟:《泾野子内篇》,赵瑞民点校,北京:中华书局,1992年。

吕柟:《吕柟集·泾野先生文集》,米文科点校,西安:西北大学出版社,2015年。

陆九渊:《陆九渊集》,钟哲点校,北京:中华书局,1980年。

罗钦顺:《困知记》,阎韬点校,北京:中华书局,2013年。

孟洋:《孟有涯集》,文渊阁四库丛书本。

邵雍:《邵雍集》,郭彧整理,北京:中华书局,2010年。

沈德符:《万历野获编》,北京:中华书局,1959年。

石介:《徂徕石先生文集》,陈植锷点校,北京:中华书局,1984年。

宋应星:《野议 论气 谈天 思怜诗》,上海:上海人民出版社,1976年。

孙奇逢:《理学宗传》,济南:山东友谊出版社,1989年。

孙奇逢:《夏峰先生集》,朱茂汉点校,北京:中华书局,2004年。

孙希旦:《礼记集解》,沈啸寰、王星贤点校,北京:中华书局,1989年。

苏舆:《春秋繁露义证》,钟哲点校,北京:中华书局,1992年。

唐明邦主编:《周易评注》,北京:中华书局,1995年。

王安石:《王安石老子注辑本》,容肇祖辑,北京:中华书局,1979年。

王夫之:《船山全书》,长沙:岳麓书社,2011年。

王符:《潜夫论笺》,汪继培笺,彭铎校正,北京:中华书局,1979年。

王畿:《王畿集》,吴震编校整理,南京:凤凰出版社,2007年。

王先谦:《荀子集解》,沈啸寰、王星贤点校,北京:中华书局,1988年。

王守仁:《王阳明全集》,吴光等编校,上海:上海古籍出版社,1992年。

王守仁:《王文成公全书》,王晓昕、赵平略点校,北京:中华书局,2015年。

吴廷翰:《吴廷翰集》,容肇祖点校,北京:中华书局,1984年。

徐光启:《徐光启集》,王重民辑校,北京:中华书局,1963年。

许诰:《性学编》,载《子部珍本丛刊》第四九册,明正德年间刊本。

许衡:《许衡集》王成儒点校,北京:东方出版社,2007年。

薛蕙:《考功集》,文渊阁四库丛书本。

薛瑄:《薛文清公读书录》,北京:中华书局,1985年。

严复:《严复集》,北京:中华书局,1986年。

颜元:《颜元集》,王星贤、张芥尘、郭征点校,北京:中华书局,1987年。

叶采:《近思录集解》,程水龙校注,北京:中华书局,2017年。

叶子奇:《草木子》,北京:中华书局,1959年。

永瑢等:《四库全书总目》,北京:中华书局,1965年。

余继登:《典故纪闻》,北京:中华书局,1981年。

张瀚:《松窗梦语》,北京:中华书局,1985年。

张廷玉等:《明史》,北京:中华书局,1974年。

张星烺编:《中西交通史料汇编》,朱杰勤校订,北京:中华书局,1977年。

张载:《张载集》,章锡琛点校,北京:中华书局,1987年。

郑安德编:《明末清初耶稣会思想文献汇编》,北京:北京大学宗教研究所,2003年。

郑善夫:《少谷集》,台北:台湾商务印书馆,1986年。

周敦颐:《周敦颐集》,陈克明点校,北京:中华书局,1990年。

周振鹤主编:《明清之际西方传教士汉籍丛刊》第一辑,南京:凤凰出版社,2013年。

周振鹤主编:《明清之际西方传教士汉籍丛刊》第二辑,南京:凤凰出版社,2017年。

朱睦㮮:《皇朝中州人物志》,台北:台湾学生书局,1985年。

朱熹:《四书章句集注》,北京:中华书局,1983年。

朱熹:《朱子语类》,黎靖德编,王星贤点校,北京:中华书局,1986年。

朱熹:《朱子全书》,朱杰人、严佐之、刘永翔主编,上海:上海古籍出版社\合肥:安徽教育出版社,2002年。

宗密:《华严原人论校释》,石峻、董群校释,北京:中华书局,2019年。

(三) 王廷相研究著作

高令印、乐爱国:《王廷相评传》,南京:南京大学出版社,1998年。

葛荣晋:《王廷相生平学术编年》,郑州:河南人民出版社,1987年。

葛荣晋:《王廷相和明代气学》,北京:中华书局,1990年。

葛荣晋:《王廷相》,台北:东大图书股份有限公司,1992年。

李世凯:《王廷相心性思想研究》,北京:中国社会科学出版社,2022年。

刘又铭:《理在气中——罗钦顺、王廷相、顾炎武、戴震气本论研究》,台北:五南图书出版公司,2000年。

王俊彦:《王廷相与明代气学》,台北:秀威资讯股份有限公司,2005年。

许锦雯:《罗钦顺、王廷相、吴廷翰自然气本论研究》,新北:花木兰文化出版社,2011年。

Frédéric Wang(王论跃), *Le néo-confucianisme mis en examen: la pensée de Wang Tingxiang (1474－1544)*, Lille, ANRT, 2006.

(四) 相关研究著作

蔡仁厚:《宋明理学》,台北:台湾学生书局,1980年。

陈宝良:《明代社会生活史》,北京:中国社会科学出版社,2004年。

陈畅:《理学道统的思想世界》,上海:上海书店出版社,2017年。

陈德兴:《气论释物的身体哲学——阴阳、五行、精气理论的身体形构》,台北:五南图书出版股份有限公司,2009 年。

陈俊民:《张载哲学与关学学派》,台北:台湾学生书局,1990 年。

陈来:《朱熹哲学研究》,北京:中国社会科学出版社,1988 年。

陈来:《有无之境——王阳明哲学的精神》,北京:人民出版社,1991 年。

陈来:《宋明理学》,沈阳:辽宁教育出版社,1991 年。

陈来:《中国近世思想研究》,北京:生活·读书·新知三联书店,2010 年。

陈来:《新原仁:仁学本体论》,北京:生活·读书·新知三联书店,2014 年。

陈立胜:《王阳明的"万物一体"论——从"身—体"的立场看》,上海:华东师范大学出版社,2008 年。

陈立胜:《宋明儒学中的"身体"与"诠释"之维》,北京:商务印书馆,2019 年。

陈荣捷:《朱熹》,北京:生活·读书·新知三联书店,2012 年。

陈少明:《做中国哲学——一些方法论的思考》,北京:生活·读书·新知三联书店,2015 年。

陈戍国:《中国礼制史》,长沙:湖南教育出版社,2011 年。

陈政扬:《张载思想的哲学诠释》,台北:文史哲出版社,2007 年。

陈祖武:《清初学术思辨录》,北京:中国社会科学出版社,1992 年。

程宜山:《中国古代元气学说》,武汉:湖北人民出版社,1986 年。

崔树强:《气的思想与中国书法》,北京:人民出版社,2010 年。

邓艾民:《朱熹王阳明哲学研究》,上海:华东师范大学出版社,1989 年。

邓广铭:《北宋政治改革家王安石》,北京:生活·读书·新知三联书店,2007 年。

邓克铭:《理气与心性:明儒罗钦顺研究》,台北:里仁书局,2010 年。

邓晓芒:《思辨的张力》,北京:商务印书馆,2008 年。

丁四新:《郭店楚墓竹简思想研究》,北京:东方出版社,2000 年。

丁为祥:《虚气相即——张载哲学体系及其定位》,北京:人民出版社,2000 年。

杜维明:《体知儒学——儒家当代价值的九次对话》,杭州:浙江大学出版社,2012 年。

段德智:《死亡哲学》,武汉:湖北人民出版社,1996 年。

樊树志:《晚明大变局》,北京:中华书局,2015 年。

方东美:《中国哲学精神及其发展》,孙智燊译,北京:中华书局,2012 年。

方豪:《中国天主教史人物传》,北京:中华书局,1988 年。

方立天:《中国佛教哲学要义》,北京:中国人民大学出版社,2002 年。

方旭东:《新儒学义理要诠》,北京:生活·读书·新知三联书店,2019 年。

冯友兰:《中国哲学史》,北京:中华书局,1961 年。

冯友兰:《中国哲学史新编》,北京:人民出版社,2007 年。

冯达文:《宋明新儒学略论》,广州:广东人民出版社,1997 年。

冯契:《冯契文集》(增订版),上海:华东师范大学出版社,2016 年。

冯契、徐孝通主编:《外国哲学大辞典》,上海:上海辞书出版社,2008 年。

傅衣凌:《明清社会经济变迁论》,北京:中华书局,2007 年。

傅伟勋:《从西方哲学到禅佛教》,北京:生活·读书·新知三联书店,1989 年。

高全喜:《理心之间——朱熹和陆九渊的理学》(第 2 版),北京:生活·读书·新知三联书店,2008 年。

高瑞泉:《中国现代精神传统:中国的现代性观念谱系》,北京:东方出版社,1999 年。

龚隽:《禅史钩沉:以问题为中心的思想史论述》,北京:生活·读书·新知三联书店,2000 年。

贡华南:《味与味道》,上海:上海人民出版社,2008 年。

古清美:《明代理学论文集》,台北:大安出版社,1990 年。

古清美:《慧菴论学集》,台北:大安出版社,2004 年。

郭齐勇:《中国哲学智慧的探索》,北京:中华书局,2008 年。

郭齐勇:《中国儒学之精神》,上海:复旦大学出版社,2009 年。

郭齐勇:《现当代新儒学思潮研究》,北京:人民出版社,2017 年。

郭齐勇主编:《中国哲学通史》,南京:江苏人民出版社,2022 年。

郭绍虞主编:《中国历代文论选》,上海:上海古籍出版社,2001 年。

何祚庥:《从元气学说到粒子物理》,长沙:湖南教育出版社,1999 年。

侯外庐:《韧的追求》,北京:人民出版社,2015 年。

侯外庐主编:《中国思想通史》,北京:人民出版社,1960 年。

侯外庐、邱汉生、张岂之主编:《宋明理学史》,北京:人民出版社,1987 年。

胡适:《中国哲学史大纲》,北京:中华书局,2013 年。

黄进兴:《优入圣域:权力、信仰与正当性》,北京:中华书局,2010 年。

黄俊杰:《东亚儒学史的新视野》,上海:华东师范大学出版社,2008 年。

黄一农:《两头蛇——明末清初的第一代天主教徒》,新竹:"国立清华大学出版社",2005 年。

嵇文甫:《晚明思想史论》,北京:东方出版社,1996 年。

姜国柱:《吴廷翰哲学思想探索》,合肥:安徽人民出版社,1990 年。

姜广辉:《理学与中国文化》,上海:上海人民出版社,1994 年。

蒋国保:《方以智与明清哲学》,合肥:黄山书社,2009 年。

江晓原:《中国古代技术文化》,北京:中华书局,2017 年。

江晓原总主编:《中国科学技术通史》(全五卷),上海:上海交通大学出版社,2015 年。

劳思光:《新编中国哲学史》,台北:三民书局,1997 年。

李存山:《中国气论探源与发微》,北京:中国社会科学出版社,1990 年。

李存山:《气论与仁学》,郑州:中州古籍出版社,2009 年。

李明辉:《儒家与康德》,台北:联经出版事业公司,1990 年。

李维武:《中国哲学的现代转型》,北京:中华书局,2008 年。

李玉栓:《明代文人结社考》,北京:中华书局,2013 年。

李泽厚:《实用理性与乐感文化》,北京:生活·读书·新知三联书店,2008 年。

李泽厚:《中国古代思想史论》,北京:生活·读书·新知三联书店,2008 年。

李泽厚:《中国现代思想史论》,北京:生活·读书·新知三联书店,2008 年。

李志林:《气论与传统思维方式》,上海:学林出版社,1990 年。

李纪祥:《明末清初儒学之发展》,台北:文津出版社,1992 年。

梁启超:《中国近三百年学术史》(新校本),北京:商务印书馆,2011 年。

梁启超:《清代学术概论》,北京:中华书局,2011 年。

廖可斌:《明代文学复古运动研究》,北京:商务印书馆,2008 年。

梁漱溟:《东西文化及其哲学》,北京:商务印书馆,2010 年。

林聪舜:《明清之际儒家思想的变迁与发展》,台北:台湾学生书局,1990 年。

林继平:《明学探微》,台北:台湾商务印书馆,1984 年。

林乐昌：《正蒙合校集释》，北京：中华书局，2012年。

刘述先：《朱子哲学思想的发展与完成》，台北：台湾学生书局，1982年。

刘述先：《黄宗羲的心学及其定位》，杭州：浙江古籍出版社，2006年。

刘耘华：《诠释的圆环——明末清初传教士对儒家经典的解释及其本土回应》，北京：北京大学出版社，2005年。

路永照：《道教气论学说研究》，成都：巴蜀书社，2015年。

罗宗强：《明代文学思想史》，北京：中华书局，2013年。

吕澂：《印度佛学源流略讲》，上海：上海人民出版社，1979年。

吕妙芬：《阳明学士人社群：历史、思想与实践》，北京：新星出版社，2006年。

吕思勉：《理学纲要》，北京：东方出版社，1996年。

蒙培元：《理学的演变——从朱熹到王夫之、戴震》，福州：福建人民出版社，1984年。

蒙培元：《理学范畴系统》，北京：人民出版社，1989年。

蒙培元：《朱熹哲学十论》，北京：中国人民大学出版社，2010年。

南炳文、汤纲：《明史》，上海：上海人民出版社，2003年。

孟森：《明史讲义》，北京：中华书局，2006年。

牟宗三：《心体与性体》，台北：正中书局，1968年。

牟宗三：《从陆象山到刘蕺山》，台北：台湾学生书局，1979年。

牟宗三：《宋明儒学的问题与发展》，上海：华东师范大学出版社，2004年。

牟宗三：《中国哲学的特质》，上海：上海古籍出版社，2007年。

牟宗三：《五十自述》，台北：鹅湖出版社，2000年。

牛建强：《明代中后期社会变迁研究》，台北：文津出版社，1997年。

潘富恩、徐余庆：《程颢程颐理学思想研究》，上海：复旦大学出版社，1988年。

彭国翔：《良知学的展开——王龙溪与中晚明的阳明学》，北京：生活·读书·新知三联书店，2005年。

漆侠：《宋学的发展和演变》，北京：人民出版社，2011年。

钱明：《阳明学的形成与发展》，南京：江苏古籍出版社，2002年。

钱穆：《宋明理学概述》，载《钱宾四先生全集》(9)，台北：联经出版社，1982年。

钱穆：《中国近三百年学术史》，北京：中华书局，1986年。

秦家懿：《王阳明》，北京：生活·读书·新知三联书店，2011年。

丘为君：《戴震学的形成：知识论述在近代中国的诞生》，台北：联经出版公司，2004年。

容肇祖：《明代思想史》，台北：开明书店，1941年。

宋克夫：《宋明理学与明代文学》，北京：中国社会科学出版社，2013年。

沈定平：《明清之际中西文化交流史——明代：调适与会通》，北京：商务印书馆，2001年。

沈清松：《从利玛窦到海德格尔》，上海：华东师范大学出版社，2016年。

圣严法师：《华严心诠》，北京：宗教文化出版社，2006年。

孙邦金：《乾嘉儒学的义理建构与思想论争》，北京：中国社会科学出版社，2018年。

孙尚扬：《基督教与明末儒学》，上海：东方出版社，1994年。

谭其骧主编：《中国历史地图集》，北京：中国地图出版社，1982年。

唐君毅：《中国哲学原论·原教篇》，台北：台湾学生书局，1984年。

唐君毅：《中国哲学原论·原性篇》，台北：台湾学生书局，1984年。

田文军：《珞珈思存录》，北京：中华书局，2009年。

王尔敏：《明清时代庶民文化生活》，台北："中央研究院近代史研究所"，1996年。

王汎森:《晚明清初思想十论》,上海:复旦大学出版社,2004年。

王树人:《回归原创之思:象思维视野下的中国智慧》,南京:江苏人民出版社,2005年。

王煜:《明清思想家论集》,台北:联经出版事业公司,1981年。

文碧方:《关洛之间——以吕大临思想为中心》,北京:中华书局,2011年。

吴根友:《中国现代价值观的初生历程——从李贽到戴震》,武汉:武汉大学出版社,2004年。

吴根友:《明清哲学与中国现代哲学诸问题》,北京:中华书局,2008年。

吴根友:《比较哲学视野里的中国哲学》,北京:中国社会科学出版社,2012年。

吴根友主编:《多元范式下的明清思想研究》,北京:生活·读书·新知三联书店,2011年。

吴根友、孙邦金等:《戴震、乾嘉学术与中国文化》,福州:福建教育出版社,2015年。

吴光主编:《阳明学研究》,上海:上海古籍出版社,2000年。

吴震:《阳明后学研究》,上海:上海人民出版社,2003年。

吴震:《朱子学与阳明学》,北京:北京大学出版社,2022年。

吴震、吾妻重二主编:《思想与文献:日本学者宋明儒学研究》,上海:华东师范大学出版社,2010年。

吴志达:《明代文学与文化》,武汉:武汉大学出版社,2010年。

夏君虞:《宋学概要》,上海:商务印书馆,1937年。

解扬:《治政与事君——吕坤〈实政录〉及其经世思想研究》,北京:生活·读书·新知三联书店,2011年。

谢国桢:《明代社会经济史料选编》,福州:福建人民出版社,1980年。

谢国桢:《明末清初的学风》,北京:人民出版社,1982年。

辛冠洁、衷尔钜、马振铎、徐远和编:《日本学者论中国哲学史》,北京:中华书局,1986年。

萧萐父:《吹沙集》,成都:巴蜀书社,2007年。

萧萐父:《中国哲学史史料源流举要》,北京:文津出版社,2017年。

萧萐父、李锦全主编:《中国哲学史》,北京:人民出版社,1982—1983年。

萧萐父、许苏民:《明清启蒙学术流变》,北京:人民出版社,2013年。

萧萐父、许苏民:《王夫之评传》,南京:南京大学出版社,2002年。

向世陵:《理气性心之间——宋明理学的分系与四系》,北京:人民出版社,2008年。

徐梵澄:《陆王学述——一系精神哲学》,上海:上海远东出版社,1994年。

徐复观:《两汉思想史》,上海:华东师范大学出版社,2001年。

徐洪兴:《思想的转型——理学发生过程研究》,上海:上海人民出版社,1996年。

徐远和:《洛学源流》,济南:齐鲁书社,1987年。

徐宗泽:《明清间耶稣会士译著提要》,上海:上海书店,2010年。

许苏民:《中西哲学比较研究史》,南京:南京大学出版社,2014年。

许苏民、申屠炉明主编:《明清思想文化变迁》,南京:南京大学出版社,2009年。

王格:《溯求正统——周汝登与万历王学》,上海:上海人民出版社,2022年。

杨国荣:《王学通论——从王阳明到熊十力》,上海:上海人民出版社,1990年。

杨国荣:《心学之思——王阳明哲学的阐释》,北京:生活·读书·新知三联书店,1997年。

杨国荣:《哲学的视域》,北京:生活·读书·新知三联书店,2014年。

杨立华:《气本与神化:张载哲学述论》,北京:北京大学出版社,2008年。

杨立华:《宋明理学十五讲》,北京:北京大学出版社,2015 年。

杨儒宾:《儒家身体观》(修订二版),台北:"中央研究院中国文哲研究所",2003 年。

杨儒宾:《异议的意义:近世东亚的反理学思潮》,台北:"国立台湾大学出版中心",
2012 年。

杨儒宾主编:《中国古代思想中的气论与身体观》,台北:巨流图书公司,1993 年。

杨儒宾、祝平次编:《儒学的气论与工夫论》,上海:华东师范大学出版社,2008 年。

杨祖汉、杨自平主编:《黄宗羲与明末清初学术》,台北:"国立中央大学出版中心",
2011 年。

杨自平:《明代学术论集》,台北:万卷楼图书股份有限公司,2008 年。

杨祖陶:《德国古典哲学逻辑进程》,北京:人民出版社,2016 年。

姚才刚:《儒家道德理性精神的重建——明中叶至清初的王学修正运动研究》,北京:中
国社会科学出版社,2009 年。

叶秀山:《思·史·诗:现象学和存在哲学研究》,北京:人民出版社,1988 年。

殷慧:《礼理双彰:朱熹礼学思想探微》,北京:中华书局,2019 年。

印顺:《唯识学探源》,北京:中华书局,2011 年。

应星:《"气"与抗争政治:当代中国乡村社会稳定问题研究》,北京:社会科学文献出版
社,2011 年。

余英时:《论戴震与章学诚》,北京:生活·读书·新知三联书店,2000 年。

余英时:《朱熹的历史世界》,北京:生活·读书·新知三联书店,2004 年。

余英时:《现代儒学的回顾与展望》,北京:生活·读书·新知三联书店,2012 年。

曾振宇:《中国气论哲学研究》,济南:山东大学出版社,2001 年。

张岱年:《中国哲学大纲:中国哲学问题史》,北京:中国社会科学出版社,1982 年。

张岱年:《张岱年全集》,石家庄:河北人民出版社,1996 年。

张岱年主编:《中国哲学大辞典》,上海:上海辞书出版社,2014 年。

张灏:《幽暗意识与民主传统》,北京:新星出版社,2010 年。

张立文:《宋明理学史》,北京:中国人民大学出版社,1985 年。

张立文主编:《中国哲学范畴精粹丛书——气》,北京:中国人民大学出版社,1990 年。

张丽珠:《清代的义理学转型》,台北:里仁书局,2015 年。

张世英:《进入澄明之境——哲学的新方向》,北京:商务印书馆,1999 年。

张世英:《天人之际:中西哲学的困惑与选择》,北京:人民出版社,2007 年。

张世英:《觉醒的历程:中华精神现象学大纲》,北京:中华书局,2013 年。

张寿安:《以礼代理——凌廷堪与清中叶儒学思想之转变》,石家庄:河北教育出版社,
2001 年。

张舜徽:《清儒学记》,武汉:华中师范大学出版社,2005 年。

张卫红:《罗念庵的生命历程与思想世界》,北京:生活·读书·新知三联书店,2009 年。

张晓林:《天主实义与中国学统——文化互动与诠释》,上海:学林出版社,2005 年。

张祥龙:《海德格尔思想与中国天道:终极视域的开启与交融》(修订版),北京:生活·读
书·新知三联书店,2007 年。

张学智:《明代哲学史》,北京:北京大学出版社,2000 年。

张义宾:《中国古代气论文艺观》,太原:山西人民出版社,2003 年。

张再林:《作为身体哲学的中国古代哲学》,北京:中国社会科学出版社,2008 年。

赵金刚:《朱熹的历史观:天理视域下的历史世界》,北京:生活·读书·新知三联书店,

2018 年。

赵汀阳:《走出哲学的危机》,北京:中国社会科学出版社,1993 年。

赵毅:《明清史抉微》,长春:吉林人民出版社,2008 年。

赵园:《明清之际士大夫研究》,北京:北京大学出版社,1999 年。

赵忠祥:《归一与证实:罗钦顺哲学思想研究》,保定:河北大学出版社,2012 年。

郑宗义:《明清儒学转型探析——从刘蕺山到戴东原》(增订版),香港:中文大学出版社,
　　2009 年。

袁尔钜:《吴廷翰哲学思想》,北京:人民出版社,1988 年。

中华书局编辑部编:《中研院历史语言研究所集刊论文类编·历史编·明清卷》,北京:
　　中华书局,2009 年。

中华书局编辑部编:《中研院历史语言研究所集刊论文类编·思想与文化编》,北京:中
　　华书局,2009 年。

朱鸿林:《中国近世儒学实质的思辨与习学》,北京:北京大学出版社,2005 年。

朱建民:《张载思想研究》,台北:文津出版社,1989 年。

朱维铮:《利玛窦中文著译集》,上海:复旦大学出版社,2007 年。

朱维铮:《走出中世纪》(增订本),上海:复旦大学出版社,2014 年。

庄耀郎:《原气》,新北:花木兰文化出版社,2011 年。

左东岭:《王学与中晚明士人心态》,北京:商务印书馆,2014 年。

[比利时]钟鸣旦:《杨廷筠:明末天主教儒者》,香港圣神研究中心译,北京:社会科学文
　　献出版社,2002 年。

[比利时]钟鸣旦:《交织的礼仪:明末清初中欧文化交流中的丧葬礼》,张佳译,上海:上
　　海古籍出版社,2019 年。

[德]马克思、恩格斯:《马克思恩格斯选集》,中共中央马克思恩格斯列宁斯大林著作编
　　译局编译,北京:人民出版社,2012 年。

[德]黑格尔:《精神现象学》,贺麟、王玖兴译,北京:商务印书馆,1997 年。

[德]黑格尔:《哲学史讲演录》,贺麟、王太庆译,北京:商务印书馆,2009 年。

[德]伽达默尔:《诠释学ⅠⅡ:真理与方法》(修订译本),洪汉鼎译,北京:商务印书馆,
　　2007 年。

[德]康德:《实践理性批判》,邓晓芒译,杨祖陶校,北京:人民出版社,2004 年。

[德]康德:《道德形而上学奠基》,杨云飞译,邓晓芒校,北京:人民出版社,2013 年。

[德]卡西尔:《人论》,甘阳译,上海:上海译文出版社,2004 年。

[德]卡西勒:《启蒙哲学》,顾伟铭译,济南:山东人民出版社,1988 年。

[德]马丁·布伯:《我与你》,陈维纲译,北京:生活·读书·新知三联书店,1986 年。

[德]马克斯·韦伯:《新教伦理与资本主义精神》,于晓、陈维纲译,北京:生活·读书·
　　新知三联书店,1987 年。

[法]布迪厄:《实践感》,蒋梓骅译,南京:译林出版社,2009 年。

[法]尚·布希亚:《物体系》,林志明译,上海:上海人民出版社,2001 年。

[法]余莲:《势:中国的效力观》,卓立译,北京:北京大学出版社,2009 年。

[古罗马]卢克莱修:《物性论》,方书春译,北京:商务印书馆,2009 年。

[古希腊]亚里士多德:《形而上学》,苗力田译,北京:中国人民大学出版社,2003 年。

[加拿大]卜正民:《纵乐的困惑:明代的商业与文化》,方骏、王秀丽、罗天佑译,北京:生
　　活·读书·新知三联书店,2004 年。

［美］安乐哲：《自我的圆成：中西互镜下的古典儒学与道家》，彭国翔编译，石家庄：河北人民出版社，2006年。

［美］艾尔曼：《从理学到朴学：中华帝国晚期思想与社会变化面面观》，赵刚译，南京：江苏人民出版社，1995年。

［美］包弼德：《斯文：唐宋思想的转型》，刘宁译，南京：江苏人民出版社，2001年。

［美］包弼德：《历史上的理学》，王昌伟译，杭州：浙江大学出版社，2010年。

［美］狄百瑞：《儒家的困境》，黄水婴译，北京：北京大学出版社，2009年。

［美］费正清、赖尚尔主编：《中国：传统与变革》，陈仲丹、潘兴明、庞朝阳译，吴世民、张子清、洪邮生校，南京：江苏人民出版社，2012年。

［美］葛艾儒：《张载的思想(1020—1077)》，罗立刚译，上海：上海古籍出版社，2010年。

［美］列文森：《儒教中国及其现代命运》，郑大华、任菁译，北京：中国社会科学出版社，2000年。

［美］刘子健：《中国转向内在：两宋之际的文化转向》，赵冬梅译，南京：江苏人民出版社，2012年。

［美］牟复礼、［英］崔瑞德编：《剑桥中国明代史》，张书生等译，北京：中国社会科学出版社，1992年、2006年。

［美］史华慈：《古代中国的思想世界》，程钢译，南京：江苏人民出版社，2004年。

［美］唐纳德·戴维森：《对真理与解释的探究》(第二版)，牟博、江怡译，北京：中国人民大学出版社，2007年。

［美］田浩：《功利主义儒家——陈亮对朱熹的挑战》，姜长苏译，南京：江苏人民出版社，1997年。

［美］田浩：《朱熹的思维世界》(增订版)，南京：江苏人民出版社，2009年。

［美］田浩：《旁观朱子学：略论宋代与现代的经济、教育、文化、哲学》，上海：华东师范大学出版社，2011年。

［美］托马斯·库恩：《科学革命的结构》，金吾伦、胡新和译，北京：北京大学出版社，2003年。

［美］希尔斯：《论传统》，傅铿、吕乐译，上海：上海人民出版社，2009年。

［日］岛田虔次：《朱子学与阳明学》，蒋国保译，西安：陕西师范大学出版社，1986年。

［日］岛田虔次：《中国近代思维的挫折》，甘万萍译，南京：江苏人民出版社，2005年。

［日］冈田武彦：《王阳明与明末儒学》，吴光、钱明、屠承先译，上海：上海古籍出版社，2000年。

［日］冈田武彦：《王阳明大传：知行合一的心学智慧》，钱明审校，杨田、冯莹莹、袁斌译，重庆：重庆出版社，2015年。

［日］沟口雄三：《中国前近代思想的屈折与展开》，龚颖译，北京：生活·读书·新知三联书店，2011年。

［日］沟口雄三：《中国的思维世界》，刁榴、牟坚等译，孙歌校，北京：生活·读书·新知三联书店，2014年

［日］荒木见悟：《明末清初的思想与佛教》，廖肇亨译，上海：上海古籍出版社，2010年。

［日］土田健次郎：《道学之形成》，朱刚译，上海：上海古籍出版社，2010年。

［日］小野泽精一、福永光司、山井涌编：《气的思想：中国自然观和人的观念的发展》，李庆译，上海：上海人民出版社，1990年。

［新加坡］许齐雄：《北辙：薛瑄与河东学派》，叶诗诗译，杭州：浙江大学出版社，2015年。

［印］罗宾德拉纳特·泰戈尔:《人生的亲证》,宫静译,章坚校,北京:商务印书馆,
　　1992 年。

［意］高一志:《修身西学今注》,(法)梅谦立、谭杰、田书峰编注,北京:商务印书馆,
　　2019 年。

［意］利玛窦:《天主实义今注》,(法)梅谦立注,谭杰校勘,北京:商务印书馆,2015 年。

［意］利玛窦、金尼阁:《利玛窦中国札记》,何高济、王遵仲、李申译,何兆武校,北京:中华
　　书局,2010 年。

［英］李约瑟:《中国科学技术史》,《中国科学技术史》翻译小组译,北京:科学出版社,
　　1975 年。

［英］以赛亚·柏林:《反潮流:观念史论文集》,冯克利译,南京:译林出版社,2011 年。

［英］约翰·密尔:《论自由》,许宝骙译,北京:商务印书馆,2009 年。

Roger T. Ames, *The Meaning of Body in Classical Chinese Philosophy*, *Self as Body
　　in Asian Theory and Practice*, New York, State University of New York
　　Press, 1993.

Wing-tsit Chan, *Neo-Confucian terms explained*: *the Pei-hsi tzu-i/by Ch'en Ch'un*,
　　1159–1223, New York, Columbia University Press, 1986.

Wing-tsit Chan, trans. and comp., *A Source Book in Chinese Philosophy*, Princeton,
　　Princeton University Press, 1963.

Wm. T. de Bary, *The Message of The Mind in Neo-Confucianism*, New York,
　　Columbia University Press, 1989.

Tu Wei-ming, *Neo-Confucian Thought in Action*: *Wang Yang-ming's Youth* (*1472 –
　　1509*), Berkeley, University of California Press, 1976.

Ping-ti Ho, *The Ladder of Success in Imperial China*: *Aspects of Social Mobility*,
　　1368–1911, New York, Columbia University Press, 1962.

Leibniz, *The Monadology and other philosophical writings*, *translated with
　　introduction and notes by Robert Latta*, The Oxford University Press, 1925.

(五) 期刊论文

薄忠信:《元气考辨》,载《锦州师院学报(哲学社会科学版)》1988 年第 4 期。

蔡方鹿:《张载与明代气学》,载《陕西师范大学学报(哲学社会科学版)》2008 年第 5 期。

蔡方鹿:《王廷相道寓于"六经"的思想》,载《现代哲学》2008 年第 6 期。

陈德和:《王廷相对朱子人性论之批判与局限》,载《淡江中文学报》第 28 期,2013 年
　　6 月。

陈德礼:《气论与中国美学的生命精神》,载《北京大学学报(哲学社会科学版)》1997 年第
　　6 期。

陈佳铭:《从罗钦顺、王廷相及刘宗周论明代气学的思想型态》,载《清华学报》2019 年第 1
　　期。

陈来:《王船山的气善论与宋明儒学气论的完成——以"读孟子说"为中心》,载《中国社
　　会科学》2003 年第 5 期。

陈来:《元明理学的"去实体化"转向及其理论后果——重回"哲学史"诠释的一个例子》,
　　载《中国文化研究》2003 年夏之卷。

陈来:《〈气本与神化:张载哲学述论〉序》,载《中国哲学史》2008 年第 4 期。

陈丽桂:《先秦儒道的气论与黄老之学》,载《哲学与文化》第 33 卷第 8 期,2006 年 8 月。

陈荣灼:《黄宗羲气论之重新定位》,载《中央大学人文学报》第四十四期,2010 年。

陈书录:《王廷相的诗歌意象论与嘉靖前期诗学演变》,载《文学遗产》2009 年第 5 期。

陈书录:《王廷相诗歌意象理论与气学思想的交融及其意义》,载《文艺研究》2009 年第 9 期。

陈卫平:《明清之际西学流播与中国本土思想的接应》,载《南京大学学报(哲学·人文科学·社会科学)》2009 年第 6 期。

程宜山:《试论张载对元气学说史的贡献》,载《人文杂志》1983 年第 6 期。

陈治维:《明代气本论与其重要范畴分析》,载《淡江中文学报》第二十八期。

陈政扬:《程明道与王俊川人性论比较》,载《国立台湾大学哲学论评》第三十九期。

传艺:《略述道教炼气诸术》,载《中国道教》1987 年第 4 期。

邓国宏、鹿博:《王廷相与荀子的思想交涉》,载《浙江学刊》2018 年第 2 期。

邓秀梅:《儒家如何诠释"气具形而上之涵意"——以唐君毅先生论气为例》,载《中央大学人文学报》第 56 期。

董雪:《王廷相气论思想下的无神论研究析略》,载《科学与无神论》2020 年第 3 期。

丁四新:《楚竹书〈恒先〉的三重宇宙生成论与气论思想》,载《哲学动态》2017 年第 9 期。

丁为祥:《气学——明清学术转换的真正开启者》,载《孔子研究》2007 年第 3 期。

丁为祥:《儒佛因缘:宋明理学中的批判精神和排拒意识》,载《文史哲》2015 年第 3 期。

方立天:《中国佛教的气本原说与道体说》,载《宗教学研究》1997 年第 4 期。

方向红:《单子论的逻辑中断与朱熹理气论的现象学重建——兼论一门气的现象学的必要性和可能性》,载《哲学研究》2018 年第 3 期。

冯达文:《也谈汉唐宇宙论儒学的评价问题》,载《中国哲学史》2011 年第 2 期。

冯天瑜:《明清之际中国文化的近代化转向——以明清学术四杰为例》,载《武汉大学学报(哲学社会科学版)》2018 年第 4 期。

高岸起:《王廷相认识的主体性来源思想及地位》,载《沈阳师范大学学报(社会科学版)》2007 年第 5 期。

葛荣晋:《王廷相著作考》,载《吉林大学社会科学学报》1983 年第 4 期。

葛荣晋:《王廷相佚文考》,载《文献》1983 年第 3 期。

葛荣晋:《柳宗元和王廷相哲学思想的比较》,载《学术论坛》1984 年第 2 期。

葛荣晋:《关于王廷相传记资料的重要发现》,载《哲学研究》1984 年第 5 期。

葛荣晋:《试论王廷相的政治思想》,载《中国社会科学院研究生院学报》1985 年第 1 期。

葛荣晋:《王廷相的"文以阐道"论》,载《中州学刊》1985 年第 5 期。

葛荣晋:《吴廷翰哲学思想初探——兼论吴廷翰和王廷相哲学之比较》,载《江淮论坛》1986 年第 3 期。

葛荣晋:《王廷相历史观诸范畴初探》,载《辽宁大学学报(哲学社会科学版)》1988 年第 4 期。

葛荣晋:《王廷相在中国哲学史上的地位》,载《中州学刊》1991 年第 5 期。

谷方:《王廷相与明代批判理学思潮》,载《中州学刊》1990 年第 2 期。

谷继明:《王船山的气论与生死观》,载《中国儒学》第八辑。

桂昕翔:《〈乐记〉的气论初探》,载《中国文学研究》2018 年第 3 期。

郭宝文:《罗钦顺气学思想之定位及与王廷相比较研究》,载《国文学报》第 62 期。

郭齐勇、陈晓杰:《中国哲学史研究值得关注的几个领域》,载《光明日报》2019 年 11 月 20

日 11 版。

何江海:《王廷相人性思想的内在理路》,载《理论月刊》2013 年第 2 期。

黄鸿春:《"阴阳"张力与战国诸子气观念的历史维度》,载《清华大学学报(哲学社会科学版)》2020 年第 2 期。

侯外庐:《王廷相的唯物主义哲学思想》,载《哲学研究》1959 年第 7 期。

蒋谦:《"元气"思想在近代的西传及其影响》,载《江汉论坛》2016 年第 11 期。

金观涛、刘青峰:《气论与儒学的近代转型——中国与日本前近代思想的比较研究》,载《政大中文学报》第十一期。

蒋国保:《王廷相"气本"论的内在理路》,载《江淮论坛》1996 年第 2 期。

力涛:《王廷相的本体学说》,载《文史哲》1985 年第 5 期。

力涛:《王廷相的人性论范畴探索》,载《社会科学辑刊》1987 年第 3 期。

李存山:《"先识造化"与"先识仁"——从关学与洛学的异同看中国传统哲学的特质及其转型》,载《人文杂志》1989 年第 5 期。

李存山:《罗、王、吴心性思想合说》,载《哲学研究》1993 年第 3 期。

李存山:《王廷相思想中的实证科学因素》,载《人文杂志》1993 年第 6 期。

李存山:《"气"概念几个层次意义的分殊》,载《哲学研究》2006 年第 9 期。

李存山:《气论对中国哲学的重要意义》,载《哲学研究》2012 年第 3 期。

李存山:《刘蕺山喜怒哀乐说与儒家气论之发展》,载《哲学研究》2022 年第 11 期。

李心机:《中医学气论诠释》,载《中国医药学报》1995 年第 5 期。

李巍:《从语义分析到道理重构:早期中国哲学的新刻画》,载《中国哲学史》2020 年第 1 期。

梁临川:《〈王廷相年谱〉补正》,载《上海大学学报(社会科学版)》1993 年第 1 期。

刘沧龙:《戴震气学论述的儒学建构》,载《国文学报》第 44 期。

刘昊:《气论视野下的性善论重构——基于王船山"生"的思想之考察》,载《杭州师范大学学报(社会科学版)》2017 年第 1 期。

刘述先、郑宗义:《从道德形上学到达情遂欲——清初儒学新典范论析》,载《儒家思想意涵之现代阐释论集》,台北:"中央研究院中国文哲研究所筹备处",2000 年。

刘又铭:《明清儒家自然气本论的哲学典范》,载《中国儒学》第六辑。

吕妙芬:《明清之际的关学与张载思想的复兴——地域与跨地域因素的省思》,载《中国哲学与文化》第七辑(明清儒学研究)。

马骏骐:《明清之际中西文化交流的特质》,载《贵州社会科学》2003 年第 3 期。

宁晓玉:《明清时期中西宇宙观念的会通——以日月五星左右旋问题为例》,载《中国科技史杂志》2009 年第 1 期。

彭国翔:《20 世纪宋明理学研究的回顾与前瞻》(上、下),载《哲学动态》2003 年第 4—5 期。

彭建渝:《试论王廷相的理势观》,载《中国青年政治学院学报》1997 年第 2 期。

彭世文、章启辉:《论严复"气"范畴及其近代意义》,载《湖南大学学报(社会科学版)》2001 年第 4 期。

强昱:《〈元气论〉对佛教缘起论的融合》,载《中国哲学史》2004 年第 4 期。

任蜜林:《从本体论到工夫论:董仲舒的气论思想》,载《中国社会科学院研究生院学报》2017 年第 4 期。

任鹏程:《〈易传〉以气论性的人性论探析》,载《周易研究》2018 年第 6 期。

申祖胜：《清初理学对气学的回应——陆世仪的"即气是理"说及其对罗钦顺"理气为一物"论的评析》，载《哲学与文化》第四十六卷第八期。

史小军：《论明代前七子之儒士化》，载《文学评论》2006 年第 3 期。

桑靖宇：《朱熹哲学中的天与上帝——兼评利玛窦的以耶解儒》，载《武汉大学学报（人文科学版）》2011 年第 2 期。

孙玉杰、马平轩：《王廷相廉政监察思想初探》，载《河南大学学报（社会科学版）》1997 年第 6 期。

王福利、智永：《王廷相音乐思想管窥》，载《音乐艺术（上海音乐学院学报）》2010 年第 2 期。

王俊彦：《王廷相的元气无息论》，载《章太炎与近代中国学术讨论会论文集》，台北：里仁书局，1999 年。

王论跃：《关于王廷相研究的几个问题》，载《中国思想史研究通讯》第五辑。

王论跃：《王廷相论形神关系》，载《跨文化视野下的东亚宗教传统：体用修证篇》，台北："中央研究院中国文哲研究所"，2010 年。

王论跃：《十六、十七世纪中国与东亚的气本论思想》，载《东亚视域中的儒学：传统的诠释》，台北："中央研究院"，2013 年。

王培华：《关于王廷相历史思想的几个问题》，载《史学史研究》1995 年第 1 期。

汪惠娟：《方以智气火一体思想管窥》，载《哲学与文化》第 32 卷第 8 期。

文碧方：《建国六十年来大陆的陆王心学研究》，载《现代哲学》2010 年第 2 期。

吴根友：《二十世纪明清学术、思想研究的三种范式》，载《哲学门》2004 年第 2 期。

吴根友：《明清之际三种人性论与中国伦理学的近代转向》，载《学术月刊》2004 年第 5 期。

吴根友：《关于宋元明清哲学研究范式及其方法诸问题的思考》，载《江汉论坛》2005 年第 10 期。

吴根友：《气论与原子论：中西哲学思维异同管窥》，载《中国社会科学报》2013 年 2 月 4 日。

吴略余：《论王廷相对理生气说与性善论的批评——以朱熹哲学为参照》，载《东华汉学》第 12 期。

吴志鸿：《概论两汉以后至宋明前气论思想之发展与影响》，载《哲学与文化》第 33 卷第 8 期。

萧萐父、郭齐勇：《气论与仁学之间的张力——读〈中国气论探源与发微〉》，载《哲学研究》1991 年第 6 期。

肖永明、王志华：《明代儒学气学传统的回归及其走向——以"太虚"诠释为中心》，载《哲学研究》2019 年第 10 期。

徐仪明：《王夫之的气论与天论》，载《中共宁波市委党校学报》2015 年第 5 期。

许苏民：《明清之际哲人与基督教的人性论对话——兼论对话对中国哲学发展的影响》，载《学术研究》2010 年第 8 期。

许苏民：《评杜维明"存有的连续性"——兼谈中西哲学气论》，载《中国社会科学评价》2019 年第 2 期。

杨儒宾：《先秦儒家身体观中的两个功能性概念》，载《文史哲》2009 年第 4 期。

杨儒宾：《两种气学　两种儒学——中国古代气化身体观研究》，载《中州学刊》2011 年第 5 期。

杨儒宾:《检证气学——理学史脉络下的观点》,载《汉学研究》第 25 卷第 1 期。

杨儒宾:《气的考古学——风、风气与玛纳》,载《台大中文学报》第 57 期。

杨鑫辉:《王廷相的唯物主义心理学思想》,载《心理学报》1984 年第 2 期。

杨泽波:《跨越气论的"卡夫丁峡谷"——儒家生生伦理学对于自然之天(气)与仁性关系的思考》,载《学术月刊》2017 年第 12 期。

岳天雷:《王廷相的实学思想及其精神品格》,载《河南社会科学》2002 年第 1 期。

瑜力涛:《王廷相的道德修养学说》,载《道德与文明》1987 年第 4 期。

曾振宇:《王廷相气论哲学新探——兼论中国古典气论哲学的一般性质》,载《烟台大学学报(哲学社会科学版)》2001 年第 1 期。

曾振宇:《"气"作为哲学概念如何可能?》,载《中国文化研究》2002 年冬之卷。

曾振宇:《论"气"》,载《哲学研究》2004 年第 7 期。

曾振宇:《从张载到王廷相:中国古代气论的超越与回复》,载《齐鲁学刊》2010 年第 3 期。

张岱年:《论宋明理学的基本性质》,载《哲学研究》1981 年第 9 期。

张岱年:《先秦儒学与宋明理学》,载《中州学刊》1983 年第 4 期。

张嘉沧:《王廷相教育思想述论》,载《河南师范大学学报(社会科学版)》1983 年第 1 期。

张立文:《儒佛之辩与宋明理学》,载《中国哲学史》2000 年第 2 期。

张莞苓:《王廷相"性论"研究——以性善恶论与圣愚观为讨论重心》,载《国文学报》第 64 期。

张西平:《西学与清初思想的变迁》,载《现代哲学》2007 年第 4 期。

张再林:《以"意"释"气"——中国古代"气"概念之新解》,载《中州学刊》2015 年第 9 期。

赵金刚:《朱子论"二气之良能"》,载《中州学刊》2017 年第 11 期。

周桂钿:《王廷相宇宙论述评》,载《哲学研究》1984 年第 8 期。

周磊:《气学如何在"心"上做工夫?——以王廷相为中心》,载《复旦大学学报(社会科学版)》2021 年第 5 期。

周赟:《以气缘取代血缘——从张载的宗法思想到人类共同体的思考》,载《思想与文化》第十九辑。

朱永新:《王廷相心理思想研究》,载《心理科学》1983 年第 2 期。

衷尔钜:《王廷相和何瑭关于形神问题的一场辩论》,载《河南师范大学学报》1987 年第 1 期。

衷尔钜:《试探二程对明代气一元论的影响》,载《中州学刊》1988 年第 6 期。

〔德〕海德格尔:《物》,载《演讲与论文集》,孙周兴译,北京:生活·读书·新知三联书店,2005 年。

〔日〕冈田武彦:《戴震与日本古学派的思想——唯气论与理学批判论的展开》,载《中国文哲研究通讯》第十卷第二期。

〔日〕马渊昌也:《王廷相思想中的规范与人性——以人性论、修养论为中心》,载《新哲学》第 2 辑。

〔日〕马渊昌也:《许诺与明清时期人性论的发展》,载《中国的思维世界》,孙歌等译,南京:江苏人民出版社,2006 年。

〔日〕竹田健二:《战国时代的气概念——以出土文献为中心》,载《东亚观念史集刊》第十一期。

〔新加坡〕王昌伟:《求同与存异——张载与王廷相气论之比较》,载《汉学研究》第 23 卷第 2 期。

Chang Woei Ong, "*The Principles are Many*: *Wang Tingxiang and Intellectual Transition in Mid-Ming China*", Harvard Journal of Asiatic Studies, Vol. 66, No2,2006.

Hans-Georg Moeller, *On the Notion of Qi in Ancient Chinese Philosophy*,载《正学》第一辑。

Roger T. Ames, *The Meaning of Body in Classical Chinese Philosophy*,载 Self as Body in Asian Theory and Practice, State University of New York Press,1993.

T'ang Chun-I, "*The Criticisms of Wang Yang-ming's Teachings as Raised by His Contemporaries*", Philosophy East and West, Vol. 23, No. 1\2,1973.

Wing-tsit Chan, *The Ch'eng-Chu School Of Early Ming*, Self and Society in Ming Thought, Columbia University Press, 1970.

（六）博硕士学位论文

胡森永:《从理本论到气本论:明清儒学理气观的转变》,台湾大学博士学位论文,1991年,指导教师:张亨。

李世凯:《王廷相心性思想研究》,中国社会科学院博士学位论文,2012年,指导教师:李存山。

何江海:《王廷相伦理思想研究》,武汉大学博士学位论文,2013年,指导教师:田文军。

林嘉怡:《明代中期"以气论性"说的崛起:罗钦顺与王廷相人性论之研究》,(台湾)政治大学硕士学位论文,1998年,指导教师:刘又铭。

陈宇宙:《王廷相的政治哲学》,湘潭大学硕士学位论文,2004年,指导教师:王立新。

乔娟:《明代中期气论思潮研究》,苏州大学硕士学位论文,2005年,指导教师:蒋国保。

曲岩:《王廷相的"气本论"思想研究》,河南大学硕士学位论文,2005年,指导教师:徐仪明、陈广胜。

苏玉升:《王廷相之气论与经世思想研究》,南华大学(台湾)硕士学位论文,2007年,指导教师:廖俊裕。

吴建国:《王阳明与王廷相知行观比较》,湖南师范大学硕士学位论文,2007年,指导教师:邓名瑛。

陈冠勋:《王廷相的形上学与功夫论》,台湾大学硕士学位论文,2009年,指导教师:杜保瑞。

程海宁:《明代气学思潮的形成、走向及其特征——以理气关系为中心》,陕西师范大学硕士学位论文,2009年,指导教师:丁为祥。

高虹:《王廷相批判宋明理学思想研究》,山西大学硕士学位论文,2012年,指导教师:常裕。

刘思鸣:《明代中期气学派心性观研究——以罗钦顺、王廷相、吴廷翰为例》,华中师范大学硕士学位论文,2013年,指导教师:刘固盛。

李春雷:《王廷相的"元气本体论"的思想研究》,曲阜师范大学硕士学位论文,2017年,指导教师:姚春鹏。

徐雅可:《戴震气论思想研究》,淡江大学硕士学位论文,2019年,指导教师:罗雅纯。

张晶婷:《王廷相〈王氏家藏集〉研究》,河南大学硕士学位论文,2020年,指导教师:李景文。

附 录

"自叹浮生成浪迹,敢论吾道寡知音"

——王廷相生平学术考论

关于王廷相生平学术,葛荣晋的《王廷相生平学术编年》(以下简称《编年》)已作考察,然涉及王廷相思想历程某些关键处语焉未详,相关辨析有待深入,某些说法有待补充。张岱年为《编年》作序时指出,该著"记录""再现"之功甚大。现在看来其不足之处也需正视。① 鉴于此,仍有考论王廷相生平学术的必要。

壹

王廷相,字子衡(又称"秉衡"),号浚川(自称"浚川子",世称"浚川先生"),别号"河滨丈人"②,时人常称其为"秉衡"。明成化十年(1474)十月二十五日生于河南仪封(今河南省兰考县),祖辈为山西潞州长治县人,自乃父王增(? —1505)时始迁徙至仪封。父辈无为官经历,以德行称誉乡里。王廷相出生之际,李梦阳一岁,王阳明两岁,罗钦顺十岁。

> **按:**同年同月,何瑭生于怀庆府武陟县(今河南省武陟县)。何瑭与王廷相的生命轨迹有出人意料的相似之处,二人为同年进士且有深交,思想往来多涉及重要学术议题。

成化十六年(1480),王廷相入私塾,七岁展现出诗文才赋。关于这一点,许讚的《荣禄大夫太子太保兵部尚书兼都察院左都御史掌院事浚川王公墓志铭》(以下简称《浚川王公墓志铭》)、高拱的《前荣禄大夫太子太保兵部尚书兼都察院左都御史掌院事浚川王公行状》(以下简称《浚川王公行状》)、

---

① 参见张岱年:《序〈王廷相生平学术编年〉》,载《王廷相生平学术编年》,河南人民出版社,1987年,第2页。

② 据葛荣晋考察,"河滨丈人"的称呼仅见于《仪封东王世族家谱》。

张卤的《少保王肃敏公传》、何乔远的《王廷相传》(见《名山藏·臣林记》)以及孙奇逢的《中州人物考》等均有载述。

> 按:与王廷相同时期人物,早年即具备文学才赋的并不少见。何景明八岁即能诗,王阳明十一岁即善赋,薛蕙十二岁以能诗闻,但如王阳明少时具备"读书为学圣贤"的气概与志向的极为少见。

成化二十二年(1486),王廷相十三岁,补邑庠弟子员,以善诗文有名。

> 按:曹继芳(1474—1515)是王廷相为邑庠生员时的同乡同学,此人多次乡举不第,王廷相对他比较敬重。曹继芳去世二十年后,六十二岁的王廷相在为曹氏夫妻补撰的墓志铭说:"常记早年与先生同读书僧寺,日见先生与游士讲方外之术,予怪,谇其所以。先生指坐边炉曰:'兹光焰者,火乎,薪乎?薪灭则火灭,乃光尚何存?此形神有无生死之说也。方士日修者此耳。'"①"形神有无生死之说"给王廷相以一定思想启发,二者的书信往来堪为重要。

弘治二年(1489),薛蕙生于安徽亳州,杜柟生于河南开封。

> 按:王廷相与薛蕙关系复杂,为本文探讨重点之一,详见后文。

弘治八年(1495),王廷相二十二岁,乡试及第。时罗钦顺为翰林院编修,王阳明第一次会试不第。罗、王均在京师,后者遍读朱子之书,"格竹"成病。

> 按:罗钦顺及王阳明的基本情况不赘述,仅随王廷相生平学述相应提及。

弘治九年(1496),王廷相会试不第,前往老家山西潞州展墓。"会族姓诸亲,巳,聚友讲学,居一载始还。"②若高拱的交代属实,则王廷相第一次会

---

① 王廷相:《粟斋曹先生配王孺人合葬墓志铭》,载《王廷相集》第三册,中华书局,1989年,第993—994页。
② 高拱:《浚川王公行状》,载《王廷相集》第四册,中华书局,1989年,第1492页。

试失利之后,最早要到弘治十年(1497)才回到乡里。

弘治十二年(1499),王廷相第二次会试仍下第,后入太学读书。王尚絅记述:"乙未(弘治十二年)又下第,报业太学,同会经书,举笔构文,每至发泄试场,率烛尽乃出。予(王尚絅)诘之曰:'此努力何为者?'浚川子曰:'子忘吾亲老在堂邪?'握手怅然者久之,迨壬戌(弘治十五年)始同举进士。"①由此确定,王廷相弘治十二年会试下第后便留在京师,期间他结识李梦阳、王尚絅等学友。值得一提的是,彼时黄绾与王廷相同拜于谢铎门下。

弘治十三年(1500)三月,陈献章卒于广东新会。王廷相从李承勋所作的《医闾先生集》序文得知白沙自得之学。

按:为学贵在"自得",是王廷相对待学问的基本态度,亦是他不拘于一家、不盲从权威的表现。

贰

弘治十五年(1502),二十九岁的王廷相进士及第,选为翰林庶吉士,同届进士有何景明、何瑭、康海、王尚絅、李时、孙清等。王廷相嘉靖十六年(1537)在纪念不幸早亡的孙清(字直卿,1483—?)的文章中,特别提及他们的同年之谊。

按:前七子中,王廷相与何景明交往颇密,二者不仅诗文上相酬唱,思想上有所会通,前者盛赞后者"大复天才冠两都"②。遗憾的是,何景明早逝。王给何的书信分两类:一类为何在世时二人交往之类,有《酬仲默》(见《王氏家藏集》卷八)、《寄何仲默》(见《王氏家藏集》卷十)、《酬何仲默》(见《王氏家藏集》卷十三)、《宿淮上寄何仲默》(可推定为安徽亳州时期之作)、《酬仲默》(可推定为赣榆时期之作),(见《王氏家藏集》卷十五)、《寄何仲默》(见《王氏家藏集》卷十六)、《寄怀仲默十二韵》(见《王氏家藏集》卷十六)、《得仲默书》(见《王氏家藏集》卷十七)、《答何仲默》(见《王氏家藏集》卷二十七);一类为追忆、悼念何之作,有《悼仲默仲修二首》(见《王氏家藏集》卷十五)、《冬夜忆仲默》(见《王氏家藏集》卷十七)、《何氏集序》(见《王氏家藏集》卷二十三)。其中最有思想价值

---

① 王尚絅:《赠言会录序》,载《苍谷全集》,《四库未收书辑刊》本。
② 参见王廷相:《遣兴十首》,载《王廷相集》第三册,中华书局,1989年,第913页。

的当属《答何仲默》和《何氏集序》。

《编年》判定《答何仲默》为正德十三年(1518)所作,可信从。由《答何仲默》进而得到以下重要信息:(1)正德十三年前后王廷相与许诰、何景明讨论河图、太极等问题。先是王不满于许的流行之见,许于正德十三初春亲往四川与王讨论,王将其理论观点告之,后有学友将王的观点转告何,何去信与王讨论这些问题。《答何仲默》即是王答复何的信件。王恐引起何的误会,二人拟定相会于川陕边境论学。(2)其时《慎言》尚未成书,仍属"私论"。《何氏集序》印证和补充了《答何仲默》的一些说法,其中指出:"正德中,余督学四川,大复督学关中,一日走书曰:'孔孟邈矣,学渐支离,途歧矣,后生汶汶以塞。迩得论说数十,与君约境上之会,期越月之讲。'然竟不来,今集亦不见有此论。岂终未成耶? 抑遗之耶? 悲哉,悲哉!"[1]这里说的"论说数十",应指王廷相新近撰成的《太极辩》、《河图洛书辩》等作品,皆为王督学四川时期的创作。王廷相想将这些新近的思想创作拿到讲会上与何景明讨论,不料何氏重疾缠身,终无法赴会。"今集亦不见有此论"是指刻行有年的《大复全集》不见关于太极、河图洛书等论说,在王廷相看来何景明应当有这些论说但寻而未见,故发出疑问和哀叹。

《何氏集序》写于何时,《编年》采"嘉靖十六年"之说,此有待商榷。[2]王廷相是应何景明外甥王朝良所请,于嘉靖十年(1531)为《大复全集》撰的序,此序见于义阳书院刻本。在此之前,何景明诗文集还有沈氏野竹斋刻本。两种刻本皆称《何氏集》。王廷相在《何氏集序》中所说的刻行有年的《大复全集》,或指的就是后一刻本。根据樊鹏所撰何景明行状,"《何氏集》《十二论》《定古乐府》《选汉魏诗》《三秦志》,皆行于世",这里所说的《何氏集》无疑是最早的本子,现已无从考察是传抄本还是刊刻本,可以确定的是:(1)从何景明去世到王廷相写成《何氏集序》,《何氏集》行世有年,且版本、内容均有变化;(2)王廷相撰序时最在意的是何景明关于太极、河图、洛书等的论说,憾而未见。《何氏集序》与《李空同集序》撰于同年,时王廷相在南京任兵部尚书。

翰林院任职期间(弘治十五年至弘治十七年夏,1502—1504),王廷相与

---

① 王廷相:《何氏集序》,载《王廷相集》第二册,中华书局,1989年,第425页。

② 参见葛荣晋:《王廷相生平学术编年》,河南人民出版社,1987年,第237页。今本《何大复集》亦取此说。

李梦阳、何景明、崔铣号称为"四杰"(《名山藏·臣林记》),又与李梦阳、何景明、康海倡以古文,合称为"前七子"(《明史·文苑传》)。他们在京师结社,品评时论,讨诸文艺,风动一时。彼时罗钦顺赴南京任国子监司业,王阳明筑室贵州阳明洞中。期间,王廷相第一本诗文集诞生,取名《沟断集》。据《百川书志》载:"《沟断集》二卷,浚川子故作,自弘治迄下,凡二十六祀,诗赋文一百八首。"①可知《沟断集》为文学创作。

弘治十七年(1504)夏,王廷相授兵科给事中,赴任后呈上《拟经略边关事宜疏》。时何瑭任翰林院编修,主撰《孝宗实录》。王、何同在京师。自此之后,二人就不在同地为官。

> **按:**何瑭致仕家居时间比较长,前后合计约有十八年左右。即使如此,王廷相与他的交往较多。王廷相较早给何瑭的诗作应为同中进士时所作,可惜现已不存,何瑭的应和之作《四月八日午门赐宴次秉衡韵》见于今本《何瑭集》。正德五年(1510)何瑭辞官离京,王廷相有送别之作《送何粹夫还山三首》(见《王氏家藏集》卷十七),何瑭答以《病归留别诸友次浚川韵》。其后王廷相给何瑭的诗作基本是何归隐期间的作品:有《寄何粹夫》(见《王氏家藏集》卷十三)、《寄何粹夫》(见《王氏家藏集》卷十八),由诗的内容推知它们写于何瑭第一次致仕期间;还有《寄何粹夫》、《戏赠粹夫二首》(见《王氏家藏集》卷二十),仍属何瑭致仕期间的诗作。《怀何粹夫》(见《内台集》卷之一)和《寄何粹夫》(见《内台集》卷之二)有可能写于何第二次致仕期间。检阅今本《何瑭集》,不见对王廷相此类诗文的回复。

叁

弘治十八年(1505),王增卒,王廷相丁父忧。该年甲榜,孟洋、崔铣、张鹏、魏校、严嵩、张邦奇、郑善夫、湛若水、张士隆、徐祯卿等榜上有名,其中除了早逝的郑善夫以及湛若水和魏校,其他与王廷相有交往,尤其是孟洋与王廷相的交往特别需要留意。王廷相守制期间(弘治十八年至正德二年,1505—1507),作有《山阴县教谕张公墓志铭》《重修仪封县学记》等。

> **按:**何景明去世之前,王廷相曾对孟洋说:"(何景明)乃间世精气所

---

① 高儒:《百川书志》,上海古籍出版社,2005年,第238页。

钟,造化灵秘之久,一旦勃勃附化,何所不神耶? 故生而即文,即知事,即贤,即老成,即有古人风。"①孟洋去世后第四年即嘉靖十七年(1538),在王廷相的倡议和直接参与下刻成《孟有涯集》,是现今了解孟洋生平思想的最可靠文献。由此可瞥见三人交谊之深厚。

孟洋中进士之后、赴廷试之前,王廷相作《孟望之入试院奉怀》(见《王氏家藏集》卷八),该诗的时间可确定为弘治十八年(1505)三月左右;王廷相陕西任上时作《酬孟望之》(见《王氏家藏集》卷十三)。孟洋谪桂林时王廷相作《寄孟望之》,有"同是飘沦君独远,拟胜宜室诏先闻"之句,可知彼时王被贬赣榆,孟洋成为王廷相最值得信赖的思想倾诉者。表现有三:《寄孟望之》(见《王氏家藏集卷二十七》)是理解王廷相哲学思想形成的关键,将王四十岁左右时思想转变的情形反映得极为真切。此其一。《慎言》甫一辑成,孟洋就成为首批读者之一,且该书的名字由之给出,孟洋在王廷相心目中的地位可想而知。此其二。《答孟望之论〈慎言〉八首》(见《王氏家藏集》卷三十七)是王廷相给《慎言》作的简要说明,此答复必定作于孟洋读过《慎言》并去信询问王廷相之后。《编年》没有提及,但可以推定很可能是作于嘉靖七年前后,这一段时间王廷相与何瑭等的论辩正是激烈,《答孟望之论〈慎言〉八首》成为王廷相申论其学说的可靠参照。此其三。

王廷相给孟洋的书信中无法确定具体日期的是《读孟有涯旧稿》(见《王氏家藏集》卷十七)。该诗为王重读孟之旧作后有感而发,故属于较晚之作。另外,正德十二年(1517),孟洋在嘉兴卧病不起,王廷相作有《答孟中丞雨中卧病见怀韵》(见《王氏家藏集》卷十七),此诗或与之相关。另外,郑善夫与王廷相虽未曾会面,然郑生前曾给予王很高赞誉,有诗云:"海内谈诗王子衡(王廷相),春风坐边鲁诸生。我昔传闻薛吏部,为君遥式洛阳城。"②郑病逝后,王读到《少谷集》,遂作《少谷子歌》以怀悼之。由此可知《少谷子歌》写于嘉靖二年之后,《编年》推定该诗作于嘉靖三年春,从诗的内容以及王廷相行迹来看其推论可信从。王廷相对张邦奇(字常甫,号甬川,1483—1544)的易学思想表示认可,曾作《和赠张少宰甬川》(见《王氏家藏集》卷十七)。

---

① 王廷相:《何氏集序》,载《王廷相集》第二册,中华书局,1989 年,第 425 页。
② 此诗为郑善夫《漫兴》之一,转引自王廷相:《少谷子歌》,载《王廷相集》第一册,中华书局,1989 年,第 177 页。

肆

正德三年(1508)，王廷相被贬亳州(今安徽亳州)判官，遂有诗《春日淮城登望》(见《王氏家藏集》卷十七)。在亳州期间，"(王廷相)识薛蕙于稠人中，亲授以成其学，一时大江南北人士皆翕然丕应。"①薛蕙可算是王廷相最早可能也是最重要的门生，不过二人思想关系复杂，由早期的师友演变为后期的诤友。

> **按：** 薛蕙曾沉浸于佛老之学，这一点唐顺之(字应德，1507—1560)和黄宗羲都注意到，后者认为佛老虚静慧寂之说对薛蕙以复性为关键的思想产生了深刻影响，进而批判了薛蕙以动静言性的做法。②细检《明儒学案》所摘录的薛蕙《约言》之语，大部分都是关于"心""吾心"以及"心学"的论说，照此而言，薛蕙应该是心学中人，然黄宗羲并没有明确认同这种观点，而是将他置于明代中期"诸儒"之列，并且只字未提王廷相与薛蕙的交往。究其原因，或出于学术立场的缘故有意遮蔽这一思想事实。薛蕙的《老子集解》撰于嘉靖九年(1530)，两年后首次刊刻。《西原集》(又称《考功集》)成于其早年，何景明、徐祯卿等读过该集，但到嘉靖十四年(1535)才由李宗枢(生卒年不详)刻行问世。后薛蕙本人不断对其进行修改。黄宗羲所采录的《约言》，其创作背景是："退居西原时，学养生家言，后读《中庸》'喜怒哀乐之未发'句，自谓有得，因此作书分为九篇，曰天道、性情、潜龙、时习、君道、学问、君子、立言、春秋。"③也就是说，《约言》是薛蕙后期思想的呈现，无法说明其前期思想状况，王廷相对薛蕙产生影响主要在前期，这种影响以诗文方面为主，涉及到对"道"的理解问题。

张卤关于王廷相与薛蕙交往的说法比较简略，高拱的载述可以提供关键细节，"亳(亳州)素鲜科第，公群诸生躬诲之。生有薛蕙者，一试辄奇之，曰：'君殆非章句儒生也。'遂日与游，开示周至，蕙乃成其学，才名播天下。"④《吏部考功郎中西原薛先生行状》载述："(薛)年十八乡试不偶归，于时大中丞浚川王公适判亳州，一见亟称之曰：'天下奇才，可

---

① 张卤：《少保王肃敏公传》，载《王廷相集》第四册，中华书局，1989年，第1497页。
② 参见黄宗羲：《诸儒学案下一》，载《明儒学案》下册，中华书局，1985年，第1276—1277页。
③ 参见永瑢：《四库全书总目》，中华书局，1965年，第1069页。
④ 高拱：《浚川王公行状》，载《王廷相集》第四册，中华书局，1989年，第1492页。

继何李。'"①由这些载述不难知道,王廷相是薛蕙的恩师,不过他们师徒
关系似乎只能限定在诗文之学的范围。彼时薛蕙的诗文足以为证,如
"束发从师王浚川,文章衣帛幸相传"(《戏成五绝》)等,以至直到晚年,
薛蕙仍称王廷相为先生,并流露出真挚的师生情谊(参见薛蕙《寄浚川
先生》)。王廷相在亳州时间短暂(前后一年左右),第二年(正德四年,
1509)便离开亳州,转赴应天府高淳县任职。薛蕙正德五年(1510)参加
乡试并落第,后他去信告知王廷相,被宽慰:"书来,知秋试落第,此不足
怅快。……尝见学士大夫论及后生人物,必以吾子才质足以追匹二子
(李梦阳、何景明)称之。"②王对薛的奖掖可谓不遗余力,关于王、薛的诗
文交往已有论者讨论,此不赘述,仅讨论他们思想上分"道"扬镳的原因
及过程。

　　亳州之后王、薛二人会面不多,基本是书信往来。正德八年(1513)
底薛蕙赴京参加会试,其时王廷相仍在京,师徒等人短聚,薛蕙作《晦日
夜集》(见《考功集》卷五)。嘉靖二年(1523)王廷相过京师,薛蕙正在京
师任职,师徒二人有聚,王作有《与君采庸之夜集》(见《王氏家藏集》卷
十五),薛作《寄浚川先生》:"中岁再见公,置酒浚郊庐,自此若彦辰,行
迹缅相疏。"前一次会面很快以正德九年(1514)正月王廷相被贬赣榆县
丞为终结点,论者以正德八年底九年初为王、薛交往性质的分界点,此
说有一定道理,但从思想影响上看,以此为分界点似乎言之过早,薛蕙
正德十五年(1520)尚有诗云:"王子吾师表,名家尔最先。"③可见彼时薛
仍承认王为其师。不仅如此,王还有意让薛转到儒者之道上来:"大较
君子之学视诸诗文,即子云所言雕虫耳。……以仆观君采,将无所往而
不可。若更达圣贤经济之术,则程朱之轨,示之掌耳。"④王廷相强调,当
今儒者之道已与孔子之道相背驰,特别是近来"徒讲而不行"的学风尤
其有害于道,因此需要薛蕙和他一道,出而守卫儒家中正淳雅之道。此
时王廷相已转变为儒家学者,薛蕙在王廷相的循循善诱之下逐渐由文
入道。⑤

　　薛蕙与王廷相对道的理解存在分歧,导致了他们思想上最终分道

---

① 王廷:《吏部考功郎中西原薛先生行状》,载《考功集》附录,《文渊阁四库全书》本。
② 王廷相:《答薛蕙秀才书》,载《王廷相集》第二册,中华书局,1989年,第533—535页。
③ 薛蕙:《庚辰八月谢病南归奉寄王浚川先生三十韵》,载《考功集》,文渊阁四库丛书本,第
　73—74页。
④ 王廷相:《与薛君采二首》,载《王廷相集》第二册,中华书局,1989年,第477页。
⑤ 参见李庆:《薛蕙的文学观》,《文学前沿》第11辑。

而行。王廷相看到的是正统化程朱理学对孔子之道的损害,因而他要批判之;薛蕙则和当时极大多数学者一样,尊信程朱之学。需指出的是,由于受"好养生家言"的影响,薛蕙晚期对佛、道均有好感,以至于他后来倾向于陆九渊、杨简以及王阳明的心学,由程朱理学转向陆王心学,或与此有关。对此,唐顺之描述得比较清楚:"(薛蕙)中岁始好养生家言,自是绝去文字,收敛耳目,澄虑默照为要,如是者若干年而卒未之有得也。久之乃悟曰:'此生死障耳,不足学。'然因是读《老子》及瞿昙氏书,得其虚静慧寂之说,不逆于心,已而证之六经及濂洛诸说,至于《中庸》'喜怒哀乐未发之谓中',曰'是矣,是矣'。故其学一以复性为鹄,以慎独为括,以喜怒哀乐未发为奥,以能知未发而至之为窍。"[1]薛蕙思想最终走向心学是王廷相始料未及的。推而言之,薛蕙并没有接受王廷相核心思想主张,故王廷相将《慎言》寄给薛蕙,二者的相互辩难在所难免。概而言之归为两个主题:一是如何看待佛道,二是如何论定性与天道问题。

薛蕙将王廷相对性与天道的看法归之于"以气为理""以生为性"。不得不说,他对《慎言》的把握是相当准确的。薛氏推崇二程之论,故以程子"未尝以气为理"和"未尝以生为性"为衡准,反驳王廷相的观点。在儒家大本大原的问题上,薛蕙鲜有发明。有关二者论辩大致情形,《编年》的交代足够充分。[2] 此处需揭示的是,从薛蕙的角度看,其种种疑难使王廷相不得不反复重申其为学立场:"脱去载籍,从吾心灵。"[3]即强调追求真理的自由,不能唯先儒是从;与此同时,王廷相认为孔子之论"固已备至而无遗",只有复归《六经》和孔子之道才能获得真理。某种意义上,正是薛蕙强有力的疑难迫使王廷相深化其学说,或者说突显出了王廷相思想的困难。在王廷相的辩友中,与何瑭相比,薛蕙更能代表当时主流思潮。

《四库全书总目》说:"蕙(薛蕙)本诗人,《考功》一集,驰骤於何景明、徐祯卿、高叔嗣间,并鹜争光,原足以自传不朽。乃求名不已,晚年忽遁而讲学。所讲之学,又踸驳如是,反贻嗤点於后来。蛇本无足,子为之足,其蕙之谓乎?"这种批判过于外在化,没有体察到薛蕙思想复杂性及其内在变化。明代中期儒家士人由程朱之学转向心学,成为当时

① 参见唐顺之:《吏部郎中薛西原蕙墓志铭》,载《考功集》,文渊阁四库全书本,第125页。
② 参见葛荣晋:《王廷相生平学术编年》,河南人民出版社,1987年,第119—126页。
③ 王廷相:《答薛君采论性书》,载《王廷相集》第二册,中华书局,1989年,第517页。

的一大思想现象,薛蕙即属于其列。这样一来,在阳明学渐趋炽盛的光焰之下,王廷相所选择的复古之道更显得形单影只。"余(王廷相)取友于天下,得有道者二人焉:河内何粹夫,高陵吕仲木而已。"①在王廷相本人看来,只有何瑭、吕柟之辈才真正与其同气相求。焦竑(字弱侯,1540—1620)曾载述:"何公瑭家居,庐舍不过数椽,敝衣疏食,日以观书玩道为乐。当世达人公卿,亦罕接见,惟王浚川、吕泾野诸公至,屏从造庐,雅谈终日。"②王廷相唯独取友于何瑭、吕柟,当然说明在他心目中对何、吕是高度认可的。然而,何、吕与王的关系有待深入辨析,至少在造化问题上,王与何的分歧一直未消除。

本年(正德三年,1508),吕柟、韩邦奇以及吕经(字道夫,1475—1544)、唐龙、徐爱(字曰仁,1487—1518)等进士及第。王阳明"龙场大悟",罗钦顺因忤刘瑾(1451—1510)被削职。

按:从现存资料看,王廷相与吕柟的直接交往最早要到嘉靖七年(1528)前后,时任兵部侍郎的王廷相大力举荐吕柟等三人。吕柟赴任南京尚宝司卿之职时,王特别表达了对吕的认可,"浚川子乃举仲木(吕柟)系天下之望者告之。"③王升任左都御史,吕即作《赠浚川王公诏改左都御史序》(见《泾野先生文集》卷九)以表激赏;吕致仕归乡时,王作《别吕仲木》(见《王氏家藏集》卷十八)。王廷相与马理无交往,他们的交集在吕柟。

正德四年(1509),王廷相升应天府高淳(今江苏南京)知县。不久被选为监察御史,"巡盐山东"④。时王阳明主贵阳书院,论"知行合一"。

正德五年(1510)冬,王廷相被召为御史,巡按陕西,入陕途经潼关,有诗《入关》(见《王氏家藏集》卷十八)。在陕西期间(正德六年至正德七年,1511—1512),王廷相忙于政务,大造黄册,颁布《巡按陕西告示条约》(见《浚川公移集》卷一)等,诗文、书信等未有间断,作有《十八子诗》(见《王氏家藏集》卷十四)、《寄顾开封华玉·兼呈边廷实、何仲默二首》(见《王氏家藏集》卷十八,见下案)等,收入康海所撰《浚川文集序》。

---

① 王廷相:《送泾野先生尚宝考绩序》,载《王廷相集》第二册,中华书局,1989年,第420页。
② 参见焦竑:《玉堂丛语》,中华书局,1981年,第236页。
③ 王廷相:《送泾野吕先生尚宝考绩序》,载《王廷相集》第二册,中华书局,1989年,第419页。
④ 高拱:《浚川王公行状》,载《王廷相集》第四册,中华书局,1989年,第1493页。

按:王廷相作《寄顾开封华玉·兼呈边廷实、何仲默二首》(见《王氏家藏集》卷十八)。据他交代,"去岁与三子会于大梁",正德四年顾璘为开封知府,王廷相称其为"顾开封",故此诗应是正德四年以后。诗中有"天地飘零吾独远,风尘鸿洞各相思"两句,表明王廷相在前往陕西途中,即在大梁与何景明、顾璘、边贡等相聚。结合何景明《别王秉衡御史》等作,由此推知,他们确实在正德六年初夏会聚于大梁。进而推之,《寄顾开封华玉·兼呈边廷实、何仲默二首》属于正德六年(1511)之作。

正德六年(1511),王廷相经过开封,与何景明、顾璘、边贡等相聚于大梁(今开封市境内),互有诗作。本年,杨慎中状元,邹守益、南大吉(字元善,1487—1541)、张汉卿等同中进士,郭维藩举进士。

按:郭维藩著述不多且散佚严重,其基本情况可参考吴国伦(字明卿,1524—1593)所撰《明中宪大夫太常寺少卿兼翰林院侍读学士价夫郭先生暨配胡宜人合葬墓志铭(代作)》①。据此可知,嘉靖四年(1525)郭维藩为南京翰林侍读学士。嘉靖六年至九年(1527—1530),郭归乡丁忧,后嘉靖十一年至嘉靖十三年(1532—1534)又被免官,归乡家居。嘉靖十六年(1537)升太常寺少卿兼侍读学士,本年八月卒于任上。

在众多学友之中,王廷相与郭维藩的诗文交往最为频繁,几乎涉及各个时期,有些被王廷相辑入《王氏家藏集》,可推定时间的如下:陕西期间有《客行忆价夫》(卷九),诗中"杏东春醪成"透露该诗写于郭中进士不久;谪赣榆期间有《海上怀价夫》(卷十五)。四川时期有《寄郭价夫》(卷九),据首句"一雁落蜀天,客心五千里"可判;《寄价夫》(卷十六),据尾联"岷江东入海,何处觅双鱼"可判;《寄郭价夫》(卷十六),据全诗内容可判;到武昌后有《与郭价夫》(卷二十七),据"自过江后"可判;南京时期有《新年和价夫韵二首》(卷十四),据首句"金陵山水会"可知;《闻价夫被旨放归作此贻之》(卷十七)则确定为嘉靖十一年所作。其他难以确定时间的尚有《寄价夫》(卷十四)、《忧旱和价夫二首》(卷十五)、《早秋寄郭价夫》(卷十五)、《与郭价夫论寒暑第二书》(卷二十九)等。

学界推定《寄郭价夫学士》(卷十八)写于嘉靖四年五月后,当可信

① 参见吴国伦:《甔甀洞稿》卷三十四,续修四库全书影印明万历间刻本。

从,彼时王廷相正丁母忧。至于《与郭价夫学士论诗书》(卷二十八)这篇极为重要的文艺批评专论,《编年》等相关研究著述均未作考论,近年来陈书录的研究填补了此项空白,他认为《与郭价夫学士论诗书》与《寄郭价夫学士》二者相隔不远,这种看法是有依据的。综合而论,王廷相与郭维藩之间的诗文交往值得深究,与此同时,他们之间还有思想论辩。《与郭价夫论寒暑第二书》显然只是王、郭讨论寒暑问题的片段,在该书中王廷相重申其主张:"四时寒暑,其机由日之进退,气不得而专焉……盖寒暑者气之用,日进退以成寒暑者气之机,非日专以日故,而离绝于阴阳也。"①这一观点在《慎言》的《乾运篇》中正式提出,后在《与孟望之论慎言八首》以及《雅述》中都反复申说。郭维藩抱持传统的观点,即"寒暑之运,乃二气自为之,日不得与",《慎言》这种新观点问世后,可以想见会激起其他儒者的论辩。如论者所说,王廷相的新观点要突破中国古代传统的"阴阳—五行"的思维模式。目前无法知晓王、郭论辩的整个内容,但其实质是新旧观念的冲突,论辩时间应该在《慎言》辑成后不久,且与《与孟望之论慎言八首》相近。

何瑭的《造化论》(即《阴阳管见》的简编本)是在郭维藩建议下形成。可以说,在王廷相与何瑭论辩过程中郭维藩发挥了重要作用。如此,《慎言》辑成前后,许诰、何景明、何瑭、薛蕙、郭维藩、孟洋等相继或同时与王廷相论辩,凡此种种,使王廷相思想得以深入地开展。

又按:《王氏家藏集》于嘉靖十五年(1536)初夏由王廷相亲自编定,但该集并没有呈现与郭维藩往来的所有内容。同年秋,由张鹏在山东编刻的《内台集》辑有一首《蝶恋花·寄郭价夫》②,为王廷相寄给郭维藩的词作。嘉靖十八年(1539)冬,李复初效法张鹏,辑录、刻成《浚川内台集》,其中不见王、郭的交往。

正德八年(1513)春至秋,王廷相督学北畿,郁郁不得志,作诗《四十述志》(见《王氏家藏集》卷十八),诗中有"窃禄寻常无寸补,行年四十觉前非"之语,预示身份意识转变。同年十二月,王廷相因得罪王、刘等人遭到构陷,

---

① 王廷相:《与郭价夫论寒暑第二书》,载《王廷相集》第二册,中华书局,1989 年,第 531 页。
② 《蝶恋花·寄郭价夫》:"云淡雨疎寒食早。春到人间,何处无芳草?游遍西园复东道。漫夸蓬海三千岛。早遂山居人自好。只恐青山,不与人同老。门巷春闲尘事少。可令(伶)白发生烦恼?"这是王廷相词作的上品,创作时间应为嘉靖十二年至十六年(1533—1537)的一个春天,其时郭维藩尚未去世。

逮诏下狱。吏部尚书杨一清(字应宁，1454—1530)等抗疏论救。下狱之前，王廷相与薛蕙等短暂集会。是年，《台史集》辑成。《百川书志》载："《台史集》二卷，浚川子为御史时作业，起正德庚午至甲戌五载之作。诗文赋百四十首。"①

按：按高儒所述，《台史集》为王廷相在亳州、高淳、山东、陕西以及北畿任职即前后五年的创作汇集，此说不严谨，从王廷相作品集的命名风格来看，既然该集为《台史集》，应当为在山东与陕西任御史期间的作品集。

伍

正德九年(1514)正月，王廷相谪赣榆县丞，何景明赠诗《送王秉衡谪赣榆》，其中有"世路风蓬各飘转，不知携手是何年"的慨叹。王廷相初到赣榆，愤懑抑郁，有"放心天地外，寄迹水云间"(《清河夜泊》)、"烟波迷万里，何处是长安"(《登赣榆城》)等诗句以及《海上四时歌四首》(见《王氏家藏集》卷八)等诗文，并有书信寄与曹继芳、孟洋、郭维藩、薛蕙、何景明等好友。

按：王廷相《近海集序》特地提到对"忧""乐"的看法，强调"乐"的内在性，他说："内有所乐，然后可以托于物而乐之，彼人也方且忧愁而戚促，将视海为穷荒魑魅之所而不堪矣，夫焉得取而乐之？是故钟鼓管龠之音一也，乐者闻之则畅其和，忧者闻之则益其悲。由是观之，则予之乐于海者，未之海之故哉？"②王廷相讨论"乐"与"休"及"情"与"真乐"的关系(《乐休图八景诗序》，见《王氏家藏集》卷二十二)，论及"乐"与"性真"的相关性(《送邹山人序》，同上)，提出"乐其生"(《送少司空林公序》，同上)以及"天乐"(见《王氏家藏集》卷二十五)的说法。在《嘉乐堂记》(见《王氏家藏集》卷二十四)中，王廷相更是对"乐"更作了精粹的阐发。由此表明，论"乐"是王廷相性情论以及修养论思想的重要表现，体现其人格追求。

赣榆期间(正德九年春至正德十一年夏，1514—1516)，王廷相多有闻道

---

① 高儒：《百川书志》，上海古籍出版社，2005年，第238页。
② 王廷相：《近海集序》，载《王廷相集》第二册，中华书局，1989年，第414页。

之梦,由文入道的身心表现十分显著。他此时辑成《近海集》。据序言可知,此集为吟咏唱和之作。其间,王阳明于正德九年调升南京鸿胪寺卿;罗钦顺于正德十年(1515)升南京吏部右侍郎。本年二月,王廷相早年好友曹继芳病逝。

> **按:** 正德乙亥(正德十年,1515)二月,王廷相夜梦至上帝所讯帝,帝惠以教言。王遂反思:"岂大道之未闻乎?犹有所芥蒂而不释乎?何以是见梦?"为此他特作《梦讯帝赋》(见《王氏家藏集》卷四)以阐发其意蕴。其实,此梦与他稍前在《与孟望之》(见《王氏家藏集》卷二十七)所述之梦相关联,都可视为王廷相由文入道的身心转变之表现。王廷相多梦且论梦,关注其"梦"或可挖掘出新的有意义的研究空间。

正德十一年(1516)夏,王廷相升宁国(今安徽宁国)知县。本年秋,作《秋日宁国言怀(十首)》(见《王氏家藏集》卷九)。彼时,王阳明升都察院左佥都御史,巡抚南赣、汀、漳等地。

正德十二年(1517)春,王廷相升松江府(今上海)同知,他在松江期间(本年春至冬)辑成《吴中稿》,此稿辑成后曾赠予黄省曾,并说"《吴中稿》一帙,内多贵乡之辞,奉去请评"①。同年冬,王廷相升四川按察司提学佥事。

> **按:** 在松江府为官时,王廷相作有《王别驾画像述》(见《王氏家藏集》卷二十五),该文很好表现了他的心理状态与人生理想。② 他认为,圣贤应对"道"抱持开放姿态。

陆

正德十三年(1518)初春,王廷相四川任职伊始,随后发布《督学四川条约》。不久,许诰亲至蜀地进行思想讨论,涉及太极、河图、洛书等问题。稍后王廷相作《答许廷纶》,初步阐发其思想观点。同年,作《答何仲默》(何仲默即何景明),仍讨论河图、洛书、五行及造化问题。本年是王廷相思想形成关节点。是年,薛侃(字尚谦,1486—1546)刻成《传习录》。

---

① 王廷相:《答黄省曾秀才》,载《王廷相集》第二册,中华书局,1989 年,第 479 页。
② 王廷相:《王别驾画像述》,载《王廷相集》第二册,中华书局,1989 年,第 450—451 页。

按:王廷相思想真正形成于四川时期前一阶段,这一点本书正文已有说明,此处集中讨论他与许诰之间的思想往来。《答许廷纶》(见《王氏家藏集》卷二十七)交代了正德十三年初春许、王讨论的大致情况:许诰携其《图书管见》与《太极论》(彼时不一定刊刻)的观点告之王廷相,使王"启发良多",称赞许诰"辩太极、无极,甚善,真足以破千古之谜"①。与此同时,王并非全盘接受的态度,他对许诰完全以《易经》为准来讨论造化问题的做法存有疑问,在回信的同时王廷相附上了他的"私论",即《慎言》的相关内容。许诰是第一个真切体会到王廷相思想风味的人,职此之故,王廷相在为许诰撰写的墓志铭中特意提到:"公乃论太极曰'气理兼备',不涉于无;论性曰'理气浑全',本无支离,俱不可专以理言。斯拟也,诠择精真,解惑千古,卓乎命世之见矣。"②许、王均反对以专以理言性与太极,这是他们最重要的一致之处。正因如此,王廷相十分崇敬许诰,对其学问、著述评价极高:"体认精确,论究详尽,弘益道术,融通性命,至哉!"③他甚至指出,当时许诰的影响不亚于阳明,"时讲理学者北称公,南称王阳明。故公入南都,一时江南士人多趋席问难,以闻所未闻,咸倾心焉。"④"南王北许"的说法并非只是王廷相个人意见,这至少说明许诰在理学方面有所造诣。

从现存文献看,无法确知许诰所撰《太极论》《阴阳管见》等内容。许诰曾断言:"(王廷相)言一出口,必将群嗤而共斥之。"⑤这一预判是准确的,某种意义上,它表明王廷相的思想比许诰的更激进、更"叛逆"。确实,《答许廷纶》注定将掀起王廷相与正统理学学者之间的持久辩难。除了思想上往来,王、许也有诗文问答,嘉靖初,王廷相作《赠许廷纶学士二首》(见《王氏家藏集》卷二十),彼时许在南京,与众多学友论道,时黄绾、何瑭、罗钦顺等俱在南都,王则在四川、湖北一带。王廷相还有《函谷草堂赠许廷纶》(见《王氏家藏集》卷十八)等诗赋寄与许诰,该诗末句为"儒术分明属我师",表明王廷相此时已基本转变为儒家学者。

---

① 王廷相:《答许廷纶》,载《王廷相集》第二册,中华书局,1989年,第487页。
② 王廷相:《明故资政大夫南京户部尚书赠太子太保谥庄敏许公墓志铭》,载《王廷相集》第三册,中华书局,1989年,第982页。
③ 王廷相:《明故资政大夫南京户部尚书赠太子太保谥庄敏许公墓志铭》,载《王廷相集》第三册,中华书局,1989年,第981—982页。
④ 王廷相:《明故资政大夫南京户部尚书赠太子太保谥庄敏许公墓志铭》,载《王廷相集》第三册,中华书局,1989年,第982页。
⑤ 王廷相:《答许廷纶》,载《王廷相集》第二册,中华书局,1989年,第488页。

正德十四年(1519)十二月,王廷相撰《深衣论》《深衣本篇解》等,为治理川蜀提出具体措施即《呈盛都宪公抚蜀七事》(见《王氏家藏集》卷二十六)。是年,罗钦顺转任吏部右侍郎(京师),王阳明擒宁王朱宸濠(1479—1521)。

正德十五年(1520),王廷相在四川作《夏小正解》、《酬薛君采》(回应薛蕙《庚辰八月谢病南归奉寄王浚川先生三十韵》之作)等。彼时值得一提王廷相与杨慎的交往。

正德十六年(1521),王廷相仍在四川任职,该年春,与彭杰等在蜀同僚共游青羊宫,互有诗作酬应。何景明约王廷相于川、陕边境讲学,后因何病重不果。同年九月,《华阳稿》辑成。王廷相自序:"浚川子游于蜀者三年,得所著诗文杂说几三百首,萃为帙而橐之。"①

按:彭杰是王廷相在蜀期间的同僚兼好友。正德十六年春他与彭杰、张希贤、张世贤等同游青羊宫,有诗《游青羊宫二首·和张内翰彭宪长》(见《王氏家藏集》卷十七)为证。另,彭曾赠王象牙笏板,后者答之以《和彭宪长景俊惠象笏三首》(见《王氏家藏集》卷二十)。彭即赴云南履职,王撰有《赠彭方伯景俊之任云南序》(见《王氏家藏集》卷二十一)与《送彭方伯赴云南四首》(见《王氏家藏集》卷八)。若干年后,王廷相作《怀彭景俊先生》:"剑阁蠶丛古蜀州,风尘飘转记同游。层阴冥雨华阳夜,急峡喧江白帝秋。兴激每捞赓楚调,气豪相对弄吴钩。谁堪十载天涯梦,流水闲云无处云。"②此诗用词妥帖、真切,充满了对巴蜀风物、人事的眷念与感怀,可见彭杰以及四川期间人物在王廷相心中的良好印象。

从思想意义上说,王廷相与彭杰的交往以《与彭宪长论学书》(见《王氏家藏集》卷二十八)最为重要。彼时王的身份为四川按察司佥事,分领提学事宜,即从事教育教学督察工作。彭杰事先提出关于"学"的看法,《与彭宪长论学书》是王廷相的回应,他打了一个比方:"盖《六经》仲尼之道,嘉谷也;异端邪说,良莠也。嘉谷待种而难植,良莠不种而易茂,譬圣道中庸,而异端怪诞幽玄,易以惑人也。"③需注意的是,彼时王廷相严辨圣道与异端,尚未完全否定异端之学,他更在意的是儒者被异端邪说愚惑。《与彭宪长论学书》意味着王廷相已经走上复归《六经》和孔子之道。

---

① 王廷相:《华阳稿序》,载《王廷相集》第二册,中华书局,1989年,第413页。
② 王廷相:《怀彭景俊先生》,载《王廷相集》第三册,中华书局,1989年,第895页。
③ 王廷相:《与彭宪长论学书》,载《王廷相集》第二册,中华书局,1989年,第509页。

又按:"浚川子"(或"王子")的自称,王廷相在松江时期所作的《王别驾画像述》(见《王氏家藏集》卷二十五)中第一次使用,使用时与他人对称,该称呼后在王廷相著述以及同时人对王廷相的载述中多见。

本年(正德十六年,1521),吴廷翰登进士第。第一次在四川任职期间(正德十三年至正德十六年,1518—1521),王廷相的思想活动比较频繁,相应地,其著述颇丰,已明确为彼时所著的有《数辩》《与彭宪长论学书》《简州迁学记》《乡射礼图注》《与韩汝节书》《同年序齿录序》《三江别意卷序》等。

按:吴廷翰年四十余即辞官专事著述,著有《吉斋漫录》《椟记》《瓮记》《丛言》《志略考》《湖山小稿》《洞云清响》等。《明儒学案》未予著录,他与王廷相思想关系值得探究。

柒

正德十六年秋,王廷相升任山东提学副使,到济南,有诗《登济南城楼》(见《王氏家藏集》卷十四)、《趵突泉》(见《王氏家藏集》卷十五)。年底,途经河南灵宝,特与许诰相会,谈及理、气、神、性等议题,兼而贬斥近世诸儒,两人"相视大笑"。是年何景明卒于陕西任上,王阳明始揭"致良知"之教。

按:思想上与王廷相较相契的是许诰,而非何瑭或吕柟。许诰是最早肯定王廷相思想的同时代学者。

嘉靖改元(1522),王廷相仍在山东,作《〈战国策〉序》等。时罗钦顺升南京吏部尚书。督学山东期间(正德十六年秋至嘉靖元年底,1521—1522),王廷相辑有《泉上稿》,收录期间所著诗文。《百川书志》载:"《泉上稿》二卷,浚川督山东所著诗文六十篇。"①

嘉靖二年(1523)春,王廷相晋升湖广按察使,"诀狱如神"(《浚川王公墓志铭》)。武昌期间,有诗作《五十赴官》(见《王氏家藏集》卷十五)、《登黄鹤楼歌》(见《王氏家藏集》卷二十)、《九日武昌泛舟》(见《王氏家藏集》卷十七)等,还应蒋景明(生卒年不详)之请作《刻〈齐民要术〉序》(见《王氏家藏集》卷

---

① 高儒:《百川书志》,上海古籍出版社,2005年,第239页。

二十二)。湖广任职期间(嘉靖二年春至同年底,1523),王廷相辑成《鄂城稿》。时罗钦顺在南京,王阳明在家为父守孝。

> **按:**王廷相彼时有诗《五十赴官》(见《王氏家藏集》卷十五)、《思归行示疏》(见《王氏家藏集》卷十二)等,透露出知厌倦为宦与羁旅之苦,生发归隐之意。

嘉靖三年(1524)初,"大礼议"事件继续发酵,张汉卿多次去信询问王廷相态度,王在《答张元杰》中持"变礼观",理论上支持嘉靖帝,并劝诫张不要抗逆皇上。其时,王廷相的好友如薛蕙、孟洋、杨慎、张汉卿等皆因反对嘉靖而受到惩罚,有的仕途从此被终结。反观之,王廷相仕途自此顺升。之于"大礼议",罗钦顺、黄绾以及方献夫等的态度与王廷相所论相近,倾向于"以全圣孝",王阳明则隐不发论。

> **按:**或因为同乡缘故,王廷相与张汉卿交往比较多,基本是诗文互赠。王廷相有《寄张元杰》(见《王氏家藏集》卷十),诗中有言"相思激楚调",可能是在湖广期间所作;《重庆寄张元杰》(见《王氏家藏集》卷十三)应是书于四川期间;《虞美人·寄张元杰》(见《内台集》卷之三)中感叹"浮生百岁今强半",可知彼时王廷相刚过五十岁,亦为湖广期间所作。嘉靖三年八月张汉卿母李氏卒,王廷相接受其请求撰《故赠文林郎东光县知县张公妻太孺人李氏墓志铭》。其他如《和元杰游戴俊卿庄韵五首》(见《王氏家藏集》卷十五)、《春日寄张元杰三首》(见《王氏家藏集》卷十六)、《秋日寄怀元杰二首》(见《王氏家藏集》卷十七)等,均难以断定时间。显然,《答张元杰》不仅在张、王交往中有独特性,为了解王廷相性格提供了难得的例证,不管王支持嘉靖帝是出于何种理由或心态,都可以从《答张元杰》中体会到其谨言慎行的作风。

本年(嘉靖三年,1524),初王廷相升山东布政司右布政使,赴任前湖广诸君子在黄鹤楼为王廷相饯行。关于饯行时的情景,许宗鲁的《送浚川王先生序》有记载。本年春,王廷相赴山东途经京师时闻郑善夫死,悲恸万分,作《少谷子歌》(见《王氏家藏集》卷十二),"为位而哭,走使千里致奠,为经纪其丧,仍刻其遗文。"[①]本年夏母田氏卒,王廷相归乡守制。阳明门人南大吉续

---

① 参见王世贞:《弇州山人四部稿》卷一五零,《文渊阁四库全书》本。

刻《传习录》。

> **按**:王廷相和郑善夫属于"神交",为王世贞等后世学者叹服并传为佳话。王廷相说:"嗟乎!继之(郑善夫字继之)念我深矣。生也吾不几及会,没而见其文,已恨失继之。况平生有诗念余,恨当何如耶?乃作《少谷子歌》酬之,焚其稿于燕之郊,望闽海而再拜(郑善夫系福建闽县人,故朝此方向拜),少谷有灵,应鉴余意,藉此神交,慰我良友。"①无论是诗歌还是文赋或书信,都能看出王廷相对朋友之伦、朋友之谊比较看重,但在现实环境如"大礼议"事件中,王廷相未能展现出豪杰、仗义的举措,仍保持一贯谨慎,故对于好友抗逆嘉靖帝的行为没有极力阻止。

嘉靖四年(1525),王廷相居家守制,作《告佛文》(见《王氏家藏集》卷三十二)。是年,得知好友张士隆卒,后为其撰《悼仲默仲修二首》(见《王氏家藏集》卷十五)。

嘉靖五年(1526),王廷相仍居家守制,本年六月,他为发蒙师李珍作《明处士李先生墓志铭》(见《王氏家藏集》卷三十一)。居家守制期间(嘉靖三年夏至嘉靖六年夏,1524—1527),他作《丧礼备纂》②,辑成《家居集》。《百川书志》:"《家居集》三卷,浚川家居著也,(诗文)三十二首,铭文二十六首。"③

捌

嘉靖六年(1527)夏,王廷相升任四川巡抚右副都御史,这是他第二次入蜀为官,历时九个月左右。本年十二月十五日,《慎言》辑成问世。《慎言》最初只是在王廷相门生、好友之间传抄、讨论,许诰、孟洋、薛蕙、何瑭等为最早一批读者。直到六年后即嘉靖十二年(1533),才由焦维章和姚厚校对之后,交给沈完(字全卿,生卒年不详)刊刻传世。在此期间,王廷相就《慎言》与学友展开论辩,其间作《答孟望之论〈慎言〉》等。本年,罗钦顺获准致仕,时年六十三。九月初八,王门出现"天泉论道"。

> **按**:王廷相先后辗转各地,没有专门时间讲学授徒,加上他思想上比较独立,对讲学之事较谨慎且学派意识不强,凡此种种缘由,使得其

---

① 王廷相:《少谷子歌》,载《王廷相集》第一册,中华书局,1989 年,第 177 页。
② 《浚川王公墓志铭》称《丧礼备纂》为《丧礼通纂》,二者实为一书,参见朱大韶:《皇明名臣墓铭》,台湾学生书局,1969 年,第 1601 页。
③ 高儒:《百川书志》,上海古籍出版社,2005 年,第 239 页。

学说不显豁。其中最有名的门生薛蕙,后来分道而行。现将王廷相门生及后学情况列如下(前文已论薛蕙,此处不列):

(一)门生

1. 焦维章,号雪山,生卒年不详,灌县人。嘉靖五年(1526)进士,曾任翰林院编修、河南参政、山东巡抚,有《雪山诗文全集》。焦维章应为王廷相初次在四川期间所纳门生,《慎言》的校对者之一,见《书〈慎言〉后》《〈慎言〉后语》①。另,王廷相有《游青城山》,焦维章有《游青城山记》,或属于同游之作。

2. 姚厚,生卒年不详,江苏苏州人。《慎言》校对者之一,同见《书〈慎言〉后》《〈慎言〉后语》。

3. 张一厚,生卒年不详,自称"岱埜"人氏。嘉靖十三年(1534)春作《〈慎言〉后语》。

4. 刘永阜,号伯山,生卒年不详,河南任丘人。曾任广灵令,王廷相有《送刘伯山之广灵令序》(见《内台集》卷之五),亲授其为官之道。

5. 李复初,字学甫,号对霍,生卒年不详,山西洪洞人。嘉靖十一年(1532)任蠡县知县,两年后纂修《蠡县志》;嘉靖十八年(1539)为巡按山东监察御史,编刻《浚川内台集》,彼时参与校对者有王光济、刘希杜,监督管理者有吴至、杨祜。②

6. 栗应宏,字道甫,生卒年不详,山西长治长子县人。嘉靖四年(1525)举人,会试屡试不第,耕读太行山中。嘉靖二十三年(1544)前后在世。高叔嗣(字子业,1501—1537)谢病归,应宏往与订交,叔嗣作《紫团山人歌》赠之。栗应宏诗以五言近体为佳,有《山居集》八卷,《四库总目》传于世。栗应宏与王廷相的交往可见于《栗应宏道甫字说》(见《内台集》卷之五)。嘉靖十五年(1536)夏,栗应宏为王廷相辑成的《王氏家藏集》作序。③

7. 黄舒华,生卒年不详,河南雍丘人。黄舒华之父黄瑶与王廷相交好,黄瑶卒于嘉靖十年(1531)十月,王廷相在为其所撰墓志铭中提到:"舒华旧从予游,凡先生(黄瑶)平生,每数数为予道,予窃谓叹仰久

---

① 参见张一厚:《书〈慎言〉后》《〈慎言〉后语》,载《王廷相集》第三册,中华书局,1989 年,第 827—828 页。

② 参见上海书店辑:《蠡县志》,载《天一阁藏明代地方志选刊续编》第一册,上海书店出版社,1990 年,第 307—504 页。

③ 参见栗应宏:《〈王氏家藏集〉序》,载《王廷相集》第一册,中华书局,1989 年,第 5—6 页。

矣。及病且亟,语舒华曰:'汝师知我,得志我墓,无恨矣。'"①

8. 林时,自号介立,生卒年不详,河南汝阳人。林时拜服于王廷相门下的事迹颇具传奇色彩,具体经过见诸于《介立对》(见《王氏家藏集》卷二十五),简而言之,王廷相对道的理解使林时折服:"介立子曰:'嘻!久矣,予之志于斯也。请从子(王廷相)游,以窃附于圣达之会。'"②

(二) 后学

1. 张鹏,字鸣南,别号漳源,山西汾州人。嘉靖五年(1526)登进士,授河南府推官,此后历任江南道监察御史、巡按甘肃监察御史;嘉靖十五年刊《内台集》,"鹏(张鹏)自壬辰从事台末,获受教于浚川公台下,见公于退朝之余,即肃肃入院台理政事,稍暇即为文著书,盖无一时休焉。……乃窃录其与诸名公巨卿往来论辩、问答、赠送之作,辞与文若干篇,刻之东省以传。"又说:"鹏之受教于左右者,得益为良多也。其他生平文章诗赋,则有《家藏集》,已先刻之,为世宝矣,此特绪余耳,然非浚川公意也。"③嘉靖十九年(1540),张鹏任大理寺右寺丞,终年四十四岁。

2. 谢镒,生卒年不详,新安人。嘉靖十四年(1535)进士;嘉靖十七年(1538)十月,谢镒为辑成不久的《雅述》作序并"命工镂梓"于世,他在序文中交代:"浚川翁闻望天下,天下士咸敬仰之。余自未第时,懋思则象,而识荆之顾,恨莫遂焉。乙未(嘉靖十四年,1535)春,傥录名氏于甲榜,乃获谒翁。翁风范攸及,仪宪具存,载观《慎言》诸书,豫大有得。夫益信昔之所闻于人者,不果谬矣。"④

3. 张卤(1523—1598),字召和,号浒东,河南仪封人。为王廷相的"通家后学"。嘉靖三十八年(1559)进士,先后任婺源、高平县令,以政绩拜礼科给事中;隆庆四年(1570年)晋升太常少卿,后升右通政,九月南京都察院佥都御史,提督操江,巡抚浙江;万历六年(1578年)诏巡抚保定,提督紫荆、倒马等关,加副右都御史。后入拜大理卿,以忤张居正,左迁南京太常寺卿,旋乞休归。有《张浒东文集》《四库总目》《仪封县志》等传世;嘉靖四十年(1561),他为王廷相《丧礼备纂》作序,称"(王)以礼范海内者四十余年"。⑤ 王廷相逝后,张卤撰写《少保王肃敏

---

① 王廷相:《逸庵先生墓志铭》,载《王廷相集》第二册,中华书局,1989年,第573—574页。
② 王廷相:《介立对》,载《王廷相集》第二册,中华书局,1989年,第454页。
③ 张鹏:《刊〈内台集〉序》,载《王廷相集》第三册,中华书局,1989年,第891页。
④ 谢镒:《刻〈雅述篇〉叙》,载《王廷相集》第三册,中华书局,1989年,第830页。
⑤ 张卤:《〈丧礼备纂〉序》,载《王廷相集》第四册,中华书局,1989年,第1369页。

公传》,且将长女嫁与王廷相曾孙王得仁,遂为"通家后学"。

又按:以上所录王廷相门生及后学均有明确身份自觉,至于一些私淑者或不见于王廷相相关文献者,暂无法论及。王廷相门生与后学中仕途上留名者不乏其人,思想学术上有所作为的很少。由谢镳以上论述可知,《雅述》辑成前后王廷相在明代中期士大夫群体中有一定影响力。

嘉靖七年(1528)三月,王廷相升兵部右侍郎,督修延、绥、宁夏边防;本年夏,他作《答何粹夫(二首)》(见《王氏家藏集》卷二十七),与何瑭进行论辩。他们的论辩以阴阳造化问题为中心,从嘉靖七年延续到嘉靖十三年(1528—1534,具体情况见下案)。

按:王、何的思想交往的高光时刻见于《答何粹夫二首》《与何粹夫论五行书》(见《王氏家藏集》卷二十八)和《答何柏斋造化论(十四首)》(见《内台集》卷之四)。《答何柏斋造化论(十四首)》撰于嘉靖十三年(1534)十一月,这是很明确的,《编年》对此已作讨论。[1] 这里要补充讨论前者:

何瑭的《阴阳管见》于嘉靖五年(1526)九月前撰成,撰成过程中何瑭曾将该书的简编本(《阴阳管见》其时暂名为《造化论》)告之郭维藩,郭稍后将《造化论》见示于王廷相。《律吕管见》最迟也于嘉靖六年前后完成。在何瑭心目中,王廷相属于其"一二知己",故书信往来颇多。《答何粹夫二首》这封重要的信就是王廷相给何瑭之书作的"书评",《编年》推定其时间为嘉靖七年(1528)夏,是可信的。两则书评中暗含质疑的意味。王廷相之所以能有理有节地批评何瑭,乃因为其时《慎言》刚辑成。反过来看,王廷相在嘉靖六年(1527)底要辑成《慎言》,与何瑭二著特别是《阴阳管见》的刺激不能说没有直接关系。《编年》看到了《慎言》的辑成引发了薛蕙与王廷相进行论辩的事实,没有注意到《慎言》辑成的这一重要思想线索,从而没有挖掘出王、何思想交往的复杂性与重要意义。与之相关,王廷相为母守制期间(嘉靖三年夏至嘉靖六年夏)的作用就彰显出来了,至少它为《慎言》的辑成提供了最有力的时间保证。

---

[1] 参见葛荣晋:《王廷相生平学术编年》,河南人民出版社,1987年,第206—213页。

《答何粹夫论五行书》(以下简称《五行书》)的写作时间难以确定,王廷相说:"昨承谕以五行之说,旧与仆同,今所见与仆异。窃料执事之意,似以为今是而昨非矣。"①关于五行的问题,何瑭的看法发生了明显变化,他不再同意王廷相之说。王廷相之说无非见于《五行辩》以及《慎言》的《五行篇》,何瑭思想的成熟是在他于南京任职期间,其时他与同在南京为官的湛若水相交往,对阳明心学有所肯认。由此推测,何瑭很有可能是在彼时对王廷相五行说提出质疑的,《五行书》亦随之而来。从撰于嘉靖十三年(1534)的《答何柏斋造化论(十四首)》还能见诸王廷相在五行问题上对何瑭的回应。质而言之,二人的讨论多涉及五行问题、鬼神问题,归根究底关涉气的问题。

本年(嘉靖七年,1528),罗钦顺《困知记》上下两卷凡一百五十六章编成。同年十一月二十九,王阳明病逝于南安(今江西赣州大余县)的归途,嗣后,黄绾为其撰行状。十二月,王廷相改兵部左侍郎,写出《与胡静庵论芒部改流革土书》《与胡静庵论吐鲁番书》(见《王氏家藏集》卷二十九),阐述其民族以及边疆政策。

嘉靖八年(1529)九月初一,王廷相不满扬雄、班固、朱熹等的注释或注解,在柳宗元的基础上辑成《答天问》,该书是其科学思想代表作之一。任兵部侍郎期间(嘉靖七年至嘉靖八年,1528—1529),王廷相举用李承勋、吕柟、崔铣、李梦阳等人,并辑成《小司马稿》。本年十一月十一日,王阳明葬于洪溪(今浙江嘉兴嘉善县),会葬者千余人;十二月二十九日,李梦阳卒。

玖

嘉靖九年(1530)正月二十八日,王廷相由兵部左侍郎升为南京兵部尚书,时吕柟在南京讲学有年,影响甚大,对此《关学编》有生动记述。② 本年重阳节,王廷相与黄绾、许诰、吕柟等同僚游览南京观音岩,作《九日游观音岩歌简同游诸君子》(见《王氏家藏集》卷十二)、《九日游观音岩和刘太宰韵二首》(见《王氏家藏集》卷十七)、《观音岩晚归》(见《王氏家藏集》卷十六)、《游观音岩二首》(见《内台集》卷之一)等,游兴盎然。是年,钱德洪刻《阳明先生诗录》于杭州圣果寺中峰阁,阳明门人岑庄、岑初校刻《阳明先生文录》。

---

① 王廷相:《答何粹夫论五行书》,载《王廷相集》第二册,中华书局,1989 年,第 506 页。
② 参见冯从吾:《关学编》,中华书局,1987 年,第 44—45 页。

按：王廷相在南京任兵部尚书期间（嘉靖九年至十二年五月，1530—1533），与黄绾往来较多。王赠黄《慎言录》一册，黄拜读之后，写成《与王浚川书》，对其中论寒暑的看法表示存疑。王、黄还可能一起游览过灵谷寺，故作《灵谷寺和黄久庵韵》（见《王氏家藏集》卷十八）、《灵谷寺杂咏四首》（见《王氏家藏集》卷十九）。另外，王廷相还作有《次黄久庵感怀韵三首》（见《王氏家藏集》卷二十），并在《送少宗伯黄先生考绩序》（见《王氏家藏集》卷二十三）中称赞"黄子（黄绾），有道之士也"①，对其评价甚高。不止于此，黄绾还将其《石龙集》赠与王廷相，王读后于嘉靖十二年（1533）三月十九日作《石龙集序》，点出黄绾为文有三尚：明道、稽政、志在天下。谢铎卒，黄绾为其师请墓志铭于王廷相，王作《方石先生墓志铭》（见《王氏家藏集》卷三十一），并称"门人"②。

又按：黄绾后期由王门中人转为批判阳明学的先锋，关于这一变化，学界已有一定研究，但少有从他与王廷相等人的交往这一角度来探讨的。更值得注意的是，谢铎曾为黄绾之师，王廷相又游于谢之门下，可见王、黄二人的思想交汇不止于南京一地。另，根据谢铎与王廷相的生平履历③，不难推定：王游于谢门下的时间很有可能是在弘治十四年（1501），彼时王正在太学读书，谢为国子监祭酒。

嘉靖十年（1531）秋，王廷相作《李空同集序》（见《王氏家藏集》卷二十三），高度评价李梦阳文学成就并阐发其文艺观。《何氏集序》（见《王氏家藏集》卷二十三）亦撰于本年，序文体现了王廷相对何景明的思念之情。

按：《李空同集序》《何氏集序》在王廷相序文中颇具代表性，与之相似的是他自己的《华阳稿序》及《近海集序》，值得反复研读。

是年（嘉靖十年，1531），王尚絅卒，李承勋卒，王廷相为后者作《祭兵部尚书李公文》（见《王氏家藏集》卷三十二）。方献夫上疏致仕，举荐王廷相为

---

① 王廷相：《送少宗伯黄先生考绩序》，载《王廷相集》第二册，中华书局，1989年，第430页。
② 中华书局本《王廷相集》所收《方石先生墓志铭》没有注明时间，《桃溪谢氏宗谱》所录"墓志铭"末尾有王廷相所撰铭文附识："嘉靖九年岁次庚寅冬十月望日参赞机务南京兵部尚书门人仪封王廷相子衡谨志。"转引自林家骊：《谢铎及其茶陵学派》，中华书局，2008年，第621页。
③ 谢铎生平可参见林家骊：《谢铎年表》，载《谢铎集》，浙江古籍出版社，2012年，第753—770页。

吏部尚书。黄绾、王廷相均为顾璘《近言》作序,罗钦顺编成《困知记》续卷(上),王畿、钱德洪至黄绾处筹措王阳明之子王正亿婚事。

　　按:王、顾交往中最重要的是《答顾华玉杂论五首》(见《王氏家藏集》卷三十七),该信体式及内容与王廷相之前写给孟洋的《答孟望之论〈慎言〉八首》极为一致。在给顾璘的长信中王廷相斥责了近世儒者之误,着重点出"五非",即"祥异非必君政所致""阴阳非自能寒暑""诗笺解螟蛉之误""日月非入地下"以及"金木非造化之本"①,其中"诗笺解螟蛉之误"不见于《慎言》而是录入《雅述》,由此推知该信写于《慎言》和《雅述》之间,有可能作于南京任职期间。

　　嘉靖十一年(1532)正月,黄绾入京考绩,王廷相受同僚之请,撰《送少宗伯黄先生考绩序》(见《王氏家藏集》卷二十三);二月,边贡致仕家居,藏书遭焚,痛心致病卒;十月,王廷相同黄绾、刘龙(字舜卿,1476—1554)、严嵩等"以星变各自陈乞罢,上皆褒谕留之"(《世宗嘉靖实录》卷一四三),同月,为门生黄舒华之父黄瑶(字廷印,1450—1531)撰墓志铭。本年,黄绾与方献夫、欧阳德(字崇一,496—1554)、钱德洪、王畿等王门弟子几十人定日汇聚于京师,阳明学蔚然成势。

　　按:《编年》将王廷相嘉靖九年写的《边司徒悼亡次韵》视作因边贡去世而作,列为嘉靖十一年之内,有误。边贡之妾冯氏于嘉靖九年春去世,本诗原为此而作,或因冯氏有才,边贡痛惜不已,王廷相、孟洋等好友均有诗宽慰之。《编年》失察,故致此误。

　　王廷相任南京兵部尚书期间(1530—1533),与黄绾、严嵩、张璁、黄芳等同僚相聚游览频繁。刘节(字介夫,生卒年不详)《广文选》成,王廷相为之作《广文选序》(见《王氏家藏集》卷二十二)。此外,还作有《狮猫述》、《石龙书院学辩》等,辑成《金陵稿》。

　　按:《狮猫述》体现了王廷相杂文写作特点和创作水平,通过对狮猫的描述转进为对为臣之道的阐发,尤具讽刺与幽默意味。《石龙书院学辩》(见《王氏家藏集》卷三十三)集中阐发了他对"学"与"道"的看法,石

---

① 王廷相:《答顾华玉杂论五首》,载《王廷相集》第二册,中华书局,1989年,第668—671页。

龙书院本为黄绾与其徒讲学之地,王廷相贬斥了终日端坐、虚静养心的做法,认为他们是"徒泛讲而无实历者",并摆出其态度:"传经讨业,致知固其先务矣,然必体察于事会而后为知之真。"①在王氏看来,彼时的黄绾符合"圣贤经世之学者"的标准,故被他引为同道。

嘉靖十二年(1533)三月,王廷相为黄绾《石龙集》作序;四月,王廷相升为左都御史。获悉王廷相晋升,黄绾有《赠王浚川入总北台序》(见《石龙集》卷十三),顾璘(时任南京刑部尚书)、吕柟(时任南京太常寺少卿)等好友纷纷撰文表贺;五月,黄绾又作《纪言赠浚川子》(见《石龙集》卷十)。王廷相离南京时,黄绾、严嵩均有诗相赠;同月,黄绾、王廷相又分别为严嵩诗文集作序,即《钤山堂集序》。十月,大同兵变,王廷相呈上《请定剿捕大同叛军赏格疏》(见《浚川奏议集》卷九),主张征剿,此建议与张璁同,与黄绾相左;十月十七日午夜,年届花甲的王廷相亲自观测陨星,从而辨正《春秋》传的相关舛误。

本年(嘉靖十二年,1533)九月十五日,《阳明先生存稿》刊行,黄绾曾参与编录并作序;罗钦顺编成《困知记》续卷(下);吕柟门人章诏、胡大器等刊刻《泾野子内篇》。

拾

嘉靖十三年(1534)正月,许诰卒,王廷相撰写墓志铭,读此铭文可见王对许的推崇。二月,王廷相升兵部尚书兼都察院左都御史,仍掌院事,同月,安国卒,王廷相作《明故桂坡安征君墓碑铭》(见《内台集》卷五);十一月,王廷相作《答何柏斋造化论(十四首)》(见《内台集》卷之四),与何瑭作最后一次论辩。此次论辩涉及道体、五行、阴阳以及形神等问题。是年,孟洋卒;好友吕经巡抚辽东,王廷相作《送九川吕先生巡抚辽阳序》(见《内台集》卷五)。

按:何瑭和王廷相作最后一次论辩时,前者已经致仕归乡②,后者正处于政治生涯顶峰。关于此次论辩的主题内容,《编年》已作交代。遗憾的是,今本《何瑭集》已不见何瑭寄与王廷相的相关书信,只能看到王廷相一方的论辩内容。王廷相之所以在嘉靖十三年作最后一次总结性

---

① 王廷相:《石龙书院学辩》,载《王廷相集》第二册,中华书局,1989年,第604—605页。
② 何瑭嘉靖十年归乡,王廷相特地作有《寄何粹夫》:"逸调甘岑寂,平生一布裘。闭门黄叶寺,拄杖绿杨洲。夸诩人怀玉,支离气食牛。冥心独吾友,常卧太行秋。"(《王廷相集》第三册,中华书局,1989年,第926页)由此可见诸二人真挚友情及王廷相的复杂思绪。

辩论，或与本年何瑭撰成《阴阳管见后语》并寄呈王廷相有很大关系。在《阴阳管见后语》，何瑭对王廷相大加批评。

又按：本年，王廷相特地作《甲午书怀四十韵》(见《内台集》卷之一)，回顾其生平与学述，这篇长诗可视为王廷相自我评价的代表作，其中有许多关键性思想概述，如"夜来梦西周，心事犹硬烈"等句，乃解读王廷相思想性格不可或缺的信息。

再按：据《松窗梦语》卷首记载，刚当上御史的张瀚(字子文，1510—1593)前去拜谒作为御史台长的王廷相，后者对前者讲述了一则"轿夫湿鞋"的故事："昨雨后出街衢，一舆人蹑新履，自灰厂历长安街，皆择地而蹈，兢兢恐污其履，转入京城，渐多泥泞，偶一沾濡，更不复顾惜。居身之道，亦犹是耳。傥一失足，将无所不至矣。"张瀚听到后，"退而佩服公言，终身不敢忘。"①张瀚所记真实有力已成为历史上有名的典故之一。自始至终的慎言与慎行是王廷相思想性格的传神写照。

嘉靖十四年(1535)正月，应曹谊(曹继芳之子)所请，王廷相撰《粟斋曹先生配王孺人合葬墓志铭》(见《内台集》卷之六)。是年，他还撰有《乙未书怀》(见《内台集》卷之一)，以表达对创作贫乏感到惭愧，"素怀虚拟愧稷、契，衰职无补空崖廊。"②王廷相又作《杜研冈集序》(见《内台集》卷六)，对杜枏作了评价："今观研冈之集，气冲笔健，学博思深，吐语符道德，发虑中经纶，其见愈真，其机愈含，其情愈切，其言愈婉，可以厚人伦，可以植风教，所谓人纪、天道、性情、政理之外无文章者，乃于是乎可睹。"③文章为"衍道之具"的观点一览无余。

按：生命的最后十年(1535—1544)，王廷相与内阁重臣如张璁、夏言、严嵩、霍韬(字渭先，1487—1540)、李时(字守易，1471—1538)、方献夫等交往居多，很难与同道学友商讨学术思想问题，多是与同僚谢丕(字以中，1482—1556)等的饮酒酬唱。

---

① 参见张瀚：《松窗梦语》，中华书局，1985年，第5页。
② 王廷相：《乙未书怀》，载《王廷相集》第三册，中华书局，1989年，第905页。
③ 王廷相：《杜研冈集序》，载《王廷相集》第三册，中华书局，1989年，第991页。

嘉靖十五年(1536)初夏,王廷相亲自编定《王氏家藏集》。稍后,杜枏、唐龙、栗应宏分别为之作序;同年秋,张鹏编刻成《内台集》并作序。

> **按:**王廷相并未给《王氏家藏集》作序,他亲自编定的这个四十一卷的本子,成为后来各种版本的底本。张鹏私下刻行《内台集》,王廷相仍在世,他应知晓此事。

> **又按:**嘉靖十五年后的几年内,王廷相多次陪同世宗祭祀诸陵,受到恩赐不少,本年,他被升为太子少保,并于三年后加升太子太保。

嘉靖十六年(1537)六月,王廷相写《六十四作二首》(见《内台集》卷二),忆古思今。是年,郭维藩卒。因御史游居敬(字行简,1509—1571)弹劾王阳明、湛若水为伪学,朝廷遂废止各地私立书院,阳明学受到打压。

嘉靖十七年(1538)三月,王廷相充任殿试读卷官。本年四月初一,他辑成第二部哲学著述《雅述》,当年十月,谢镃将《雅述》刻行于世,第二年七月,崔铣为之作序。本年中,王廷相刻印了《孟有涯集》(孟有涯即孟洋),杜枏为该集作序,后者指出:"我浚川王公收辑是录,厘为若干卷,语诸枏曰:'孟有涯所为文皆依稀古人,后必传,吾子序之。'浚川常发诸噫叹,真若骨肉,遂梓,是以不朽。"不久杜枏卒,王廷相为其撰墓志铭(见《内台集》卷之六),称赞其人格以及文艺思想。

> **按:**《雅述》刻行之际,王廷相思想上的同道或诤友要么步入终年,要么不在京师,或因为此,《雅述》未能如《慎言》那样产生反响,特别是在阳明学运动如火如荼的映衬之下,《雅述》少人问津。

嘉靖十八年(1539)二月,王廷相因黄祯(字德兆,生卒年不详)等案受到诘责,同时,黄绾被起为礼部尚书;三月,王廷相以九年秩满之故,升太子太保,王曾数次上表辞免,皇上不允,闻王廷相加升,崔铣作《贺宫保浚川王公序》(见《洹词》卷十一)。本年冬,李复初等人校刻成《浚川内台集》。

> **按:**《浚川内台集》应为《内台集》的续作。从内容上看,前者几乎为王廷相从政言行的记录,而后者则涉及各个方面;从思想价值上说,后者更丰富也更重要。

嘉靖十九年(1540)正月,郭勋(1475—1542)为正使,严嵩、许瓒、王廷相等充副使,陪祭奉先殿。二月,王廷相等陪祭帝社稷。四月,王廷相与兵部尚书张瓒(1473—1542)相互攻讦,世宗谴之。八月,王廷相等陪祭太社稷、帝社稷;同月,王廷相呈《议太子监国等事疏》(见《浚川奏议集》卷十),冒死谏止太子监国等事。九月,他呈上《灾变自陈疏》。

按:许瓒为许进之子,许诰之弟。王廷相在为许进、许诰所作墓志铭中均提到许瓒。王廷相逝后许瓒撰墓志铭。[1]

嘉靖二十年(1541)二月,王廷相等陪祭社帝稷;三月,充任读卷官;四月,以九庙灾,王廷相受责难;九月,因郭勋事牵连,被罢官,后归乡里。本年初薛蕙卒,崔铣卒。

按:薛蕙与王廷相在儒家之道的理解上有分歧,但前者对后者的尊敬一如当初,如《寄浚川先生》说:"一别二十年,相思定深浅。独游南郭园,忆君如在眼。……公能访松子,予亦从公游。"师徒之情真挚可鉴。薛蕙晚年因不满于严嵩,在其文集删去与严嵩交往的内容。对于薛蕙爱憎分明的耿介性情,王廷相的规劝由此看来并未奏效;反观之,王廷相因缠绕于行政事务,使他从始至终没有专门的时间来整理学问、深化思想,不能不说让人抱憾。

内台供职期间(嘉靖十二年至嘉靖十七年,1533—1538),王廷相与夏言等多有唱和。

嘉靖二十一年(1542),王廷相罢归家居。"既归,不以语人,一惟引咎,竟不自白心事。日在书屋,与图史对,时或出游东园,为酒食会亲友,角巾野服,欣欣如也。"[2]"既罢官归,闭门谢客,著述日富。以其余暇与一二旧知啸咏山林,无染世氛,远近高其风规。"是年,吕柟卒。

嘉靖二十二年(1543)三月,郭廷冕路经仪封,向王廷相请教按治事宜,王将其遗著《浚川公移集》《浚川驳稿集》交付郭,嘱其代为刊印,二集于是年刊刻。是年九月十三日何瑭卒。

---

① 王论跃指出葛荣晋的《编年》轻忽了许瓒在王廷相死后不久所撰的墓志铭,堪为洞见。

② 高拱:《浚川王公行状》,载《王廷相集》第四册,中华书局,1989年,第1495页。

按:郭廷冕《浚川公移驳稿叙》交代王廷相的司法观:"凡宪事有纪驭,民情有法,不靡然而驰,不突然而行,惟公、惟明、惟慎,变而通之,推而行之,斯按治也。"①正德年间(1506—1520)时任地方亲民官的王廷相,在处理地方公务时共收集自己下发的二十二项公文,事涉地方财赋征收、官府用度、用兵赏罚、缉捕、审理罪犯、清理狱囚等各项。此外,王廷相又收集了自己在巡按陕西省时发布的《告示条约》一件,在督学四川省时发布的《条约》一件。前者强调约束官吏、监察贪腐、批驳不法、惩治盗贼,安抚与教化百姓等项;后者强调"建学校以养贤"、"择师儒以立教",奉行德化教育的方策,为国家筹措后备人才。再者,王廷相在巡按陕西省地方时收录了二十九条案验文,事涉修理城池,防范强贼,清除积弊,济养贫民,监察地方吏治,禁革衙府弊端等等。以上各项都突出反映了王浚川"公""明""慎"的为官风范,以及勤于政务的品格。王廷相从事司法、纪检工作多年,这些方面有思想论述。

嘉靖二十三年(1544)九月初七,王廷相卒于家,寿七十一。时夫人刘氏尚在,有子王㳟、王𣚡、王𣠺等(后者早殁),有孙王征逸、王孝逸等。②《少保王肃敏公传》载:"公(王廷相)卒时,士类恸嗟……隆庆初,诏台谏举先朝应得恤典诸臣,舆论皆以公为最。"与王有过交往的后辈李开先作诗盛赞王廷相:"台纲能独持,宿德真吾师。身没名难没,斯文谅在兹。"③

嘉靖二十五年(1546)十一月初七,王廷相葬于仪封县县东白楼村祖茔。安葬之前,许讚特为其撰墓志铭。本年《困知记》三续和四续成,次年罗钦顺卒。隆庆初(1567),"(王廷相)诏复原官,赠少保,谥肃敏。"④高拱撰《浚川王公行状》,张卤作《少保王肃敏公传》。

按:王廷相卒后至安葬期间,许讚作《浚川王公墓志铭》。要了解和研究王廷相生平与学术,应重视《浚川王公墓志铭》。隆庆初(1567),高拱撰《浚川王公行状》,张卤撰《少保王肃敏公传》。此后,于慎行撰《太子太保兵部尚书都察院左都御史赠少保谥肃敏浚川先生王公廷相墓

---

① 参见梁治平主编:《明清公牍秘本五种》,中国政法大学出版社,2003年,第3页。
② 关于王氏家族情况参见葛荣晋:《关于王廷相传记资料的重要发现》,《哲学研究》1984年第5期。
③ 参见李开先:《李开先集》,中华书局,1959年,第223页。
④ 参见《明穆宗关于王廷相的恤典"圣旨"》,载《王廷相集》第四册,中华书局,1989年,第1517—1518页。

表》(简称《王公廷相墓表》)①,何乔远《名山藏·臣林传》有《王廷相传》。除了何乔远的《名山藏·臣林记》、焦竑的《国朝献征录》、沈应魁(字文父,生卒年不详)的《皇明名臣言行录》、孙奇逢的《中州人物志》、黄宗羲的《明儒学案·诸儒学案中四》以及《明史·王廷相传》等常见文献之外,朱大韶(字象元,1517—1577)的《皇明名臣墓铭》、朱睦㮮(字灌甫,1518—1587)的《皇朝中州人物志》以及地方志等对王廷相的载述或评论值得注意。

以上考论无法涵盖王廷相生平学术全部,作为附录是对本书正文的扩展,亦是对前贤研究的补足。②

---

① 《王廷相传记资料选辑》标明《王公廷相墓表》的作者为"于慎进"(《王廷相集》第四册,中华书局,1989年,第1501页)。据《国朝献征录》等文献以及该墓表内容可知,作者应为于慎行。

② 葛荣晋先生于2023年1月8日在北京逝世,谨以此文纪念这位王廷相研究的开拓者和学术前辈。

附图一：王廷相行迹著述时间表

第一组

主要著述									
山西潞州	河南仪封	河南仪封	河南仪封	河南开封	京师	山西潞州	京师	京师	京师
祖上（农历）	出生（1474.10.25）	入私塾（1480）	补邑庠弟子员（1486）	乡试及第（1495）	第一次会试下第（1496）	展墓、讲学（1496-1497）	第二次会试下第（1499）	入太学，拜师谢铎（1499-1502）	进士及第（1502）
（虚岁）	一岁	七岁	十三岁	二十二岁	二十三岁	二十三至二十四岁	二十六岁	二十六至二十九岁	二十九岁

第二组

《台史集》								《沟断集》
京师	北畿	西安	应天府高淳县	安徽亳州	河南仪封		京师	京师
遣诏下狱（1513.12）	督学北畿（1513春至秋）	巡按陕西（1509-1510冬）	高淳知县（1509-1510冬）	亳州判官（1508-1509）	父卒，丁忧（1505-1508）		兵科给事中（1504-1505）	翰林庶吉士（1502-1504夏）
四十岁	四十岁	三十八至三十九岁	三十六至三十七岁	三十五至三十六岁	三十二至三十五岁		三十一至三十二岁	二十九至三十一岁

第三组

《近海集》		《吴中稿》	《华阳稿》《深衣论》《答许廷纶》《答何仲默》	《数辨》《夏小正解》《泉上稿》	《答张元杰》《郭城稿》
江苏赣榆县	安徽宁国县	松江府（今上海）	四川成都	山东济南	武昌
赣榆县丞（1514春-1516夏）	宁国知县（1516春-1516冬）	松江府同知（1517春-秋）	四川按察司提学金事（1517冬-1521秋）	山东提学副使（1521秋-1522冬）	湖广按察使（1523春-1524初）
四十一至四十三岁	四十三岁	四十四岁	四十四至四十八岁	四十八至四十九岁	五十至五十一岁

第四组

《钧突泉》《少谷子歌》	《家居集》《丧礼备纂》	《慎言》	《小司马稿》《答何种夫二首》《阅视陕西延宁边防题本》	《答天问》《与胡静庵论芒郡政途箪土书》《与胡静庵论心鲁番书》《举用吕鹏崔铣李梦阳疏》
山东济南	河南仪封	四川成都	延、绥、宁夏	京师
山东布政司右布政使（1524春-）	母卒，丁忧（1524夏-1527夏）	四川巡抚右副都御史（1527夏-1528春）	兵部右侍郎，督修延、绥、宁夏边防（1528春-冬）	改兵部左侍郎（1528.12-1529冬）
五十一岁	五十一至五十四岁	五十四至五十五岁	五十五岁	五十六至五十七岁

第五组

《雅述》刻《孟有涯集》	《王氏家藏集》《答何柏斋造化论（十四首）》	《内台集》○		《庄敏许公墓志铭》	《金陵稿》《石龙书院学辨》《狮猫说》
京师	京师	京师	京师	京师	南京
殿试读卷官（1538.03）	兵部尚书兼都察院左都御史，仍掌院事（1537……1536……1535……1534.02）	亲自观测陨星（1533.10.07）	都察院左都御史，掌院事（1533.04）		南京兵部尚书（1530-1533春）
六十五岁	六十一至六十四岁		六十五岁		五十八至六十一岁

第六组

《遯川内台集》○《天变自陈疏》	《遯川公移集》《遯川驳稿集》		河南	河南	河南	
京师	京师	京师	京师	河南仪封	河南仪封	河南仪封
升太子太保（1539.03）	陪祭奉先殿、陪祭帝社稷（1540）	充任读卷官（1541.03）	因劾勋索暑官（1541.09-1544.10）	家居	郭廷晤来访（1543.03）	卒于家（1544.09.07）
六十六岁	六十七岁	六十八岁	六十八岁	六十八至七十一岁	七十岁	七十一岁

附识：带○者表示非王廷相本人辑录作品。

336

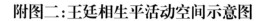

附图二:王廷相生平活动空间示意图

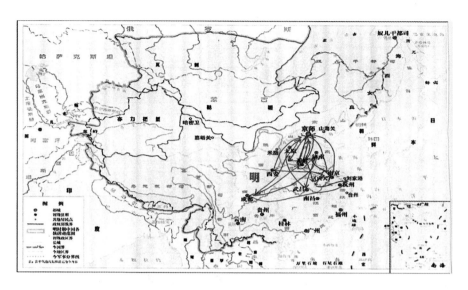

附图三：王廷相及相关人物坐落图

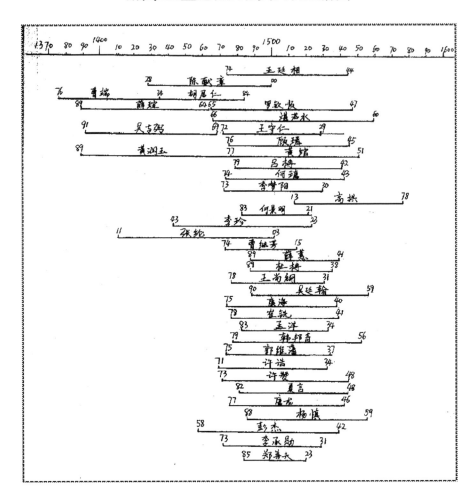

后　记

　　本书是在我的博士论文《王廷相气论思想研究》基础上修改扩充的结果。第一章至第三章基本是博士论文内容，第四、五章及前言、附录进行了大幅修改，第六章完全是扩充内容，其他部分作了必要更新。

　　八年前珞珈山的那个夏天，我博士毕业，尚处于怀抱学术追求的青年学子状态。如今，我工作多年，建立了家庭，居所两三变。从黄海之滨到东湖之畔，从东湖之滨来到岳麓山、湘江水，不知不觉已历经十五个寒暑。目前呈现的这个作品，是对我在武大求学生涯的一次总结。

　　我出身微末，通过高考得以进入大学，逐渐走出鄱阳湖边的乡野，扩展见识，增长经验，思考世事。高中时期，有赖雷协群老师等鼓励，遂明白为人为学的某些特质。吴秋芳老师印发的英语复习资料封面，印上拉丁文 *Cogito ergo sum*，让我初次接触到笛卡尔哲学。李明安老师二胡独奏《赛马》，让我真切感受到民族音乐，激发了对艺术的热爱。及至青岛读大学，被调至中国语言文学专业，四年期间，涉猎了哲学、文学、诗歌、美学等知识。朱葆华老师的古汉字及训诂学课程，戚晓杰老师的古代汉语课程，魏韶华老师和王金胜老师的现代文学课程，赵伟老师的道家与道教思想课程，马怀荣老师的作品欣赏课程等，对我有所教益。徐良老师的美学导论课引发我对美的强烈兴趣，王凯老师鼓励和指导我投身到哲学探索，使我了解到珞珈山下的哲学轶事。本科期间，我自觉写了两篇文章，一是毕业论文《"墨辩"初探》，一是关于李泽厚的论文《略论"情本体"》。除此之外，我粗读了些书，还坚持写诗。

　　考入武大读研，是我为学路上的重要事件。我因表达了对宋明理学的兴趣，被纳为文碧方老师的学生。文老师是地道湖南人，为人热忱，照拂学生，彼时他钟情宋明理学，重视一手文本阅读分析，看重在做人做事中下功夫，对我进行了宋代理学方面的具体指导。我的硕士论文《杨慈湖心学思想探微——以"觉悟"和论"觉"为中心》，得到了校内外专家好评，文老师感到颇为满意，我则收获了一点信心。我们硕士班的同学，相处融洽，对我有不同方面的促进帮助。在中国哲学及国学方向,有邹啸宇、张志强、韩勇、李攀、陈群、董凯凯、张艾平、裴东升、丁国友、尹建乐、杜永宽、杨柳岸、吴默闻、薛子燕、朱燕玲、王阳、范志娟、孙雨楼等;美学及外国哲学方向,有冷风、罗喜、王振、孙洁、高云、赖金金、贺念、丘新巧、刘德胜、穆澜等;马克思主义哲学方向,有谈立玲、刘秉毅等。在学问和生活上,朱迪婧、胡思君、肖雄、龚开喻等同门互助良多。

后来,我选择继续在珞珈山攻读博士学位,正式来到吴根友老师门下。吴老师雷厉风行,气象宏大,有诗心雅情,对明清哲学有专精研究,对道家、佛教及比较哲学等有重要涉猎。他带领我们读书,教我们做事;提醒我们要做现代人和现代学问,勇于参与"世界性的百家争鸣";还警示我们继承发扬珞珈中国哲学学脉,努力做到萧萐父、李德永、唐明邦等先生倡导的二十字箴言,"德业双修,学思并重,史论结合,中西对比,古今贯通。"我的博士论文题目《王廷相气论思想研究》,是吴老师帮我物色的。论文的结构及主要写作,得到他的用心指导。从中受教良多,遗憾的是长进有限。博士论文得到校内外专家好评,但我自己不满意,离老师的期许有差距。毕业工作之后,吴老师多次提供他关于气论问题的思考心得,其意是激励引导我接续努力,将这个题目真正做好。我深深地感到,要不负师恩,完成师命。博士读书期间,我的生活很简朴,心志极其单纯。除了继续留在武大的老朋友,彭传华、孙邦金、崔海亮、刘湘平、陈屹、刘文、庞雯予、邓国宏、刘军鹏、郑雯、李强、王博、姜含琪、吕威、冯鹏、李兰兰、吴晓欣、彭婷、许兰、钟婷等同门同道对我有所助益,尤其是结识了黄燕强和刘乐乐,前者是博士期间的同窗好友,后者成为我的女朋友及妻子。

在珞珈山几年,萧汉明先生的易学造诣,郭齐勇老师的儒学风范,田文军老师对宋明理学的把握,李维武老师在中国哲学史史料学及马克思主义哲学的耕耘,徐水生老师对道家经典的解读,丁四新老师对汉代哲学及出土文献的精深,储昭华老师对政治哲学及比较方法的见解,刘乐恒老师对现代新儒学的领会,沈庭老师对近代佛教哲学的专攻,郑泽绵老师对宋明理学的绵密工夫,廖璨璨老师对明清哲学尤其是方以智哲学的剖示,等,在不同层面加强了我的学术训练及素养。此外,我有向杨祖陶、陶德麟、刘纲纪等先生当面请益,感受大家气象。邓晓芒、赵林、何卫平、曾晓平以及陈望衡、彭富春、邹元江等老师,在相关领域使我有所见识。许苏民、高华平、陈立胜、贡华南、邓名瑛、陈仁仁、蔡志栋、翟奎凤等老师对我有所助益。

我的学业工作能够比较顺利,特别感谢极勤劳的父亲和有魄力的母亲,以及上进的弟弟,还要感谢岳父岳母近三年的支持。爷爷奶奶、外公外婆等亲人的期许,是我前行的动力。尤其感谢我的妻子刘乐乐老师,她的学术底子和为学素质比我要好,但工作以来为了家庭孩子,付出了非一般的辛劳!希望我们的女儿胡象罔、胡象宜健康快乐成长!

进入中南大学工作以来,我面临一些新挑战,取得了一些小成绩。感谢学院领导及同仁、学生的鼓励或帮助。在岳麓山下能接续前缘,结识新友,不断前行。限于篇幅,不一一致谢了。本书部分内容已发表,感谢《哲学门》《哲学评论》《中州学刊》《中南大学学报(社科版)》《孔学堂》《广西社会科学》《儒家文化研究》《阳明学研究》《比较哲学与比较文化论丛》等的刊发。本书能够问世,感谢国家社科基金后期资助以及上海三联书店的郑秀艳老师等的工作,还要感谢我的研究生孟欢、龙爱玲、张路易等,她们帮助审读校对了书稿。

关于王廷相气论思想的研究,似乎要画上句号了。然而,关于中国气论哲学的研究,恐怕才真正开始。如何在气论传统的现代转化问题上找到更合适的方法道路,仍是我要努力的方向之一。末了,改用王廷相的诗自勉:"莫叹前路真孤迹,敢论吾道寡知音!"

胡栋材

记于岳麓洋湖新居

癸卯年三月十五

图书在版编目(CIP)数据

明代儒学的"道真"追求:王廷相气论思想研究/胡栋材著. —
上海:上海三联书店,2023.12
　ISBN 978-7-5426-8313-7

　Ⅰ.①明… Ⅱ.①胡… Ⅲ.①王廷相(1474—1544)-哲学
思想-研究 Ⅳ.①B248.44

中国国家版本馆 CIP 数据核字(2023)第 236295 号

明代儒学的"道真"追求——王廷相气论思想研究

著　　者／胡栋材

责任编辑／郑秀艳
装帧设计／一本好书
监　　制／姚　军
责任校对／王凌霄

出版发行／上海三联书店
　　　　　(200030)中国上海市漕溪北路 331 号 A 座 6 楼
邮　　箱／sdxsanlian@sina.com
邮购电话／021-22895540
印　　刷／上海惠敦印务科技有限公司

版　　次／2023 年 12 月第 1 版
印　　次／2023 年 12 月第 1 次印刷
开　　本／710 mm×1000 mm　1/16
字　　数／340 千字
印　　张／22.25
书　　号／ISBN 978-7-5426-8313-7/B·872
定　　价／89.00 元

敬启读者,如发现本书有印装质量问题,请与印刷厂联系 021-63779028